Jetzt lerne ich

Android 4-Programmierung

Dirk Louis, Peter Müller

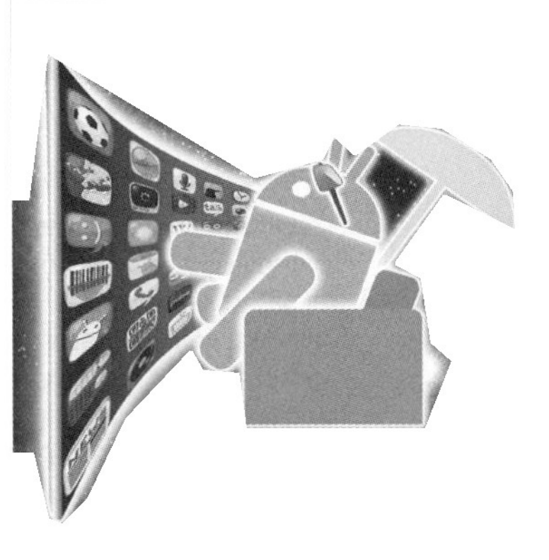

Jetzt lerne ich

Android 4-Programmierung

Der schnelle Einstieg in die App-Entwicklung
für SmartPhone und Tablet

Markt+Technik

Bibliografische Information der Deutschen Nationalbibliothek
Die Deutsche Nationalbibliothek verzeichnet diese Publikation in der Deutschen Nationalbibliografie; detaillierte bibliografische Daten sind im Internet über <http://dnb.dnb.de> abrufbar.

Die Informationen in diesem Buch werden ohne Rücksicht auf einen eventuellen Patentschutz veröffentlicht. Warennamen werden ohne Gewährleistung der freien Verwendbarkeit benutzt. Bei der Zusammenstellung von Texten und Abbildungen wurde mit größter Sorgfalt vorgegangen. Trotzdem können Fehler nicht vollständig ausgeschlossen werden. Verlag, Herausgeber und Autoren können für fehlerhafte Angaben und deren Folgen weder eine juristische Verantwortung noch irgendeine Haftung übernehmen. Für Verbesserungsvorschläge und Hinweise auf Fehler sind Verlag und Herausgeber dankbar.

Fast alle Hardware- und Softwarebezeichnungen und weitere Stichworte und sonstige Angaben, die in diesem Buch verwendet werden, sind als eingetragene Marken geschützt. Da es nicht möglich ist, in allen Fällen zeitnah zu ermitteln, ob ein Markenschutz besteht, wird das ®-Symbol in diesem Buch nicht verwendet.

10 9 8 7 6 5 4 3 2 1

15 14 13

ISBN 978-3-8272-4818-3

Covergestaltung: Thomas Arlt, tarlt@adesso21.net
Lektorat: Thomas Pohlmann
Fachlektorat: Frank Langenau
Korrektorat: Petra Alm
Herstellung: Martha Kürzl-Harrison, mkuerzl@pearson.de
Satz: text&form GbR, Fürstenfeldbruck
Druck und Verarbeitung: Drukarnia Dimograf, Bielsko-Biala
Printed in Poland

Inhaltsübersicht

Vorwort **17**

Teil A – Einführung 21

1 **Der Rechner wird vorbereitet** **23**

2 **Auf die Plätze, fertig ... App!** **43**

3 **Was wann wofür** **75**

Teil B – Grundlagen 89

4 **Code** **91**

5 **Die Benutzeroberfläche (Layout)** **115**

6 **Ressourcen** **157**

7 **Mit dem Anwender interagieren** **183**

8 **App-Grundlagen und Lebenszyklus** **201**

Teil C – Weiterführende Themen 213

9 **In Views zeichnen** **215**

10 **Menüs und Dialoge** **231**

11 **Mehrseitige Apps** **257**

12 **Daten speichern** **269**

13 **Quiz-Apps** **283**

14 **Multimedia** **291**

15 **Sensoren** **311**

16 **Einsatz der Datenbank SQLite** **327**

17 **Geolokation** **343**

18 **Brettspiel-Apps (TicTacToe)** **353**

19 **Tablet-Unterstützung mit Fragmenten** **365**

20 **Tipps und Tricks** **379**

Anhang A: Apps veröffentlichen oder weitergeben . . . 399
Anhang B: Eclipse . . . 409
Anhang C: Emulator, DDMS & Debugger . . . 421
Anhang D: Die DVD zum Buch . . . 443
Anhang E: Lösungen . . . 447
Stichwortverzeichnis . . . 465

Inhaltsverzeichnis

Vorwort 17

Teil A – Einführung 21

1 Der Rechner wird vorbereitet 23

1.1 Die nötigen Hilfsmittel und Vorbereitungen 23
1.2 Das JDK für Java SE 24
1.2.1 Setup-Datei 25
1.2.2 Installation 25
1.2.3 Eintragung in den Systempfad 25
1.2.4 Test 26
1.3 Das Android-SDK 27
1.3.1 Setup-Datei 27
1.3.2 Installation 28
1.3.3 Dokumentation und API-Referenz 31
1.4 Eclipse 34
1.4.1 Setup-Datei 34
1.4.2 Installation 35
1.4.3 Erster Start 35
1.5 Das Android-Plugin 37
1.5.1 Installation 37
1.5.2 Konfiguration 38
1.6 Wo Sie weitere Hilfe finden 39
1.7 Nächste Schritte 40
1.8 Fragen und Antworten 40
1.9 Übungen 41

2 Auf die Plätze, fertig ... App! 43

2.1 Die Ruhe vor dem Sturm 43
2.2 Das Projekt 44
2.3 Das vorgegebene Codegerüst 54
2.3.1 Die package-Anweisung 55
2.3.2 Die import-Anweisungen 56
2.3.3 Die Klassendefinition 57

2.4 Layout und Ressourcen ... 59
2.4.1 XML-Layouts ... 59
2.4.2 Ressourcen ... 61
2.5 Die App erstellen (Build) ... 63
2.6 Die App im Emulator testen ... 65
2.6.1 AVD für Emulator anlegen ... 65
2.6.2 App testen ... 67
2.7 Die App auf dem Smartphone oder Tablet-PC testen ... 69
2.8 Nächste Schritte ... 73
2.9 Fragen und Antworten ... 73
2.10 Übungen ... 74

3 Was wann wofür ... 75

3.1 Was ist zu tun? – Die drei Pfeiler der App-Erstellung ... 75
3.2 Wer hilft uns? – Bausteine und Klassen ... 76
3.2.1 Bausteine für den App-Aufbau ... 76
3.2.2 Klassen zur Adressierung spezieller Aufgaben ... 80
3.3 Wo wird was gespeichert? – Dateitypen, die Sie kennen sollten ... 81
3.3.1 Quelldateien ... 81
3.3.2 Automatisch generierte Dateien ... 82
3.3.3 Die Android-Bibliothek ... 83
3.3.4 assets ... 84
3.3.5 Die Ressourcendateien ... 84
3.3.6 Die Manifestdatei ... 84
3.3.7 Die Properties-Datei ... 86
3.3.8 Die APK-Datei ... 87
3.4 Fragen und Antworten ... 87
3.5 Übungen ... 88

Teil B – Grundlagen ... 89

4 Code ... 91

4.1 Unterstützung durch den Eclipse-Editor ... 91
4.1.1 Syntaxhervorhebung ... 92
4.1.2 Gliederung (Folding) ... 92
4.1.3 QuickFix ... 94
4.1.4 QuickInfo statt API-Dokumentation ... 98
4.1.5 Klammernpaare identifizieren ... 101
4.1.6 Zeilennummern einblenden ... 102
4.1.7 Alle Vorkommen markieren ... 102
4.1.8 Definitionen finden ... 103
4.1.9 Code erweitern ... 103
4.1.10 Refactoring (Code umstrukturieren) ... 106

4.2 Klassen in eigene Quelldateien auslagern ... 107
4.2.1 Die Tuschstaffel-App ... 108
4.2.2 Quelldateien hinzufügen ... 111
4.3 Fragen und Antworten ... 114
4.4 Übungen ... 114

5 Die Benutzeroberfläche (Layout) ... 115
5.1 Ein paar einführende Gedanken zum Design von Benutzeroberflächen ... 115
5.2 Die zwei Gesichter der Layoutdateien: XML kontra Designer ... 118
5.2.1 Der XML-Code ... 119
5.2.2 Der Designer ... 124
5.3 Layout-Views ... 127
5.3.1 Die allgemeinen Layoutparameter ... 128
5.3.2 Die Layout-Views ... 131
5.3.3 Hintergrundfarbe (oder -bild) ... 139
5.3.4 Hierarchy Viewer ... 142
5.4 Widgets ... 143
5.5 Praxisbeispiel: eine Quiz-Oberfläche ... 147
5.6 Hoch- und Querformat ... 151
5.7 App-Symbol ... 153
5.8 Views im Code verwenden ... 153
5.8.1 Layouts laden ... 153
5.8.2 Zugriff auf UI-Elemente ... 154
5.9 Fragen und Antworten ... 156
5.10 Übungen ... 156

6 Ressourcen ... 157
6.1 Der grundlegende Umgang ... 157
6.1.1 Ressourcen anlegen ... 158
6.1.2 Ressourcen verwenden ... 161
6.1.3 Ressourcen aus dem Projekt entfernen ... 164
6.2 Welche Arten von Ressourcen gibt es? ... 165
6.2.1 Größenangaben ... 165
6.2.2 Farben ... 166
6.2.3 Strings ... 167
6.2.4 String-Arrays (Texte) ... 169
6.2.5 Bilder ... 171
6.2.6 Layouts ... 172
6.2.7 Menüs ... 173
6.2.8 Roh- und Multimediadaten ... 173
6.2.9 Stile ... 174

6.3 Alternative Ressourcen vorsehen ... 178
6.3.1 Das Grundprinzip ... 179
6.3.2 Wie stellt man konfigurationsspezifische Ressourcen bereit? ... 180
6.4 Fragen und Antworten ... 182
6.5 Übungen ... 182

7 Mit dem Anwender interagieren ... 183
7.1 Das Grundprinzip ... 183
7.1.1 Auf ein Ereignis reagieren ... 184
7.1.2 Welche Ereignisse gibt es? ... 187
7.1.3 Hintergrund der Ereignisverarbeitung ... 188
7.2 Vereinfachte Ereignisbehandlung ... 190
7.2.1 Ereignisbehandlung mit anonymen Listener-Klassen ... 190
7.2.2 Ereignisbehandlung mit anonymen Listener-Objekten ... 191
7.2.3 Ereignisbehandlung mithilfe der Activity-Klasse ... 192
7.3 Eine Behandlungsmethode für mehrere Views ... 193
7.4 Auf Tipp- und Wischereignisse reagieren ... 194
7.4.1 Tippereignisse ... 194
7.4.2 Wischereignisse ... 196
7.5 Auf Tastendrücke reagieren ... 197
7.6 Ereignisverarbeitung in selbst geschriebenen View-Klassen ... 199
7.7 Fragen und Antworten ... 200
7.8 Übungen ... 200

8 App-Grundlagen und Lebenszyklus ... 201
8.1 Die Android-Architektur ... 201
8.2 Der App-Lebenszyklus ... 203
8.3 Der Activity-Lebenszyklus ... 205
8.4 Lebenszyklus-Demo ... 206
8.5 Fragen und Antworten ... 211
8.6 Übungen ... 212

Teil C – Weiterführende Themen ... 213

9 In Views zeichnen ... 215
9.1 Das Grundprinzip ... 215
9.1.1 Die Leinwand ... 215
9.1.2 Das Atelier ... 215
9.1.3 Die Zeichenmethoden und -werkzeuge ... 216
9.1.4 Wie alles zusammenwirkt ... 216

9.2 Grafikprimitive zeichnen ... 220
9.3 Bilder bewegen ... 224
9.4 Verbesserungen ... 229
9.5 Fragen und Antworten ... 229
9.6 Übungen ... 230

10 Menüs und Dialoge ... 231

10.1 Menüs ... 231
10.1.1 Menü-Verwirrungen ... 232
10.1.2 Menü-Ressourcen ... 233
10.1.3 Menüeinträge in der ActionBar ... 235
10.1.4 Das Optionen-Menü ... 236
10.1.5 Das Kontextmenü ... 238
10.1.6 Popup-Menü ... 240
10.1.7 Untermenüs ... 241
10.1.8 Auf die Auswahl eines Menüeintrags reagieren ... 241
10.2 Dialoge ... 244
10.2.1 Dialoge erzeugen ... 244
10.2.2 Dialoge anzeigen ... 245
10.2.3 Standarddialoge mit AlertDialog ... 246
10.2.4 Dialoge für Datum- und Zeitauswahl ... 247
10.2.5 Der Fortschrittsdialog ... 250
10.2.6 Eigene Dialoge definieren ... 252
10.3 Benachrichtigungen mit Toasts ... 254
10.3.1 Toasts im Hintergrund-Thread ... 254
10.4 Fragen und Antworten ... 255
10.5 Übungen ... 256

11 Mehrseitige Apps ... 257

11.1 Intents ... 257
11.1.1 Was sind Intents? ... 257
11.1.2 Explizite und implizite Intents ... 259
11.1.3 Intent-Filter ... 259
11.2 Activities starten mit Intents ... 260
11.2.1 Intent-Objekte erzeugen ... 261
11.3 Intents empfangen ... 262
11.4 Ein Demo-Beispiel ... 263
11.5 Ergebnisse zurücksenden ... 266
11.6 Fragen und Antworten ... 267
11.7 Übungen ... 267

12 Daten speichern ... 269
12.1 Preferences ... 269
12.2 Dateizugriffe ... 270
12.2.1 In Dateien schreiben ... 270
12.2.2 Aus Dateien lesen ... 271
12.2.3 Textdateien ... 272
12.2.4 Welche Dateien sind vorhanden? ... 273
12.2.5 Dateien als Ressourcen verwalten ... 274
12.3 Zugriff auf die SD-Karte ... 274
12.4 Die Reaktions-App ... 276
12.5 Fragen und Antworten ... 281
12.6 Übungen ... 281

13 Quiz-Apps ... 283
13.1 Aufbau und Benutzeroberfläche ... 283
13.2 Die Activity (QuizActivity.java) ... 284
13.3 Die Fragen (Frage.java) ... 286
13.4 Die Spielsteuerung (Spiellogik.java) ... 287
13.5 Verbesserungen ... 289
13.6 Fragen und Antworten ... 290
13.7 Übungen ... 290

14 Multimedia ... 291
14.1 Audioressourcen ... 291
14.2 Sound-Effekte mit SoundPool ... 292
14.3 Das Universalgenie: MediaPlayer ... 294
14.3.1 Audioressourcen abspielen ... 294
14.3.2 Audiodateien vom Dateisystem abspielen ... 295
14.3.3 Audiodateien aus dem Internet abspielen ... 295
14.3.4 Auf das Abspielende reagieren ... 296
14.3.5 MediaPlayer-Objekte wiederverwenden ... 297
14.3.6 Ressourcen freigeben ... 299
14.3.7 Audiodateien wiederholt abspielen ... 300
14.4 Piepen und andere Töne ... 300
14.5 Bilddateien anzeigen ... 302
14.6 Videos abspielen ... 303
14.7 Videos aufnehmen ... 305
14.8 Fotos aufnehmen und speichern ... 305
14.9 Fragen und Antworten ... 310
14.10 Übungen ... 310

15 Sensoren 311
15.1 Zugriff 311
15.1.1 Was Sie benötigen 312
15.1.2 Welche Sensoren sind verfügbar? 312
15.1.3 Anmeldung beim Sensor 313
15.2 Sensordaten auslesen 315
15.2.1 Beschleunigungswerte ermitteln 317
15.2.2 Lagedaten ermitteln 320
15.3 Fragen und Antworten 324
15.4 Übungen 325
16 Einsatz der Datenbank SQLite 327
16.1 Was ist eine relationale Datenbank? 327
16.2 Datenbank anlegen/öffnen 328
16.2.1 onCreate() 329
16.2.2 onUpgrade() 331
16.2.3 close() 331
16.2.4 Datenbanken als Ressourcen mitgeben 331
16.3 Datenzugriffe 332
16.4 Datenbankinhalte mit ListView anzeigen 337
16.5 Fragen und Antworten 341
16.6 Übungen 342
17 Geolokation 343
17.1 Zugriff 343
17.1.1 Verfügbarkeit feststellen 343
17.1.2 Daten empfangen 344
17.1.3 Empfänger abmelden 345
17.2 Geokoordinaten 346
17.2.1 Sexagesimale und dezimale Darstellung 346
17.2.2 Das Location-Objekt 346
17.3 Die Demo-App 347
17.4 Fragen und Antworten 352
17.5 Übungen 352
18 Brettspiel-Apps (TicTacToe) 353
18.1 Aufbau und Benutzeroberfläche 353
18.2 Die Start-Activity (TicTacToeActivity) 355
18.3 Spielfeld und Logik (TicTacToeView) 356
18.3.1 Vorbereitungen 356
18.3.2 Spielfeld zeichnen 358

18.3.3 Spielerzug durchführen ... 359
18.3.4 Computerzug mit AsyncTask durchführen ... 360
18.4 Verbesserungen ... 363
18.5 Fragen und Antworten ... 364
18.6 Übungen ... 364

19 Tablet-Unterstützung mit Fragmenten ... 365
19.1 Was ist ein Fragment? ... 365
19.2 Ein Fragment erzeugen ... 366
19.3 Fragment zur Activity hinzufügen ... 366
19.4 Ein Fragment-Beispiel ... 368
19.4.1 Das Layout der Activity ... 369
19.4.2 Definition der Fragment-Klassen ... 370
19.4.3 Die Activity ... 372
19.5 Fragmente für Dialoge ... 375
19.6 Fragen und Antworten ... 376
19.7 Übungen ... 377

20 Tipps und Tricks ... 379
20.1 Mehrere AVDs und Emulator-Konfigurationen einrichten ... 379
20.2 Das Smartphone vibrieren lassen ... 382
20.3 UI-Code periodisch ausführen lassen ... 383
20.4 Bildergalerien mit GridView und BaseAdapter ... 386
20.4.1 Die Bildressourcen ... 386
20.4.2 Die Adapter-Klasse ... 387
20.4.3 Die GridView ... 390
20.4.4 Angeklickte Bilder als Vollbild anzeigen ... 390
20.5 Spinner verwenden (Listenfelder) ... 393
20.5.1 Den Spinner mit Daten füllen ... 393
20.5.2 Ereignisbehandlung ... 395
20.6 Mehrsprachige Apps ... 396
20.7 Fragen und Antworten ... 398
20.8 Übungen ... 398

Anhang A: Apps veröffentlichen oder weitergeben ... 399
A.1 Die App vorbereiten ... 399
A.2 Digitales Signieren ... 400
A.3 Die App exportieren und signieren ... 401
A.4 Bei Google Play registrieren ... 404
A.4.1 Steuerliche Aspekte bei App-Verkauf ... 405
A.5 App hochladen ... 405
A.6 Weitergabe an Bekannte ... 406

Anhang B: Eclipse 409

B.1 Android-Projekt anlegen 409
B.2 Projekte erstellen 411
B.3 Projekte deaktivieren 412
B.4 Projekte löschen 412
B.5 Neuen Workspace einrichten 413
B.6 Bestehendes Projekt in Workspace aufnehmen (Import) 415
B.7 Launch-Konfigurationen anpassen oder einrichten 415
B.8 Properties-Fenster anzeigen 416
B.9 Formatierung von XML-Layoutdateien 417
B.10 Apps exportieren 418
B.11 Kleines Eclipse-Wörterbuch 419

Anhang C: Emulator, DDMS & Debugger 421

C.1 Der Emulator 421
C.1.1 Emulator starten 423
C.1.2 Die Emulator-Bedienung 428
C.1.3 Apps installieren und deinstallieren 428
C.2 Das DDMS 429
C.3 Der Debugger 434
C.3.1 Debug-Lauf starten 434
C.3.2 Debug-Möglichkeiten 436
C.4 Debugging-Beispiel 439

Anhang D: Die DVD zum Buch 443

Anhang E: Lösungen 447

Stichwortverzeichnis 465

Vorwort

Willkommen in der Android-Welt! Seitdem sich der Touchscreen als Standardoberfläche von Mobilfunktelefonen etabliert hat und vor kurzem noch völlig unbekannte Features wie GPS-Empfänger und Lagesensor zur Standardausstattung gehören, gibt es kein Halten mehr: Jede Woche erscheinen neue Android-basierte Geräte und die Zahl der verfügbaren Apps im Android Market explodiert geradezu.

Wenn auch Sie dazu gehören wollen, wenn Sie nicht bloß Anwender sein möchten, sondern daran interessiert sind, eigene Ideen in Apps umzusetzen – sei es zum Spaß oder auch vielleicht als Einstieg in eine Existenz als selbständiger Software-Entwickler –, dann kann Ihnen dieses Buch einen guten Einstieg (und ein bisschen mehr) in die Welt der App-Programmierung für Androidsysteme bieten.

Vorkenntnisse und Anforderungen

Wir wollen nichts beschönigen. Die Anforderungen an Android-Programmierer sind hoch. Doch mithilfe dieses Buches und ein wenig Ausdauer und Mitdenken sollten Sie die größten Hürden meistern können.

Sehen wir uns dazu einmal an, welche Fähigkeiten ein Android-Programmierer besitzen muss und inwieweit Ihnen dieses Buch helfen kann, diese Fähigkeiten zu entwickeln.

- Gute Kenntnisse der Programmiersprache **Java**

  Sie erfüllen diesen Punkt nicht? Kein Grund zur Panik, aber lesen Sie unbedingt den nachfolgenden Abschnitt zum »idealen Leser«.

- Umgang mit der integrierten Entwicklungsumgebung **Eclipse**

  Alles, was Sie zum Umgang mit Eclipse im Allgemeinen wie auch im Hinblick auf die Erstellung von Android-Apps wissen müssen, lesen Sie in diesem Buch. Zusätzlich finden Sie am Ende des Buches einen eigenen Anhang zu Eclipse, wo die wichtigsten Aufgaben noch einmal zusammengefasst sind (inklusive eines kleinen Eclipse-Wörterbuches, das Lesern, die im Englischen nicht so versiert sind, die Eingewöhnung in die durchweg englische Benutzeroberfläche erleichtern soll).

- Einsatz verschiedener **Hilfsprogramme** wie HierarchyViewer, Debugger und Emulator.

  Insbesondere der Emulator ist für die Entwicklung von Apps unerlässlich, da Sie mit seiner Hilfe unterschiedlich ausgestattete Android-Geräte simulieren (»emulieren«) können.

  Unnötig zu erwähnen, dass wir Ihnen die wichtigsten Hilfsprogramme in diesem Buch vorstellen und Sie in die Arbeit mit ihnen einführen.

- Wissen um den **Aufbau von Apps** und Kenntnis der **Android-Klassenbibliothek**

  Dies ist das eigentliche Thema dieses Buches.

Nach dem erfolgreichen Durcharbeiten dieses Buches werden Sie sicher noch kein Profi-Android-Entwickler sein. Das können und wollen wir Ihnen gar nicht versprechen, denn der Umfang an Material wäre so groß, dass kein Platz mehr für ausführliche Erläuterungen bliebe.

Sie werden aber eine sehr fundierte Grundlage erhalten, in viele fortgeschrittene Bereiche blicken und alles Notwendige lernen, um tolle Apps erstellen und sich selbständig weiterbilden zu können.

Der ideale Leser, Java-Kenntnisse und das Java-Tutorium auf der Buch-DVD

Da es den idealen Leser im Grunde gar nicht gibt, sollten wir uns lieber fragen, welche Lesergruppen in welchem Umfang von dem vorliegenden Buch profitieren können:

Leser mit guten Java-Kenntnissen, die sicher objektorientiert programmieren können und bereits Erfahrung mit Konzepten wie Überschreibung, Interface-Implementierung, Ereignis-Listener und Threads haben, bilden eine der drei Hauptzielgruppen, für die dieses Buch geschrieben wurde. Sollten Sie zu dieser Gruppe zählen, legen Sie einfach los.

Leser mit grundlegenden Java-Kenntnissen bilden die zweite Hauptzielgruppe und sollten mit diesem Buch ebenfalls gut und schnell vorankommen. Sollten Sie zu dieser Gruppe gehören, achten Sie auf die im Buchtext eingestreuten Hinweise zu den Exkursen des Java-Tutoriums auf der Buch-DVD. Mithilfe dieser Exkurse können Sie etwaige Wissenslücken zur Java-Programmierung schließen.

Umsteiger von anderen Programmiersprachen bilden die dritte Hauptzielgruppe. Doch Obacht! Es liegt viel Arbeit vor Ihnen, denn Sie müssen sich parallel auch noch mithilfe des Java-Tutoriums auf der Buch-DVD in Java einarbeiten. Sofern Sie allerdings bereits über gute Programmierkenntnisse in einer anderen objektorientierten Sprache (wie z.B. C++ oder C#) verfügen, dürfte dies für Sie keine große Schwierigkeit sein. Sie können das Tutorium vorab oder parallel zu diesem Buch lesen (die ersten Kapitel enthalten zu diesem Zweck Hinweise, wann Sie welche Teile des Tutoriums lesen sollten).

Bleibt die Gruppe der Leser, die über keine oder nur wenig Programmiererfahrung verfügen. Angehörigen dieser Gruppe können wir eigentlich nur empfehlen, sich zuerst einmal in die Java-Programmierung einzuarbeiten (beispielsweise mit unserem »Jetzt lerne ich Java«-Titel). Sie können es aber natürlich auch mit dem Java-Tutorium auf der Buch-DVD versuchen. Es geht zwar relativ flott voran, ist aber recht gut verständlich und beinhaltet sogar eine allgemeine Einführung in die grundlegenden Programmierkonzepte.

Aufbau des Buches

Das Buch ist in drei Teile plus Anhang gegliedert.

Der erste Teil behandelt die Installation der notwendigen Entwicklerwerkzeuge und die Grundlagen der App-Erstellung.

Der zweite Teil vertieft die im ersten Teil angesprochenen Grundthemen: Code, Benutzeroberfläche, Arbeiten mit Ressourcen und App-Lebenszyklus.

Der dritte Teil behandelt zahlreiche fortgeschrittene Aspekte wie z.B. Grafik, Menüs, Sensoren, Spiele, Datenbanken oder Geolokation. Er unterscheidet sich nicht nur inhaltlich, sondern auch konzeptionell von den beiden vorangehenden Teilen und ist eher im Stile eines Fortgeschrittenenbuches geschrieben.

Abgerundet wird das Buch mit Anhängen zur Veröffentlichung von Apps, zu Eclipse, Emulator, DDMS und Debugger sowie einem ausführlichen Index.

Die Website zum Buch

Wir haben dieses Buch mit großer Sorgfalt erstellt. Falls Sie auf Probleme oder Fehler stoßen, sollten Sie nicht zögern, uns eine E-Mail unter Angabe von Buchtitel und Auflage zu senden. Schauen Sie auch einmal auf der Buch-Website von Markt+Technik *www.mut.de/24818* oder aber auf *www.carpelibrum.de* nach. Neben zusätzlichem Material, den Lösungsprojekten zu den Übungen, Aktualisierungen und Errata finden Sie dort auch weitere Bücher zum Thema Programmieren in Java, C++, C#, u.a.

Viel Spaß in der Android-Welt wünschen Ihnen

Dirk Louis (autoren@carpelibrum.de)
Peter Müller (leserfragen@gmx.de)

Teil A – Einführung

In diesem Teil geht es darum, dass Sie sich mit dem Aufbau von Android-Programmen und den Entwicklerwerkzeugen vertraut machen, die wir für die Erstellung von Android-Programmen (fortan kurz »Apps« genannt) benötigen. Doch zunächst müssen wir diese natürlich erst einmal installieren.

1 Der Rechner wird vorbereitet 23

2 Auf die Plätze, fertig ... App! 43

3 Was wann wofür 75

SIE LERNEN IN DIESEM KAPITEL,

- WAS SIE ALLES BENÖTIGEN,
- WIE SIE DAS JAVA-SDK UND DAS ANDROID-SDK INSTALLIEREN UND
- WIE SIE ECLIPSE INSTALLIEREN.

1 Der Rechner wird vorbereitet

Bevor Sie mit der App-Programmierung beginnen können, müssen Sie sicherstellen, dass Sie das nötige Arbeitsgerät zur Verfügung haben. Die gute Nachricht ist: Alles, was Sie zum Schreiben eigener Apps benötigen, gibt es kostenlos im Internet bzw. auf der Buch-DVD. Die weniger gute Nachricht ist: Sofern Sie nicht bereits mit Java und Eclipse arbeiten und beides aktuell gehalten haben, steht Ihnen ein kleiner Installationsmarathon bevor. Aber wie sagt schon ein auf Seneca zurückgehendes Sprichwort:

per aspera ad astra

(»Durch Mühsal zu den Sternen« oder wie es in Anlehnung an Hesiod heißt: »Vor den Erfolg haben die Götter den Schweiß gestellt.«)

> **Achtung** Das vorliegende Kapitel soll Sie zügig und mit allen notwendigen Informationen, aber ohne langatmige Erklärungen durch die Installation und Einrichtung Ihrer Android-Entwicklungsumgebung geleiten. Für den Fall, dass Sie an irgendeiner Stelle ausführlichere Hilfestellung benötigen, finden Sie im Internet auf der Website *www.carpelibrum.de* die Datei *Android_Installation.pdf*, die in kürzeren Zyklen als das Buch aktualisiert wird und auch Hinweise für Mac OS- und Linux-Anwender enthält.

1.1 Die nötigen Hilfsmittel und Vorbereitungen

Um Apps schreiben zu können, benötigen Sie:

- das **JDK für Java SE**
- das **Android-SDK**
- **Eclipse** mit dem **Android-Plugin** (optional, aber empfehlenswert)
- ein Android-Smartphone (optional)

und natürlich

- einen nicht zu alten Rechner mit mindestens 700 Mbyte freiem Festplattenspeicher (optimal wären 2 bis 3 Gbyte) und einem geeigneten Betriebssystem (unseres Wissens nach eignet sich jedes nicht zu alte Windows-, MacOS- oder Linux-System)
- Spaß am Programmieren, Ausdauer und auch ein bisschen Mut

DVD zum Buch JDK und Eclipse finden Sie übrigens auf der Buch-DVD. Wir hätten gerne noch ein kostenloses Android-Smartphone hinzugepackt, aber es ließ sich leider kein Sponsor finden.

Achtung Das Android-Plugin müssen Sie in der aktuellen Version aus dem Internet herunterladen. Die Android-SDK-Version muss auf die Plugin-Version abgestimmt sein, weswegen es sehr zu empfehlen ist, das SDK ebenfalls in der aktuellen Version aus dem Internet herunterzuladen. So gibt es bei der Installation die wenigsten Schwierigkeiten. Nachteilig an diesem Verfahren ist, dass Sie angesichts der kurzlebigen Produktzyklen auf diese Weise mit ziemlicher Sicherheit mit einem anderen Plugin arbeiten als wir beim Schreiben dieses Buches. Lassen Sie sich also nicht zu sehr verwirren, wenn eine Abbildung zum Eclipse-Android-Designer mal nicht hundertprozentig mit Ihrem Bildschirm übereinstimmt oder ein Eclipse-Android-Menübefehl sich geändert hat. Sollte es gravierendere Abweichungen geben, laden Sie sich von *www.carpelibrum.de* die Datei *Android_Installation.pdf* herunter, die von uns nach Bedarf aktualisiert wird.

1.2 Das JDK für Java SE

Android-Apps werden in der Programmiersprache Java geschrieben. Es sind also, wenn man so möchte, letzten Endes Java-Programme, und, um Java-Programme schreiben zu können, benötigen Sie die Java-Werkzeugkiste für Entwickler, das sogenannte Java-SDK oder JDK.

Wir beginnen unseren Installationsmarathon daher mit der Installation des Java-SDK.

Merksatz SDK ist ein Akronym für **S**oftware **D**evelopment **K**it. Das Kürzel JDK steht für **J**ava **D**evelopment **K**it. Beide Begriffe werden üblicherweise synonym verwendet.

1.2.1 Setup-Datei

Zum Zeitpunkt der Drucklegung dieses Buches benötigte man für die Android-Programmierung das JDK in der Version 6 oder höher.

Das JDK 7u5 (Version 7, Update 5) für Windows-, Linux- und Mac OS-Anwender finden Sie auf der Buch-DVD.

Ansonsten können Sie die jeweils aktuelle Version des JDK von der Oracle-Website herunterladen: *http://www.oracle.com/technetwork/java/javase/downloads/index.html.*

Achtung Wenn Sie Java aus dem Internet herunterladen, verwechseln Sie das JDK ja nicht mit der JRE. Letztere dient allein der Ausführung von Java-Anwendungen, eignet sich aber nicht für das Schreiben selbiger.

1.2.2 Installation

Die reine Installation des Java Development Kit (JDK) ist schnell erledigt und relativ problemlos. Etwas schwieriger – zumindest für Anwender, die dies noch nie gemacht haben – ist die Eintragung der Java-Werkzeuge in den Systempfad. Doch eins nach dem anderen.

1. Führen Sie die Setupdatei aus. Für Anwender mit einem Windows-32-Bit-Rechner arbeiten wäre dies z.B. die Setupdatei *jdk-7u5-windows-i586.exe.* Besitzen Sie dagegen einen Windows-64-Bit-Rechner, starten Sie die Setupdatei *jdk-7u5-windows-x64.exe* – z.B. durch Doppelklick auf die Datei im Windows Explorer, Aufruf mit [⊞]+[E].
2. Folgen Sie den Anweisungen des Setupprogramms und lassen Sie das JDK möglichst vollständig mit den vorgegebenen Einstellungen installieren.

   Nach dem eigentlichen JDK wird derzeit noch JavaFX installiert (das für unsere Zwecke aber nicht benötigt wird).
3. Zum Abschluss führt das Setupprogramm zu einer Website, wo Sie sich als Benutzer registrieren lassen können (aber nicht müssen).

1.2.3 Eintragung in den Systempfad

Nach der Installation sollten Sie Ihr System noch so konfigurieren, dass die JDK-Hilfsprogramme von überall bequem aufgerufen werden können.

1. Rufen Sie über START oder START/EINSTELLUNGEN die SYSTEMSTEUERUNG auf, schalten Sie diese gegebenenfalls in die klassische Ansicht (ANZEIGE: KLEINE SYMBOLE unter Windows 7) und Sie gelangen via SYSTEM, ERWEITERTE SYSTEMEINSTELLUNGEN, Schaltfläche UMGEBUNGSVARIABLEN zum Ziel.
2. Danach wählen Sie die Systemvariable `PATH` im unteren Listenfeld aus und drücken auf BEARBEITEN.

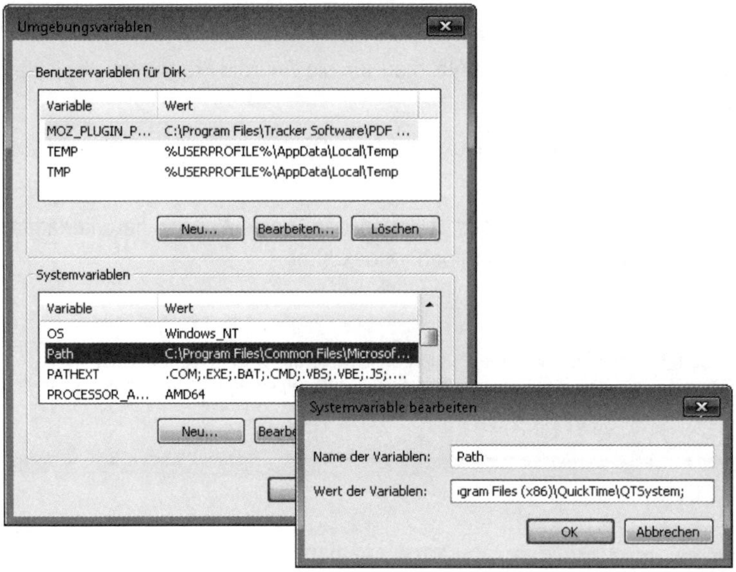

Abbildung 1.1: Anpassung der PATH-Variablen unter Windows 7 (Zeigt das Ende des PATH-Werts, bevor der Pfad zum Java-BIN-Verzeichnis angehängt wird.)

3. Springen Sie im Eingabefeld Wert der Variablen an das Ende des aktuellen PATH-Werts und fügen Sie das BIN-Verzeichnis der JDK-Installation hinzu. Zum Beispiel:

   ```
   ... QuickTime\QTSystem;C:\Program Files\Java\jdk1.7.0_05\bin;
   ```

   Das Semikolon `;` dient zur Trennung der einzelnen Verzeichnisangaben in der PATH-Variablen.

4. Schließen Sie alle Dialoge durch Klick auf OK.

> **Tipp** Um Tippfehler im Verzeichnispfad zu vermeiden, können Sie so vorgehen, dass Sie das BIN-Verzeichnis der Java-Installation zuerst im Windows Explorer öffnen. Klicken Sie dann oben im Windows Explorer in die Adressleiste, wo jetzt der gewünschte Pfad inklusive *bin* angezeigt und ausgewählt sein sollte. Drücken Sie Strg+C, um den Pfad in die Zwischenablage zu kopieren, wechseln Sie an das Ende des Eingabefelds Wert der Variablen und fügen Sie den kopierten Verzeichnispfad mit Strg+V ein. Kontrollieren Sie noch einmal den Eintrag und achten Sie vor allem darauf, dass vor und nach dem Eintrag je ein Semikolon steht.

1.2.4 Test

Hat alles geklappt? Machen wir einen kleinen Test, der uns nebenbei auch gleich bestätigt, dass die richtige JDK-Version installiert ist.

1. Rufen Sie ein Konsolenfenster auf.

   Um unter Windows 7 ein Konsolenfenster aufzurufen, klicken Sie auf das Start-Menü und wählen Sie unter ALLE PROGRAMME\ZUBEHÖR den Eintrag EINGABEAUFFORDERUNG. Unter Windows 8 finden Sie den Befehl zum Aufruf der Eingabeaufforderung in dem Menü, das Sie durch Drücken von [⊞]+[X] öffnen.

2. Tippen Sie den Befehl `javac -version` ein und schicken Sie mit [↵] ab.

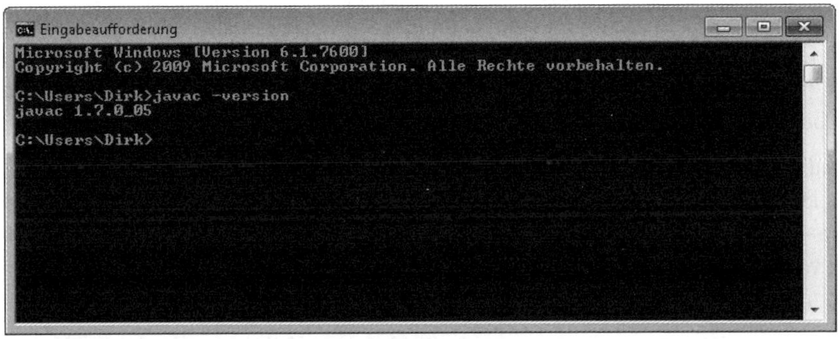

Abbildung 1.2: Prima! Die JDK-Installation war erfolgreich.

Wenn das JDK korrekt installiert und eingerichtet ist, erhalten Sie als Ergebnis eine kurze Meldung, die die Versionsnummer des Java-Compilers *javac* angibt. Beginnt die ausgegebene Versionsnummer mit 1.6 oder 1.7, so sind Sie im grünen Bereich.

1.3 Das Android-SDK

Wir kommen zu Stufe 2: der Installation des Android-SDK.

1.3.1 Setup-Datei

Das Android-SDK finden Sie nicht auf der Buch-DVD, Sie müssen es von der Android-Website herunterladen: *http://developer.android.com/sdk/index.html*.

Hinweis Der Grund, warum wir das Android-SDK nicht mit auf die Buch-DVD gepackt haben, ist, dass die SDK-Version zu der Version des Android-Plugins für Eclipse passen muss, das Sie in Schritt 4 installieren werden. Das Android-Plugin kann aber nur von der Android-Website heruntergeladen werden und wird dort nur in der jeweils aktuellen Version zur Verfügung gestellt. Mit anderen Worten: Wenn Sie beide Pakete, SDK und Plugin, zur etwa gleichen Zeit aus dem Internet herunterladen, gibt es die wenigsten Schwierigkeiten bei der Installation.

1.3.2 Installation

Die Installation des Android-SDK ist schnell erledigt.

1. Laden Sie die Setupdatei von der Android-Website *http://developer.android.com/sdk/index.html* herunter und führen Sie sie aus.

2. Folgen Sie den Anweisungen des Setupprogramms und lassen Sie das SDK installieren.

   Gelegentlich gibt es das Problem, dass das Android-Setupprogramm das Java-JDK nicht finden kann. Manchmal lässt sich das Problem dadurch lösen, dass Sie die Schaltfläche BACK drücken, um einen Dialog zurückzugehen, und anschließend wieder NEXT. Sollte dies nicht fruchten und es erscheint danach immer noch keine Bestätigung, dass das JDK gefunden wurde, müssen Sie eine `JAVA_HOME`-Umgebungsvariable definieren (siehe Kasten).

   Im weiteren Verlauf können Sie das Installationsverzeichnis auswählen. Kontrollieren Sie dabei den vorgeschlagenen Installationsort. Dieser enthält unter Umständen Leerzeichen im Pfad und auf manchen Windows-Architekturen führt dies dazu, dass das SDK später nicht vom Eclipse-Android-Plugin verwendet werden kann. Wählen Sie ein Verzeichnis, in dessen Pfad keine Leer- oder Sonderzeichen vorkommen, wie z.B. *C:\Compiler\Android\android-sdk*.

   Deaktivieren Sie auf der letzten Seite die Option zum Starten des SDK-Managers, bevor Sie auf FINISH klicken.

Der erste Teil des Android-SDK ist nun eingerichtet, doch es fehlen noch diverse Komponenten: wie z.B. die Bibliotheken, die Sie dringend für die Programmierarbeit benötigen. Mithilfe des SDK-Managers können Sie diese nun installieren.

Achtung Der SDK-Manager benötigt eine bestehende Internetverbindung!

5. Starten Sie den SDK-Manager.

   Öffnen Sie dazu z.B. den Windows Explorer, wechseln Sie in das Verzeichnis des Android-SDK und starten Sie den SDK-Manager durch Doppelklick auf die Datei *SDK Manager.exe*. (Wenn Sie nicht als Administrator angemeldet sind, klicken Sie mit der rechten Maustaste auf die Datei und wählen Sie im Kontextmenü den Befehl ALS ADMINISTRATOR AUSFÜHREN aus.)

In dem Fenster des SDK-Managers sehen Sie nun eine größere Auswahl an Komponenten (Packages), die Sie installieren können. Die Komponenten mit dem Häkchen vor dem Namen sind für die Installation vorgemerkt.

JAVA_HOME für Windows

Die JAVA_HOME-Umgebungsvariable, die dem Android-Setupprogramm mitteilt, wo Java zu finden ist, wird ganz analog zu der PATH-Umgebungsvariablen eingerichtet.

1. Brechen Sie zuerst die Installation des Android-SDK ab.
2. Rufen Sie danach über Start oder Start/Einstellungen die Systemsteuerung auf, schalten Sie diese gegebenenfalls in die klassische Ansicht (Anzeige: Kleine Symbole unter Windows 7) und Sie gelangen via System, Erweiterte Systemeinstellungen (Register Erweitert unter Windows XP), Schaltfläche Umgebungsvariablen zum Ziel.
3. Danach klicken Sie im unteren Listenfeld auf Neu, um eine neue Umgebungsvariable anzulegen.

   Geben Sie als Name der Variablen JAVA_HOME ein.

   Geben Sie als Wert der Variablen den Pfad zum Java-Verzeichnis an (diesmal das übergeordnete Verzeichnis, nicht das bin-Verzeichnis).

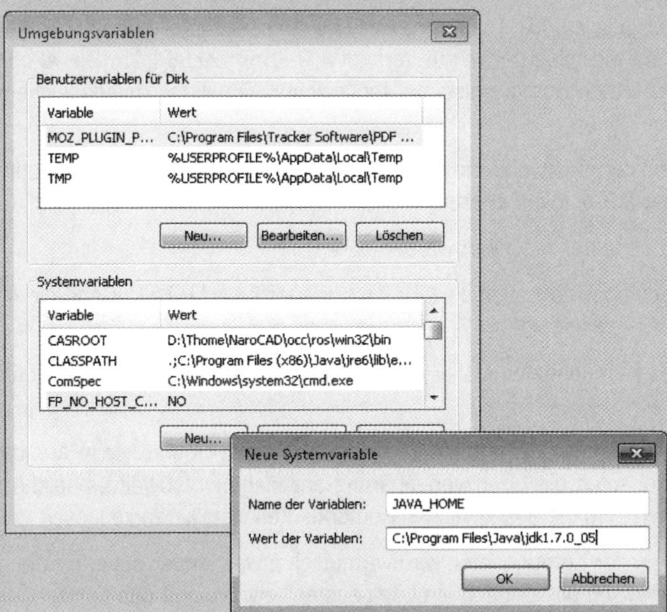

Abbildung 1.3: Definition der JAVA_HOME-Variablen unter Windows 7

4. Schließen Sie alle Dialoge durch Klick auf OK.

Plattformen und APIs

Wie von jeder Software kommen auch von dem Android-Betriebssystem ständig neue und erweiterte Versionen (Plattformen) heraus. Zu jeder dieser Plattformen gibt es eine eigene API[1].

1 API ist das Akronym für »Application Programming Interface« und die Schnittstelle zu den Bibliotheksklassen, die Sie für die App-Programmierung benutzen.

Der SDK-Manager in der Version 20 lädt per Voreinstellung nur die API zur aktuellen Android-Betriebssystemversion herunter (zum Zeitpunkt der Drucklegung dieses Buches war dies die Version 4.1).

Mit dieser API können Sie zwar die neuesten Entwicklungen in der Android-Programmierung nutzen, haben dann aber das Problem, dass viele Anwender ihre Apps nicht ausführen können, weil sie derzeit noch ältere Android-Versionen auf ihren Smartphones und Tablet-PCs installiert haben. Zudem bringt nicht jede API automatisch entscheidende Neuerungen.

Ein Quantensprung war der Übergang zu 4.0. Da die Version 4.0 aber noch an so manchen Kinderkrankheiten litt, folgte kurz darauf die fehlerbereinigte Version 4.0.3 mit der API 15. Die API 15 zu Android 4.0.3 bietet daher einen guten Kompromiss aus technischer Aktualität, Zuverlässigkeit und annehmbarer Verbreitung.

Wir empfehlen Ihnen daher, neben der API zu Android 4.1 noch die APIs zu 4.0.3 und zwecks optimaler Abwärtskompatibilität die APIs zu 2.3.3 zu installieren.

6. Wählen Sie aus, welche Komponenten installiert werden sollen.

   Achten Sie darauf, dass neben den Tools auch die APIs 16 (für Android 4.1), 15 (für Android 4.0.3) und 10 (für Android 2.3.3) ausgewählt sind.

7. Lassen Sie die ausgewählten Komponenten installieren. (Klicken Sie dazu auf die INSTALL-Schaltfläche.)

8. Im nachgeschalteten Dialog CHOOSE PACKAGES TO INSTALL aktivieren Sie die Option ACCEPT ALL, um für alle zu installierenden Komponenten die Lizenzvereinbarung anzunehmen (soweit es solche gibt) und klicken Sie dann auf INSTALL, um die ausgewählten Komponenten installieren zu lassen.

Das Herunterladen und Installieren der Komponenten wird vermutlich etwas länger dauern. Haben Sie also ein wenig Geduld. Im automatisch aufspringenden Log-Fenster bzw. anhand des Fortschrittsbalkens im SDK MANAGER-Fenster können Sie das Fortschreiten der Installation verfolgen. Geht alles gut, werden die installierten Komponenten angezeigt.

Hinweis Einige der vorausgewählten Addons sind mit einer Registrierung verbunden. Da wir diese Addons nicht benötigen, können Sie die entsprechenden Fenster einfach schließen.

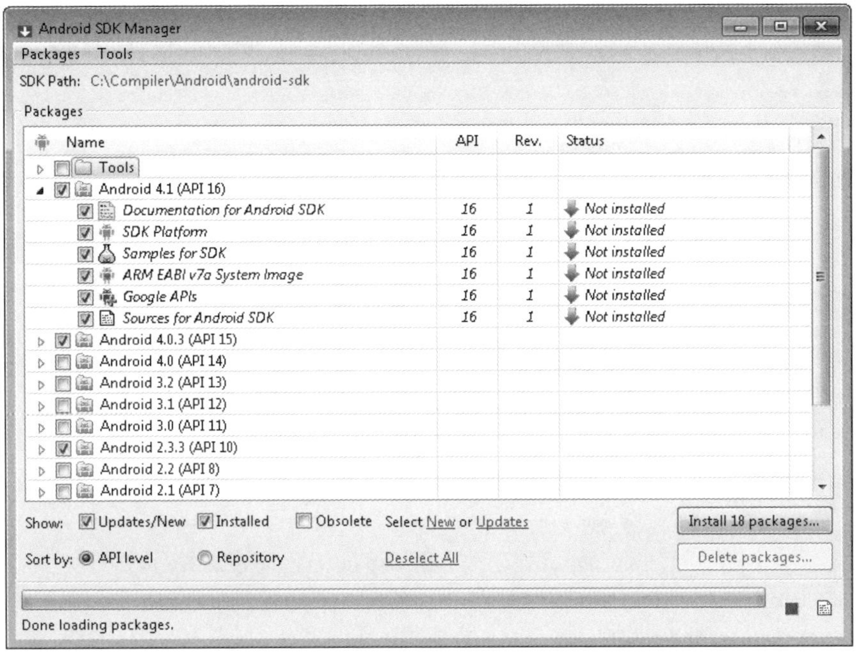

Abbildung 1.4: Auswahl der zu installierenden Komponenten

1.3.3 Dokumentation und API-Referenz

Anstelle eines Tests lassen Sie uns kurz durch das Installationsverzeichnis des Android-SDK streifen, um zu sehen, ob alle wichtigen Komponenten heruntergeladen wurden.

Unterverzeichnis	Inhalt
tools	Hier sind die verschiedenen Hilfsprogramme des SDK zusammengefasst; darunter z.B. auch der Emulator, der ein Android-Smartphone simuliert und mit dessen Hilfe Sie Ihre Apps direkt auf dem PC testen können.
platforms	Für jede Plattform (Android-Version), die Sie mithilfe des SDK-Managers heruntergeladen haben, finden Sie hier ein eigenes Unterverzeichnis mit der Programmierbibliothek (*android.jar*), individuellen Oberflächen für den Emulator (*skins*) und diversen anderen plattformspezifischen Dateien.
platform-tools	Enthält plattformspezifische Hilfsprogramme.
samples	Diverse Beispielprogramme, aufgeteilt nach Plattformen (Android-Versionen)
docs	Hilfe und Dokumentation

Tabelle 1.1: Wichtige Verzeichnisse des Android-SDK

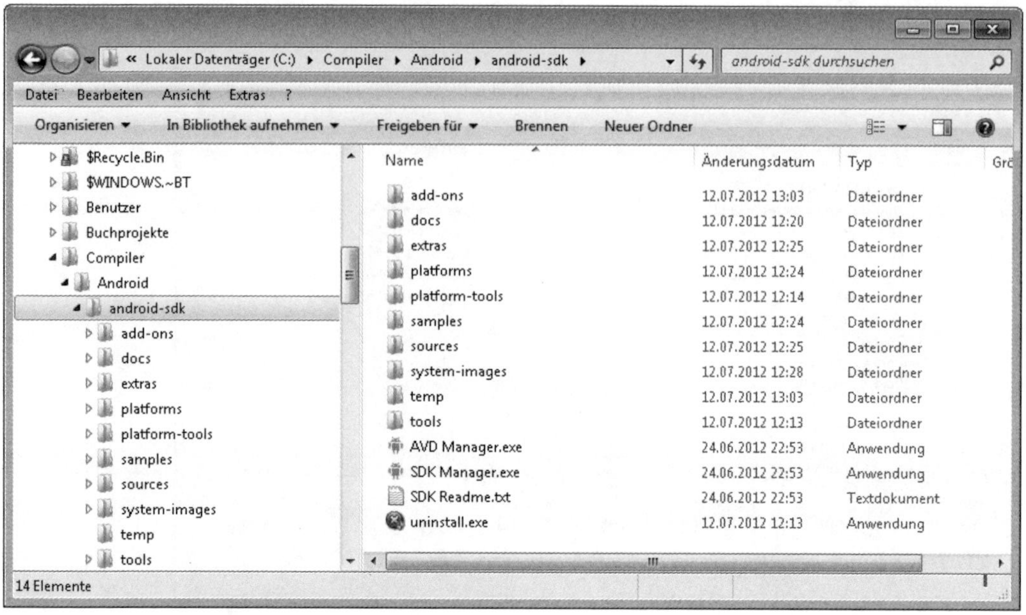

Abbildung 1.5: Das Verzeichnis des Android-SDK

Besondere Aufmerksamkeit verdient das Verzeichnis *docs*. Hier finden Sie die vollständige Dokumentation zu Android, inklusive Programmierhandbüchern und API-Referenz, quasi ein lokales Abbild der Android-Website. Ausgangspunkt ist die Datei *index.html*.

Hinweis Die Android-Hilfe ist komplett auf Englisch.

Link	Inhalt
Get the SDK	Hier können Sie das neueste SDK herunterladen, sich über die Systemvoraussetzungen informieren oder Hilfe zur Installation finden.
Develop/Android Training	Hier finden Sie viele hilfreiche Tutorien.
Develop/API Guides	Hier finden Sie Hinweise, Artikel und Hintergrundinformationen zu praktisch allen Aspekten der Android-Programmierung.
Develop/Reference	Dies ist die Referenz der Elemente aus der Android-Bibliothek. Die Referenz ist analog der Java-API-Dokumentation aufgebaut. Zuerst wählen Sie links oben ein Paket (*Package*) aus, dann links unten eine der im Paket enthaltenen Klassen (*Classes*) oder sonstigen Elemente. Danach wird im rechten Bereich die Dokumentation zu dem ausgewählten Element angezeigt.

Tabelle 1.2: Wichtige Entwickler-Seiten der Android-Hilfe

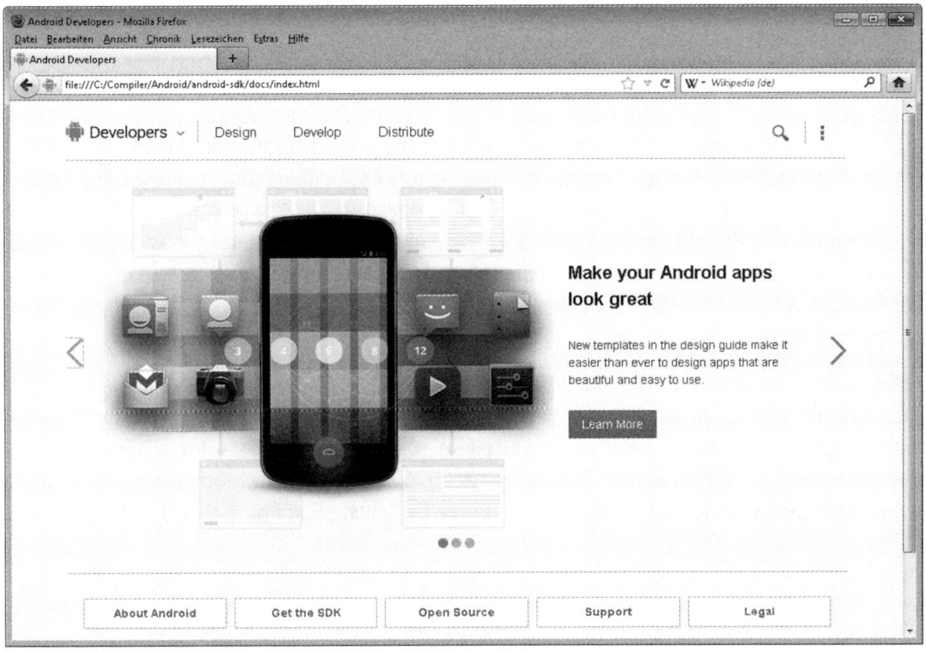

Abbildung 1.6: Die Startseite index.html der Android-Hilfe

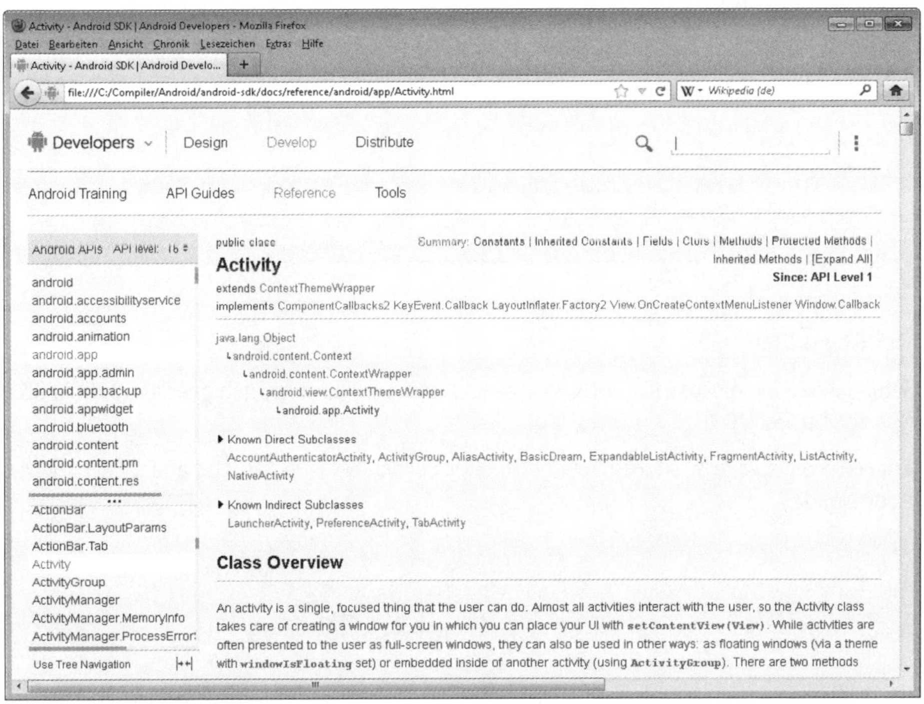

Abbildung 1.7: Referenzdokumentation zur Android-Klasse Activity

1.4 Eclipse

Für die Programmierung werden in der Regel viele spezialisierte Hilfsprogramme benötigt, beispielsweise ein Editor zum Aufsetzen der Programmquelltexte, ein Compiler zum Übersetzen der Quelltexte in Programmcode, ein Debugger zur schrittweisen Ausführung von Programmen zwecks Fehleranalyse, um nur die wichtigsten Helfer zu nennen. In integrierten Entwicklungsumgebungen (kurz IDEs) werden diese Hilfsprogramme in einem übergeordneten Programm zusammengefasst. Dies erleichtert die Arbeit, erspart dem Programmierer ständige Wechsel zwischen den Anwendungen und erlaubt zudem eine intensivere Zusammenarbeit der eingesetzten Hilfsprogramme (wie z.B. die Zuordnung von Compiler-Fehlermeldungen zu Quelltextzeilen oder die Anzeige der aktuellen Ausführungsposition beim Debuggen im Editor).

Eclipse ist eine solche integrierte Entwicklungsumgebung und unter professionellen Programmierern recht beliebt, denn Eclipse ist kostenfrei (für viele Unternehmen und Programmierer das wichtigste Argument überhaupt), recht leistungsstark und vor allem sehr flexibel. Eclipse kann nämlich durch Installation entsprechender Plugins für die Erstellung praktisch beliebiger Anwendungen in beliebigen Sprachen – und dank des Android-Plugins eben auch für die Erstellung von Android-Apps – hergerichtet werden.

Hinweis Die Arbeit mit Eclipse und dem Android-Plugin ist leider nicht immer so intuitiv und einfach, wie man sich dies, vor allem als Programmierneuling oder Umsteiger von anderen Entwicklungsumgebungen, wünschen würde. Wir werden daher gerade in den ersten Kapiteln nebenbei auch des Öfteren auf die Arbeit mit Eclipse eingehen. Der Aufwand lohnt allemal, denn die Alternative – Android-Programmierung mit dem reinen Android-SDK – birgt noch weitaus mehr Tücken.

Hinweis Die wichtigsten Arbeitsschritte mit Eclipse haben wir für Sie noch einmal im Anhang zusammengefasst!

1.4.1 Setup-Datei

Passende Setupdateien für »Eclipse IDE for Java Developers« (Version Juno, geeignet für Android-SDK 20), finden Sie auf der Buch-DVD.

Ansonsten können Sie die jeweils aktuelle Version von der Eclipse-Website herunterladen: *http://www.eclipse.org/downloads*.

1.4.2 Installation

Sie fanden, dass die Installation des JDK und des Android-SDK eigentlich recht einfach war? Dann werden Sie vielleicht erstaunt sein, dass die Installation von Eclipse noch einfacher ist – Sie müssen lediglich die komprimierte Eclipse-Datei von der Buch-DVD extrahieren.

1. Extrahieren Sie die komprimierte Eclipse-Setupdatei in ein Verzeichnis Ihrer Wahl, wie z.B. *C:* oder *C:\Compiler*. (Die extrahierten Dateien stehen dann automatisch in einem Unterverzeichnis *C:\eclipse* bzw. *C:\Compiler\eclipse*.)

   Eclipse gibt es ebenso wie das JDK sowohl als 32-Bit- wie auch als 64-Bit-Version. Achten Sie darauf, für Eclipse die gleiche Version zu installieren wie für das JDK!

   Achten Sie auch darauf, dass die in der ZIP-Datei enthaltenen Dateien unter Berücksichtigung der Pfadangaben extrahiert werden.

Fertig!

1.4.3 Erster Start

1. Zum Starten von Eclipse rufen Sie einfach die Datei *eclipse.exe* aus dem Extraktionsverzeichnis (= Installationsverzeichnis) auf (z.B. durch Doppelklick im Windows Explorer).

Wenn Sie Eclipse das erste Mal starten, erscheint ein Dialogfeld, welches Sie nach dem zu verwendenden Workspace-Verzeichnis fragt. Die Vorgabe ist üblicherweise ein Verzeichnis namens *workspace*, das unter Ihrem Benutzerverzeichnis (unter Windows 7: *C:\Users\<Benutzername>*) angelegt wird.

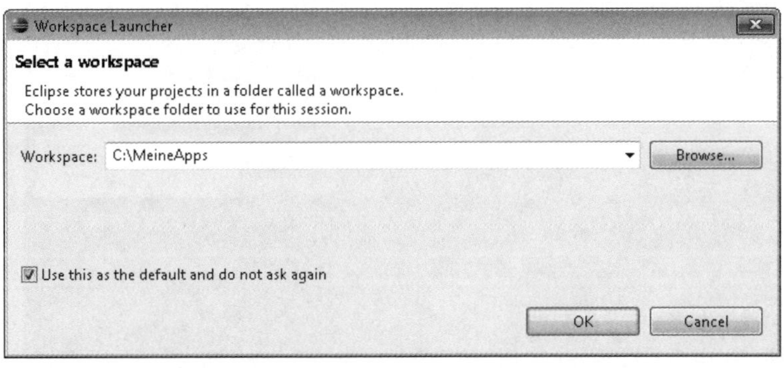

***Abbildung 1.8:** Das Arbeitsverzeichnis wird festgelegt.*

2. Ersetzen Sie den vorgegebenen Pfad durch *C:\MeineApps* und aktivieren Sie die Option *Use this as the default ...*, um nicht bei jedem Start von Eclipse nach dem Workspace-Verzeichnis gefragt zu werden.

3. Klicken Sie auf OK.

Workspace (Arbeitsverzeichnis)

In Eclipse werden Programme (inklusive Apps), an denen Sie arbeiten, in Form von Projekten verwaltet. Dabei werden alle Dateien, die zu einem Projekt gehören (wie Quelltextdateien, Bilddateien etc.), in einem eigenen Verzeichnis abgelegt, dem sogenannten Projektverzeichnis, welches Sie angeben, wenn Sie ein neues Projekt anlegen.

Die Projekte, die Sie anlegen, werden selbst wieder in übergeordneten Arbeitsverzeichnissen, den sogenannten *workspaces*, abgelegt. Wenn Sie den Workspace wie oben beschrieben beim ersten Start von Eclipse festlegen, werden alle Projekte, die Sie später anlegen, unter diesem Workspace abgelegt.

Wenn Sie wieder beim Start von Eclipse nach dem zu verwendenden Workspace gefragt werden möchten, rufen Sie in Eclipse den Befehl WINDOW/PREFERENCES auf, wechseln Sie zur Seite GENERAL, STARTUP AND SHUTDOWN/WORKSPACES und aktivieren Sie die Option PROMPT FOR WORKSPACE ON STARTUP.

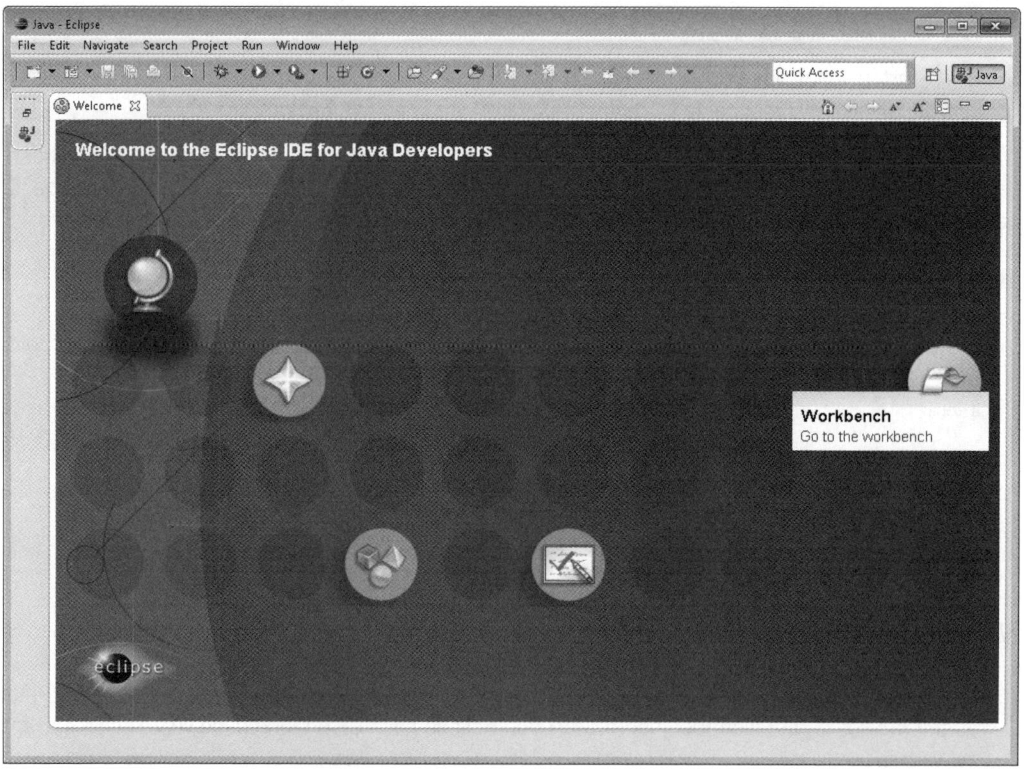

Abbildung 1.9: Eclipse wurde das erste Mal gestartet.

4. Klicken Sie im Begrüßungsbildschirm auf das Symbol WORKBENCH.
5. Werfen Sie einen ersten Blick auf die Eclipse-IDE und schließen Sie danach das Programm.

Hinweis Englischkenntnisse sind für die Arbeit mit der englischsprachigen Eclipse-IDE hilfreich. Eine Umstellung der IDE auf Deutsch ist unseres Wissens derzeit nicht möglich. (Vielleicht möchten Sie ja ein entsprechendes Plugin schreiben?) Für Leser, die mit der englischen Fachterminologie noch nicht so vertraut sind, haben wir daher im Anhang ein kleines Wörterbuch zusammengestellt.

Desktop-Verknüpfung anlegen

Da Sie in Zukunft wohl öfters mit Eclipse arbeiten werden, lohnt es sich, eine Desktop-Verknüpfung für das Programm anzulegen.

1. Starten Sie den Windows Explorer ([Win]+[E]).
2. Wechseln Sie in das Eclipse-Verzeichnis.
3. Ziehen Sie die Datei *eclipse.exe* mit gedrückt gehaltener Maustaste auf Ihren Desktop-Hintergrund.
4. Drücken Sie die Tastenkombination [Strg]+[⇧], sodass neben dem gezogenen Dateisymbol der Hinweis *Verknüpfung erstellen* erscheint, und lassen Sie dann die Maustaste los, um die Verknüpfung anzulegen.

1.5 Das Android-Plugin

Stufe 4: Das Ende ist in Sicht. Jetzt müssen Sie nur noch unter Eclipse das Android-Plugin installieren.

Achtung Auch das Android-Plugin wird von Google ständig aktualisiert. Es ist daher ziemlich wahrscheinlich, dass Sie mit einer anderen Plugin-Version arbeiten als wir beim Schreiben dieses Buches. Lassen Sie sich also nicht zu sehr verwirren, wenn eine Abbildung zur Eclipse-Android-Oberfläche mal nicht hundertprozentig mit Ihrem Bildschirm übereinstimmt oder ein Eclipse-Android-Menübefehl sich geändert hat.

1.5.1 Installation

1. Starten Sie Eclipse (siehe oben) und stellen Sie eine Internetverbindung her.
2. Rufen Sie den Menübefehl HELP/INSTALL NEW SOFTWARE auf.

   Es erscheint der Dialog AVAILABLE SOFTWARE.

Das Dialogfeld ist anfangs leer und unbrauchbar. Um es zum Leben zu erwecken, müssen Sie eine Repository-Site einrichten.

3. Klicken Sie dazu rechts oben auf die Schaltfläche ADD.

   Es erscheint das Dialogfeld ADD REPOSITORY.

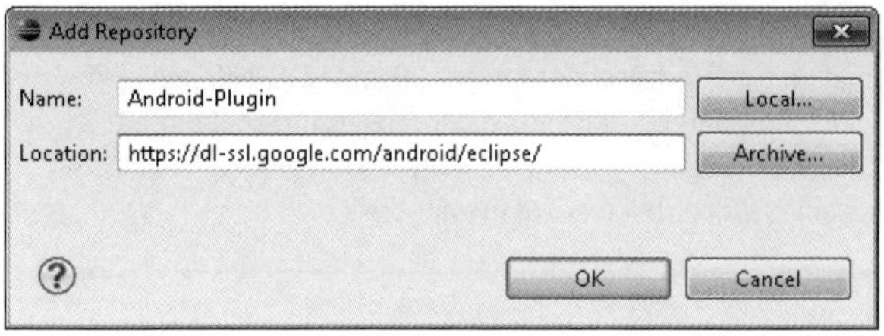

Abbildung 1.10: Geben Sie die Download-Adresse für das Android-Plugin ein.

4. Geben Sie in das Feld NAME einen Titel für die Repository-Site ein, z.B.: »Android-Plugin«.

   Der genaue Name spielt keine Rolle, sollte aber einen Hinweis darauf geben, welche Art von Software dahinter zu finden ist.

5. Geben Sie in das Feld LOCATION die nachfolgende Adresse ein und schicken Sie das Dialogfeld anschließend mit OK ab.

   https://dl-ssl.google.com/android/eclipse/

Nach Abschicken des Dialogs greift Eclipse auf die angegebene Site zu und zeigt das vorgefundene Angebot an. Im Dialogfeld sollte nun der Eintrag DEVELOPER TOOLS zu lesen sein.

6. Aktivieren Sie das Kontrollkästchen neben DEVELOPER TOOLS und klicken Sie auf die Schaltfläche NEXT.

Es erscheint das Dialogfeld INSTALL DETAILS, in dem die zu installierenden Komponenten noch einmal zusammengefasst sind. Achten Sie darauf, dass sich darunter ein Eintrag für die Android Development Tools, kurz ADT, findet.

7. Klicken Sie auf NEXT, um die Komponenten installieren zu lassen.

Höchstwahrscheinlich werden Sie vorab Lizenzbedingungen und vermutlich auch das Installieren von nicht signierter Software bestätigen müssen.

8. Zum Schluss müssen Sie Eclipse neu starten.

1.5.2 Konfiguration

Jetzt müssen Sie Eclipse nur noch mitteilen, wo es das Android-SDK findet.

1. Starten Sie, sofern nicht schon geschehen, Eclipse.
2. Rufen Sie den Menübefehl WINDOW/PREFERENCES (unter Mac OS X ECLIPSE/PREFERENCES) auf.

   Es erscheint der Dialog PREFERENCES.

3. Wählen Sie links die Kategorie ANDROID aus.
4. Klicken Sie auf BROWSE und wählen Sie in dem erscheinenden Dialog das Installationsverzeichnis Ihres Android-SDK aus.

5. Zurück im Preferences-Dialog klicken Sie auf Apply ...

   Für jede der Android-Plattformen, die Sie mit dem SDK heruntergeladen und installiert haben, wird nun ein Target (Ziel für die App-Erstellung) eingerichtet.

6. ... und anschließend auf OK.

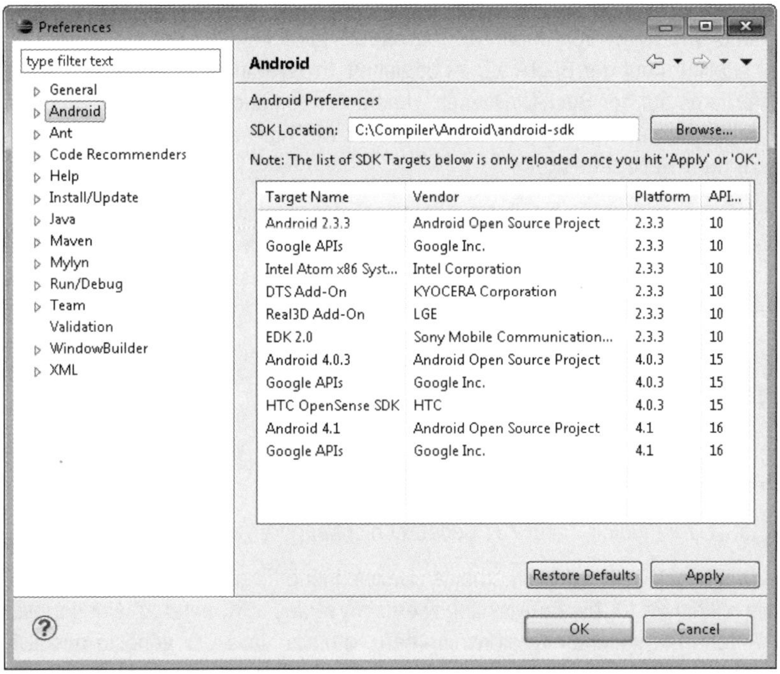

Abbildung 1.11: Der letzte Klick

Glückwunsch! Ihr Rechner ist nun fertig eingerichtet. Und zur Belohnung werden Sie schon im nächsten Kapitel Ihre erste App erstellen.

1.6 Wo Sie weitere Hilfe finden

Weitere Informationen finden Sie auf der Support-Site zu diesem Buch, *www.carpelibrum.de*, und auf den Websites von Oracle (*www.oracle.com*), Eclipse (*www.eclipse.org*) und Android (*developer.android.com*).

Sollten die Hinweise im Buch und auf der Website nicht ausreichen, haben Sie keine Scheu, sich per E-Mail an uns zu wenden (*autoren@carpelibrum.de*).

1.7 Nächste Schritte

Der Rechner ist vorbereitet, die nötigen Hilfsmittel sind zusammengetragen, die Programmierumgebung ist eingerichtet. Nun wollen wir sehen, wie wir mithilfe dieser Programmierumgebung Apps erstellen, mit welchen Aufgaben wir bei der App-Programmierung konfrontiert werden und wie Apps grundsätzlich aufgebaut sind.

Für Programmieranfänger und Umsteiger von anderen Programmiersprachen ist jetzt ein guter Zeitpunkt, um mit dem Java-Schnellkurs auf der Buch-DVD zu beginnen. Programmieranfänger sollten die Kapitel 1 bis 3 des Java-Tutoriums auf der Buch-DVD lesen. Umsteiger von anderen objektorientierten Sprachen können Kapitel 3 überspringen (sofern sie mit Begriffen wie Klassen, Instanziierung, Konstruktor, Methoden und Vererbung vertraut sind).

Wenn Sie möchten, können Sie auch bereits Kapitel 4 des Java-Tutoriums durcharbeiten, in dessen Zuge das Grundgerüst einer Java-Anwendung analysiert und das Konzept der Java-Bibliotheken und -Pakete vorgestellt wird. Es steht Ihnen aber auch frei, erst mit Kapitel 2 dieses Buches zu beginnen und das Tutoriumskapitel 4 dann parallel zu Kapitel 2.3, »Das vorgegebene Codegerüst« zu lesen.

1.8 Fragen und Antworten

1. Ich bin etwas verwirrt: mal heißt es Java 7, mal JDK 7u7, mal JDK 1.7. Warum gibt es all diese unterschiedlichen Bezeichnungen?

   Die einfache Erklärung ist: 1.7 ist gleich 7 und 7u7 bedeutet nicht anderes als Version 7, Update 7.

   Die lange Erklärung ist, dass man neben der allgemeinen Bezeichnung für die Sprache und Technologie, Java, noch die Bezeichnung für die Entwicklungswerkzeuge, das JDK, unterscheiden muss. Beide hatten ganz zu Anfang die gleichen Versionsnummern, d.h., zu Java 1.1 gehörte das JDK 1.1. Dies änderte sich mit der Version Java 1.2, die so starke Veränderungen brachte, dass man von einem »neuen« Java reden konnte: Java 2. Das zugehörige JDK wurde jetzt J2SDK genannt, aber nach dem alten Muster weiter nummeriert: J2SDK 1.2. Hinzu kam, dass im etwa gleichen Zeitraum das Spektrum der Java-Technologie um spezielle Pakete zur Erstellung von Geschäftsanwendungen erweitert wurde, und man begann zwischen J2SE (= Java 2 Standard Edition) und J2EE (= Java 2 Enterprise Edition) zu unterscheiden. Erst 2004 wurde das daraus entstandene Versionschaos beendet, und J2SE 1.5 hieß wieder Java 5 bzw. Java SE 5 und J2SDK 1.5 war wieder JDK 1.5.

2. Was genau ist eigentlich die JRE?

   JRE ist das Akronym für **J**ava **R**untime **E**nvironment (Java-Laufzeitumgebung). Java-Programme können nur auf Rechnern ausgeführt werden, auf denen eine JRE installiert ist. Die JRE dient aber wirklich *nur der Ausführung* von Java-Programmen. Für das Schreiben und Entwickeln von Java-Programmen reicht die JRE nicht aus, da ihr wichtige Hilfsprogramme wie z.B. der Java-Compiler *javac* fehlen. (Im JDK ist eine JRE mit enthalten.)

3. Noch verwirrender als die Nummerierung der Java-Versionen finde ich die Versionsangaben zu Android. Gibt es da irgendwelche Regeln, die einem helfen besser durchzublicken?

   Wichtig ist, zwischen Android-Betriebssystem und Android-API zu unterscheiden. Betriebssystemversionen werden üblicherweise mit Nachkommastelle angegeben (wie z.B. Android 4.0.3), die API-Nummern sind ganzzahlig. Leider gibt es keine Regel, wie man aus der Betriebssystemversion die zugehörige API ableiten kann. Man muss sich die Zuordnung einfach merken oder irgendwo nachschlagen (beispielsweise durch Aufruf des SDK-Managers).

   Apropos SDK! Das SDK und sein Installer verwenden eine eigenständige Nummerierung, sodass wir es insgesamt mit drei unabhängigen Versionsschemata zu tun haben. Glücklicherweise ist die SDK-Nummer wenig relevant. Unglücklicherweise ist in der Benutzeroberfläche des Android-Plugins nicht selten vom SDK die Rede, obwohl in Wirklichkeit die Betriebssystemversion oder die API gemeint ist. Inkonsequenz ist eben eine typisch menschliche Schwäche.

1.9 Übungen

1. Falls Sie es noch nicht getan haben, sollten Sie jetzt Ihre Android-Entwicklungsumgebung einrichten.
2. Falls dies für Sie auch gleichzeitig der Einstieg in die Java-Programmierung ist, sollten Sie jetzt – sofern Sie es nicht schon getan haben – wie im Abschnitt »Nächste Schritte« vorgeschlagen, mit dem Durcharbeiten der ersten Kapitel des Java-Tutoriums auf der Buch-DVD beginnen.

2 Auf die Plätze, fertig ... App!

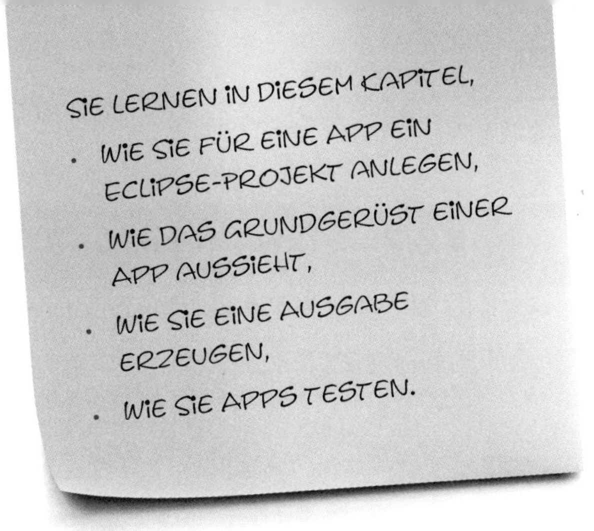

Um eine eigene App zu schreiben, müssen Sie sich mit Ihrer Entwicklungsumgebung auskennen, Sie müssen die Grundlagen der Programmierung mit Java beherrschen und nicht zuletzt müssen Sie natürlich auch noch mit den speziellen Erfordernissen und Techniken der Android-Programmierung vertraut sein. Dies sind gewaltige Anforderungen.

So schwierig, wie es sich jetzt vielleicht anhört, ist es allerdings auch nicht. Wer einen Berg abtragen will, muss mit dem ersten Spatenstich beginnen. Blicken Sie also nicht auf den Berg, der noch vor Ihnen liegt, sondern immer nur auf den nächsten Spatenstich. Wir werden es mit unseren Erläuterungen ebenso halten.

2.1 Die Ruhe vor dem Sturm

Gerade der Einstieg in die App-Erstellung konfrontiert den Anfänger mit vielen neuen und ungewohnten Konzepten. Sie mit all diesen Konzepten direkt vertraut zu machen, wäre langwierig, ermüdend und nur wenig lehrreich.

Die gute Nachricht ist: Sie müssen sich nicht erst intensiv mit allen diesen Konzepten auseinandersetzen, um eine funktionierende App zu schreiben. Wir werden es daher im Folgenden so halten, dass wir uns jeweils nur auf die Konzepte, Techniken und Syntaxformen konzentrieren, die für den jeweils nächsten Schritt auf dem Weg zur angestrebten App wichtig sind. So wird niemand überfordert, es stellen sich schnell Erfolge ein, der Spaß an der App-Programmierung bleibt erhalten und wir dürfen dennoch sicher sein, dass sich nach und nach alles zu einem kompletten Gesamtbild zusammenfügt.

Holen Sie also noch einmal tief Luft ... und los geht´s.

Die App, die wir in diesem Kapitel schreiben werden, soll nichts weiter tun, als uns auf dem Smartphone mit einem freundlichen »Hallo Programmierer« zu begrüßen. Das ist nicht gerade viel, aber es geht auch gar nicht darum, im ersten Versuch gleich eine sinnvolle und perfekte App zu erstellen. Es geht darum, einen Überblick über den App-Entwicklungsprozess zu bekommen. Und es geht darum, uns selbst zu beweisen, dass wir fähig sind, eigene Apps zu schreiben. Wenn wir diese App meistern, dann können wir auch jede andere App programmieren.

2.2 Das Projekt

Wer wie wir Eclipse als Entwicklungsumgebung verwendet, für den beginnt die Arbeit an jeder neuen App mit dem Anlegen eines passenden Projekts. Starten wir also Eclipse und legen wir ein neues Projekt an.

Projekte, Projekttypen und Wizards

Projekte sind die Eclipse-interne Verwaltungseinheit, in der Eclipse alle Daten und Dateien zusammenfasst, die nötig sind, um aus einem Quelltext eine App zu erstellen (oder auch ein Java-Konsolenprogramm, eine C++-Programmbibliothek oder was auch immer Sie programmieren möchten).

Unterschiedliche Programmierziele – möchten Sie eine App schreiben, ein normales Java-Programm oder »nur« eine Klassenbibliothek? – erfordern unterschiedlich konfigurierte Projekte. Um Ihnen die Konfiguration zu erleichtern, gibt es in Eclipse die sogenannten *Wizards*: dialogbasierte Assistenten, die darauf spezialisiert sind, Ihnen bei der Einrichtung von Projekten eines bestimmten Typs zu helfen. (Welche Wizards Ihnen im Einzelnen zur Verfügung stehen, hängt davon ab, welche Plugins Sie installiert haben.)

Auch für die App-Programmierung gibt es einige passende Wizards, die zusammen mit dem Android-Plugin installiert wurden. Vor allem der »Application Project«-Wizard ist für uns interessant, denn er hilft uns dabei, App-Projekte anzulegen. Er fügt unseren Projekten auch gleich diverse Quelldateien und Code hinzu, sodass wir als Ausgangspunkt eine einfache, aber ausführbare App erhalten.

1. Rufen Sie im Menü den Befehl File/New/Project auf.

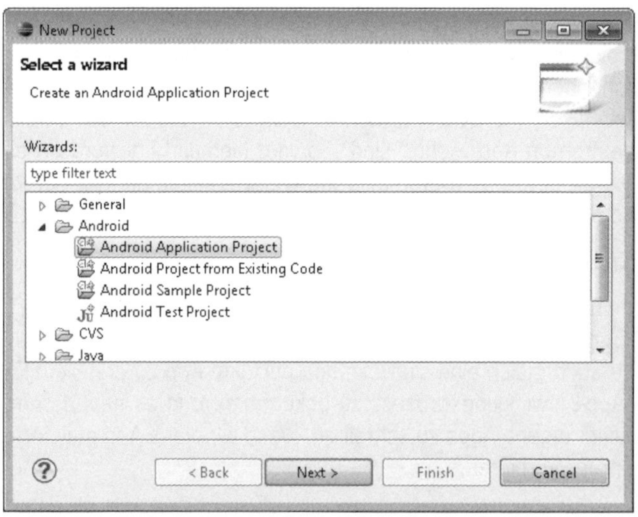

***Abbildung 2.1:** Ein neues Android-Projekt beginnen*

2. Wählen Sie im Dialogfeld New Project unter dem Ordner Android den Eintrag Android Application Project und klicken Sie auf Next.

> **Hinweis** Die Anordnung der Befehle im Eclipse-Menüsystem kann je nach Eclipse-Version und installierten Plugins variieren.

Es erscheint das Dialogfeld New Android App des Android-Wizards, das aus mehreren Seiten besteht, über die der Wizard diverse Angaben zu dem neu anzulegenden App-Projekt abfragt. Sie werden gleich feststellen, dass der Wizard sehr gründlich ist, d.h., es wird eine ganze Menge von teils sehr technischen Angaben abgefragt. Etwas weniger Abfragen und dafür mehr Vorgaben wären für den Einstieg schön gewesen. Aber sei's drum. Sehen wir uns die notwendigen Angaben einmal an.

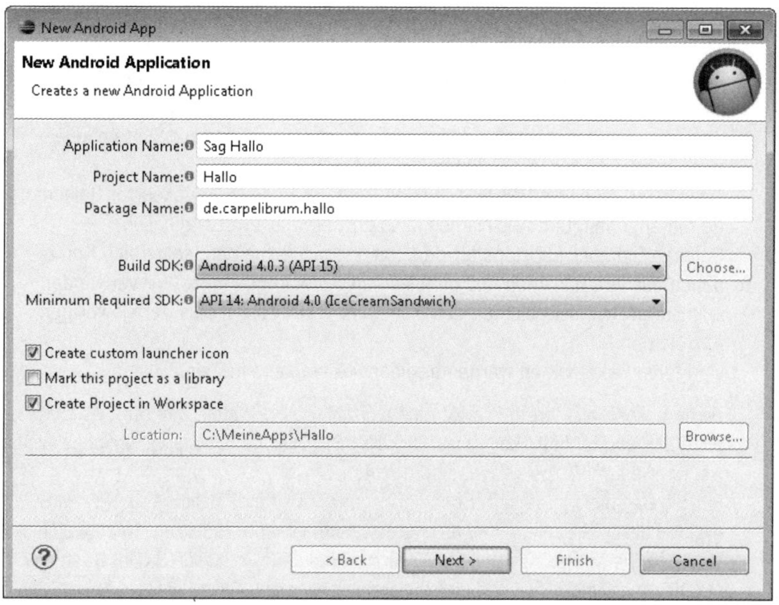

Abbildung 2.2: Die erste Seite des Dialogfelds zum Anlegen neuer Projekte

3. Auf der ersten Seite des Wizards, New Android Application, werden die Einstellungen für das Eclipse-Projekt abgefragt.

   Da die Einstellungen etwas umfangreicher sind, haben wir sie in Tabelle 2.1 zusammengefasst – inklusive der für unser Beispielprojekt erforderlichen Eingaben, sowie Erläuterungen, was sich hinter diesen Einstellungen verbirgt.

Feld	Eingabe	Bedeutung
APPLICATION NAME	*Sag Hallo*	Der Name der App Unter diesem Namen wird Ihre App später intern auf dem Smartphone geführt. Und falls Sie eine App später mal unter Google Play (vormals Market Place genannt) veröffentlichen, wird sie dort ebenfalls unter diesem Namen gelistet. Achtung! In der App-Liste des Smartphones erscheint üblicherweise statt des App-Namens der Titel der Start-Activity, siehe Schritt 6.
PROJECT NAME	*Hallo*	Unter diesem Namen wird Ihr Projekt fortan in Eclipse aufgeführt. Eclipse übernimmt hierfür automatisch den App-Namen, aber in unserem Fall ist dies unpraktisch. Wir nennen das Projekt daher einfach *Hallo*. Außerdem legt Eclipse auf der Festplatte, unter dem Verzeichnis des aktuellen Workspace ein Verzeichnis dieses Namens als Projektverzeichnis an. Jedenfalls dann, wenn Sie das Kontrollkästchen CREATE PROJECT IN WORKSPACE aktiviert lassen. Verwenden Sie für den Projektnamen keine Sonderzeichen und möglichst auch keine Umlaute oder Leerzeichen.
PACKAGE NAME	*ihrname.saghallo*	Pakete sind ein Element der Sprache Java, das zur Organisation des Codes genutzt wird. Die Angabe ist für App-Projekte zwingend erforderlich und muss eindeutig sein, um sicherzustellen, dass es auf einem Android-System keine zwei Apps mit gleichem Paketnamen gibt. Typisch ist daher die Verwendung von Domainnamen in umgekehrter Reihenfolge mit angehängtem App-Namen (also z.B. *de.meinewebsite.hallo*). Solange Sie aber nur Apps für den Eigenbedarf schreiben, sollte eine Kombination aus Ihrem Namen und dem Namen der App genügen. (Wir verwenden in unseren Beispielprojekten den Namen *de.carpelibrum* plus dem jeweiligen App-Namen.) Übrigens: Paketnamen werden traditionell klein geschrieben.
BUILD SDK	ANDROID 4.0.3	Wenn Eclipse aus Ihrem Projekt eine lauffähige App erstellt, benötigt es dazu die Tools und Bibliotheken eines Android-SDK. Hier geben Sie an, welches SDK Sie für diese Aufgabe verwenden möchten. Für die Beispiele in diesem Buch verwenden wir grundsätzlich Android 4.0.3 und wir bitten Sie, diese Einstellung erst einmal zu übernehmen. Nach welchen Kriterien Sie später das Build SDK einstellen sollten, erfahren Sie im Kasten »Plattformen und APIs« und im Fragen-und-Antworten-Teil zu diesem Kapitel. Welche Build Targets im Dialogfeld aufgelistet werden, hängt übrigens davon ab, welche Plattformen Sie mit dem SDK-Manager heruntergeladen haben (siehe Kapitel 1.5.2).
MINIMUM REQUIRED SDK	API 14 (ANDROID 4.0)	Die Mindestversion des SDK, die auf einem Gerät vorhanden sein muss, damit Ihre App auf diesem Gerät installiert werden kann. Übernehmen Sie auch hier bitte zunächst unsere Vorgabe (API 14) und lesen Sie im Fragen-und-Antworten-Teil, was diese Einstellung tatsächlich bedeutet und wie man sie nachträglich ändern kann.

Tabelle 2.1: Einstellungen für die Seite NEW ANDROID APPLICATION

4. Klicken Sie auf NEXT. Auf der Seite CONFIGURE LAUNCHER ICON können Sie das Startsymbol auswählen und konfigurieren, das auf den Smartphones für Ihre App angezeigt wird.

   Im Moment wollen wir uns damit nicht weiter aufhalten. Wir übernehmen einfach die Vorgaben und klicken auf NEXT.

Hinweis Am Ende des Kapitels finden Sie eine Übung zur Gestaltung des Launcher-Symbols.

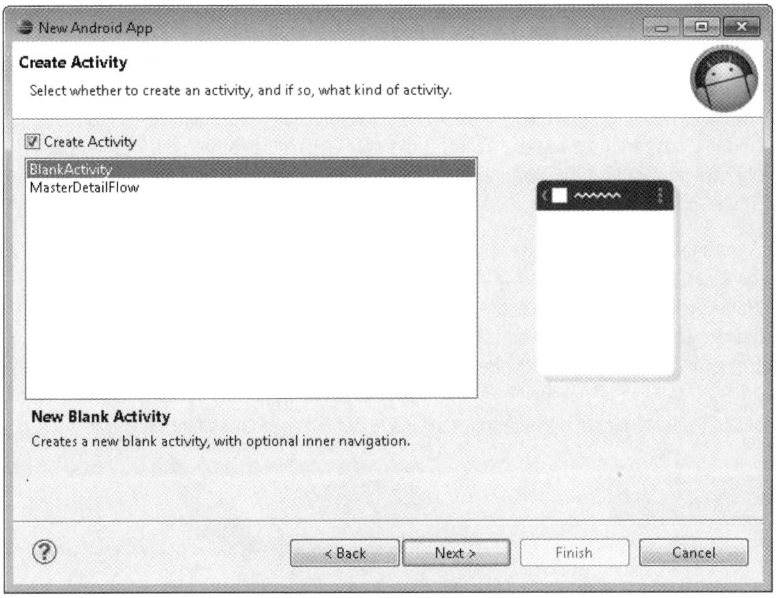

Abbildung 2.4: Die Haupt-Activitiy auswählen

5. Auf der nächsten Seite des Wizards wählen Sie aus, von welchem Typus die Haupt-Activity Ihrer App sein soll.

   Hierzu müssen Sie wissen, dass die »Activities« einer App im Wesentlichen den Bildschirmseiten der App entsprechen.

   Alle Apps, die wir in diesem Buch erstellen, besitzen mindestens eine Activity. Also ... achten Sie darauf, dass das Kontrollkästchen CREATE ACTIVITY markiert ist. (Eclipse legt dann für die neue App gleich eine passende Activity (Aktivität) an.) Was diese Activity macht, müssen Sie aber natürlich später selbst programmieren.

Plattformen und APIs

Wie von jeder Software kommen auch von dem Android-Betriebssystem ständig neue und erweiterte Versionen (Plattformen) heraus. Zu jeder dieser Plattformen gibt es eine eigene API[1]. Wenn Sie also entschieden haben, dass Sie Apps für Android 4.0.3 schreiben möchten, müssen Sie sich die zugehörige API (für Android 4.0.3 wäre dies die API 15) mit dem SDK-Manager herunterladen (siehe Kapitel 1.3.2).

Doch für welche Android-Version sollte man schreiben? In Kapitel 1.3.2 haben wir dargelegt, warum wir für die Arbeit mit diesem Buch die API 15 zu Android 4.0.3 nutzen wollen. Aber ist dies auch die richtige Entscheidung, wenn Sie später Apps für sich und Ihre Freunde schreiben, oder gar eine Veröffentlichung auf dem Google Play erwägen?

Grundsätzlich gilt: Je höher die Android-Version, umso mehr technische Features werden von der zugehörigen Programm-API unterstützt. Eine höhere Version bedeutet aber auch, dass es draußen mehr Smartphones gibt, die diese Version nicht unterstützen. (Die Plattformen sind abwärtskompatibel, d.h. ein Smartphone mit Android 4.0.3 kann eine 2.2-App ausführen, aber ein Smartphone mit Android 2.2 kann umgekehrt keine 4.0.3-App ausführen.) Wichtig ist ferner zu wissen, dass die alten 2er-Versionen vorzugsweise auf Smartphones ausgerichtet waren, während die später hinzugekommenen 3er-Versionen sich speziell an Tablet-Entwickler richteten. Ab Android 4.0 gibt es glücklicherweise eine einheitliche API für alle Arten von Android-Geräten.

In Hinblick auf die hohe Leistungsfähigkeit, die Eignung für Smartphones und Tablet-PCs sowie die sicherlich schnell zunehmende allgemeine Verbreitung ist die Plattform 4.0.3 als Build SDK sicherlich grundsätzlich eine gute Wahl. Sollten Sie Wert darauf legen, dass Ihre Apps auch auf älteren Smartphones ausgeführt werden können, stellen Sie die Version 2.3.3 als Minimum SDK ein (Achtung! Sie müssen Ihre Apps dann auch auf einem 2.3.-Gerät testen!) oder – um ganz sicher zu gehen – verwenden Sie die Version 2.3.3 als Build SDK. Wenn Sie potenziell nahezu alle Android-Anwender erreichen möchten, verwenden Sie die Version 2.2, die im Juni 2012 auf ungefähr 93 % der Smartphones lauffähig war.

Version	Codename	API Level	Distribution
1.5	Cupcake	3	0.2%
1.6	Donut	4	0.5%
2.1	Eclair	7	4.7%
2.2	Froyo	8	17.3%
2.3 - 2.3.2	Gingerbread	9	0.4%
2.3.3 - 2.3.7		10	63.6%
3.1	Honeycomb	12	0.5%
3.2		13	1.9%
4.0 - 4.0.2	Ice Cream Sandwich	14	0.2%
4.0.3 - 4.0.4		15	10.7%

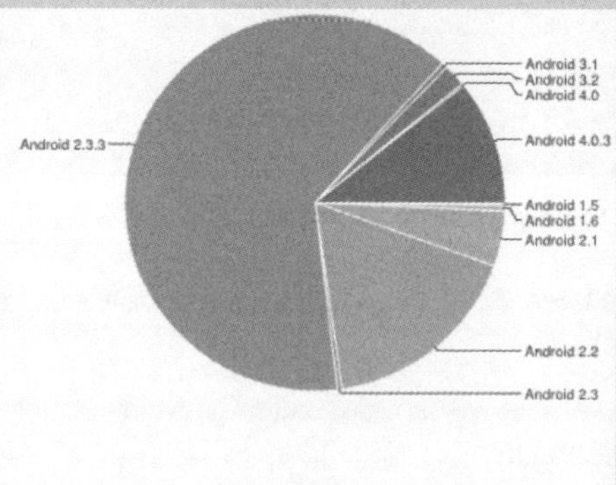

Abbildung 2.3: Aktuelle Verteilung der Android-Plattformen (Screenshot der Webseite http://developer.android.com/resources/dashboard/platform-versions.html)

1 API ist das Akronym für »Application Programming Interface« und die Schnittstelle zu den Bibliotheksklassen, die Sie für die App-Programmierung benutzen.

Danach müssen Sie noch auswählen, von welchem Typ die Activity sein soll:

- BLANKACTIVITY – für eine praktisch leere Bildschirmseite
- MASTERDETAILFLOW – für eine in Fragmente aufgeteilte Bildschirmseite mit vorgegebener Navigationsstruktur.

Achten Sie darauf, dass BLANKACTIVITY markiert ist. Mit Fragmenten beschäftigen wir uns erst später in Kapitel 19.

Klicken Sie anschließend auf NEXT.

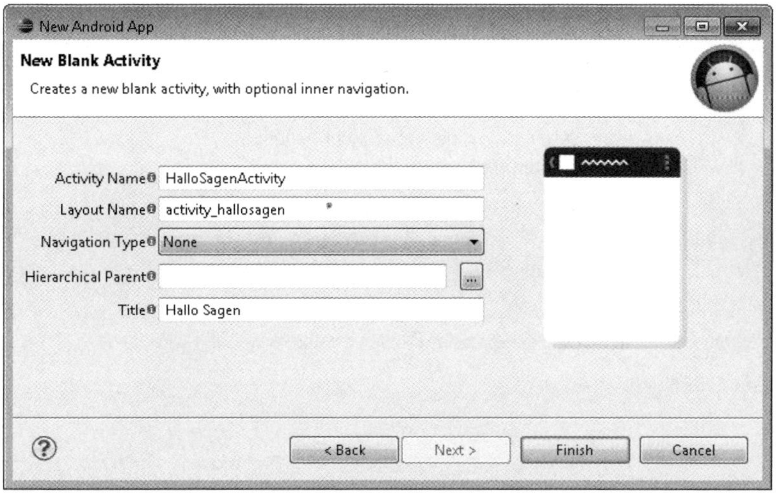

Abbildung 2.5: Das letzte Seite des Dialogfelds NEW ANDROID APP

6. Nachdem wir uns entschlossen haben, mit einer vorgegebenen Activity zu starten, müssen wir noch nähere Angaben zu dieser Activity machen, damit Eclipse die Activity wunschgemäß anlegen kann.

   Füllen Sie die Seite gemäß Tabelle 2.2 aus und klicken Sie dann auf NEXT.

Feld	Eingabe	Bedeutung
ACTIVITY NAME	*HalloSagenActivity*	Wir nennen die Haupt-Activity unserer App einfach `HalloSagenActivity`. Achtung! Falls Sie einen eigenen Namen vergeben, beachten Sie, dass dieser keine Leer- und keine Sonderzeichen enthalten darf, da das Android-Plugin unter diesem Namen eine Klasse definiert. (In Java dürfen Namen von im Code definierten Elementen keine Leer- oder Sonderzeichen enthalten.)
LAYOUT NAME	*activity_hallosagen*	Grundsätzlich wird zu jeder Activity ein Layout definiert, das angibt, wie die Bildschirmseite der Activity aufgebaut ist. Wir nennen das Layout ähnlich wie die Activity, damit wir immer wissen, welches Layout zu welcher Activity gehört.
NAVIGATION TYPE	*None*	Hier könnte man ein Navigationsmodell vorgeben. Für unser Einstiegsprojekt wird dies aber nicht benötigt. Wir behalten die Vorgabe bei.
HIERARCHICAL PARENT	–	Gibt es in der Hierarchie der Activities eine übergeordnete App kann diese hier angegeben werden. In unserem Beispiel ist dies nicht der Fall – wir lassen also das Feld leer.
TITLE	*Hallo Sagen*	Der Titel wie er in der Bildschirmseite angezeigt wird.

Tabelle 2.2: Einstellungen für die Seite NEW BLANK ACTIVITY

> **Achtung** Wenn Sie Namen für Verzeichnisse oder Programmelemente vergeben, verzichten Sie auf Leerzeichen, Sonderzeichen und möglichst auch auf Umlaute (obwohl letztere mittlerweile von den meisten Systemen und Programmiersprachen korrekt verarbeitet werden).

7. Klicken Sie auf FINISH, um das Projekt anlegen zu lassen.

Automatische Fehlerkontrolle

Gerade für Einsteiger sehr hilfreich ist die automatische Fehlerkontrolle des *New Android App*-Dialogs, die eine ganze Reihe von fehlerbehafteten oder widersprüchlichen Einstellungen abfängt.

Beispielsweise ist der Paketname ein Java-Bezeichner und darf daher – anders als z.B. der Anwendungsname (*Application name*) – keine Leerzeichen enthalten. Falls Sie dennoch Leerzeichen einbauen, beispielsweise in der Form »carpe librum.hallo«, weist Sie das Dialogfeld mit einer Meldung im Kopfbereich darauf hin. Zusätzlich wird die Schaltfläche FINISH deaktiviert, sodass Sie gezwungen sind, den Fehler zu beheben, bevor Sie das Projekt anlegen lassen können.

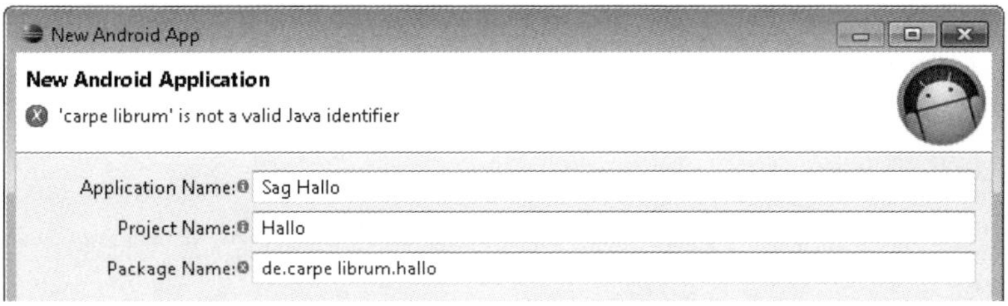

***Abbildung 2.6:* Das Dialogfeld weist Sie darauf hin, dass es in den vorgenommenen Einstellungen eine Unstimmigkeit gibt.**

Ein weiterer Fehler, der vom Dialogfeld automatisch erkannt wird, ist eine Diskrepanz im angegebenen Build SDK und der Min SDK-Version.

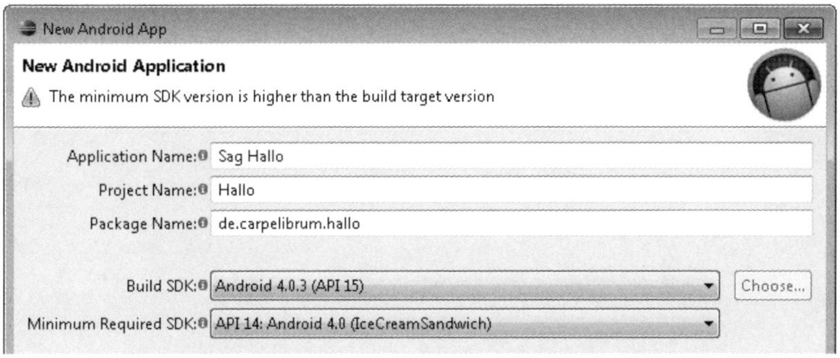

***Abbildung 2.7:* Diese Meldung erscheint, wenn die angegebene Min SDK-Version kleiner ist als der API-Level des ausgewählten Build SDK.**

Das Projekt in Eclipse

Zurück im Hauptbildschirm von Eclipse sehen Sie das neu angelegte Projekt. Anfänglich nur als einzelner unscheinbarer Eintrag im *Package Explorer*, doch wenn Sie auf den Namen doppelklicken, wird der Projektknoten expandiert und es zeigt sich, dass das Projekt bereits aus einer umfangreichen Sammlung von Ordnern und Dateien besteht.

> **Hinweis** Falls Sie den Package Explorer aus Versehen geschlossen haben oder er aus irgendeinem anderen Grund nicht angezeigt wird, können Sie ihn jederzeit durch Aufruf des Menübefehls WINDOW/SHOW VIEW/PACKAGE EXPLORER wieder anzeigen lassen.

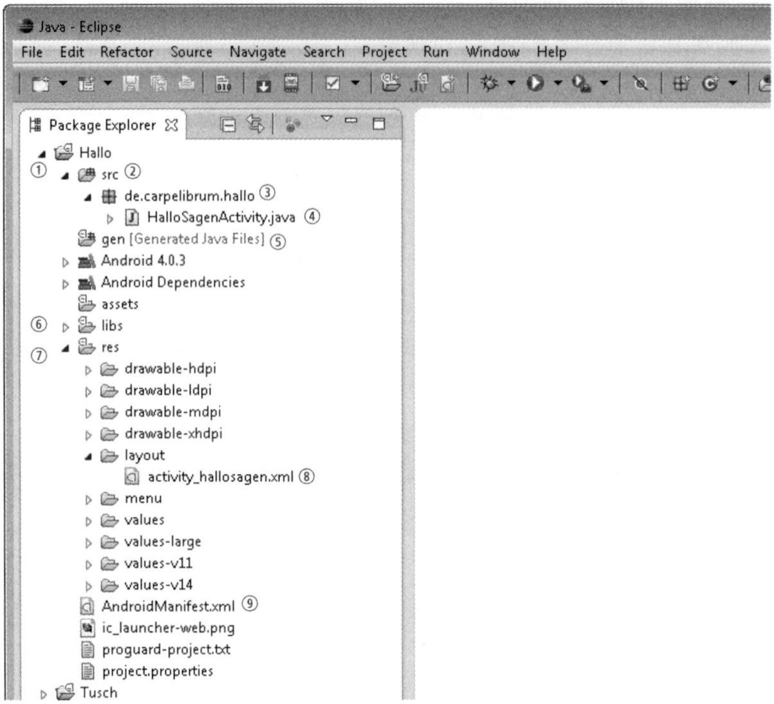

① *Der Projektknoten*
② *Ordner für die Quelltextdateien*
③ *Für das Paket gibt es einen eigenen Unterknoten*
④ *Die Java-Quelltextdatei – sie enthält den eigentlichen Code*
⑤ *Ordner für automatisch generierte Dateien, die Sie in der Regel nicht direkt bearbeiten*
⑥ *Die Bibliotheken für das anvisierte Android-Target*
⑦ *Ordner für Ressourcen, unter anderem ...*
⑧ *... in XML definierte Layouts*
⑨ *Die Manifestdatei listet die einzelnen Bestandteile der App*

Abbildung 2.8: Das neu angelegte Projekt

Das Projekt auf der Festplatte

Die Ordnerstruktur des Projekts im Package Explorer finden Sie fast identisch auch auf der Festplatte wieder. Aus dem vorangehenden Abschnitt wissen Sie ja bereits, dass Eclipse zu jedem Projekt ein gleichnamiges Projektverzeichnis auf der Festplatte anlegt. Aber auch die Unterordner der Projektstruktur finden Sie als Unterordner im Projektverzeichnis wieder.

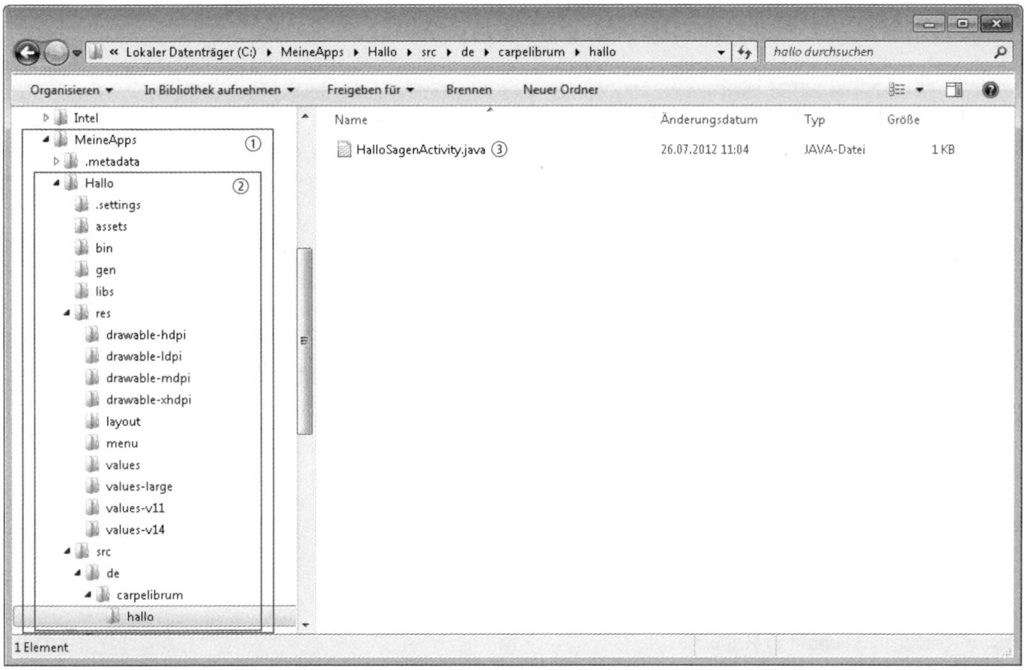

① *Der Workspace MeineApps*
② *Das Projekt Hallo*
③ *Die Quelltextdatei*

Abbildung 2.9: Das Projekt Hallo auf der Festplatte

Eine kleine Abweichung gibt es lediglich bei dem Paketnamen. Java verlangt nämlich, dass für jeden der durch Punkte getrennten Namensteile eines Paketnamens ein eigenes Unterverzeichnis erstellt wird und dass die Quelldateien aus einem Paket in dem durch den Paketnamen spezifizierten Verzeichnis stehen. Aus diesem Grund finden Sie die Quelltextdatei *HalloSagenActivity.java* aus unserem Paket `de.carpelibrum.hallo` nicht direkt im Unterverzeichnis *Hallo/src*, sondern unter *Hallo/src/de/carpelibrum/hallo*.

Tipp Sie erinnern sich nicht mehr, in welchem Workspace-Verzeichnis Ihr Projekt liegt? Dann klicken Sie im Package Explorer mit der rechten Maustaste auf den Projektknoten und wählen Sie den Befehl PROPERTIES. Wählen Sie links im PROPERTIES-Dialogfeld den Eintrag RESOURCE und Sie können rechts unter LOCATION nachlesen, wo das Projektverzeichnis liegt.

2.3 Das vorgegebene Codegerüst

Lassen Sie uns nun einen Blick in den Code werfen, der bereits für uns erzeugt wurde.

DVD zum Buch Auch wenn der Code des für uns angelegten Codegerüsts nur wenige Zeilen umfasst, nutzt er bereits eine Vielzahl objektorientierter und Java-typischer Syntaxelemente. Programmieranfänger und Umsteiger von anderen Sprachen sollten daher jetzt Kapitel 4 des Java-Tutoriums von der Buch-DVD öffnen und das Tutorium vorab oder parallel zu den folgenden Ausführungen lesen.

1. Doppelklicken Sie im Package Explorer auf den Knoten der Quelltextdatei *HalloSagenActivity.java*.

Eclipse lädt den Inhalt der Datei in den Editor.

```
package de.carpelibrum.hallo;

import android.os.Bundle;
import android.app.Activity;
import android.view.Menu;
import android.view.MenuItem;
import android.support.v4.app.NavUtils;

public class HalloSagenActivity extends Activity {

    @Override
    public void onCreate(Bundle savedInstanceState) {
        super.onCreate(savedInstanceState);
        setContentView(R.layout.activity_hallosagen);
    }

    @Override
    public boolean onCreateOptionsMenu(Menu menu) {
        getMenuInflater().inflate(R.menu.activity_hallosagen, menu);
        return true;
    }
}
```

Listing 2.1: Inhalt der Datei HalloSagenActivity.java

Achtung Links im Editor sehen Sie jetzt möglicherweise Fehlersymbole, die auf Probleme mit dem Bezeichner `R` hinweisen. Ignorieren Sie sie einfach; sie werden mit dem ersten Erstellen verschwinden (siehe auch Kapitel 3.3.2).

Leser, die bereits über Erfahrung in der Java-Programmierung verfügen, werden die grundlegende Struktur sicher schnell entschlüsselt haben ... und sich vielleicht wundern, dass keine `main()`-Methode definiert wird.

Auf Leser, die noch über keinerlei Erfahrung in der Java-Programmierung verfügen, dürfte dieses Codebeispiel eher abschreckend wirken, doch der Aufbau ist gar nicht so kompliziert, wie es auf den ersten Blick aussieht. Blendet man die Details aus, schälen sich drei bis vier Komponenten heraus (siehe Abbildung 2.10).

```
package de.carpelibrum.hallo;

import android.os.Bundle;
import android.app.Activity;
import android.view.Menu;
import android.view.MenuItem;
import android.support.v4.app.NavUtils;

public class HalloSagenActivity extends Activity {

    @Override
    public void onCreate(Bundle savedInstanceState) {
        super.onCreate(savedInstanceState);
        setContentView(R.layout.activity_hallosagen);
    }

    @Override
    public boolean onCreateOptionsMenu(Menu menu) {
        getMenuInflater().inflate(R.menu.activity_hallosagen, menu);
        return true;
    }
}
```

Abbildung 2.10: Struktur des Code-Grundgerüsts

2.3.1 Die package-Anweisung

In der obersten Zeile treffen wir den Paketnamen wieder, den wir im Dialogfeld New Android App eingegeben haben.

Die Anweisung

```
package de.carpelibrum.hallo;
```

sorgt dafür, dass alle nachfolgend definierten Codeelemente – in unserem Grundgerüst wäre dies die Klasse `HalloSagenActivity` – untergeordnete Elemente des Pakets `de.carpelibrum.hallo` sind.

Pakete

Die Android-Programmierung verlangt, dass alle Klassen einer App in einem gemeinsamen Paket zusammengefasst werden. Außerdem sollte der verwendete Paketname, der beim Anlegen des Android-Projekts angegeben wird, eindeutig sein, damit es auf den Smartphones nicht zu Namenskonflikten durch Klassen aus gleichlautenden Paketen kommt.

Die gute Nachricht ist, dass Eclipse-Anwender mit der Paketverwaltung kaum aktiv zu tun haben. Sie geben den Paketnamen einfach bei der Einrichtung des Projekts an (siehe Abschnitt 2.2), und um alles Weitere kümmert sich Eclipse.

Mehr zur Codeorganisation mit Paketen erfahren Sie in Kapitel 4 des Java-Tutoriums auf der Buch-DVD.

2.3.2 Die import-Anweisungen

Unter der Paketangabe stehen diverse `import`-Anweisungen.

```
import android.app.Activity;
import android.os.Bundle;
// ...
```

Die Namen `android.app` und `android.os` sind Pakete aus der Android-Bibliothek. In dieser Bibliothek gibt es zahlreiche Klassen, die wir für die Programmierung unserer Apps verwenden können.

Zwei dieser Klassen sind z.B. `Activity` und `Bundle`. Die Klasse `Activity` ist dabei im Paket `android.app` und die Klasse `Bundle` im Paket `android.os` definiert.

Die anderen `import`-Anweisungen sind – ebenso wie die weiter unten definierte Methode `onCreateOptionsMenu()` – für uns erst einmal nicht von Interesse. Falls Sie sich ihrer entledigen möchten, finden Sie im Fragen-und-Antworten-Teil dazu eine Anleitung.

import-Anweisungen

Die Aufgabe von `import`-Anweisungen ist es, Klassennamen in unseren Code zu importieren. Dies vereinfacht den Code und spart uns Tipparbeit.

Grundsätzlich ist es nämlich so, dass Klassen, die in Paketen definiert sind, nur über ihren vollständigen Namen (der die Paketangabe einschließt) angesprochen werden können – also z.B. mit:

```
public class HalloSagenActivity extends android.app.Activity
```

Wenn Sie einen Klassennamen importieren, können Sie auf die Paketangabe verzichten:

```
public class HalloSagenActivity extends Activity
```

Mehr zur `import`-Anweisung erfahren Sie im Java-Tutorium, Kapitel 4.

Hinweis Klassennamen beginnen in Java üblicherweise mit einem Großbuchstaben (während Paketnamen immer klein geschrieben werden).

2.3.3 Die Klassendefinition

So langsam lassen wir den notwendigen Verwaltungskram hinter uns und kommen zu dem eigentlichen funktionellen Code, der in unserem Grundgerüst in der Klasse `HalloSagenActivity` zusammengefasst ist.

Bevor wir uns den Code der Klasse allerdings etwas genauer ansehen, müssen wir den Begriff der »Activity« einführen. Als Anwender sind Sie gewohnt, dass Sie mit Apps (jedenfalls mit den meisten) interagieren können – beispielsweise, indem Sie die Schaltfläche einer App drücken oder in einem Spiel ein Raumschiff mit dem Finger nach links oder rechts bewegen. Alle diese Interaktionen laufen über die visuelle Benutzeroberfläche der App (das, was Sie auf dem Touchscreen Ihres Android-Geräts sehen). Apps organisieren diese Benutzeroberfläche in einzelne Bildschirmseiten. Jede dieser Bildschirmseiten erfüllt eine bestimmte Aufgabe oder »Aktivität« (*Activity*) – eine zusammengehörende Gruppe von Interaktionen, wie z.B. das Ausfüllen eines E-Mail-Formulars oder das Anschauen einer Diashow.

Merksatz Activity = Bildschirmseite + zugehörigem Code

Erinnern Sie sich noch an unsere Einstellungen im Dialogfeld New Android App? Dort haben wir Eclipse mitgeteilt, dass es für unsere App schon einmal eine erste Activity namens `HalloSagenActivity` einrichten soll. Diese Activity finden wir nun im Code wieder.

Im Code sind Activities Klassen, die von der Basisklasse `Activity` abgeleitet sind und unter anderem über eine Methode `onCreate()` verfügen, die automatisch aufgerufen wird, wenn die Activity vom Anwender oder dem System das erste Mal gestartet wird.

Achtung Activity-Klassen müssen immer `public` sein, damit sie vom System instanziiert werden können.

```
public class HalloSagenActivity extends Activity {

    @Override
    public void onCreate(Bundle savedInstanceState) {
        super.onCreate(savedInstanceState);
        setContentView(R.layout.activity_hallosagen);
    }

    // ...
}
```

Wenn der Anwender die App startet, instanziiert das System die Klasse `HalloSagenActivity` und führt die Methode `onCreate()` aus.

```
    @Override
    public void onCreate(Bundle savedInstanceState) {
        super.onCreate(savedInstanceState);
        setContentView(R.layout.activity_hallosagen);
    }
```

Die erste Zeile ruft die Methode `onCreate()` der Basisklasse (`Activity`) auf. Auf diese Weise werden alle in der Basisklasse definierten Initialisierungsarbeiten automatisch für uns ausgeführt.

Die zweite Anweisung ruft die ebenfalls von `Activity` geerbte Methode `setContentView()` auf. Diese Methode legt das Layout unserer App fest, sprich den Aufbau ihrer Benutzeroberfläche.

> **DVD zum Buch** Ausführliche Informationen zur Programmierung mit Klassen und Methoden finden Sie in den Kapiteln 5 bis 9 des Java-Tutoriums.

> ### @Override
>
> Sicher ist Ihnen das Symbol `@Override` aufgefallen. Es handelt sich dabei um eine Java-Annotation – eine an den Compiler gerichtete Anmerkung –, die in diesem Fall darauf aufmerksam machen soll, dass die nachfolgend definierte Methode eine gleichnamige Methode aus der Basisklasse überschreiben soll. (Zur Erläuterung des Prinzips der Überschreibung siehe Kapitel 9 des Java-Tutoriums.)
>
> Überschreibung funktioniert aber nur, wenn die Methode mit dem gleichen Namen und der gleichen Signatur definiert wird. Gibt es Abweichungen, wird stattdessen eine neue Methode definiert. Im Falle der `onCreate()`-Methode wäre dies fatal, denn es würde bedeuten, dass der von uns vorgesehene Code nicht beim Start der Activity ausgeführt wird.
>
> Um derartigen Unbill zu vermeiden, setzt man die Annotation `@Override`. Der Compiler prüft dann, ob tatsächlich eine Überschreibung vorliegt. Falls nicht, gibt er eine Fehlermeldung aus.

2.4 Layout und Ressourcen

Jede App verfügt über ein Layout, das bestimmt, wie die Benutzeroberfläche aussieht. Mit anderen Worten: Das Layout legt im Wesentlichen fest, was der Anwender auf dem Touchscreen sieht, wenn er die App startet und ausführt.

Aus Sicht des Programmierers bedeutet Layout, dass er im Code die Elemente erzeugt, aus denen die Oberfläche zusammengesetzt ist. Die meisten Java-Programmierer sind es gewohnt, hierfür Code zu schreiben. Das heißt, sie suchen sich die Klassen zusammen, die die gewünschten Elemente definieren, erzeugen von diesen Klassen Objekte und konfigurieren diese. Obwohl diese Vorgehensweise auch in der Android-Programmierung gangbar ist ...

```
package de.carpelibrum.hallo;

import android.app.Activity;
//...
import android.widget.TextView;     // Klasse für Textfelder

public class HalloSagenActivity extends Activity {

    @Override
    public void onCreate(Bundle savedInstanceState) {
        super.onCreate(savedInstanceState);

        TextView tv = new TextView(this);
        tv.setText("Hallo Programmierer");
        setContentView(tv);
    }
}
```

... ist es in Android üblich, das Layout über XML-Code zu definieren – eine Technik, die mehr und mehr auch in der traditionellen Anwendungsprogrammierung Anwendung findet.

2.4.1 XML-Layouts

Das Programmgerüst, das für unsere App angelegt wurde, verfügt bereits über ein erstes, einfaches XML-Layout, das nach Belieben angepasst oder ausgetauscht werden kann. Wie dies geht, lesen Sie in Kapitel 5. Für unsere erste App werden wir das vorgegebene Layout einfach beibehalten. Wir werden uns allerdings schon einmal ansehen, wie die Technik des XML-Layouts grundsätzlich funktioniert und wie wir ein solches Layout konfigurieren können.

Werfen wir noch einmal einen Blick in den Code unserer App:

```
package de.carpelibrum.hallo;

import android.app.Activity;
// … weitere Inport-Anweisungen
```

```
public class HalloSagenActivity extends Activity {

    @Override
    public void onCreate(Bundle savedInstanceState) {
        super.onCreate(savedInstanceState);
        setContentView(R.layout.activity_hallosagen);
    }

    // ...
}
```

Die letzte Zeile der Methode `onCreate()`, die die `Activity`-Methode `setContentView()` aufruft, richtet die Benutzeroberfläche der App ein. Sie können dieser Methode als Argument wahlweise ein Objekt einer View-Klasse übergeben oder eine ID, die eine Layoutdatei angibt. Letzteres geschieht im obigen Code. Die ID lautet in diesem Fall `R.layout.activity_hallosagen`.

> **Merksatz** ID ist das Kürzel für »IDentifier« – ein eindeutiger Bezeichner für ein Objekt.

`R` ist der Name einer Klasse, die automatisch für das Projekt erzeugt wird und deren Aufgabe die **R**essourcenverwaltung ist (daher der Name `R`). Diese Klasse enthält als Elemente eine Reihe von untergeordneten Klassen, darunter eben auch die Klasse `layout`, in der schließlich die ID `main` definiert ist.

> **Tipp** Wenn Sie wissen möchten, welcher konkrete Wert sich hinter der ID `main` verbirgt, erstellen Sie das Projekt (siehe Abschnitt 2.5), expandieren Sie im Package Explorer die Knoten *gen* und *de.carpelibrum.hallo* und doppelklicken Sie auf den Knoten für die Datei *R.java*, um diese in den Editor zu laden. Aber Achtung! Nur einsehen, nicht ändern! Änderungen in *R.java* sollte nur der Compiler vornehmen.

Die ID führt den Compiler zu einer Datei *activity_hallosagen.xml*, die im Projektunterverzeichnis *res/layout* liegt.

1. Expandieren Sie im Package Explorer die Knotenfolge *res/layout* und doppelklicken Sie auf den Eintrag für die Datei *activity_hallosagen.xml*, um diese in den Editor zu laden.

   Für XML-Layoutdateien gibt es zwei unterschiedliche Ansichten, die über Reiter am unteren Rand des Editors ausgewählt werden. Per Voreinstellung zeigt Eclipse immer erst die Ansicht GRAPHICAL LAYOUT.

2. Klicken Sie am unteren Rand des Editors auf den Reiter ACTIVITY_HALLOSAGEN.XML, um die Layoutdatei in der XML-Ansicht zu betrachten.

```
<RelativeLayout
    xmlns:android="http://schemas.android.com/apk/res/android"
    xmlns:tools="http://schemas.android.com/tools"
    android:layout_width="match_parent"
    android:layout_height="match_parent" >

    <TextView
        android:layout_width="wrap_content"
        android:layout_height="wrap_content"
        android:layout_centerHorizontal="true"
        android:layout_centerVertical="true"
        android:padding="@dimen/padding_medium"
        android:text="@string/hello_world"
        tools:context=".HalloSagenActivity" />

</RelativeLayout>
```

Listing 2.2: Inhalt der Layoutdatei activity_hallosagen.xml

Wir haben es hier mit einem hierarchischen Layout zu tun. Auf der obersten Ebene steht eine RelativeLayout-Komponente. In diese Komponente ist eine TextView-Komponente eingebettet.

Layout-Komponenten haben vor allem die Aufgabe, die in ihnen eingebetteten Komponenten nach einer bestimmten Strategie auszurichten. Die Strategie der RelativeLayout-Komponente ist, die eingebetteten Komponenten relativ zueinander bzw. zur umliegenden Komponente auszurichten.

Die TextView-Komponente erlaubt die Anzeige eines Textes.

Für jedes dieser XML-Elemente wird bei der Kompilierung die entsprechende Android-Klasse instanziiert und das so erzeugte Objekt gemäß den in den XML-Elementen definierten Attributen konfiguriert.

Für das TextView-Element wurde z.B. unter anderem festgelegt, wie breit und hoch es ist (Attribute `android:layout_width` und `android:layout_height`), das es zentriert werden soll (`center...`-Attribute) und welchen Text es anzeigen soll (Attribut: `android:text`).

Welche Werte Sie den Attributen zuweisen können, hängt von der Art des Attributs ab (mehr dazu in Kapitel 5). Uns interessiert im Moment vor allem das `text`-Attribut des TextView-Elements. Ihm wird nicht der auszugebende Text übergeben, sondern ein Verweis auf eine Ressource, in der der Text gespeichert ist.

2.4.2 Ressourcen

In der App-Programmierung ist es üblich, Texte und Bildelemente, die auf der Benutzeroberfläche angezeigt werden, als Ressourcen zu verwalten.

Für Textelemente gibt es dazu z.B. die Datei *strings.xml*.

Strings

Texte, die ein Java-Programm ausgibt oder anderweitig verarbeitet, werden in der Programmierung als »Strings« bezeichnet.

3. Expandieren Sie im Package Explorer die Knotenfolge *res/values* und doppelklicken Sie auf den Eintrag für die Datei *strings.xml*, um diese in den Editor zu laden.

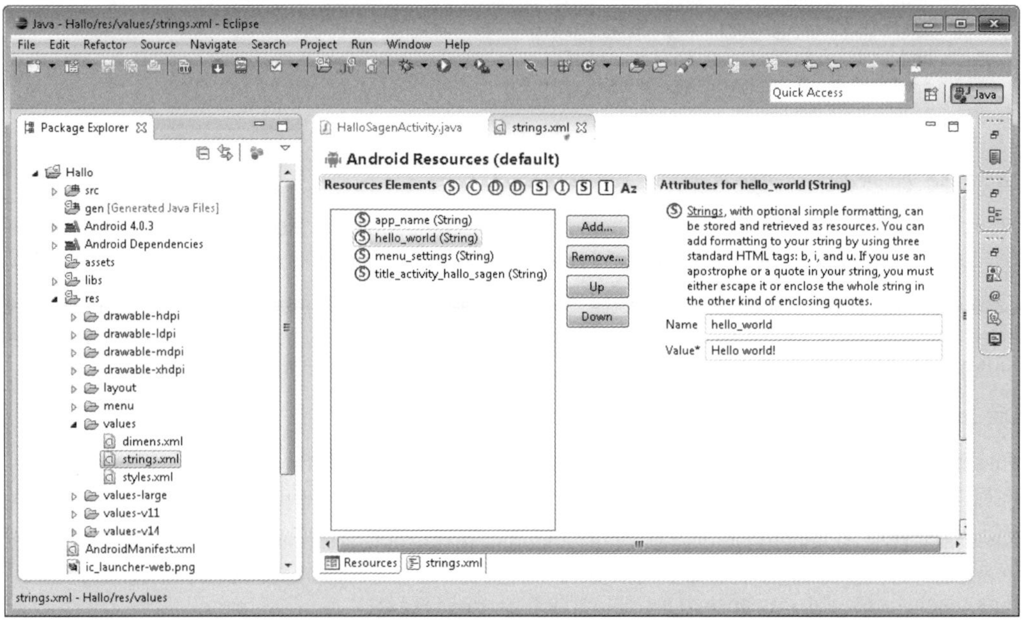

Abbildung 2.11: Die Datei strings.xml im Ressourceneditor

In Eclipse können Sie die Ressourcendatei *strings.xml* wahlweise über die Eingabemaske des Ressourceneditors (siehe Abbildung 2.11) oder als reinen XML-Code bearbeiten.

Um zwischen Ressourceneditor und Texteditor hin und her zu schalten, klicken Sie einfach am unteren Rand des Editorfensters auf die zugehörigen Reiter.

```
<resources>
    <string name="app_name">Sag Hallo</string>
    <string name="hello_world">Hello world!</string>
    <string name="menu_settings">Settings</string>
    <string name="title_activity_hallo_sagen">Hallo Sagen</string>
</resources>
```

Listing 2.3: Inhalt der Datei strings.xml

Um den auszugebenden Text von »Hello World!« in »Hallo Programmierer!« zu ändern, geben Sie den neuen Text einfach zwischen den Tags des zweiten `string`-Elements ein ...

```
<resources>
    <string name="app_name">Sag Hallo</string>
    <string name="hello_world">Hallo Programmierer!</string>
    <string name="menu_settings">Settings</string>
    <string name="title_activity_hallo_sagen">Hallo Sagen</string>
</resources>
```

... oder klicken Sie im Ressourceneditor auf den Eintrag *hello_world* und tippen Sie dann rechts den neuen Text in das Eingabefeld VALUE ein.

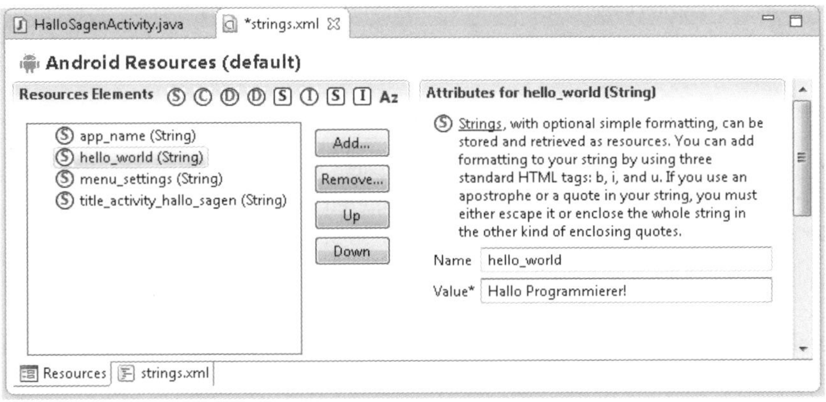

Abbildung 2.12: Bearbeitung einer String-Ressource im Ressourceneditor

4. Speichern Sie Ihre Änderungen, indem Sie den Menübefehl FILE/SAVE ALL aufrufen.

2.5 Die App erstellen (Build)

Eclipse kann so eingestellt werden, dass Änderungen an einem Projekt sofort kompiliert und ausgewertet werden. Dies ist bequem, kann aber auch manchmal nerven, vor allem, wenn ungewiss bleibt, ob es mit der Erstellung geklappt hat oder nicht. Wir empfehlen daher, die Option ggf. zu deaktivieren und Ihre Projekte manuell zu erstellen.

1. Öffnen Sie das PROJECT-Menü.
2. Wenn vor dem Befehl BUILD AUTOMATICALLY ein Häkchen zu sehen ist, wählen Sie den Befehl aus, um die Option zu deaktivieren und das Häkchen verschwinden zu lassen.

Um Ihr Projekt von Hand zu erstellen, gehen Sie wie folgt vor:

1. Speichern Sie das Projekt mit dem Menübefehl FILE/SAVE ALL (oder durch Klick auf die entsprechende Symbolschaltfläche).

   Dieser Schritt ist ganz wichtig, da sonst die letzten Änderungen beim Kompilieren nicht berücksichtigt werden.

2. Rufen Sie den Menübefehl PROJECT/BUILD PROJECT auf.

   Alternativ können Sie im Package Explorer von Eclipse mit der rechten Maustaste auf den Projektknoten HALLO klicken und im Kontextmenü den Befehl BUILD PROJECT aufrufen.

Gibt es Fehler im Projekt, markiert Eclipse die betroffenen Stellen im Editor (rote Wellenlinie und Lampensymbol mit rotem Kästchen in Randleiste). Ob Code betroffen ist, der gerade nicht im Editor angezeigt wird, können Sie im Package Explorer kontrollieren. Enthält eine Datei syntaktische Fehler, werden die Datei und alle übergeordneten Ordner mit einem roten Kästchen mit weißem Kreuz markiert.

Hinweis Die gelben Kästchen sind Warnungen. Warnungen können auf mögliche logische Fehler oder ineffizienten Code hinweisen. Die Warnungen, die Sie nach dem erfolgreichen Erstellen des Hallo-Projekts sehen, sind harmlos. Sie können sie ignorieren oder, wie am Ende des Kapitels im Fragen-und-Antworten-Teil beschrieben, entfernen.

Gibt es syntaktische, rot markierte Fehler in Ihrem Quelltext, sollten Sie diese immer von oben nach unten abarbeiten, da es gut möglich ist, dass es sich bei den unteren Fehlern um Folgefehler handelt, die nach Beheben der oberen Fehler und erneuter Erstellung automatisch verschwinden.

Sehen Sie sich die fehlerhaften Stellen an. Können Sie den Fehler erkennen? Wenn nicht, fahren Sie mit der Maus über die als fehlerhaft markierte Quelltextzeile, um sich ein QuickInfo-Fenster mit näheren Erläuterungen zu dem Fehler anzeigen zu lassen. Beheben Sie den Fehler, speichern Sie und lassen Sie das Projekt neu erstellen. Verschwindet die Fehlermeldung nicht, obwohl der Fehler eigentlich behoben sein sollte, rufen Sie den Befehl PROJECT/CLEAN auf und erstellen Sie das Projekt danach noch einmal neu.

Achtung Oft bietet das QuickInfo-Fenster unter dem Fehlertext einen oder mehrere Optionen an, wie der Fehler behoben werden könnte. Diese Korrekturvorschläge führen allerdings nicht immer zum gewünschten Ziel! Klicken Sie nur dann auf eine der angebotenen Optionen, wenn Sie sicher sind, dass der Fehler damit in Ihrem Sinne behoben wird.

Tipp Fehler, die bei der Erstellung auftreten, werden auch im Fenster PROBLEMS (Aufruf über Menübefehl WINDOW/SHOW VIEW/PROBLEMS) aufgelistet.

2.6 Die App im Emulator testen

Zeit, dass wir uns einmal ansehen, wie unsere App aussieht, wenn sie ausgeführt wird. Wir müssen sie dazu nicht erst auf ein Android-Smartphone übertragen, ja wir müssen nicht einmal Eclipse verlassen. Ein Befehl genügt, und Eclipse lädt den Emulator und überträgt auf diesen die App. Im Fenster des Emulators können wir die App dann starten und testen.

Doch damit dies alles so reibungslos und einfach funktioniert ... müssen wir dem Emulator zuerst mitteilen, welchen Typus von Android-Gerät er simulieren soll.

2.6.1 AVD für Emulator anlegen

Um Apps auf Ihrem Rechner ausführen zu können, müssen Sie ein virtuelles Android-Gerät anlegen – quasi also ein virtuelles Smartphone –, das der Emulator simulieren soll. Doch keine Angst, dies ist nicht die Fortsetzung des Installationsmarathons aus dem vorangehenden Kapitel. Alles, was zur Einrichtung eines solchen virtuellen Geräts – Android spricht von einem »Android Virtual Device« (kurz AVD) – nötig ist, haben Sie bereits in Kapitel 1.3 mit dem SDK-Manager heruntergeladen.

1. Starten Sie den Android-AVD-Manager .

   Sie können den AVD-Manager direkt von Eclipse aus starten, indem Sie auf sein Symbol in der Symbolleiste klicken.

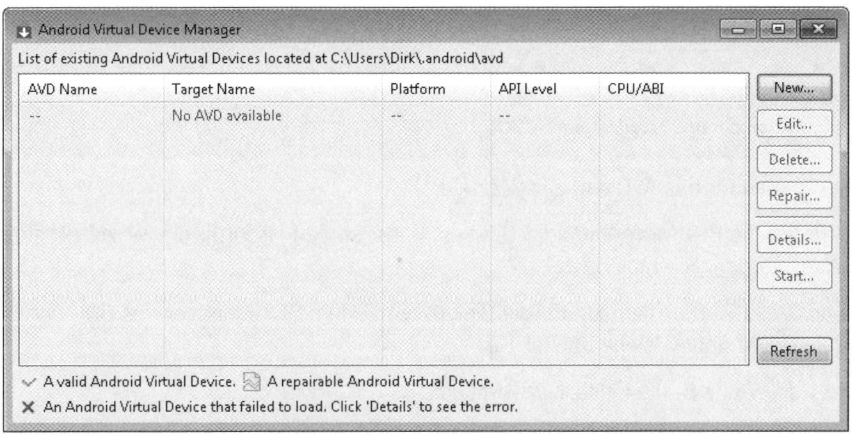

Abbildung 2.13: Anlegen eines virtuellen Android-Geräts im AVD-Manager

2. Klicken Sie auf die Schaltfläche New.

   Es erscheint das Dialogfeld Create new Android Virtual Device.

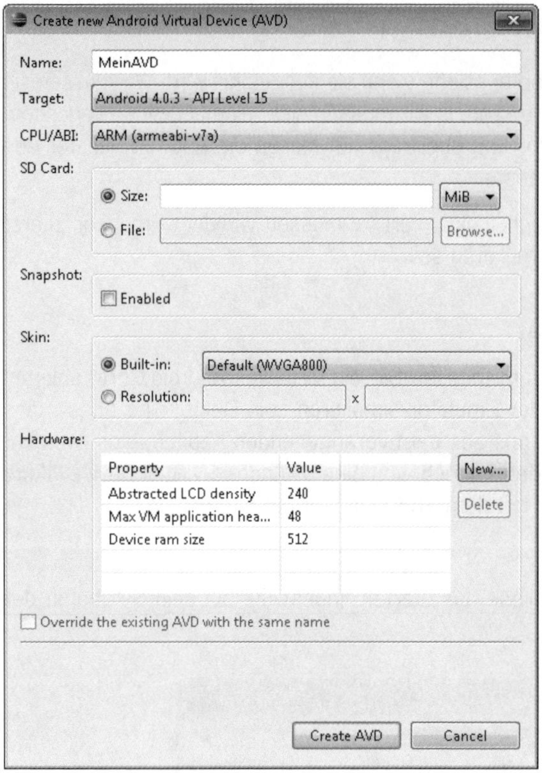

Abbildung 2.14: Konfiguration des neu anzulegenden AVD

3. Geben Sie einen Namen für das AVD ein, z.B. *MeinAVD*.
4. Wählen Sie als Target die Plattform *Android 4.0.3* aus. (Dies ist die Plattform, die wir zum Testen unserer 4.0.3-Apps vordringlich benötigen.)

   Das Listenfeld führt alle Plattformen auf, für die Sie zuvor mit dem SDK-Manager das SDK heruntergeladen und installiert haben (siehe Kapitel 1.3).
5. Wählen Sie unter CPU/ABI z.B. die Einstellung ARM aus.
6. Behalten Sie unter SKIN die Einstellung BUILT-IN bei.
7. Drücken Sie auf CREATE AVD.
8. Schließen Sie den AVD-Manager.

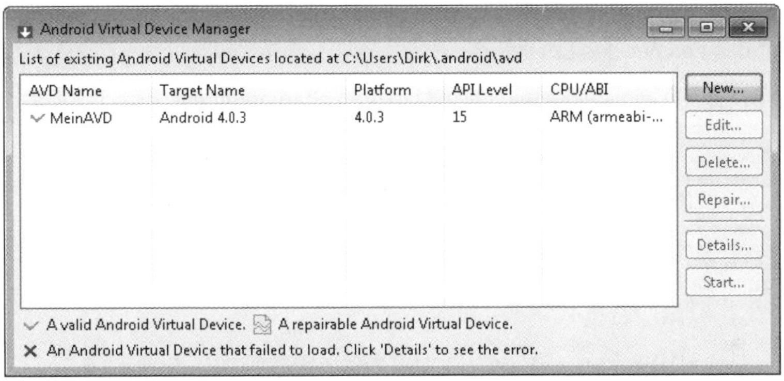

Abbildung 2.15: Das AVD ist eingerichtet.

Aufsteiger Zum Einarbeiten in die App-Programmierung genügt in der Regel ein einziges AVD, das als Target die gleiche Plattform verwendet, die Sie als Build SDK für Ihre Projekte ausgewählt haben. Sobald Sie aber beginnen, Apps an Bekannte weiterzugeben oder gar auf Google Play (früherer Market Place) anzubieten, sollten Sie mehrere AVDs für unterschiedliche Plattformen (Einstellung Target), Auflösungen (Einstellung Skin) und Hardware-Ausstattungen (Einstellungen SD Card und Hardware) einrichten, um bequem testen zu können, wie sich Ihre App auf unterschiedlichen Android-Geräten verhält. (Tipp: Bauen Sie dann Informationen über Plattform, Auflösung und evtl. auch Ausstattung in den AVD-Namen ein.)

2.6.2 App testen

Jetzt ist es bald soweit, dass Sie Ihre App im Emulator begutachten können. Doch zuvor sollten Sie noch das Console-Fenster aufrufen, damit Sie den Startprozess des Emulators und der App live mitverfolgen können.

1. Rufen Sie den Befehl Window/Show View/Console auf, um das Console-Fenster einzublenden.
2. Rufen Sie den Befehl Run/Run auf, um die App zu testen.

   Wenn Sie diesen Befehl das erste Mal für eine App aufrufen, erscheint noch das Dialogfeld Run As, in dem Sie die Option Android Application auswählen müssen.

   Alternativ können Sie auch im Package Explorer von Eclipse mit der rechten Maustaste auf den Projektknoten Hallo klicken und im Kontextmenü den Befehl Run As/Android Application aufrufen.

Achtung Wenn Sie ein Projekt das erste Mal mit dem Befehl Run/Run ausführen, erscheint das Dialogfeld Run As, in dem Sie Android Application als Startmodus auswählen müssen. Eclipse erstellt daraufhin eine passende Launch-Konfiguration und benutzt diese fortan automatisch.

Im CONSOLE-Ausgabefenster von Eclipse erscheinen daraufhin nacheinander diverse Meldungen und auf Ihrem Touchscreen erscheint das Fenster des Emulators.

3. Warten Sie, bis im CONSOLE-Fenster die Meldung »ActivityManager: Starting: Intent ...« erscheint.

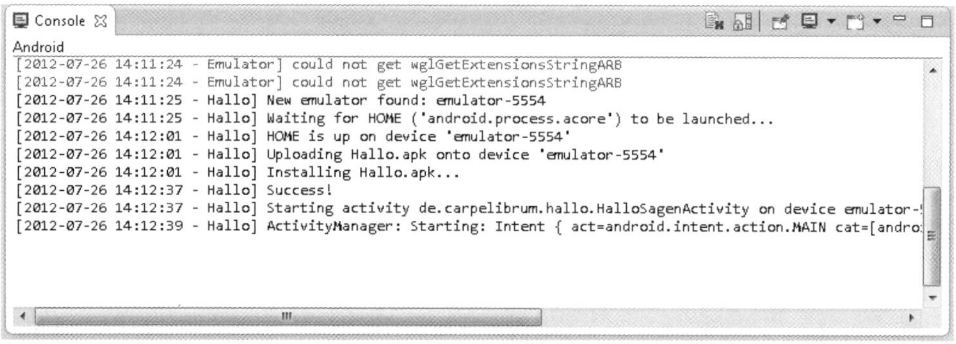

Abbildung 2.16: Die App ist im Emulator und gestartet.

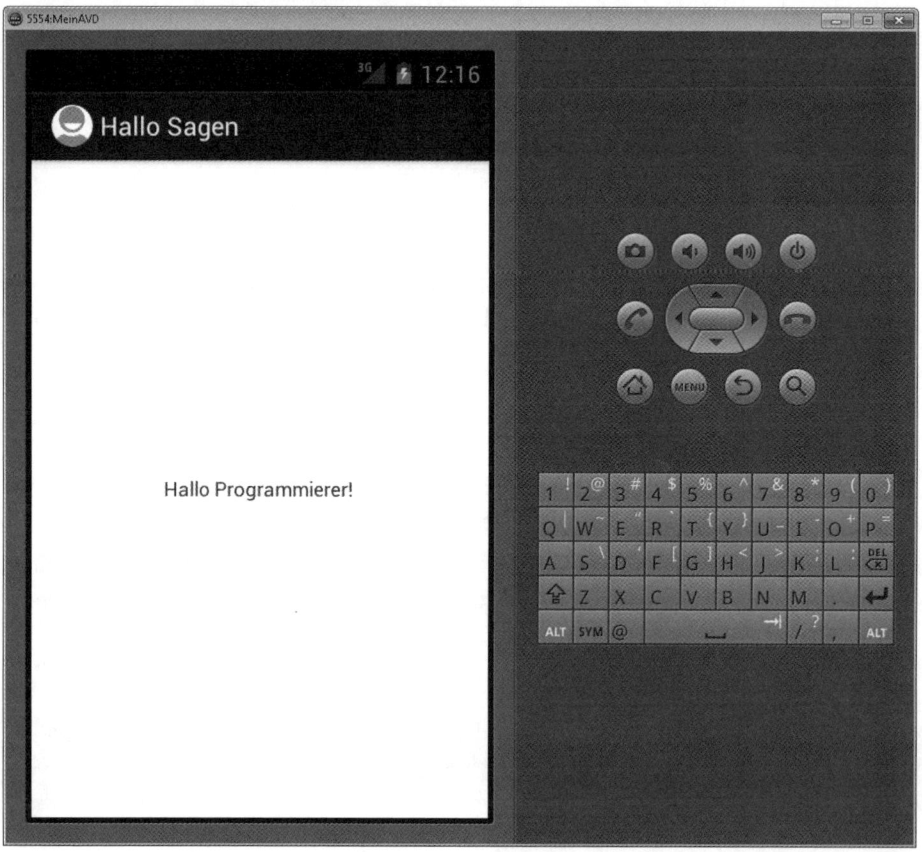

Abbildung 2.17: Die Benutzeroberfläche unserer App – mit Titelleiste und darunter gelegenem Textfeld

Achtung Beim ersten Aufruf werden Sie das virtuelle Gerät, das sich langsam im Emulator aufbaut, noch mit einer Wisch- oder Mausziehgeste entsperren müssen.

Wie Sie sehen, wurde die `onCreate()`-Methode bereits ausgeführt und im Textfeld ist der von uns angepasste Ausgabetext zu lesen.

4. Beenden Sie die App, in dem Sie im Emulator auf die ZURÜCK-Taste klicken.
5. Schließen Sie das Emulatorfenster.

Tipp Solange sie an einer App arbeiten, sollten Sie den einmal gestarteten Emulator nicht unnötig neu starten. Nicht, dass dies zu Problemen führen würde, es kostet nur sehr viel Zeit. Lassen Sie den Emulator also während der Arbeit an der App geöffnet und starten Sie das App einfach zum Testen mit dem Befehl RUN/RUN neu.

Hinweis Ausführliche Informationen zum Emulator finden Sie in Anhang C.

2.7 Die App auf dem Smartphone oder Tablet-PC testen

Sie besitzen ein Android-Smartphone? Dann möchten Sie doch bestimmt auch gleich einmal sehen, wie sich Ihre App auf dem Smartphone macht? Nun, sofern Ihr Smartphone mit Android 4.0 oder höher läuft (der Android-Plattform, die wir beim Anlegen des Projekts als anvisierte Zielplattform (Target) eingestellt haben), sollte dies kein Problem sein.

Um die App auf einem realen Smartphone zu testen, gibt es zwei Möglichkeiten:

- den schnellen Weg mit Unterstützung durch Eclipse (setzt natürlich voraus, dass Eclipse auf dem Rechner installiert ist und Sie das Projekt der App vorliegen haben)
- den manuellen Weg, der auch ohne Eclipse funktioniert und beispielsweise interessant ist, um eine App an Freunde weiterzugeben oder die App eines Freundes vom eigenen Rechner auf ein Smartphone zu übertragen.

Hinweis Die manuelle Übertragung läuft ähnlich ab wie die Veröffentlichung von Apps im Internet unter Google Play. Wir behandeln daher beide Vorgänge zusammen in Anhang A.

Automatische Übertragung mit Eclipse

Wenn Sie die App öfters zum Testen auf Ihr Smartphone übertragen möchten, können Sie Eclipse so einrichten, dass beim Ausführen der App von Eclipse aus das gewünschte Zielgerät (Emulator oder angeschlossenes Smartphone) abgefragt wird.

1. Stellen Sie Ihr Smartphone auf USB-Debugging um.

   Im Galaxy Nexus-Smartphone i9250 muss dazu beispielsweise unter EINSTELLUNGEN/SYSTEM/ENTWICKLEROPTIONEN die Option USB-DEBUGGING aktiviert sein. (Im Galaxy-Smartphone i9000 finden Sie die Option unter EINSTELLUNGEN/ANWENDUNGEN/ENTWICKLUNG.)

   Außerdem müssen Sie die Kies-Treiber auf Ihrem Rechner installiert haben! Sie finden diese auf der Begleit-DVD zu Ihrem Smartphone oder zum kostenlosen Download auf verschiedenen Websites im Internet.

2. Stecken Sie das USB-Kabel ein.

3. Rufen Sie in Eclipse den Menübefehl RUN/RUN CONFIGURATIONS auf.

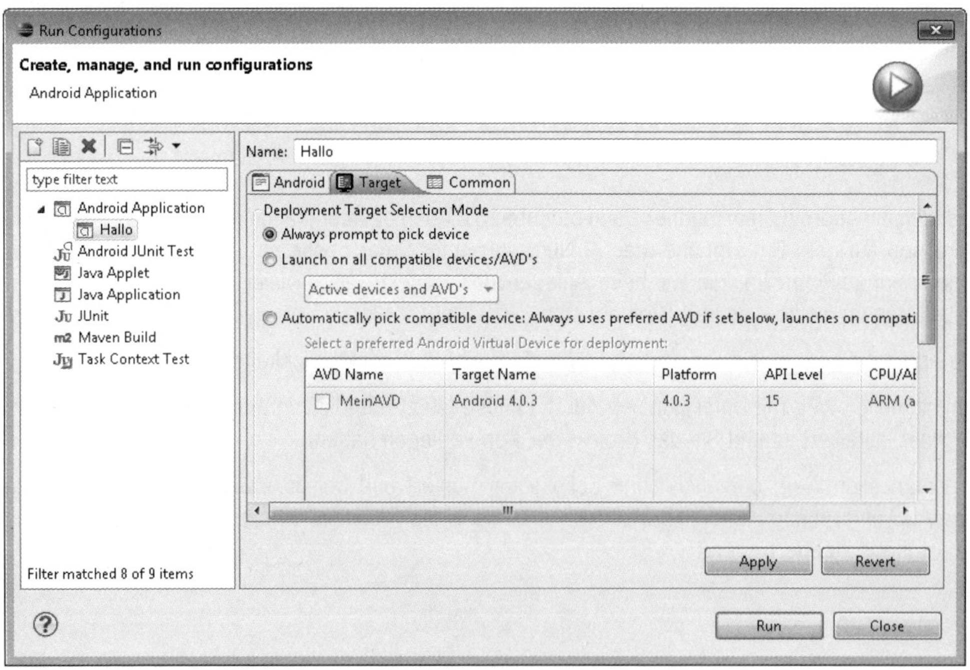

Abbildung 2.18: Eclipse-Konfiguration für die manuelle Auswahl des Zielgeräts

4. Wählen Sie, falls nötig, im linken Teil des Dialogfelds Run Configurations unter der Kategorie Android Application ihre App (in unserem Fall *Hallo*) aus.
5. Wechseln Sie im rechten Teil zur Registerseite Target und wählen Sie als Deployment Target Selection Mode die Option Always prompt to pick device aus.
6. Klicken Sie auf Apply und anschließend auf Run.

Danach erscheint das Dialogfeld Android Device Chooser, in dem Ihr angeschlossenes Smartphone unter seiner Seriennummer aufgeführt sein sollte.

7. Wählen Sie das Smartphone mit einem Mausklick aus und drücken Sie dann OK.

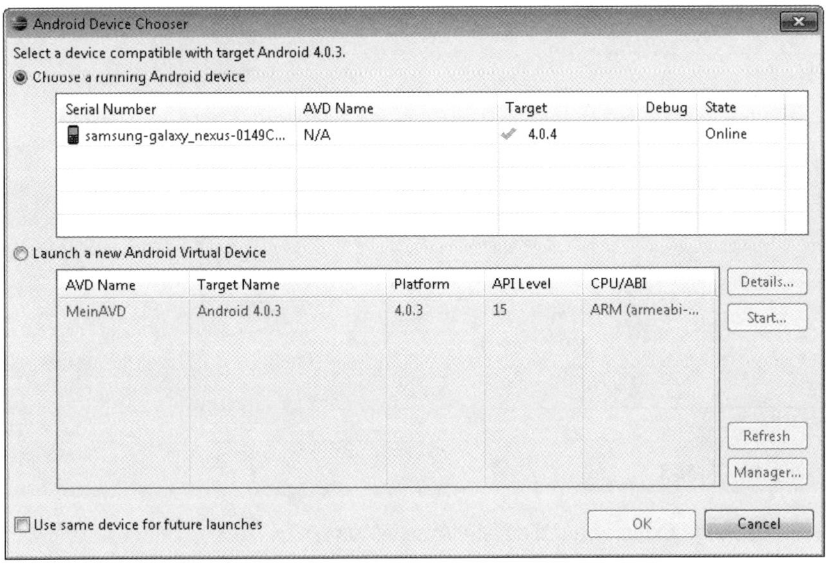

Abbildung 2.19: Auswahl des angeschlossenen Smartphones als Zielgerät

Hinweis Das Dialogfeld Android Device Chooser wird fortan bei jeder Ausführung der App aufgerufen – solange, bis Sie die Launch-Konfiguration wieder umstellen.

Jetzt sollte die App auf Ihrem Smartphone erscheinen. Tut sie es nicht, werfen Sie einmal einen Blick in das Console-Fenster von Eclipse. (Standardmäßig wird das Console-Fenster am unteren Rand des Eclipse-Fensters eingeblendet. Sollte es nicht erscheinen, rufen Sie den Befehl Window/Show View/Console auf. Achten Sie darauf, dass links oben Android als »Selected Console« angezeigt wird (zum Ändern gibt es links einen Symbolschalter).

Wenn Sie dort eine Meldung sehen, die darauf hinweist, dass die API-Version der App größer ist als die API-Version des Geräts (device), ist noch nicht alles verloren. Glücklicherweise verwendet unsere

Hallo-App nur ganz grundlegende API-Elemente, die es schon seit langer Zeit gibt. Sie müssen also nur die Minimum-SDK-Angabe Ihrer App auf die API-Version Ihres Smartphones herabsetzen.

Minimum SDK an Smartphone anpassen

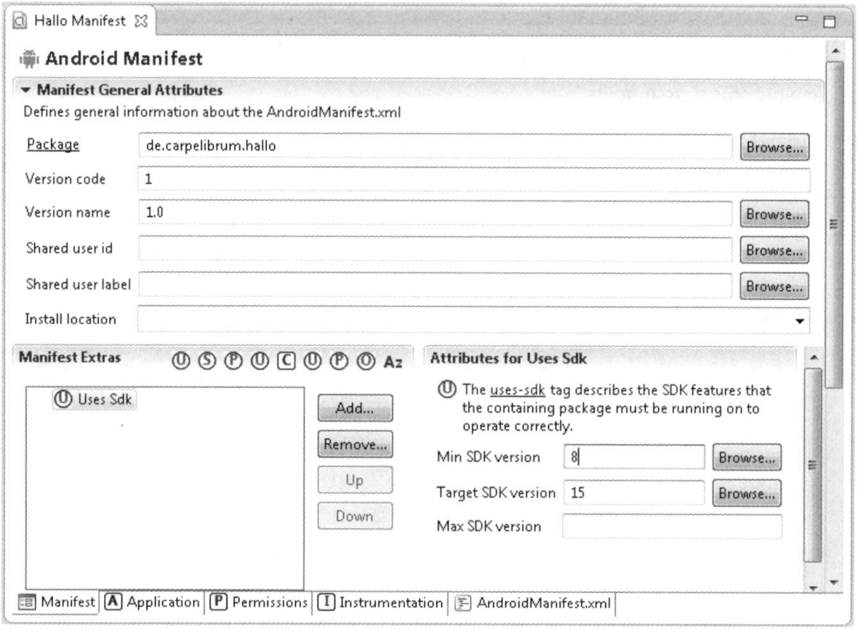

Abbildung 2.20: Anpassung des Min SDK

1. Doppelklicken Sie im Package Explorer auf die Datei AndroidManifest.xml.
2. Achten Sie darauf, dass die XML-Datei in der Manifest-Ansicht angezeigt wird (Registerlasche am unteren Rand).
3. Klicken Sie auf den Eintrag Uses Sdk.
4. Danach können Sie rechts den Wert für Min SDK version herabsetzen, beispielsweise auf 8 oder auf die API-Version, die im Console-Fenster angezeigt wurde.
5. Speichern Sie und übertragen Sie die App neu.

In aller Regel sollte die App jetzt auf dem Smartphone ausgeführt werden. Tut sie es immer noch nicht, empfehlen wir, erst einmal mit der Lektüre des Buches und der Android-Programmierung fortzufahren. Zum Programmieren und Testen reicht der Emulator ja vollauf.

Später, wenn Sie sich dann besser mit Android auskennen, können Sie die Übertragung auf Ihr Smartphone ja noch einmal versuchen. Und sollte es dann noch immer nicht klappen, kommt Ihnen sicherlich eher eine Idee, wo der Fehler liegen könnte.

2.8 Nächste Schritte

Sie haben nun bereits Ihre erste App erstellt und ausgeführt. Dabei sind eine ganze Menge von neuen Konzepten auf Sie eingeströmt und sicher von Ihrer Seite auch etliche Fragen aufgetaucht. Unsere nächste Aufgabe wird daher sein, die drängendsten Fragen zu klären und etwas mehr Licht auf die angesprochenen Konzepte zu werfen.

Leser, für die dies der Einstieg in die Java-Programmierung überhaupt ist, sollten sich vor dem Weiterlesen die Zeit nehmen, sich etwas intensiver mit Java vertraut zu machen – beispielsweise indem Sie den Praxisteil des Java-Schnellkurses auf der Buch-DVD durcharbeiten.

2.9 Fragen und Antworten

1. Ich habe gehört, dass Android-Projekte nicht mit Java 7 erstellt werden können. Trotzdem konnte ich mein Hallo-Projekt mit dem JDK 7u5 von der Buch-DVD problemlos erstellen. Ist die Information zu Android und Java 7 also falsch?

   Sie müssen zwischen dem Compiler und dem Java-Bytecode, den der Compiler erzeugt, unterscheiden. Android versteht derzeit keinen Java-7-Bytecode. Das ist richtig. Sie können mit dem Java-7-Compiler aber auch Java-6- oder Java-5-Bytecode erstellen. Und hier liegt die Lösung des oben angesprochenen Paradoxons: Das aktuelle Android-Plugin konfiguriert einfach jedes neu angelegte App-Projekt so, dass der Compiler angewiesen wird, älteren Java-5- oder Java-6-Byteode zu erzeugen. Sie können die entsprechende Einstellung kontrollieren, indem Sie im Package Explorer das Kontextmenü zum Projektknoten öffnen, den Befehl PROPERTIES aufrufen und links die Kategorie JAVA COMPILER auswählen. Rechts sehen Sie dann die eingestellte Kompatibilitätsversion.

2. Ich stelle für meine Apps als Build SDK derzeit wie von Ihnen empfohlen Android 4.0.3 ein. Ich möchte aber auch, dass meine Apps später auf Android 2.3.3-Systemen ausführbar sind. Genügt es, dafür das Minimum Required SDK auf 2.3.3 zu setzen?

   Ja und nein. Wenn Sie das Minimum Required SDK in der Datei *AndroidManifest.xml* – wie am Ende von Abschnitt 2.7 beschrieben – auf den Wert 10 herabsetzen (die API 10 entspricht der Android-Version 2.3.3), bedeutet dies zwar, dass Ihre App auf jedem Android-Gerät mit Android 2.3.3 oder höher installiert werden kann, aber das heißt noch nicht, dass die App auch laufen wird. Die Umstellung des Min SDK ist also eine notwendige, aber keine ausreichende Maßnahme.

   Zusätzlich sollten Sie die App unbedingt auch auf einem AVD für Android 2.3.3 testen. Stürzt die App dort ab, bedeutet dies, dass Sie API-Elemente verwenden, die es im SDK 2.3.3 nicht gibt. Dann sollten Sie das Build/Target-SDK auf 2.3.3 umstellen und das Projekt neu erstellen. Der Compiler wird dann einige Fehlermeldungen produzieren, die Sie (hoffentlich) zu den API-Elementen führen, die Sie nicht verwenden sollten. (Tipp: in der Android-Referenz ist zu jeder Klasse angegeben, mit welcher API-Version sie eingeführt wurde.)

3. Wie kann ich das Build SDK nachträglich verändern?

   Gut, dass Sie fragen. Sie könnte natürlich annehmen, dass Sie lediglich in der Datei *AndroidManifest.xml* – analog zu der oben beschriebenen Änderung des Min SDK – den Wert für die TARGET SDK VERSION setzen müssen. Doch dies ist nur die halbe Miete, denn der Eintrag in der Manifestdatei dient nur dazu, die Android-Geräte, auf denen Sie Ihre App installieren, darüber zu informieren, dass die App speziell für die angegebene Plattform geschrieben wurde. (Dies hat den Zweck, dass das Android-Gerät ggf. einen passenden Kompatibilitätsmodus einschalten muss – oder eben auf diesen verzichten kann, wenn das installierte Betriebssystem von der gleichen Version ist wie das Build SDK.) Diese Information ist allerdings falsch, wenn Sie nicht auch dafür sorgen, dass die App mit der angegebenen API-Bibliothek erstellt wurde.

Um die verwendete Android-Bibliothek zu ändern, klicken Sie im Package Explorer mit der rechten Maustaste auf den Projektknoten und wählen im Kontextmenü ganz unten den Befehl PROPERTIES aus. Wählen Sie im erscheinenden Dialog links die Kategorie ANDROID und anschließend rechts das neue Build SDK aus.

4. Was bedeuten die gelben Warnungen, die der Compiler für mein Hallo-Projekt anzeigt und wie kann ich sie entfernen?

   Das Android-Plugin der Version 20 legt automatisch Code für die Einrichtung eines Menüs an. Da wir uns mit Menüs aber erst in Kapitel 10.1 beschäftigen, bleibt dieser Code ungenutzt. Die Warnungen neben den `import`-Anweisungen geben an, dass diese Importe überflüssig sind. Um sie zu unterbinden, gibt es zwei Möglichkeiten:

   – Halten Sie die Maus über eine der markierten `import`-Anweisungen, warten Sie, bis das Quick-Info-Fenster aufspringt, und wählen Sie dann den Eintrag »Add @SuppressWarnings ...«.

   – Löschen Sie die markierten `import`-Anweisungen, plus der Definition der `onCreateOptionsMenu()`-Methode. Wechseln Sie dann in den Package Explorer und löschen Sie dort auch gleich noch den Unterknoten RES/MENU.

2.10 Übungen

1. Legen Sie ein Projekt mit eigenem App-Symbol und ohne Unterstützung für ein Menü an.

   Probieren Sie für das App-Symbol die verschiedenen Einstellungsoptionen auf der Seite CONFIGURE LAUNCHER ICON des New Android App-Wizards aus. Wenn Sie das App-Symbol auf der Basis eines Fotos erstellen möchten, wählen Sie IMAGE aus und klicken Sie dann auf BROWSE. (Keine Angst wegen zu großer Bilddateien; die Bildgröße wird automatisch angepasst.)

   Wie Sie das Menü entfernen, wurde oben im Fragen-und-Antworten-Teil beschrieben. Vergessen Sie nicht das Speichern vor dem Erstellen!

2. Ändern Sie die Ausgabe des in Übung 1 angelegten Projekts (oder des Hallo-Projekts), d.h. verändern Sie den Wert der String-Ressource, die dem `android:text`-Attribut des TextView-Steuerelements zugewiesen wird. Okay, die Anleitung klingt kompliziert, eigentlich ist es aber ganz einfach. Lesen Sie notfalls noch einmal in Abschnitt 2.4 nach.

3 Was wann wofür

SIE LERNEN IN DIESEM KAPITEL,

- WIE APPS AUFGEBAUT SIND,
- WELCHE BIBLIOTHEKS-KLASSEN FÜR DIE APP-PROGRAMMIERUNG WICHTIG SIND UND
- ERFAHREN, WOFÜR MANIFEST-, JAR-, APK- UND ANDERE DATEIEN BENÖTIGT WERDEN.

Nachdem die ersten Schritte getan sind, die erste App erstellt und hoffentlich auch erfolgreich im Emulator getestet wurde, wir also die ersten Hürden erfolgreich genommen haben – und dies gilt ganz besonders für diejenigen Leser, die nebenbei auch noch das Java-Tutorium auf der Buch-DVD durchgearbeitet haben –, werden wir in diesem Kapitel eine kurze Zwischenpause einlegen, die Entwicklerwerkzeuge und den Compiler für eine Weile ruhen lassen und diese Unterbrechung dazu nutzen, uns geistig auf die nächsten Aufgaben vorzubereiten.

Konkret werden wir uns eine Übersicht darüber verschaffen, was bei der App-Programmierung eigentlich von uns erwartet wird, mit welchen Komponenten (Android-Klassen) wir es dabei zu tun haben und wie Android-Projekte im Detail aufgebaut sind. Wir werden dabei etlichem Bekannten begegnen, aber auch viel Neues entdecken.

3.1 Was ist zu tun? – Die drei Pfeiler der App-Erstellung

Zur App-Programmierung gehört, dass Sie

- den **Code schreiben**, der festlegt, wie sich die App verhält,
- das **Layout festlegen**, das bestimmt, wie die App auf dem Anzeigegerät dargestellt wird,
- die **Ressourcen bereitstellen**, die für die Anzeige und Funktion der App benötigt werden.

Haben Sie die Aufgabenkomplexe wiedererkannt? Es sind die gleichen Aufgaben, die wir bereits in Kapitel 2.3 und 2.4 angesprochen haben.

Der Code ist naturgemäß das eigentliche, ureigene Metier des Programmierers. Wie das Codegerüst einer App aussieht, haben Sie ja bereits in Kapitel 2.3 gesehen. In Kapitel 4 werden wir uns etwas näher mit dem Code befassen, ein paar Fingerübungen machen und uns vor allem ansehen, wie uns Eclipse bei der Codebearbeitung unterstützt.

App-Benutzeroberflächen werden üblicherweise über XML-Layoutdateien definiert (siehe Kapitel 2.4). Da sie für den Erfolg und die Bedienbarkeit einer App von großer Bedeutung sind, werden wir uns in Kapitel 5 etwas ausführlicher mit ihnen beschäftigen. Wir werden uns in den XML-Code einarbeiten und uns ansehen, wie uns der Eclipse-Designer bei der visuellen Bearbeitung der Layouts unterstützt, und uns nebenbei mit Hintergrundbildern, Orientierungen und App-Symbolen befassen.

Apps arbeiten viel mit Ressourcen: Bilder, anzuzeigende Texte und Beschriftungen, Farben, Stile, Mediendateien etc. In Kapitel 6 werden wir die verschiedenen Ressourcentypen vorstellen. Vor allem die Arbeit mit Strings und Bildern, inklusive der Unterstützung unterschiedlicher Geräteauflösungen, werden wir etwas eingehender betrachten.

3.2 Wer hilft uns? – Bausteine und Klassen

Android-Apps werden in der Umgebung eines Android-Betriebssystems ausgeführt. Das Betriebssystem stellt, unterstützt von passender Hardware, den Apps viele interessante Optionen zur Verfügung (wie z.B. das Abspielen von Sounddateien, das Aufnehmen von Fotos, das Starten fremder App-Komponenten, das Speichern von Dateien etc.), stellt umgekehrt aber auch Anforderungen an die Apps (vorgegebener Aufbau, vorgegebene Kommunikationswege, DEX-Bytecode etc.).

Um dem Programmierer die Arbeit zu erleichtern, sodass er mit möglichst geringem Aufwand Android-konforme Apps erstellen und die vielen technischen Möglichkeiten nutzen kann, stellt uns Google die Klassen der Android-Bibliothek zur Verfügung.

3.2.1 Bausteine für den App-Aufbau

Apps bestehen aus diversen Bausteinen, hinter denen naturgemäß Klassen aus der Android-Bibliothek stehen. Sehen wir uns einige dieser Bausteine etwas genauer an.

Activities

Während Windows-Anwendungen üblicherweise **ein** Hauptfenster besitzen, in dem der Anwender **eine Vielzahl** von Aktionen durchführen kann, bestehen Apps aus **einer oder mehreren** Bildschirmseiten, die jede **einer** bestimmten Aktivität gewidmet sind. Womit wir beim Thema Aktivitäten, oder, wie der Android-Programmierer auch sagt, »Activities« wären.

Eine Activity ist eine Kombination aus Bildschirmseite und zugehörigem Code. Eine Activity sollte einer in sich abgeschlossenen Aufgabe (Aktivität) gewidmet sein, sie wird als Klasse implementiert, die von der Bibliotheksklasse `android.app.Activity` abzuleiten ist, und sie muss in der Manifestdatei der App aufgeführt werden.

Eine Besonderheit der App-Activities ist, dass sie in sich geschlossene Bausteine darstellen und nur lose an ihre App gebunden sind. Dies hat zwei Konsequenzen:

- Eine Activity kann grundsätzlich von jeder App auf dem Android-Gerät aufgerufen werden.
- Für den Aufruf von Activities gibt es einen globalen Aufrufmechanismus: der Aufruf über Intents. Diesen Mechanismus müssen Sie verwenden, gleichgültig, ob Sie eine Activity der eigenen oder einer fremden App aufrufen möchten.

Intents

Betrachtet man Apps als lose verbundene Activities, so sind es die Intents, zu Deutsch »Absichten«, die die lose Verbindung zwischen den Activities herstellen.

Wiederverwendbare Komponenten

Ist es nicht seltsam, eine Anwendung als eine Sammlung eigenständiger binärer Software-Komponenten zu definieren? Ganz und gar nicht! Microsoft betreibt seit Jahren einen enormen Aufwand, um über diverse Technologien (COM, DCOM, COM+, .NET Framework) seiner Windows-Entwicklergemeinde das zu bieten, was Android von vornherein mitbringt: die einfache anwendungsübergreifende Wiederverwendung von auf dem System installierten Software-Bausteinen.

Konkret bedeutet dies: Wenn Sie aus einer Activity heraus eine andere Activity starten möchten, müssen Sie

- einen Intent erzeugen, der angibt, welche Activity aufzurufen ist und welche Daten dieser Activity gegebenenfalls übergeben werden sollen,
- den Intent mit einer passenden Android-Methode abschicken.

Das Android-System empfängt den Intent und sucht nach der auszuführenden Activity. Gibt es auf dem System eine Activity, die zur Beschreibung in dem Intent passt, wird die Activity gestartet.

Tauchen wir noch ein wenig tiefer in den Intent-Mechanismus ein. Grundsätzlich gibt es zwei Wege, einen Intent zu adressieren:

- als expliziten Intent – in diesem Fall wird als Adressat die Activity angegeben, die aufgerufen werden soll.
- als impliziten Intent – in diesem Fall wird als Adressat keine konkrete Activity angegeben. Stattdessen werden bestimmte Informationen über die gewünschte Aktion mitgeliefert (*action*, *type* und *category*), und das Android-System bestimmt, welche der auf dem System vorhandenen Activities zu den Informationen passt. (Zur Unterstützung dieses Mechanismus definieren die Activities in der Manifestdatei sogenannte Intent-Filter, deren Daten mit den Informationen im Intent-Objekt abgeglichen werden, siehe auch weiter unten die Ausführungen zur Manifestdatei.)

Aufsteiger Activities sind nicht die einzigen Komponenten, die über Intents aufgerufen werden können. Auch Services und Broadcast Receiver sind ausführbare binäre Komponenten, die über Intents gestartet werden.

Broadcast Intents

Nicht nur Apps können Intents abschicken. Auch das Android-System selbst kann Intents versenden, die von interessierten Apps über Broadcast Receiver abgefangen werden können. Wir sprechen in diesem Fall von Broadcast Intents.

Views

Kommen wir noch einmal auf die grafischen Benutzeroberflächen der Apps zurück. Diese sind, wie Sie wissen, auf Bildschirmseiten verteilt und werden üblicherweise über XML-Layoutdateien definiert (siehe auch Kapitel 2.4).

Aufgebaut werden diese Bildschirmseiten aus Views. Eine View, zu Deutsch »Ansicht«, ist einfach ein rechteckiges Element einer UI-Oberfläche, das sich selbst zeichnet und grundsätzlich mit dem Anwender interagieren kann.

Drei Arten von Views sind für uns besonders interessant:

- Zeichenflächen – Instanzen der Klassen `View`, `ImageView` oder `SurfaceView`, die rechteckige Bereiche auf einer Bildschirmseite repräsentieren, in die wir zeichnen können.
- Widgets – spezialisierte Views, die einer bestimmten Aufgabe gewidmet sind. So sind z.B. die typischen Steuerelemente wie Eingabefelder, Schaltflächen, Listenfelder etc. als Widgets im Paket `android.widget` definiert.
- Viewgroups – Container-Views, die andere Views in sich aufnehmen können. Viewgroups, die andere Views nicht nur aufnehmen, sondern auch noch nach bestimmten Regeln anordnen, bezeichnen wir als Layout-Views (siehe Kapitel 5.3).

Sonstige Bausteine

Es gibt noch eine Reihe weiterer App-Bausteine, die in diesem Buch zwar keine besondere Rolle spielen, von denen Sie aber dennoch schon einmal gehört haben sollten.

- Services

  Ein Service, zu Deutsch »Dienst«, ist eine Arbeit, die im Hintergrund erledigt wird. Im Gegensatz zu Activities besitzen Services daher keine eigene Benutzeroberfläche. Mithilfe von Services kann man Aufgaben parallel zur laufenden App ausführen (beispielsweise eine Hintergrundmusik abspielen) oder langwierige Aktionen, wie z.B. das Herunterladen großer Multimediadateien aus dem Internet, im Hintergrund erledigen, ohne dass die App dadurch lahmgelegt wird. Services werden als Unterklassen der Klasse `Service` implementiert.

- Broadcast Receiver

  Broadcast Receiver sind Komponenten, die auf Meldungen des Android-Systems reagieren, wie z.B. »niedriger Batteriestand« (`ACTION_BATTERY_LOW`) oder »Der Kameraknopf wurde gedrückt« (`ACTION_CAMERA_BUTTON`). Broadcast Receiver besitzen keine eigene Benutzeroberfläche, können aber Nachrichten und Optionen zur Reaktion auf das Ereignis in die System-Statusleiste ausgeben.

- Content Provider

  Content Provider sind Komponenten, die Ihnen bei der Verwaltung externer Daten helfen. Sie können sie für Daten benutzen, die nur von einer App verwendet werden. Sie können über einen Content Provider aber auch Daten verwalten, die von mehreren oder allen Apps auf einem Android-Gerät genutzt werden können.

Das Activity-View-Intent-Geflecht

Eine Android-App besteht aus einer oder mehreren Activities. Jede dieser Activities steht für einen in sich abgeschlossenen Aufgabenbereich inklusive zugehöriger Bildschirmseite. Apps können aus prinzipiell beliebig vielen Activities (Bildschirmseiten) bestehen. Der Wechsel von einer Activity zur anderen erfolgt stets durch Absendung eines Intents.

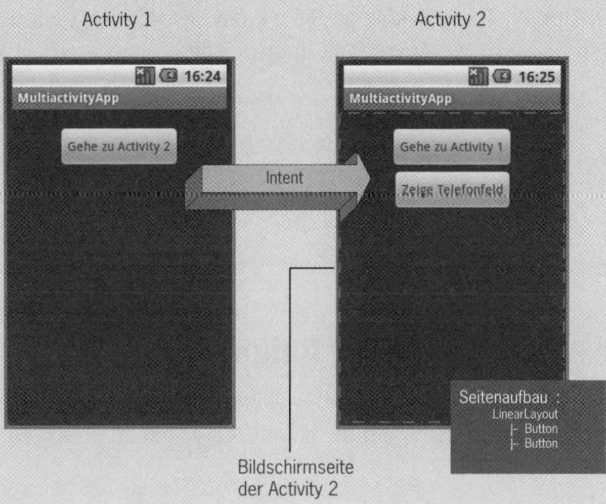

***Abbildung 3.1:** Drückt der Anwender den Button auf der 1. Bildschirmseite, wird ein Intent abgesetzt, der die Bildschirmseite der 2. Activity aufruft. Will der Anwender zurück zur 1. Seite, muss er auf den zugehörigen Button drücken, der natürlich ebenfalls einen Intent absetzt (hier nicht dargestellt). Die gestrichelte Linie markiert den Bereich, den die Bildschirmseite umfasst.*

- Fragmente

  Mit Android 3.0 (API-Level 11) eingeführte Komponente. Fragmente erlauben dem Programmierer, den Code umfangreicher Activities aufzuteilen, indem er Teile der Activity in Fragmenten auslagert. Fragmente definieren ihre eigene Benutzeroberfläche und haben einen eigenen Lebenszyklus. Ihr wohl größter Vorzug: auf Fragmente basierende grafische Benutzeroberflächen können so aufgebaut werden, dass funktionell zusammen gehörende Fragmente auf einem Tablet-PC nebeneinander, auf einem Smartphone aber nacheinander angezeigt werden. Eine so konzipierte App bietet auf Tablet-PCs einen größeren Bedienungskomfort, ist aber auch auf Smartphones ausführbar.

App-Komponenten

Activities, Services, Content Provider, Broadcast Receiver und Fragmente werden in der Android-Terminologie als »*Android-Komponenten*« bezeichnet – essentielle Bausteine, die Aufgaben definieren, die vom Anwender oder vom System gestartet werden können.

Threads und asynchrone Tasks

Wenn Sie im Code einer Activity zeitraubende Aktionen ausführen, wie z.B. das Herunterladen größerer Dateien aus dem Internet, langweilen Sie den Anwender (der warten muss und nicht mit der App fortfahren kann) und alarmieren das Android-System, das irgendwann erkennt, dass die App nicht mehr reagiert (sie ist ja beschäftigt), und dem Anwender eine »Application Not Responding«-Meldung anzeigt.

Sie können dies verhindern, indem Sie die zeitraubende Aktion im Hintergrund ausführen lassen – wahlweise als eigenen Service oder als Thread. Threads können Sie mit der Java-Klasse `java.lang.Thread` oder mithilfe der Android-Klasse `android.os.AsyncTask` implementieren (siehe z.B. Kapitel 18).

DVD zum Buch Für Leser, die mit der Thread-Programmierung unter Java nicht vertraut sind, gibt es auf der Buch-DVD einen Exkurs.

3.2.2 Klassen zur Adressierung spezieller Aufgaben

Neben den grundlegenden App-Bausteinen gibt es in der Android-Bibliothek natürlich noch einen reichen Fundus weiterer Klassen, die Ihre App nutzen kann, um bestimmte Aufgaben zu erledigen, wie z.B.:

Klasse	Für
`BitmapFactory` `Bitmap`	Zum Laden, Erzeugen und Arbeiten mit Bildern Paket `android.graphics`
`Camera`	Zur Durchführung von 3D-Transformationen auf Grafiken Paket `android.graphics`
`Camera`	Zum Zugriff auf die Kamera des Android-Geräts Paket `android.hardware`
`LocationManager` `Location`	Zum Abfragen und Arbeiten mit geografischen Positionen Paket `android.location`
`Log`	Zum Ausgeben von Protokollmeldungen Paket `android.util`
`MediaPlayer`	Zum Abspielen von Mediadateien Paket `android.media`
`SensorManager`	Zum Zugriff auf die Sensoren Paket `android.hardware`
`SoundPool`	Zum Abspielen von Signaltönen Paket `android.media`

Tabelle 3.1: Nützliche Android-Klassen

3.3 Wo wird was gespeichert? – Dateitypen, die Sie kennen sollten

In Kapitel 2 haben wir uns bereits einen groben Überblick über den Aufbau von Android-Projekten und die darin verwalteten Dateien verschafft. Jetzt, da wir bereits ein bisschen Praxis in der App-Programmierung gesammelt haben, wollen wir an dem Gelernten anknüpfen und uns die beteiligten Dateitypen etwas näher ansehen.

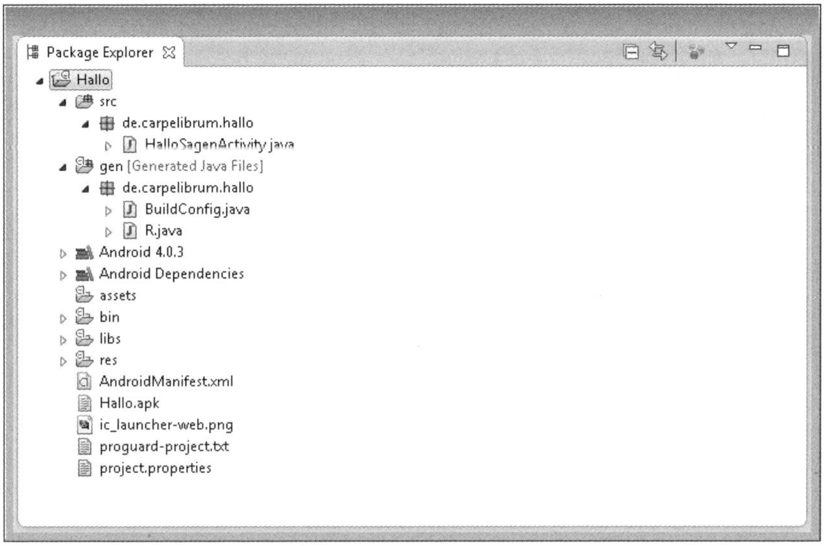

Abbildung 3.2: Aufbau eines Android-Projekts (dargestellt im Package Explorer von Eclipse)

3.3.1 Quelldateien

Android-Apps werden in Java geschrieben, weswegen der Code einer App in JAVA-Dateien im Ordner *src* zu finden ist. Die erste JAVA-Datei für die Start-Activity der App wird automatisch vom Android-Plugin angelegt. Weitere Quelldateien für zusätzliche Activities oder andere Java-Klassen müssen Sie selbst anlegen – vorzugsweise über den Eclipse-Befehl NEW/CLASS (siehe auch Kapitel 4.2).

Die Quelldateien der App müssen – wir haben es bereits mehrfach angesprochen – in einem eigenen Paket (hier `de.carpelibrum.hallo`) definiert werden. Sie müssen allerdings nicht zwangsweise in einem Paket liegen. Nicht unüblich ist z.B. die Aufteilung der Dateien (und damit der in ihnen definierten Klassen) nach Aufgabenbereichen auf diverse Unterpakete.

Per Doppelklick auf einen Quelldateiknoten im Package Explorer können Sie die Quelldatei zur Bearbeitung in den Eclipse-Editor laden.

Achtung Zur Erinnerung für Java-Neulinge: In einer Java-Quelldatei kann immer nur eine `public` Klasse definiert werden und die Datei muss dann den gleichen Namen tragen wie diese Klasse.

3.3.2 Automatisch generierte Dateien

Im Ordner *gen* steht – neben der für uns nicht weiter interessanten *BuildConfig.java*-Datei – die Datei *R.java*, welche die ID-Konstanten für den Zugriff auf die Ressourcen der App definiert. Diese Datei wird automatisch von Eclipse erstellt und verwaltet. Sie können sie einsehen, indem Sie sie in den Editor laden, aber Sie sollten sie nicht bearbeiten.

Wenn Sie der Ansicht sind, dass die Datei nicht auf dem aktuellen Stand ist, speichern Sie einfach (Befehl FILE/SAVE ALL) und erstellen Sie das Projekt danach neu.

Hinweis *R.java* wird im Zuge der Projekterstellung angelegt bzw. aktualisiert.

```
/* AUTO-GENERATED FILE.  DO NOT MODIFY.
 *
 * This class was automatically generated by the
 * aapt tool from the resource data it found.  It
 * should not be modified by hand.
 */

package de.carpelibrum.hallo;

public final class R {
    public static final class attr {
    }
    public static final class dimen {
        public static final int padding_large=0x7f040002;
        public static final int padding_medium=0x7f040001;
        public static final int padding_small=0x7f040000;
    }
    public static final class drawable {
        public static final int ic_action_search=0x7f020000;
        public static final int ic_launcher=0x7f020001;
    }
    public static final class id {
        public static final int menu_settings=0x7f080000;
    }
    public static final class layout {
        public static final int activity_hallosagen=0x7f030000;
    }
```

```
    public static final class menu {
        public static final int activity_hallosagen=0x7f070000;
    }
    public static final class string {
        public static final int app_name=0x7f050000;
        public static final int hello_world=0x7f050001;
        public static final int menu_settings=0x7f050002;
        public static final int title_activity_hallo_sagen=0x7f050003;
    }
    public static final class style {
        public static final int AppTheme=0x7f060000;
    }
}
```

Listing 3.1: Die R.java-Datei des App-Projekts Hallo

Wir erkennen z.B. die ID `R.layout.activity_hallosagen`, die wir in unserer Hallo-App zum Laden des Layouts aus *activity_hallosagen.xml* benutzt haben:

```
setContentView(R.layout.activity_hallosagen);
```

und die ID des Strings `R.string.hello_world`, der in der *activity_hallosagen.xml*-Layoutdatei als Titel in das `TextView`-Element geladen wird:

```
<RelativeLayout ...>
    <TextView
        android:layout_width="wrap_content"
        android:layout_height="wrap_content"
        ...
        android:text="@string/hello_world"
        />
</RelativeLayout>
```

Mehr zu der *R.java*-Datei und den darin definierten ID-Konstanten finden Sie in Kapitel 6, »Ressourcen«.

Hinweis Apropos automatisch generierte Dateien. Wo stehen eigentlich die CLASS-Dateien, die der Compiler beim Erstellen der App erzeugt? Sie stehen im Unterverzeichnis *bin*, das Sie im Projektverzeichnis auf Ihrer Festplatte finden.

3.3.3 Die Android-Bibliothek

Unter dem *gen*-Ordner folgt ein Ordner, der den Namen der anvisierten Target-Plattform trägt (in unserem Beispiel ANDROID 4.0.3) und in dem die JAR-Datei der zugehörigen Android-Bibliothek untergebracht ist.

Aufsteiger Sie möchten noch andere Java-Bibliotheken benutzen – vielleicht eine Geometrie-Bibliothek mit Klassen zum Durchführen von Koordinatentransformationen? Dann kopieren Sie die JAR-Dateien der Bibliotheken in den *gen*-Ordner Ihres App-Projekts.

JAR-Dateien

JAR-Dateien sind komprimierte ZIP-Archive mit Java-Klassen (und Interfaces). Da die Klassen in dem Archiv mitsamt ihren Paketpfaden abgespeichert sind, muss man das Archiv nicht extrahieren, um die Klassen der Bibliothek für das Schreiben eigener Java-Anwendungen benutzen zu können. Java-Compiler und -Interpreter können die nötigen Informationen aus der JAR-Datei herausziehen.

3.3.4 assets

Dieser Ordner ist anfänglich leer. Wir werden ihn in späteren Apps zum Ablegen von Datensammlungen, beispielsweise in Form von XML-Dateien oder SQLite-Datenbanken, nutzen.

3.3.5 Die Ressourcendateien

Zwei Arten von Ressourcendateien haben Sie schon kennengelernt: *activity_hallosagen.xml* und *strings.xml*. Welche weiteren Dateien es gibt, wie diese auf Ordner verteilt werden und wie man auf die in den Ressourcendateien definierten Ressourcen zugreift, ist uns ein eigenes Kapitel – das 6. – wert.

3.3.6 Die Manifestdatei

Aufgabe der Manifestdatei ist es, Ihre App dem Android-System vorzustellen, das die App installieren und ausführen soll. Dazu gehört unter anderem, dass die Manifestdatei angibt,

- welche Activities und anderen Komponenten zur App gehören,
- wie der Paketname der App lautet,
- für welche Android-Version die App geschrieben wurde (Target-SDK) und unter welcher Android-Version die App gerade noch so ausgeführt werden kann (Min-SDK).

Wenn Sie im Package Explorer auf den Ordner der Manifestdatei doppelklicken und dann in der unteren Registerlaschenreihe des Editors ganz rechts auf *AndroidManifest.xml* klicken, sehen Sie alle diese Informationen übersichtlich als XML-Code präsentiert.

```
<manifest xmlns:android="http://schemas.android.com/apk/res/android"
    package="de.carpelibrum.hallo"
    android:versionCode="1"
    android:versionName="1.0" >
```

```
    <uses-sdk
        android:minSdkVersion="14"
        android:targetSdkVersion="15" />

    <application
        android:icon="@drawable/ic_launcher"
        android:label="@string/app_name"
        android:theme="@style/AppTheme" >
        <activity
            android:name=".HalloSagenActivity"
            android:label="@string/title_activity_hallo_sagen" >
            <intent-filter>
                <action android:name="android.intent.action.MAIN" />

                <category android:name="android.intent.category.LAUNCHER" />
            </intent-filter>
        </activity>
    </application>

</manifest>
```

Listing 3.2: Die Manifestdatei der Hallo-App

Wer mit der XML-Syntax auf Kriegsfuß steht, einmal nicht weiß, für welche Angabe er welches XML-Element oder -Attribut setzen muss, oder ganz einfach sichergehen möchte, keinen syntaktischen Fehler einzubauen, kann die gewünschten Angaben auch über die speziellen Eingabemasken vornehmen, die uns das Android-Plugin zur Verfügung stellt.

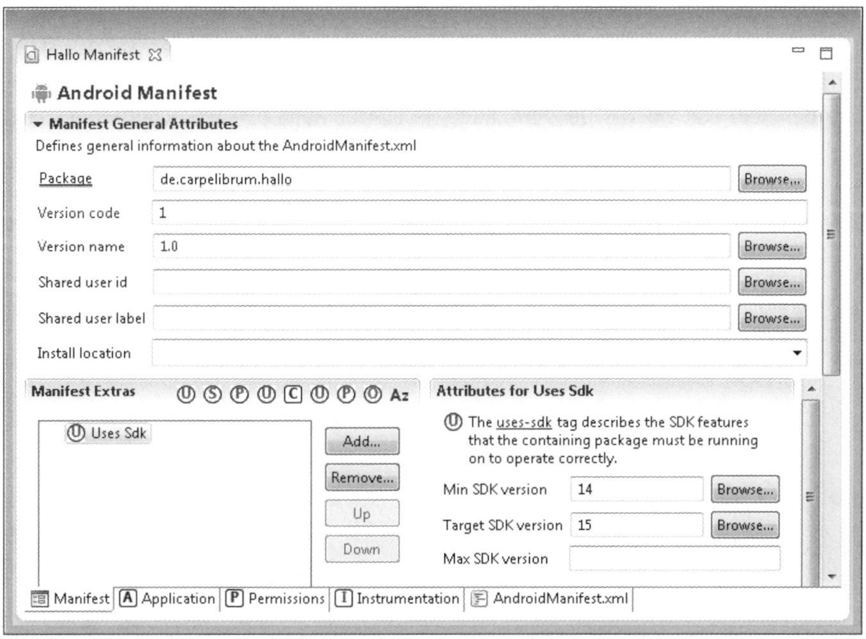

Abbildung 3.3: Festlegung des Target-SDK über die Eingabemaske Manifest

Die Start-Activity

Die Hallo-App, die wir in Kapitel 2 erstellt haben, besteht aus nur einer einzigen App-Komponente – der Activity `HalloSagenActivity` –, sodass es unter dem XML-Element `application` der Manifestdatei auch nur ein untergeordnetes Element gibt: eben für die Activity `HalloSagenActivity`:

```
<application
    android:icon="@drawable/ic_launcher"
    android:label="@string/app_name"
    android:theme="@style/AppTheme" >
    <activity
        android:name=".HalloSagenActivity"
        android:label="@string/title_activity_hallo_sagen" >
        ...
    </activity>
</application>
```

Dies war zu erwarten[1], denn die Manifestdatei soll ja die Komponenten auflisten, die zur App gehören. Spannender ist da zweifelsohne das Unterelement `intent-filter`:

```
<activity
    android:name=".HalloSagenActivity"
    android:label="@string/title_activity_hallo_sagen" >
    <intent-filter>
        <action android:name="android.intent.action.MAIN" />

        <category android:name="android.intent.category.LAUNCHER" />
    </intent-filter>
</activity>
```

Intent-Filter dienen dazu, dem Android-System Sinn und Zweck einer Activity zu beschreiben. Der obige Intent-Filter teilt dem Android-System z.B. mit, dass die zugehörige App in der Liste der installierten Apps aufgeführt werden soll, von wo aus der Anwender sie starten kann (`LAUNCHER`-Kategorie), und dass diese Activity ausgeführt werden soll, wenn die App gestartet wird (`MAIN`-Action).

3.3.7 Die Properties-Datei

Die PROPERTIES-Datei gehört zum Android-Projekt und sollte nicht manuell bearbeitet werden. Wenn Sie die Projekteigenschaften bearbeiten möchten, klicken Sie stattdessen im Package Explorer mit der rechten Maustaste auf den Projektknoten und rufen Sie den Befehl PROPERTIES auf.

1 Wenn Sie allerdings später zusätzliche Activites für eine App anlegen, müssen Sie diese eigenhändig in die Manifestdatei eintragen.

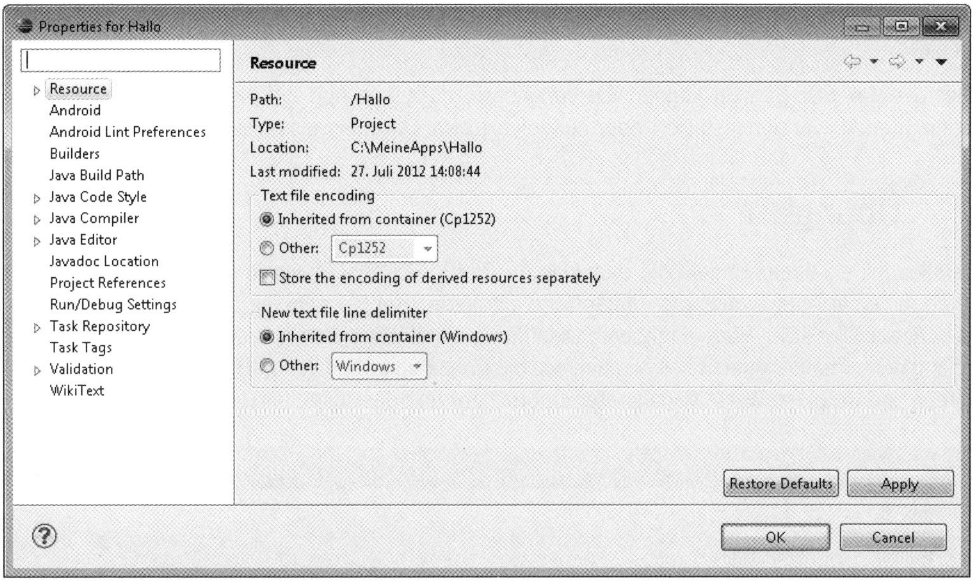

Abbildung 3.4: Die Projekteigenschaften bearbeiten

3.3.8 Die APK-Datei

Die APK-Datei wird durch Aufruf des Befehls EXPORT aus dem Kontextmenü des Projektknotens erzeugt. Sie ist die Installationsdatei der App und wird benötigt, wenn Sie Ihre App im Internet unter Google Play anbieten oder an Bekannte weitergeben möchten (siehe Anhang A).

3.4 Fragen und Antworten

1. Warum gibt es unter dem *res*-Verzeichnis so viele verschiedene *drawable*- und *values*-Ordner in meinem Projekt?

   Eigentlich wollen wir uns mit dem Thema Ressourcen erst in Kapitel 6 näher befassen, aber da Sie schon fragen: Ressourcen, die von einer App verwendet werden sollen, müssen in speziellen Unterverzeichnissen des *res*-Ordners abgelegt werden. Bilddateien gehören z.B. in den Unterordner *drawable*. Nun ist es aber so, dass die App später auf Android-Geräte mit ganz unterschiedlicher Hardware oder Software-Konfigurationen ausgeführt wird. Android erlaubt daher dem App-Entwickler jede Ressource in mehreren Varianten anzubieten, die dann für spezielle Gerätekonfigurationen optimiert sind. Diese Varianten müssen dann in speziellen Verzeichnissen abgelegt werden, für Bilddateien in unterschiedlicher Auflösung beispielsweise *drawable-ldpi*, *drawable-mdpi* etc. Für den Moment soll dies als Erklärung genügen, ausführliche Informationen zur Bereitstellung individueller Ressourcen finden Sie dann in Kapitel 6.3.

   Übrigens, welche *res*-Ordner für neue Projekte tatsächlich angelegt werden, hängt stark von dem verwendeten Android-Plugin ab.

2. In der Manifestdatei habe ich eine Einstellung für die Max SDK-Version gesehen? Welche Funktion hat sie?

   Über die Max SDK-Version können Sie verhindern, dass Ihre App auf Android-Geräten ab einer bestimmten API-Version installiert oder ausgeführt wird. Üblicherweise lässt man dieses Feld leer.

3.5 Übungen

1. Erstellen Sie ein neues Projekt mit dem Namen *TitelDemoProjekt* für eine neue App namens *Titel-Demo* mit einer Activity namens *TitelActivity*, als deren Titel (TITLE-Option auf der Dialogseite NEW BLANK ACTIVITY) Sie »*Der Titel*« eingeben. Füllen Sie dann mithilfe dieser App die folgende Tabelle aus, anhand deren man erkennen soll, wo und wie die Projektvorgaben in den Quelldateien gespeichert werden und wo diese Werte dann später im Emulator und der ausgeführten App auftauchen.

Projektvorgabe App-Wizard	Code	Emulator/App
APPLICATION NAME		
PROJECT NAME	–	–
ACTIVITY NAME		–
TITLE		

Teil B – Grundlagen

Ihre Entwicklungsumgebung ist eingerichtet und Sie konnten die Erstellung Ihrer ersten App erfolgreich nachvollziehen? Sehr schön, dann können wir uns jetzt etwas eingehender und in angemessener Ausführlichkeit mit den Grundlagen der App-Programmierung befassen.

4 **Code** 91

5 **Die Benutzeroberfläche (Layout)** 115

6 **Ressourcen** 157

7 **Mit dem Anwender interagieren** 183

8 **App-Grundlagen und Lebenszyklus** 201

4 Code

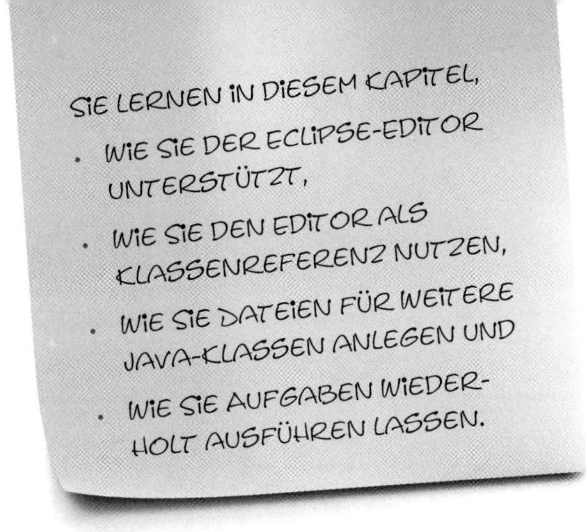

Unserem ganz persönlichen Eindruck nach gibt es kaum eine Entwicklungsumgebung, die gleichzeitig so verehrt und verflucht wird wie Eclipse. Kann man eine so polarisierende Entwicklungsumgebung mit all ihren Ecken und Kanten in einem Anfängerbuch verwenden? Kann man dem Leser zumuten, sich neben dem Einstieg in die Android-Programmierung auch noch in Eclipse einarbeiten zu müssen? Man kann, denn Eclipse – in Kombination mit dem Android-Plugin – befreit den Programmierer von der Erledigung lästiger Formalitäten, fördert aktiv die Erstellung lauffähiger Apps und bietet in vielen Bereichen eine großartige Unterstützung an – so z.B. auch bei der Bearbeitung des Codes im Editor.

4.1 Unterstützung durch den Eclipse-Editor

Es würde vermutlich den Rahmen dieses Buches sprengen, wollten wir die vielen nützlichen Funktionen und Optionen des Editors auch nur aufzählen. Picken wir uns also lieber einige der interessanteren Features heraus.

Nebenbei werden wir auch ein wenig Programmieren. So bleiben wir in Übung und können die vorgestellten Editorfunktionen gleich aktiv ausprobieren.

1. Legen Sie ein neues Android-Projekt *Tusch* mit den Parametern aus Tabelle 4.1 an (Befehl File/New/Project, Wizard Android Application Project).

Dialogfeld	Eingabe/Einstellung
Application name	Tusch
Project name	Tusch
Package name	de.carpelibrum.tusch
Build SDK	Android 4.0.3
Minimum Required SDK	14
Create Activity	TuschActivity

Tabelle 4.1: Parameter für das Projekt Tusch

2. Doppelklicken Sie im Package Explorer auf den Knoten der Quelldatei *TuschActivity.java* (im Ordner *src*), um die Datei in den Editor zu laden.

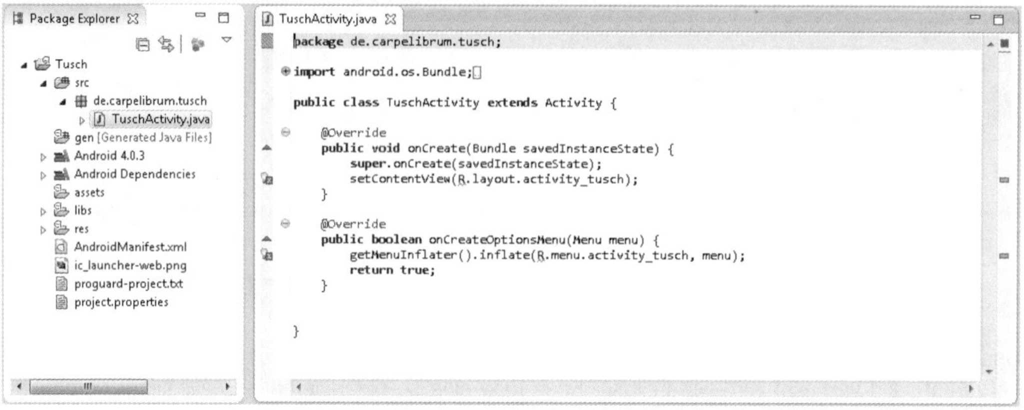

Abbildung 4.1: Die frisch geöffnete Datei TuschActivity.java

4.1.1 Syntaxhervorhebung

Zu den auffälligsten Features des Editors gehört zweifelsohne die optische Hervorhebung der diversen Sprachelemente: Fettdruck für Schlüsselwörter der Sprache, Blau für String-Literale und JavaDoc-Kommentare, Grün für sonstige Kommentare, Kursivdruck für statische Klassenelemente etc.

Wenn Sie selbst festlegen möchten, welche Elemente wie formatiert werden sollen, gehen Sie wie folgt vor:

1. Klicken Sie einfach mit der rechten Maustaste in den Editor und wählen Sie im Kontextmenü den Befehl PREFERENCES aus.
2. Expandieren Sie den Knoten JAVA/EDITOR und klicken Sie auf SYNTAX COLORING.
3. Wählen Sie links oben ein Element aus und stellen Sie rechts oben die gewünschte Formatierung ein.

4.1.2 Gliederung (Folding)

Sicher sind Ihnen auch schon die Gliederungspunkte in der Randspalte links neben dem Code aufgefallen. Gliederungspunkte mit einem Plus stehen für ein zusammengefaltetes Codeelement, Gliederungspunkte mit einem Minus markieren den Anfang eines Codeelements, das durch Klick auf den Punkt zusammengefaltet werden kann.

Erzeugt werden die Gliederungspunkte vom Editor, der beim Laden der Datei die Struktur des Codes analysiert und Gliederungspunkte für bestimmte Klassenelemente erzeugt.

Sinn und Zweck der Gliederungspunkte ist es natürlich, Codeelemente, an denen aktuell nicht gearbeitet wird, auszublenden. Für Dateien, die wie unsere bisherigen Beispiele insgesamt nur wenige Codezeilen umfassen, kann man auf diese Möglichkeit natürlich auch verzichten, je umfangreicher die Klassendefinitionen aber werden und je mehr Methoden und untergeordnete Typdefinitionen sie enthalten, umso dankbarer wird man als Programmierer, wenn man bereits abgeschlossene oder derzeit nicht benötigte Codeelemente zusammenklappen kann.

Konfiguration der Gliederungsfunktion

Wenn Sie selbst festlegen möchten, für welche Elemente Gliederungspunkte angeboten werden sollen, gehen Sie wie folgt vor:

1. Klicken Sie einfach mit der rechten Maustaste in den Editor und wählen Sie im Kontextmenü den Befehl PREFERENCES aus.
2. Expandieren Sie den Knoten JAVA/EDITOR und klicken Sie auf FOLDING.
3. Markieren Sie auf der Seite FOLDING die Elemente, für die Gliederungspunkte angeboten werden sollen.

Vorschau

Eine unseres Erachtens besonders nette Aufmerksamkeit des Editors ist, dass man zusammengeklappte Elemente nicht erst per Klick auf ihren Gliederungspunkt entfalten muss, wenn man nur mal einen kurzen Blick hineinwerfen möchte. Es genügt einfach, den Mauszeiger eine Weile über dem Gliederungspunkt stehen zu lassen. Der Editor blendet Ihnen dann ein Info-Fenster mit dem Inhalt des zusammengefalteten Elements ein.

4. Bewegen Sie doch einmal den Mauszeiger über den Gliederungspunkt neben der `import`-Anweisung.

Abbildung 4.2: Info-Fenster mit Inhalt des zusammengeklappten Codeelements

> **Tipp** Um in ein zusammengefaltetes Element nur kurz hineinzuschauen, genügt es, den Mauszeiger für kurze Zeit über dem Gliederungspunkt stehen zu lassen.

4.1.3 QuickFix

Kommen wir nun zu den roten Schlangenlinien, die meist zusammen mit einem Glühbirnensymbol in der linken Randspalte auftauchen.

Die roten Schlangenlinien sind ein Warnzeichen, das uns mitteilt, dass der Editor den so markierten Code für fehlerhaft hält. Das heißt noch nicht, dass der Code auch wirklich einen Fehler enthält. Manchmal liegt der Editor falsch, manchmal ist er mit seiner Einschätzung ein wenig vorschnell. Verschwindet die Markierung aber nicht von selbst, sollten wir nach ihr sehen.

Worin besteht der Fehler?

Um herauszufinden, was den Editor an der unterschlängelten Codepassage stört, bewegen Sie einfach den Mauszeiger über die Codestelle. Nach kurzer Zeit wird ein Info-Fenster eingeblendet, in dessen Titelleiste eine Fehlerbeschreibung zu lesen ist.

Hinweis Alternativ können Sie den Mauszeiger auch über das Glühbirnensymbol bewegen.

Wie könnte man den Fehler beheben?

Wenn Sie den Mauszeiger über die unterschlängelte Codestelle bewegen, bietet Ihnen der Editor in dem aufspringenden Info-Fenster auch gleich diverse Links an, wie man das Problem beheben könnte. Das heißt nicht, dass die vorgeschlagenen Lösungen das Problem auch in Ihrem Sinne lösen. Wenn Sie Pech haben, wird das aktuelle Problem gelöst, aber dafür tauchen mehrere neue Fehler auf oder Ihr Programm verhält sich nicht mehr wie gewünscht. Es ist also Ihre Mitarbeit gefordert. Sie müssen entscheiden, welche der angebotenen Lösungen die richtige ist oder die Korrektur gegebenenfalls doch von Hand vornehmen – wie z.B. im Falle des Anfangsfehlers mit der R-Klasse.

Hinweis Um die Liste der möglichen Problemlösungen einzublenden, können Sie auch auf das Glühbirnensymbol klicken.

Den Fehler mit der R-Klasse beheben

Jedes neue Android-Projekt, das Sie anlegen, wird mit einem Erbfehler geboren: dem unterschlängelten R-Bezeichner.

5. Bewegen Sie den Mauszeiger über das unterschlängelte R.

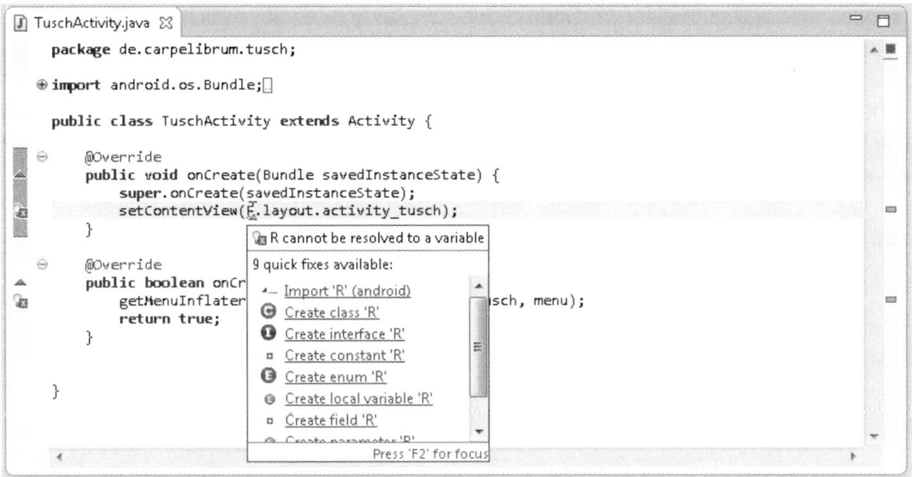

Abbildung 4.3: Info-Fenster zu dem R-Fehler

Die Fehlerbeschreibung lautet: »R cannot be resolved to a variable«, d.h. der Bezeichner `R` wird in den Augen des Editors wie eine Variable verwendet, ist aber nicht als solche definiert.

Die Fehlerbeschreibung ist ein wenig irreführend, denn man könnte daraus ableiten, dass `R` eine Variable sein müsste. Dem ist aber nicht so, `R` könnte ebenso gut eine Klasse mit einem statischen Element `layout` sein. Entsprechend gibt es in der Liste der angebotenen Problemlösungen auch einen Eintrag »Create class R«. Doch obwohl die Lösung tatsächlich darin liegt, eine Klassendefinition für `R` zu erzeugen, dürfen Sie den Fix nicht auswählen. Sie würden dann nämlich eine gänzlich neue Klasse `R` anlegen.

`R` steht aber natürlich für die Klasse, die wir benutzen, um auf die Projektressourcen aus dem Ordner *res* zuzugreifen. Und diese sollten Sie stets vom Android-Plugin erstellen und aktualisieren lassen.

6. Rufen Sie den Menübefehl PROJECT/BUILD PROJECT auf, um das Projekt ein erstes Mal zu erstellen und dabei die Datei *R.java* mit der Definition der Klasse `R` anlegen zu lassen.

Nach dem Erstellen sollte die Fehlermarkierung verschwinden.

> **Tipp** Sie können den Befehl zum Erstellen des Projekts auch über die Tastenkombination [Alt]+[P]+[B] aufrufen.

Warnungen

Nach dem ersten Erstellen ist der R-Fehler verschwunden, doch dafür sind vermutlich zwei Warnungen aufgetaucht (Glühbirnensymbol mit gelbem Warndreieck).

Warnungen können auf logische Fehler im Code hinweisen; sie können aber auch gänzlich harmlos sein. Die jetzt aufgetauchten Warnungen mit dem Text »The import ... is never used« sind harmlos. Sie weisen uns nur darauf hin, dass die vom Android-Plugin vorsorglich eingefügten `import`-Anweisungen überflüssig sind, da aus den betreffenden Paketen keine Elemente verwendet werden. Sie können die beiden Warnungen daher einfach ignorieren oder – wie im Fragen-und-Antworten-Teil von Kapitel 2 beschrieben – entfernen oder unterdrücken.

API-Hilfe beim Schreiben von Code

QuickFix kann auch das Schreiben von Code erleichtern. Zur Demonstration werden wir jetzt beim Start der App einen Tusch spielen. Der zugehörige Code sieht grundsätzlich wie folgt aus:

```
MediaPlayer mp = new MediaPlayer();
mp.setDataSource("http://www.carpelibrum.de/test/tada.mp3");
mp.prepare();
mp.start();
```

Zuerst wird hier ein `MediaPlayer`-Objekt erzeugt und der Verweis auf das Objekt in der Variablen `mp` abgelegt. Dann werden die abzuspielende Sounddatei aus dem Internet geladen und das `MediaPlayer`-Objekt auf den bevorstehenden Abspielvorgang vorbereitet. In der letzten Zeile wird die Sounddatei dann einmalig abgespielt.

Doch eins nach dem anderen.

7. Tippen Sie zuerst am Ende der `onCreate()`-Methode den Klassentyp `MediaPlayer` gefolgt von dem Namen der Variablen, `mp`, ein.

8. Warten Sie einen kurzen Moment, bis die Typangabe unterschlängelt wird.

Was stimmt hier nicht? Nun, die Klasse `MediaPlayer` ist natürlich eine Klasse aus der Android-Bibliothek und als solche in einem Paket definiert. Sie müssen also entweder den Paketnamen vor den Klassennamen stellen oder den Klassennamen vorab importieren, damit der Editor die Klassendefinition finden kann.

Wie aber heißt das Paket, in dem die Klasse `MediaPlayer` definiert ist?

Um dies herauszufinden, könnten Sie natürlich so vorgehen, dass Sie die Datei *index.html* der Android-Dokumentation (steht im Unterverzeichnis *android-sdk/docs* Ihrer Android-Installation) in einen Browser laden, in der Webseite auf den Link DEVELOP/REFERENCE klicken, dann zuerst auf den Link API CLASSES und danach auf den Link für den Buchstaben M klicken und anschließend in der angezeigten Tabelle nach unten scrollen bis zum Eintrag für die Klasse `MediaPlayer`, auf den Sie dann – erschöpft und glücklich – noch einmal klicken dürfen. (Etwas schneller geht es, wenn Sie die Suchfunktion – Lupensymbol oben rechts – nutzen.[1]) Oben auf der Dokumentationsseite sehen Sie dann den vollständigen Klassennamen samt Paketangabe.

1 Die Suchfunktion scheint derzeit nur für die Online-Dokumentation zu funktionieren: *http://developer.android.com/reference/packages.html*.

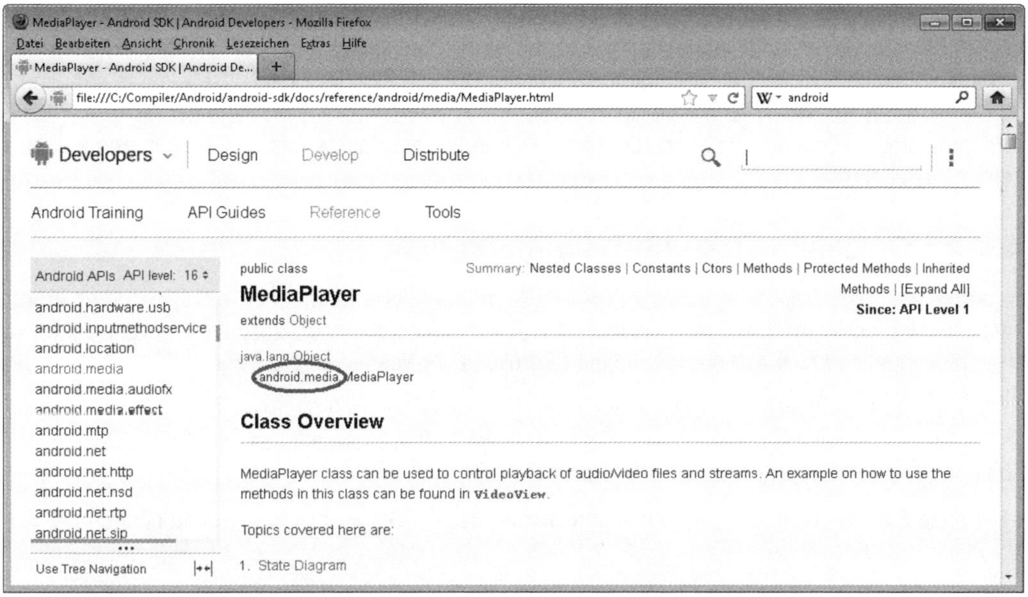

Abbildung 4.4: Nachschlagen einer Klasse in der Android-Dokumentation

Sie können die benötigte `import`-Anweisung aber auch einfach von QuickFix erstellen lassen.

9. Bewegen Sie den Mauszeiger über den unterschlängelten Klassennamen `MediaPlayer` und klicken Sie in dem eingeblendeten Info-Fenster auf die Problemlösung »Import MediaPlayer«.

Abbildung 4.5: So bequem können fehlende import-Anweisungen mit QuickFix ergänzt werden.

10. Beenden Sie die Codezeile:

```
MediaPlayer mp = new MediaPlayer();
```

Die Unterschlängelungen sollten jetzt verschwinden. Zurück bleibt ein Glühbirnensymbol mit einem Ausrufezeichen, das auf eine Warnung hinweist. Wenn Sie den Mauszeiger über das Glühbirnensymbol bewegen, können Sie den Text der Warnung sehen: »The value of the local variable mp is not used.« Das heißt, der Editor weist Sie darauf hin, dass die lokale Variable `mp` anscheinend gar nicht verwendet wird und somit im Grunde nutzlos ist. Da können wir dem Editor nur zurufen: »Gemach, gemach, das kommt alles noch!«

4.1.4 QuickInfo statt API-Dokumentation

Wenn Sie das erste Mal mit einer Bibliotheksklasse arbeiten, wie hier mit `MediaPlayer`, ist es grundsätzlich keine schlechte Idee, die Klasse in der API-Dokumentation nachzuschlagen (siehe Hinweise im vorangehenden Abschnitt) und sich einen Überblick über Verwendungszweck und Ausstattung der Klasse zu verschaffen.

Es sei Ihnen aber auch verraten, dass Ihnen fast alle wichtigen Informationen aus der API-Dokumentation auch direkt im Editorfenster zur Verfügung stehen.

11. Tippen Sie jetzt in einer neuen Zeile den Namen der Objektvariablen `mp` ein und hängen Sie den Punkt-Operator an.

Der Editor erkennt, dass Sie über die Objektvariable auf ein Element der Klasse zugreifen möchten, und zeigt alle nicht-statischen Elemente in einer Liste an. Sie können die Liste scrollen und einzelne Elemente auswählen, um auch den Hilfetext zu dem Element zu lesen.

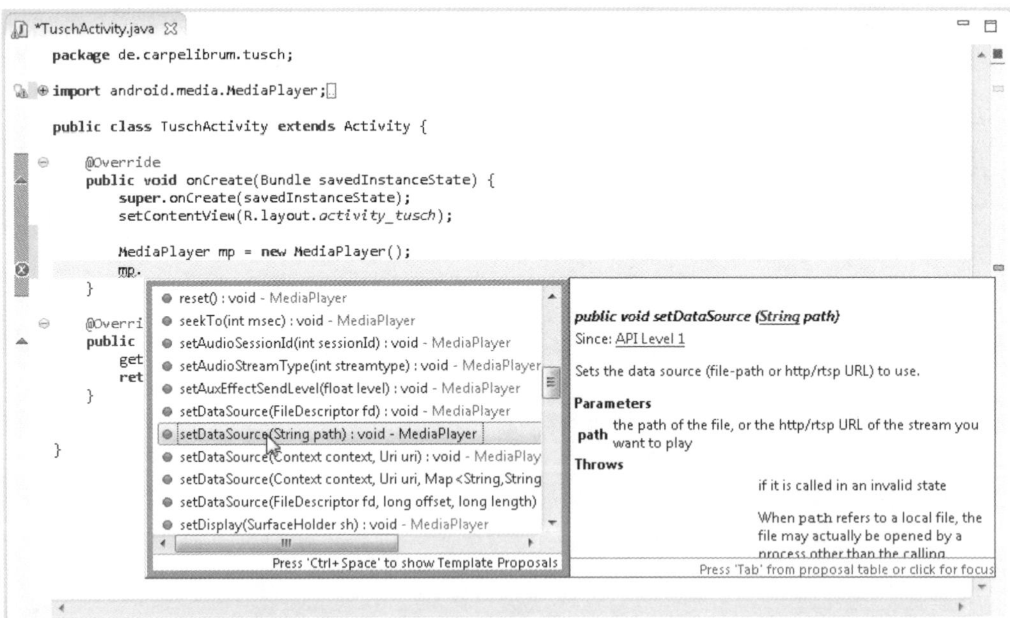

Abbildung 4.6: QuickInfo zu Klassenelementen

12. Doppelklicken Sie auf den Eintrag für die Methode `setDataSource(String path)`, um den Methodenaufruf in Ihren Code zu übernehmen.

Der Editor zeigt Ihnen nun Hilfe zur Übergabe der Methodenargumente an.

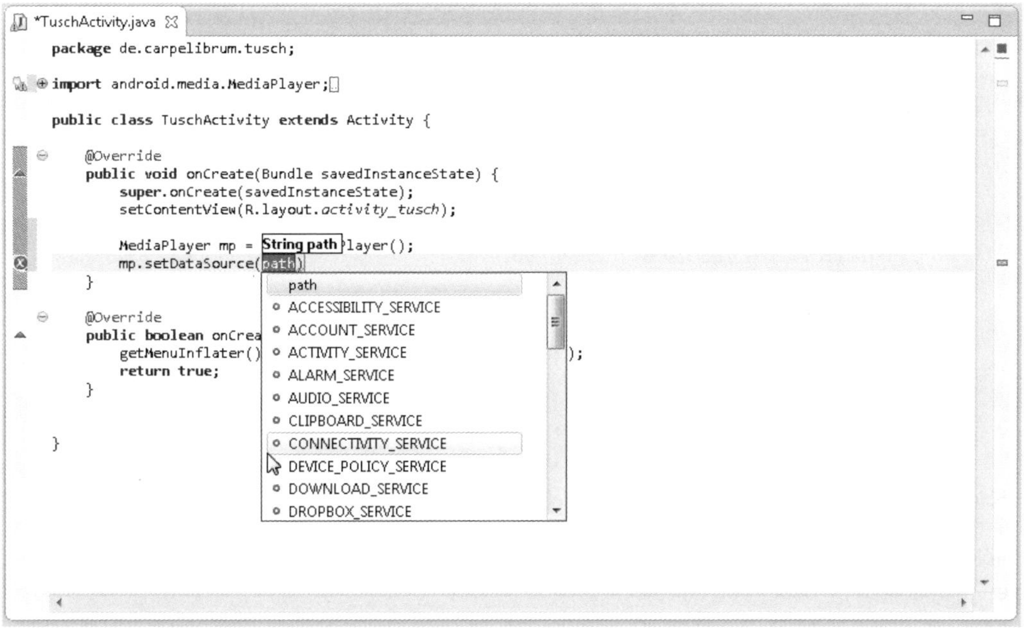

Abbildung 4.7: QuickInfo zum Methodenaufruf

Ersetzen Sie das Argument `path` von Hand durch den String `"http://www.carpelibrum.de/test/tada.mp3"` und schließen Sie die Zeile mit einem Semikolon ab.

Nach einem kurzen Moment zeigt der Editor erneut einen Fehler an.

13. Lesen Sie die Fehlerbeschreibung. (Zur Erinnerung: Bewegen Sie den Mauszeiger über die markierte Codestelle oder das Glühbirnensymbol.)

Das Problem ist, dass die Methode `setDataSource()` Exceptions auswirft, die unbedingt behandelt werden müssen. Anstatt aber nun den Methodenaufruf von Hand in eine try-catch-Struktur einzubinden, können Sie diese Arbeit auch von QuickFix erledigen lassen.

14. Bewegen Sie den Mauszeiger über den unterschlängelten Methodennamen `setDataSource` und klicken Sie in dem eingeblendeten Info-Fenster auf die Problemlösung »Surround with try/catch«.

DVD zum Buch Zur Exception-Behandlung in Java siehe den Exkurs »Ausnahmen« im Java-Tutorium auf der Buch-DVD.

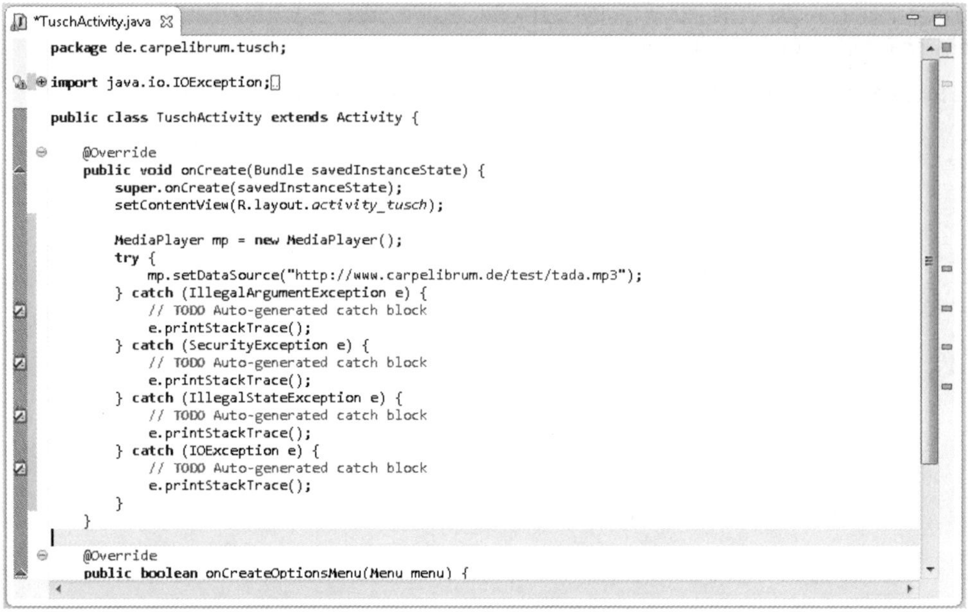

Abbildung 4.8: Der automatisch generierte Fehlerbehandlungscode

Sie könnten den Exception-Behandlungscode jetzt natürlich noch anpassen, aber das sparen wir uns. Vervollständigen wir lieber das Beispiel.

15. Ergänzen Sie im `try`-Block den Code zum Abspielen der Sounddatei.

```
MediaPlayer mp = new MediaPlayer();
try {
   mp.setDataSource("http://www.carpelibrum.de/test/tada.mp3");
   mp.prepare();
   mp.start();            // abspielen
}
```

16. Erteilen Sie der App die Erlaubnis, Daten aus dem Internet zu laden.

    Laden Sie dazu die AndroidManifest-Datei in den Editor, wechseln Sie zur Registerseite PERMISSIONS (Lasche unten), klicken Sie auf ADD und wählen Sie im aufspringenden Dialog den Eintrag USES PERMISSION aus. Wählen Sie dann rechts im Listenfeld NAME den Eintrag `android.permission.INTERNET` aus und speichern Sie.

17. Stellen Sie eine Internetverbindung her, schließen Sie ggf. Kopfhörer oder Lautsprecher an die Soundausgabe Ihres PCs und führen Sie die App im Emulator aus.

> **Tipp** Wenn Sie keinen Tusch hören, prüfen Sie vielleicht zuerst ihre Soundausgabe, indem Sie den URL in die Adressleiste Ihres Browsers eingeben. Achten Sie auch darauf, die App im Emulator zu beenden, bevor Sie sie erneut ausführen.

Hinweis Für eine ausführlichere Behandlung des MediaPlayers siehe Kapitel 14.

4.1.5 Klammernpaare identifizieren

Wenn Sie im Editor oder im Dialogfeld PROBLEMS eine Fehlermeldung der Form

Syntax error on token "}"

oder

Syntax error, insert "}"

angezeigt bekommen, deutet dies darauf hin, dass es irgendwo in Ihrem Code eine öffnende geschweifte Klammer gibt, zu der kein schließendes Pendant existiert.

Leider verweisen diese Fehlermeldungen nicht immer auf die Codezeile, in der der Fehler entstand bzw. in der oder unter der die schließende Klammer einzufügen wäre. Ist der Code zudem etwas umfangreicher oder enthält er verschachtelte Anweisungsblöcke, kann das Identifizieren des nicht korrekt abgeschlossenen Anweisungsblocks schwierig werden. In solchen Fällen kann die Klammerpaar-Identifizierung des Editors helfen.

1. Klicken Sie einfach mit der Maus hinter eine öffnende Klammer und der Editor zeichnet einen Markierungsrahmen um die zugehörige schließende Klammer.

Passt die schließende Klammer, die der Editor identifiziert hat, offensichtlich nicht zu der öffnenden Klammer, hinter der der Textcursor steht, haben Sie den Fehler gefunden.

Abbildung 4.9: Hier wurde ein catch-Block nicht korrekt abgeschlossen.

4.1.6 Zeilennummern einblenden

Wenn Sie möchten, können Sie im Editor eine Zeilennummerierung einblenden lassen.

1. Klicken Sie einfach mit der rechten Maustaste in den Editor und wählen Sie im Kontextmenü den Befehl PREFERENCES aus.
2. Expandieren Sie den Knoten GENERAL/EDITORS und klicken Sie auf TEXT EDITORS.
3. Markieren Sie auf der Seite TEXT EDITORS das Kontrollkästchen SHOW LINE NUMBERS.

4.1.7 Alle Vorkommen markieren

Ist Ihnen schon aufgefallen: Wenn Sie mit der Maus in einen Bezeichner klicken, markiert der Editor nach kurzer Zeit alle Vorkommen dieses Bezeichners im Quelltext.

Abbildung 4.10: Der Editor hat alle Vorkommen des Bezeichners »MediaPlayer« markiert.

Diese Funktion ist recht hilfreich, wenn es darum geht zu sehen, wo überall eine Variable, eine Klasse etc. verwendet wird. Falls Sie aber weniger an der Verwendung als vielmehr an der Definition eines Elements interessiert sind, gibt es bessere Wege, diese anzusteuern (siehe nächsten Abschnitt).

Hinweis Auf der Seite JAVA/EDITOR/MARK OCCURRENCES der Editor-PREFERENCES können Sie auswählen, für welche Codeelemente die automatische Markierung aller Vorkommen angeboten werden soll.

4.1.8 Definitionen finden

Sie arbeiten gerade an Code, der eine bestimmte Variable, Methode oder Klasse verwendet, und würden gerne zu deren Definition wechseln? Kein Problem!

1. Klicken Sie mit der rechten Maustaste in den Namen des Elements und
2. Rufen Sie den Kontextmenübefehl OPEN DECLARATION auf. (Oder klicken Sie in den Namen und drücken Sie die Taste F3.)

> **Hinweis** Steht die gesuchte Definition in einer anderen Quelldatei, versucht der Editor diese zu öffnen.

4.1.9 Code erweitern

Programmieren bedeutet viel Nachdenken und viel Tippen. Damit Sie sich mehr auf das Nachdenken konzentrieren können, bietet Ihnen der Java-Editor von Eclipse viele Optionen an, wie Sie sich Tipparbeit sparen können – z.B. mit *Code Assist*.

Code Assist

Sie möchten eine Schleife, eine Verzweigung oder einen try-catch-Block in Ihren Code einfügen? Dann lassen Sie sich doch einmal von Code Assist helfen:

1. Tippen Sie das einleitende Schlüsselwort ein, z.B. `for`.
2. Drücken Sie die Tastenkombination Strg + Leertaste.
3. Wählen Sie eine der angebotenen Codevorlagen aus.

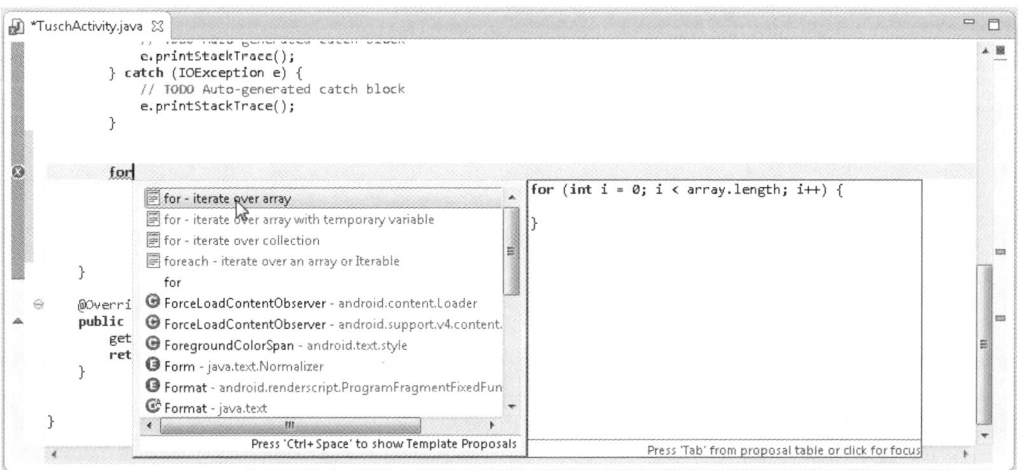

Abbildung 4.11: Auswahl der Codevorlage für die Iteration über ein Array

Klassendefinitionen erweitern

Wenn Sie ganze Klassenelemente anlegen möchten, können Sie die Optionen im Untermenü SOURCE des Kontextmenüs verwenden. Eine dieser Optionen ist, gerade beim Einrichten der eigenen Activity-Klassen, besonders nützlich: die Option zum Überschreiben geerbter Methoden.

Activities werden stets als Klassen definiert, die von der Android-Klasse `Activity` abgeleitet werden. Dabei erben sie von `Activity` eine ganze Reihe von Methoden, die dafür vorgesehen sind, bei Bedarf überschrieben zu werden.

Eine dieser Methoden, die praktisch immer überschrieben werden muss, ist die uns mittlerweile so vertraute `onCreate()`-Methode. Diese mussten wir bisher aber nie selbst anlegen, da sie ja fester Bestandteil des mit dem App-Projekt angelegten Codegerüsts ist.

Eine andere Methode, die Sie überschreiben können, ist `onDestroy()`. Die Methode `onDestroy()` ist das Gegenstück zu `onCreate()` und wird automatisch aufgerufen, wenn die Activity kurz davor ist, beendet zu werden. Sie können hier Abschluss- oder Aufräumarbeiten erledigen – wie z.B. die Systemressourcen freigeben, die das `MediaPlayer`-Objekt belegt, das wir weiter oben in `onCreate()` erzeugt haben.

Um eine Methode aber korrekt zu überschreiben, müssen Sie bei der Definition den gleichen Namen, die gleichen Parameter, den gleichen Rückgabetyp und ggf. die gleiche `throws`-Klausel verwenden. Sie finden alle diese Informationen natürlich in der API-Dokumentation (siehe Abschnitt 4.1.3). Schneller und sicherer erfolgt die Überschreibung aber auf folgendem Wege:

1. Klicken Sie zuerst mit der linken, dann mit der rechten Maustaste in die Definition Ihrer Activity-Klasse und wählen Sie im Untermenü SOURCE des Kontextmenüs den Befehl OVERRIDE/IMPLEMENT METHODS auf.
2. Wählen Sie in der angebotenen Liste die zu überschreibende Methode aus, z.B. `onDestroy()`.
3. Klappen Sie das Listenfeld INSERTION POINT auf und wählen Sie aus, wo die Methode in die Klasse eingefügt werden soll.
4. Klicken Sie auf OK, um das Methodengerüst anlegen zu lassen.

```
@Override
protected void onDestroy() {
    // TODO Auto-generated method stub
    super.onDestroy();
}
```

***Listing 4.1:* Das vom Editor erzeugte Methodengerüst**

5. Tragen Sie Ihren Code in das Methodengerüst ein.

```
@Override
protected void onDestroy() {
    super.onDestroy();
    mp.release();
}
```

***Listing 4.2:* Das erweiterte Methodengerüst**

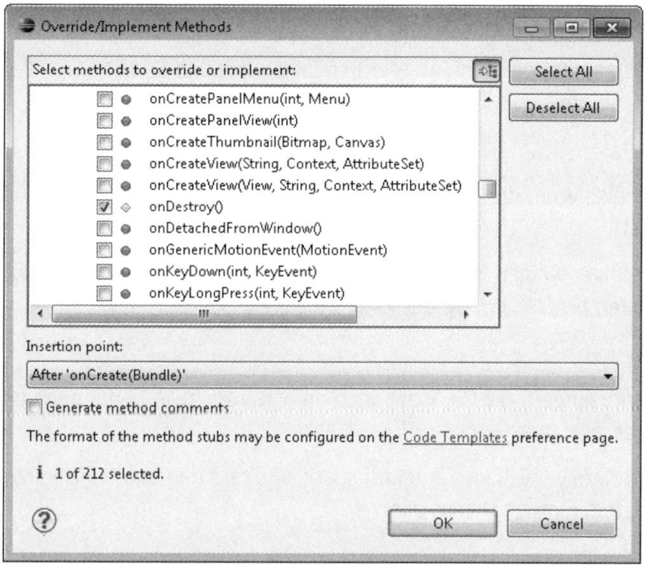

Abbildung 4.12: Beachten Sie die Information links unten im Dialogfeld: Es wurde eine von 212 möglichen Methoden für die Überschreibung ausgewählt.

Haben Sie es bemerkt? Beim Aufsetzen der Zeile `mp.release();` gab es keine QuickInfo-Unterstützung. Und vermutlich ist in Ihrem Editor der Bezeichner `mp` jetzt auch rot unterschlängelt.

Das Problem ist natürlich, dass wir `mp` als lokale Variable in `onCreate()` definiert haben. In anderen Methoden der Klasse – wie z.B. `onDestroy()` – ist sie folglich nicht vorhanden. Um dies zu korrigieren, müssen wir also die Definition der lokalen Variablen `mp` löschen und dafür in der Klasse `Activity` ein Feld `mp` vom Typ `MediaPlayer` definieren. Sie können dies von Hand tun. Sie können sich aber auch der Refactoring-Funktion des Editors bedienen.

```
public class TuschActivity extends Activity {
    @Override
    public void onCreate(Bundle savedInstanceState) {
        // ...
        MediaPlayer mp = new MediaPlayer(); // lokale Variable mp
        // ...                              // ist nur in onCreate()
    }                                       // gültig

   @Override
   protected void onDestroy() {
      super.onDestroy();
      mp.release();                         // Oops, mp ist hier
   }                                        // unbekannt
}
```

Listing 4.3: So nicht

4.1.10 Refactoring (Code umstrukturieren)

Mächtig sind auch die Optionen, die Eclipse über die Kontextuntermenüs REFACTOR und SURROUND WITH zur Umstrukturierung bestehenden Codes anbietet.

- Anweisungsfolge -> Verzweigung

  Ihr Code enthält eine Folge von Anweisungen, die fortan nur noch ausgeführt werden sollen, wenn eine bestimmte Bedingung erfüllt ist?

  Dann markieren Sie die Anweisungsfolge, wählen im Kontextmenü des Editors den Befehl SURROUND WITH/IF (IF STATEMENT) aus und bearbeiten die Bedingung der `if`-Anweisung.

- Anweisungsfolge -> Methode

  Ihr Code enthält eine Folge von Anweisungen, die Sie wohl auch an anderer Stelle benötigen und die Sie daher in eine eigene Methode auslagern möchten?

  Dann markieren Sie die Anweisungsfolge, wählen im Kontextmenü des Editors den Befehl REFACTOR/EXTRACT METHOD und füllen das Dialogfeld EXTRACT METHOD aus.

- Lokale Variable -> Feld

  Ihr Code definiert in einer Methode eine lokale Variable, die Sie in ein Feld verwandeln möchten, damit sie auch von den anderen Methoden der Klasse verwendet werden kann?

  Dann setzen Sie den Textcursor in den Namen der Variablen (am besten in der Zeile, in der die lokale Variable definiert wird), klicken noch einmal mit der rechten Maustaste auf den Namen, wählen im Kontextmenü des Editors den Befehl REFACTOR/CONVERT LOCAL VARIABLE TO FIELD und füllen das gleichnamige Dialogfeld aus.

Den letzten Befehl können wir dazu nutzen, den Fehler in unserer Tusch-App zu korrigieren.

6. Klicken Sie irgendwo in der Methode `onCreate()` auf den Namen der lokalen Variablen `mp`, klicken Sie noch einmal mit der rechten Maustaste auf den Namen und wählen Sie im Kontextmenü des Editors den Befehl REFACTOR/CONVERT LOCAL VARIABLE TO FIELD aus.

7. Füllen Sie das Dialogfeld CONVERT LOCAL VARIABLE TO FIELD aus und schicken Sie es mit OK ab.

   Sie können

   - den Namen ändern (Vorgabe ist der alte Name)
   - einen Zugriffsspezifizierer auswählen (Vorgabe ist `private`)
   - angeben, wo das Feld initialisiert werden soll (Vorgabe ist die aktuelle Methode)
   - die lokale Variable sogar in ein statisches Feld verwandeln (Option DECLARE FIELD AS 'STATIC')

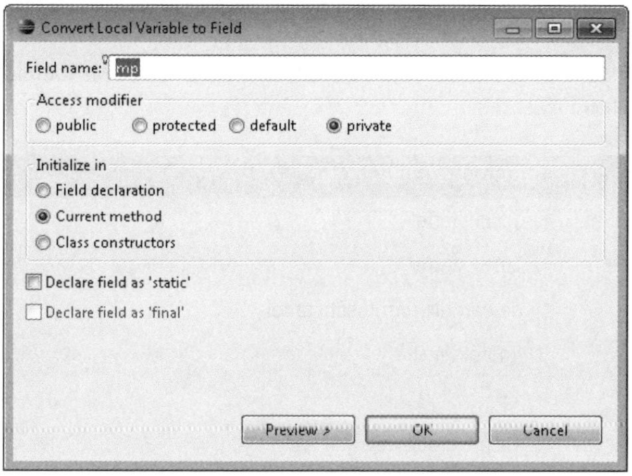

Abbildung 4.13: Einstellungen für das anzulegende Feld

```
public class TuschActivity extends Activity {
    private MediaPlayer mp;

    @Override
    public void onCreate(Bundle savedInstanceState) {
        // ...
        mp = new MediaPlayer();
        // ...
    }

   @Override
   protected void onDestroy() {
      super.onDestroy();
      mp.release();
   }
}
```

Listing 4.4: Jetzt ist alles korrekt

4.2 Klassen in eigene Quelldateien auslagern

Java-Code wird auf Klassen verteilt und diese wiederum auf Dateien. Das gilt für die Java-Programmierung im Allgemeinen wie auch die Android-Programmierung im Speziellen. Sehen wir uns also an, wie wir in Eclipse weitere Quelldateien für zusätzlich Klassen anlegen.

Ausgangspunkt ist eine App, die ähnlich wie unsere Tusch-App eine Sounddatei abspielt, nur dass die App den Tusch diesmal mithilfe einer selbst geschriebenen `TimerTask`-Klasse wiederholt abspielt.

4.2.1 Die Tuschstaffel-App

1. Legen Sie ein neues Android-Projekt *Tuschstaffel* mit den Parametern aus Tabelle 4.2 an (Befehl File/New/Project, Wizard Android Application Project).

Dialogfeld	Eingabe/Einstellung
Application name	Tuschstaffel
Project name	Tuschstaffel
Package name	de.carpelibrum.tuschstaffel
Build SDK	Android 4.0.3
Minimum Required SDK	15
Create Activity	TuschstaffelActivity

Tabelle 4.2: Parameter für das Projekt Tuschstaffel

2. Doppelklicken Sie im Package Explorer auf den Knoten der Quelldatei *TuschstaffelActivity.java* (im Ordner *src*), um die Datei in den Editor zu laden.

3. Fügen Sie den Code zum Abspielen der Datei *http://www.carpelibrum.de/test/tada.mp3* ein.

```
package de.carpelibrum.tuschstaffel;

import android.app.Activity;
import android.media.MediaPlayer;
import android.os.Bundle;

public class TuschstaffelActivity extends Activity {

   @Override
   public void onCreate(Bundle savedInstanceState) {
      super.onCreate(savedInstanceState);
      setContentView(R.layout.main);

      MediaPlayer mp = new MediaPlayer();
      try {
         mp.setDataSource(
                        "http://www.carpelibrum.de/test/tada.mp3");
         mp.prepare();
         mp.start();
      } catch (Exception e) {   // vereinfachte Exception-Behandlung
         e.printStackTrace();
      }
   }
}
```

4. Erteilen Sie der App die Erlaubnis, Daten aus dem Internet zu laden.

   Laden Sie dazu die AndroidManifest-Datei in den Editor, wechseln Sie zur Registerseite PERMISSIONS (Lasche unten), klicken Sie auf ADD und wählen Sie im aufspringenden Dialog den Eintrag USES PERMISSION aus. Wählen Sie dann rechts im Listenfeld NAME den Eintrag `android.permission.INTERNET` aus und speichern Sie.

5. Lassen Sie das Projekt zur Kontrolle erstellen und ausführen (Strg+F11).

TimerTask für periodische Codeausführungen

Für die periodische Ausführung bestimmter Hintergrundaufgaben gibt es in Java die Klasse `TimerTask`. Das Prinzip ist ganz einfach:

1. Sie definieren eine Klasse, die von `TimerTask` abgeleitet ist und eine Methode `public void run()` definiert, die den periodisch auszuführenden Code enthält.

   Wir nennen die Klasse `Zeitgeber` und definieren sie zunächst einmal direkt über unserer Activity-Klasse. Natürlich darf sie dann nicht als `public` definiert werden, da ja die Activity-Klasse bereits `public` ist und in einer Java-Quelldatei immer nur eine `public`-Klasse definiert werden kann.

```
package de.carpelibrum.tuschstaffel;

import java.util.TimerTask;
import android.app.Activity;
import android.media.MediaPlayer;
import android.os.Bundle;

class Zeitgeber extends TimerTask {

   public void run() {
        MediaPlayer mp = new MediaPlayer();
        try {
         mp.setDataSource(
           "http://www.carpelibrum.de/test/tada.mp3");
         mp.prepare();
         mp.start();
      } catch (Exception e) {
         e.printStackTrace();
      }
   }
}

public class TuschstaffelActivity extends Activity {
```

Achtung Das hier vorgestellte Verfahren, bei jedem Aufruf von `run()` ein neues `MediaPlayer`-Objekt zu erzeugen und sich darauf zu verlassen, dass dieses nach Abschluss der Methode in Bälde von der Speicherbereinigung gelöscht wird, ist für die Praxis nicht geeignet. Der Grund ist einfach, dass `MediaPlayer`-Objekte relativ umfangreiche Systemressourcen beanspruchen.

Wir haben dieses Verfahren hier nur gewählt, um den Code nicht unnötig zu komplizieren, da wir uns ja eigentlich mehr auf `TimerTask` und die Arbeit mit mehreren Quelldateien konzentrieren möchten. In einer echten App würde man entweder nur ein `MediaPlayer`-Objekt erzeugen oder dafür Sorge tragen, dass Ressourcen, die von nicht mehr benötigten `MediaPlayer`-Objekten belegt werden, sofort freigegeben werden (siehe Kapitel 14).

2. Um die in Ihrer `TimerTask`-Klasse verpackte `run()`-Methode periodisch im Hintergrund ausführen zu lassen, erzeugen Sie eine Instanz der Java-Klasse `Timer` und rufen deren `schedule()`-Methode mit einem Objekt der `TimerTask`-Klasse, einer Startverzögerung und der gewünschten Intervalldauer in Millisekunden auf.

   ```
   import java.util.Timer;
   // ...

   public class TuschstaffelActivity extends Activity {
      Timer t;

      @Override
      public void onCreate(Bundle savedInstanceState) {
          super.onCreate(savedInstanceState);
          setContentView(R.layout.main);

          t = new Timer();
          t.schedule(new Zeitgeber(), 0, 3 * 1000);
   ```

Hier wird das `Zeitgeber`-Objekt direkt im Zuge des Methodenaufrufs erzeugt. Eine Verzögerung bis zum Beginn der periodischen Ausführung ist nicht gewünscht, weswegen wir als Verzögerungszeit den Wert 0 übergeben. Das Intervall für die periodische Ausführung beträgt 3 Sekunden.

DVD zum Buch Zur Erläuterung der Konstruktion `schedule(new Zeitgeber(), ...)` siehe den Exkurs »Anonyme Objekte« im Java-Tutorium auf der Buch-DVD.

3. Durch Aufruf der Methode `cancel()` kann der Timer gestoppt werden.

   Um den Anwender nicht zu sehr mit unseren Tuschs zu quälen, stoppen wir den Timer, wenn eine Taste gedrückt wird (z.B. die Zurück-Taste im Emulator). Wir überschreiben dazu die Activity-Methode `onKeyDown()`, die automatisch jedes Mal aufgerufen wird, wenn der Anwender eine Taste drückt, und fügen in diese den `cancel()`-Aufruf für unser `Timer`-Objekt ein. (In den Übungen zu

Kapitel 7 werden wir dann noch eine Version erstellen, bei der die Tuschstaffel durch Tippen in die App beendet wird.)

```
@Override
public boolean onKeyDown(int keyCode,
                         KeyEvent event) {
   t.cancel();
   return super.onKeyDown(keyCode, event);
}
```

Tipp Sie können das Gerüst für die Überschreibung von `onKeyDown()` auch vom Editor anlegen lassen. Klicken Sie in den Code der Activity-Klasse, rufen Sie das Kontextmenü auf und wählen Sie im Untermenü SOURCE den Befehl OVERRIDE/IMPLEMENT METHODS.

4. Lassen Sie das Projekt zur Kontrolle erstellen und ausführen (Strg+F11).

   Der Tusch sollte jetzt in Abständen von je 3 Sekunden wieder und wieder abgespielt werden, bis Sie im Emulator auf eine der Tasten klicken.

Hinweis Es gibt in der Android-Programmierung verschiedene Wege, Code wiederholt oder im Hintergrund ausführen zu lassen. Wenn Sie möchten, dass der Code auch dann noch im Hintergrund ausgeführt wird, wenn die App schon beendet wurde, implementieren Sie ihn als Service. Wenn Sie in dem periodisch auszuführenden Code auf die UI-Elemente der Activity zugreifen möchten, verwenden Sie einen Handler (siehe Kapitel 20.3).

4.2.2 Quelldateien hinzufügen

Hilfsklassen, wie unsere oben definierte Klasse `Zeitgeber`, die lediglich von einer einzigen `public`-Klasse (hier `TuschstaffelActivity`) verwendet werden, kann man einfach zusammen mit der `public`-Klasse in einer Datei definieren. Wird der Code der Klassen aber umfangreicher oder stellen Sie fest, dass Sie die Hilfsklasse auch in anderen Klassen verwenden möchte, empfiehlt es sich, die Hilfsklasse in eine eigene Datei auszulagern.

Ob Sie nun eine Hilfsklasse in eine eigene Datei auslagern oder eine Datei für eine weitere `public`-Klasse (etwa eine weitere `Activity`) benötigen, in Eclipse führt der Weg zu einer neuen Quelldatei immer über den Befehl NEW/CLASS, den Sie sowohl im Menü FILE als auch im Kontextmenü des Package Explorer finden.

1. Klicken Sie im Package Explorer mit der rechten Maustaste auf den Paketknoten unter dem Ordner *src* (in unserem Fall also *Tuschstaffel/src/de.carpelibrum.tuschstaffel*), und rufen Sie im Kontextmenü den Befehl NEW/CLASS auf.

Abbildung 4.14: Dialogfeld zum Anlegen neuer Klassen

2. Kontrollieren Sie die Eintragung zum Speicherort (SOURCE FOLDER).

   Es sollte das *src*-Verzeichnis Ihres Projekts angezeigt werden.

   Wenn nicht, war bei Aufruf des Befehls im Package Explorer vermutlich ein anderes Projekt ausgewählt. Korrigieren Sie dann die Angabe oder, besser noch, verlassen Sie das Dialogfeld, markieren Sie im Package Explorer den korrekten Paketknoten und rufen Sie den Befehl neu auf.

3. Kontrollieren Sie die Eintragung zum Paket (PACKAGE).

   Es sollte das Paket Ihres Projekts angezeigt werden.

   Wenn nicht, war bei Aufruf des Befehls im Package Explorer vermutlich nicht der Paketordner ausgewählt. Korrigieren Sie dann die Angabe oder, besser noch, verlassen Sie das Dialogfeld, markieren Sie im Package Explorer den korrekten Paketknoten und rufen Sie den Befehl neu auf.

4. Geben Sie als NAME für die Klasse *Zeitgeber* ein.

   Wählen Sie als Zugriffsspezifizierer (MODIFIERS) die Option DEFAULT aus. Für Klassen, die auch außerhalb Ihres Pakets verwendbar sein sollen (wie z.B. Activities), müssen Sie natürlich `public` ausgewählt lassen.

5. Kontrollieren Sie die Eintragung zur Basisklasse (Superclass).

   Es sollte die oberste Basisklasse *java.lang.Object* angezeigt werden.

   Wenn Sie eine Klasse für eine neue Activity anlegen, wählen Sie hier über die Schaltfläche Browse die Android-Klasse `Activity` als Basisklasse aus. Löschen Sie dazu im Eingabefeld des Dialogfelds Superclass Selection die Eintragung *java.lang.Object* und tippen Sie stattdessen den Namen eines übergeordneten Pakets ein (gefolgt von einem Punkt), in dem die Klasse definiert ist – für die Klasse `Activity` wäre dies also »*android.*« oder »*android.app.*«.

6. Klicken Sie auf Finish.

Eclipse legt daraufhin im ausgewählten *src*-Verzeichnis eine Java-Quelldatei an, die den gleichen Namen trägt wie die Klasse. Die Datei enthält auch schon das Grundgerüst der Klassendefinition und wird automatisch in den Editor geladen.

```
package de.carpelibrum.tuschstaffel;

class Zeitgeber {

}
```

Hinweis Um eine falsch angelegte Datei aus dem Projekt zu entfernen, klicken Sie mit der rechten Maustaste auf den Knoten der Datei und wählen Sie den Befehl Delete aus.

Innere Klassen

In Java können Hilfsklassen auch direkt als Klassenelement innerhalb der Klasse definiert werden, in der sie verwendet werden. Diese Technik hat den Vorteil, dass innere Hilfsklasse und äußere Hauptklasse wechselseitig, ohne Einschränkung durch die Zugriffsspezifizierer, auf ihre Elemente zugreifen können (siehe auch Exkurs »Innere Klassen« im Java-Tutorium).

Wenn Sie mit Unterstützung des Dialogfelds Superclass Selection in einer Klasse eine innere Klasse anlegen möchten, wählen Sie im Package Explorer die JAVA-Quelldatei aus, in der die Hauptklasse definiert ist. Rufen Sie über das Kontextmenü den Befehl New/Class auf. Aktivieren Sie in dem Dialogfeld die Option Enclosing type und kontrollieren Sie, dass die Hauptklasse korrekt in dem zugehörigen Eingabefeld eingetragen ist.

Beispiel abschließen

1. Verschieben Sie die Definition der Klasse `Zeitgeber` aus der Datei *TuschstaffelActivity.java* in die Datei *Zeitgeber.java*.
2. Entfernen Sie in der Datei *TuschstaffelActivity.java* die `import`-Anweisung für `TimerTask`, die ja jetzt nicht mehr benötigt wird.
3. Kontrollieren Sie, ob die `import`-Anweisungen für `TimerTask` und `MediaPlayer` in der Datei *Zeitgeber.java* vom Editor korrekt ergänzt wurden.
4. Erstellen Sie das Projekt, stellen Sie eine Internet-Verbindung her und führen Sie die App aus (Strg+F11).

4.3 Fragen und Antworten

1. Kann man Änderungen, die von einem Refactor-Befehl vorgenommen wurden, wieder rückgängig machen?

   Ja, ganz normal mit dem Befehl Edit/Undo. Wenn Sie unsicher sind, wie sich ein Befehl auswirkt, können Sie aber im Dialogfeld des Befehls die Vorschau anschalten (Schaltfläche Preview).

4.4 Übungen

1. Zu diesem Kapitel haben wir keine wirkliche Übung vorgesehen. Aber vielleicht nutzen Sie einfach die Zeit, um sich mit dem Eclipse-Editor besser vertraut zu machen. Laden Sie z.B. eine JAVA-Quelltextdatei und testen Sie – falls Sie es noch nicht getan haben – die oben beschriebenen Hilfsmittel aus. Und wenn Sie wissen möchten, wie Sie den Editor optimal an Ihre Bedürfnisse anpassen können, dann klicken Sie mit der rechten Maustaste in den Editor, rufen im Kontextmenü den Befehl Preferences auf und informieren sich, welche Einstellmöglichen es für den Editor sonst noch gibt.

SIE LERNEN IN DIESEM KAPITEL,

- WIE SIE BENUTZEROBERFLÄCHEN AUFBAUEN,
- WIE SIE HINTERGRUNDBILDER EINBLENDEN, QUERFORMAT UNTERSTÜTZEN UND EIN STARTSYMBOL FÜR IHRE APPS VORSEHEN,
- WIE SIE VOM CODE AUS AUF DIE VIEW-ELEMENTE ZUGREIFEN.

5 Die Benutzeroberfläche (Layout)

Vernachlässigen Sie nicht die Benutzeroberfläche! Klar, als Neuling in der App-Programmierung neigt man natürlich dazu, sich hauptsächlich auf den Code und die technischen Aspekte zu konzentrieren. Und dies ist auch ganz richtig so. Schließlich muss man ja erst einmal lernen, wie sich die eigenen Ideen in lauffähige Apps umsetzen lassen. Das Resultat sind dann allerdings üblicherweise Apps mit einer zwar funktionellen, ansonsten aber wenig ansprechenden Benutzeroberfläche – von denen es, zugegebenermaßen, in der Beispielsammlung zu diesem Buch auch einige Vertreter gibt (was nur damit zu entschuldigen ist, dass diese Beispiele ja vordringlich konzipiert wurden, um ohne große Ablenkung spezielle technische Aspekte zu erläutern).

Grundsätzlich sollte Ihr Anspruch aber sein, gute Benutzeroberflächen zu konzipieren, die nicht nur funktionell, sondern auch wohl durchdacht und ansprechend gestaltet sind. Die Hinweise in diesem Kapitel sollen Ihnen dabei eine Hilfe sein.

5.1 Ein paar einführende Gedanken zum Design von Benutzeroberflächen

Selbst Apps, die nur mäßig interessant oder nützlich sind, können durch ansprechende Benutzeroberflächen viel gewinnen, während umgekehrt auch noch so technisch ausgereifte und herausragende Apps auf die Dauer von den Benutzern gemieden werden, wenn die Bedienung über die Oberfläche nervt.

Dabei genügt es meist schon, ein paar einfache Grundregeln zu beherzigen:

- **Bildschirmseiten nicht funktionell überladen**

  Denken Sie daran: 1 Bildschirmseite – 1 Aufgabe.

  Bildschirmseiten sind in diesem Punkt nicht mit den Fenstern von Windows- oder Linux-Anwendungen vergleichbar. Während diese Anwendungen oftmals wahre Alleskönner als Hauptfenster verwenden (man denke nur an das Hauptfenster von Eclipse), konzentrieren sich Apps von vorneherein auf eine einfache Aufgabe oder verteilen die einzelnen Aufgaben auf mehrere hintereinander geschaltete Activities (mit zugehöriger Bildschirmseite).

Hinweis Fortgeschrittene Android-Entwickler können sich überlegen, Aufgaben auf Fragmente zu verteilen, die auf Tablet-PCs nebeneinander angezeigt werden können, siehe Kapitel 19.

- **Bildschirmseiten nicht überfrachten**

  Packen Sie nur so viele Buttons, TextViews und andere UI-Elemente[1] auf eine Bildschirmseite, wie wirklich benötigt werden. Natürlich wäre es schön, dem Anwender noch diese oder jene Option anzubieten. Doch damit steigt auch die Komplexität einer Bildschirmseite, und andere wichtige Eigenschaften wie Übersichtlichkeit, Intuitivität, leichte Bedienung gehen mehr und mehr verloren.

  Wenn Sie keinen Weg sehen, mit weniger UI-Elementen auszukommen, überlegen Sie, ob es nicht eine Teilaufgabe gibt, die Sie in eine eigene Activity mit eigener Bildschirmseite auslagern könnten. Vielleicht gibt es sogar mehrere Teilaufgaben. Dann können Sie sich überlegen, eine Menü-Seite voranzustellen, über die die einzelnen Teilaufgaben angesteuert werden können.

  Notfalls können Sie eine Bildschirmseite auch mit Scrollfunktion ausstatten (`ScrollView`-Layout), um mehr Elemente auf der Seite verteilen zu können. Schöner aber ist es, wenn Sie ohne Scrolling auskommen. (Auf horizontales Scrolling sollten Sie ganz verzichten.)

- **Übersichtlichkeit**

  Wenn Sie UI-Elemente benutzen, so verteilen Sie diese nicht wie Kraut und Rüben über die Bildschirmseite. Verteilen Sie die Elemente übersichtlich und mit Konzept, richten Sie die Elemente aneinander aus, nutzen Sie Zwischen- (bzw. Außen-) und Innenabstände (Margin und Padding) zum Einfügen von Zwischenräumen, damit die Elemente nicht aneinanderkleben, und führen Sie den Anwender beim Bearbeiten der Elemente in logischer Weise von oben nach unten.

- **Intuitive Benutzung**

  Achten Sie darauf, dass der Anwender bei jeder Bildschirmseite intuitiv erkennen kann, wie diese zu bedienen ist. Dazu gehört z.B., dass Sie jedem Eingabefeld ein Beschriftungsfeld beiordnen, dem man entnehmen kann, welche Art von Eingabe erwartet wird.

- **Bequeme Benutzung**

  Achten Sie darauf, dass Ihre UI-Elemente ausreichend groß sind. Ausreichend groß bedeutet, dass

  - Symbole klar zu erkennen und etwaige Texte auch ohne Lupe zu lesen sind und
  - antippbare Elemente auch von Erwachsenen mit kräftigen Fingern sicher gedrückt werden können.

  Berücksichtigen Sie auch die jeweiligen Einsatzbedingungen. Apps für Jogger sollten beispielsweise besonders große Buttons mit nicht zu kleinen Zwischenräumen verwenden, damit der Jogger die App auch während des Joggings bedienen kann.

Allein durch Beherzigung dieser Regeln werden Sie zwar noch keinen Design-Preis gewinnen, aber Sie können zumindest sicher sein, dass Sie keinen groben Schnitzer begangen haben, der dem Anwender die Benutzung Ihrer App verleiden könnte.

Die Bedienbarkeit einer App hängt aber auch von dem Zusammenspiel der Bildschirmseiten und dem allgemeinen Verhalten der App ab:

1 UI ist ein Akronym für »user interface«, dem englischen Begriff für Benutzeroberfläche.

- Längere Arbeiten immer im Hintergrund ausführen.

  Verlegen Sie Arbeiten, die länger als fünf Sekunden dauern könnten, in parallel ausgeführte Threads. Dies betrifft z.B. Code, der aufwändige Berechnungen durchführt oder umfangreiche Ressourcen aus dem Internet herunterlädt. Wenn Sie solche Arbeiten im Hauptthread der App ausführen (d.h. in Code, der nicht explizit in einem neu erzeugten Thread ausgeführt wird), kann dies dazu führen, dass die App bis zur Beendigung der Arbeiten nicht mehr reagiert und das Android-System deshalb eine ANR-Systemmeldung Meldung (*Application not responding*) ausgibt. (Beachten Sie zudem, dass Arbeiten, die im Emulator ausreichend schnell ausgeführt werden, auf einem Android-Gerät mit mehreren gleichzeitig ausgeführten Apps und Services länger brauchen können.)

  Siehe hierzu auch z.B. Kapitel 4.2 oder Kapitel 18.

- ZURÜCK-Taste muss ZURÜCK-Taste bleiben

  Durch Drücken der ZURÜCK-Taste kehrt der Anwender zu dem zuletzt benutzten Bildschirm zurück (technisch gesehen ist dies die vorangehende Activity in der Activity-History). Dieses Verhalten sollte durch Ihre Activities nicht verändert werden.

  Hintergrund dieser Empfehlung ist, dass Sie für jede Activity festlegen können, wie sich diese verhalten soll, wenn bestimmte Tasten gedrückt werden (siehe Kapitel 7.4). Dies gilt eben auch für die ZURÜCK-Taste. Doch bevor Sie diese umbelegen, überlegen Sie gründlich, ob es für Ihre Absichten nicht noch eine andere Lösung gibt.

- Niemals den Anwender unterbrechen

  Starten Sie aus im Hintergrund ausgeführten Code (wie z.B. einem Service) keine Activities (mit `startActivity()`). Die neu gestartete Activity würde die aktuelle Activity verdrängen, mit der der Anwender gerade arbeitet.

  Gleiches gilt, wenn Sie aus einem im Hintergrund ausgeführten Service heraus den Anwender über irgendein eingetretenes Ereignis informieren möchten. Nutzen Sie dann zur Benachrichtigung unbedingt das Standard-Notifizierungssystem. Verzichten Sie auf Dialoge oder Toasts-Benachrichtigungen, da diese den Fokus an sich reißen und die aktuelle Activity unterbrechen.

  Siehe hierzu auch Kapitel 10.

Erleichterte Bedienbarkeit

Mit nur zwei weiteren einfach zu berücksichtigenden Regeln können Sie die Bedienbarkeit Ihrer Apps noch weiter verbessern und größeren Anwenderkreisen zugänglich machen.

- Achten Sie darauf, dass alle Ihre UI-Bedienelemente (Widgets) den Fokus annehmen, sodass sie z.B. mit einem Trackball oder einem DPAD angesteuert werden können.
- Die von der Android-Bibliothek zur Verfügung gestellten Widgets sind per Voreinstellung alle fokussierbar. Ansonsten können Sie in der XML-Layoutdatei die Fokussierbarkeit über das Attribut `android:focusable="true"` setzen.
- Setzen Sie für Ihre Widgets das Attribut `android:contentDescription="Beschreibung"`. Anwender mit Sehstörungen können sich die Beschreibung dann von passenden Reader-Tools vorlesen lassen.

5.2 Die zwei Gesichter der Layoutdateien: XML kontra Designer

Wiederholen wir kurz, was Sie bereits über die XML-Layoutdateien wissen: Die Benutzeroberfläche einer App besteht aus einer oder mehreren Bildschirmseiten (hinter denen jeweils eine Activity steht). Zu jeder Bildschirmseite gibt es im Projektordner *res/layout* eine XML-Layoutdatei, in der Seitenaufbau und Konfiguration der einzelnen UI-Elemente (Views) beschrieben sind.

Wenn Sie ein neues Android-Projekt beginnen – und im Dialogfeld New Android App angeben, dass eine Start-Activity erzeugt werden soll –, legt das Android-Plugin automatisch für die Start-Activity eine XML-Layoutdatei an.

Um die Layoutdatei zu bearbeiten, brauchen Sie nur im Package Explorer unter *res/layout* auf den Knoten der Datei doppelzuklicken.

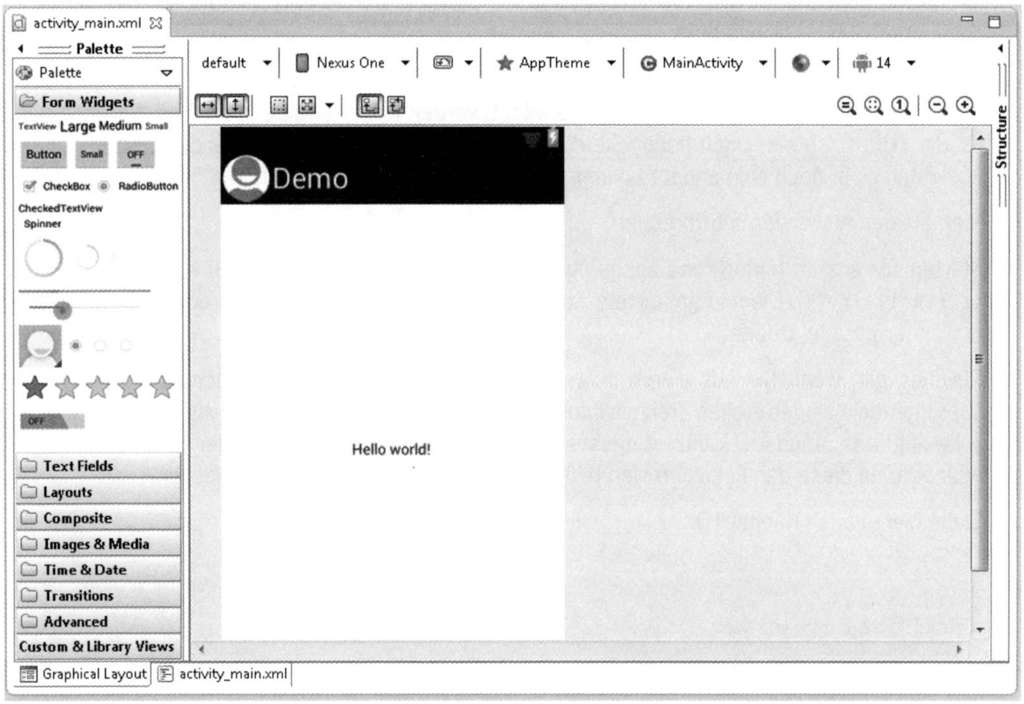

***Abbildung 5.1:** Die Layoutdatei der BlankActivity im Designer (Registerseite Graphical Layout)*

Abbildung 5.2: Die Layoutdatei der BlankActivity im Editor (Registerseite activity_main.xml)

Bevor wir Designer und XML-Ansicht gleich etwas näher unter die Lupe nehmen, ein Wort zur grundsätzlichen Nutzung. Für den Einsteiger ist die visuelle Erstellung der Bildschirmseiten im Designer natürlich eine großartige Sache. Nicht wenige Aufgaben lassen sich aber durch die direkte Bearbeitung in der XML-Ansicht wesentlich schneller und effizienter erledigen – vorausgesetzt man ist ein wenig mit dem Aufbau der Android-Layoutdateien vertraut.

Tipp Unsere Empfehlung ist, für den Einstieg ruhig intensiv mit dem Designer zu arbeiten. Wechseln Sie dabei regelmäßig in die XML-Ansicht und schauen Sie sich an, wie sich Ihre Arbeit im Designer im XML-Code niederschlägt. Nach und nach werden Sie dann automatisch mehr und mehr Arbeiten direkt in der XML-Ansicht erledigen. Als fortgeschrittener Programmierer werden Sie womöglich fast ausschließlich mit der XML-Ansicht arbeiten und den Designer nur zur optischen Kontrolle Ihrer Layouts benutzen.

Achtung Weder der Designer noch die XML-Ansicht verhielten sich in der Version 20 des SDK immer stabil und wunschgemäß. Der Designer produziert manchmal unvorhergesehene Ergebnisse, in der XML-Ansicht kommt es gelegentlich zur Zerwürfelung des angezeigten Codes. Mit diesem Unbill müssen wir wohl leben. Unser einziger Tipp für Sie: Spinnt die XML-Ansicht, speichern Sie und starten Sie Eclipse neu.

5.2.1 Der XML-Code

Als XML-Dateien besitzen die Android-Layoutdateien ein übergeordnetes Element, das sogenannte Wurzelelement, dem alle anderen Elemente untergeordnet sind:

```
<RelativeLayout>
   ...
</RelativeLayout>
```

Das Wurzelelement

Das Wurzelelement ist immer eine Layout-View, hier z.B. `RelativeLayout`, welche die in ihr eingebetteten View-Elemente arrangiert.

> **Tipp** Wenn Sie das Wurzelelement tauschen möchten, können Sie dies natürlich im XML-Editor tun. Im einfachsten Fall genügt es, den Layoutnamen im Start- und End-Tag zu tauschen. Gibt es allerdings bereits eingebettete Views, müssen Sie prüfen, ob diese die korrekten Layoutparameter definieren (siehe unten den Abschnitt 5.3). Der bessere Weg führt daher meist über den Befehl CHANGE LAYOUT, den Sie im Kontextmenü des Designers finden!

Eingebettete Views

In das Wurzelelement können Sie beliebige View-Elemente einbetten. Der Name des XML-Elements entspricht dabei stets dem Klassennamen des zu erzeugenden View-Elements – also beispielsweise `<Button>` für ein Objekt der View-Klasse `Button`.

Neben einfachen Widget-Views können Sie natürlich auch Viewgroups und Layout-Views einbetten. Auf diese Weise können Sie beliebige Layout-Ideen umsetzen.

```
<LinearLayout>

   <TextView></TextView>

   <TableLayout>
      <TableRow>
         <Dutton></Button>
         <Button></Button>
      </TableRow>
      <TableRow>
         <Button></Button>
         <Button></Button>
      </TableRow>
   </TableLayout>

</LinearLayout>
```

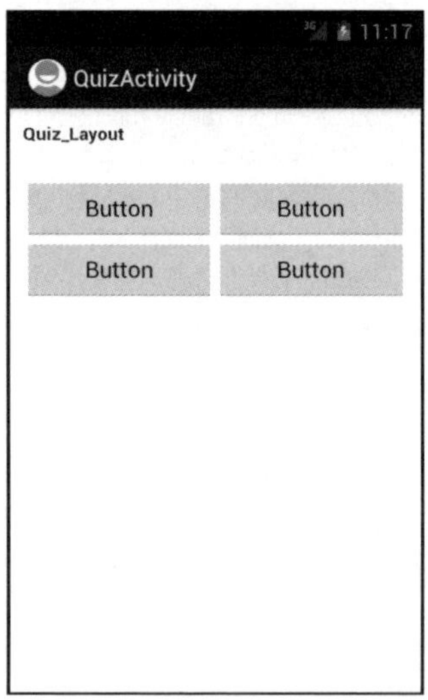

Abbildung 5.3: Hierarchisches Layout: Auf der ersten Ebene werden mithilfe von LinearLayout eine Textview und ein TableLayout untereinander angeordnet. Das TableLayout wiederum ordnet vier Buttons in einem Raster aus zwei Tabellenzeilen an.

Eine äußerst erfreuliche Sache ist, dass der XML-Editor Sie beim Einbetten der UI-Elemente tatkräftig unterstützt. Sie müssen einfach nur die öffnende spitze Klammer für das Start-Tag eintippen und der Editor öffnet ein Auswahlfenster mit allen zur Verfügung stehenden Elementen. Sie müssen nur das gewünschte Element per Doppelklick auswählen. Ist Ihnen die Auswahlliste zu lang, tippen Sie die Anfangsbuchstaben des gesuchten Elements ein und die Liste wird automatisch angepasst.

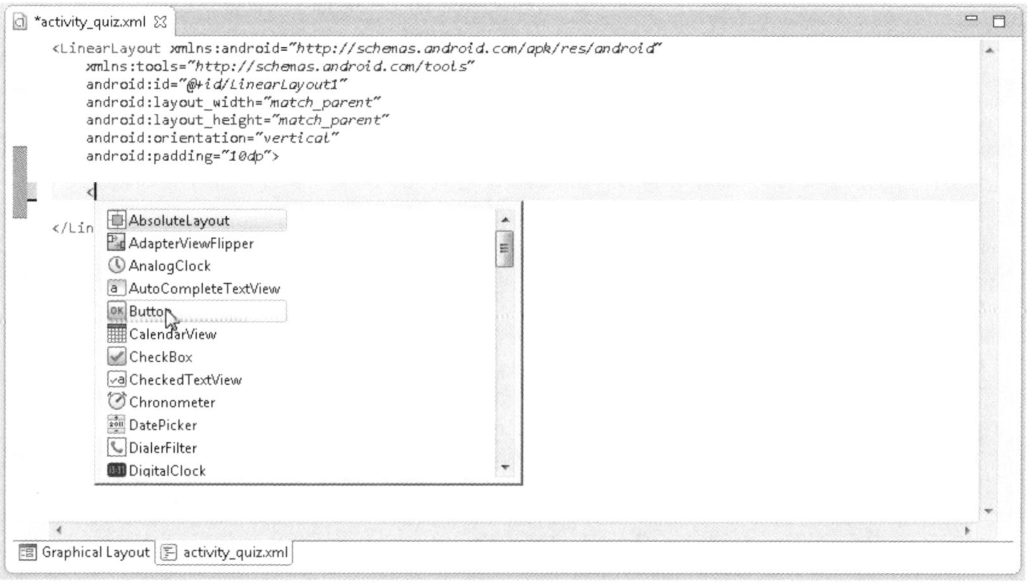

***Abbildung 5.4:** Mit dem XML-Editor fällt das Aufsetzen von Layoutdateien nicht schwer.*

Attribute

Ein wesentliches Merkmal der View-Elemente ist, dass sie über XML-Attribute konfiguriert werden können. Einige dieser Attribute sind elementspezifisch. So zum Beispiel das Attribut `android:startYear`, das nur von der View-Klasse `DatePicker` zur Konfiguration des Datumsauswahlelements definiert wird. Andere Attribute werden von den Basisklassen an die einzelnen View-Klassen vererbt. Oberste Basisklasse aller Views ist die Klasse `View`, die z.B. Attribute wie `android:background` oder `android:focusable` definiert.

> **Hinweis** Die Android-Attribute sind im XML-Namespace `android` definiert, der im Wurzelelement über das XML-Attribut `xmlns` eingebunden wird:
>
> ```
> <LinearLayout
>    xmlns:android="http://schemas.android.com/apk/res/android"
> ```
>
> Der angegebene URL dient allein der eindeutigen Identifizierung. Sie können sich also die Mühe sparen, den URL zur Probe in einen Browser einzugeben.
>
> Das Namespace-Präfix muss den Attributen immer vorangestellt werden. Wenn Sie ihn vergessen, kann das Attribut bei Ausführung der App nicht richtig zugeordnet werden und Ihre Bildschirmseite wird verstümmelt.

Attribut	Beschreibung
`android:alpha`	Transparenzwert Wert zwischen 0.0 (durchsichtig) und 1.0 (undurchsichtig)
`android:background`	Hintergrund Wahlweise eine Bildressource oder ein RGB-Farbwert, wie z.B. #000000 für Schwarz (siehe auch Abschnitt 5.3.3)
`android:id`	Eindeutige ID zur Identifizierung des Elements im Code, z.B.: android:id="@+id/button1"

`android:padding`
`android:paddingBottom`
`android:paddingLeft`
`android:paddingRight`
`android:paddingTop`
	Padding – Abstand zwischen Inhalt und Rand des UI-Elements
	Angaben wahlweise in px (Pixel), dp (dichteunabhängige Pixel), sp (skalierte Pixel), in (Inch) oder mm (Millimeter), z.B.:
	`<TextView`
	`android:paddingLeft="10dp"`
	`android:paddingRight="10dp"`
	`android:paddingTop="5dp"`
	`android:paddingBottom="5dp"`
	oder bei einem Wert für alle Seiten:
	`<TextView`
	`android:padding="10dp"`
	Achtung! Setzen Sie kein Leerzeichen zwischen Wert und Einheit, also nicht `"10 dp"` schreiben.

`android:rotationX` `android:rotationY`	Drehung um x- bzw. y-Achse Der Wert ist eine Gleitkommazahl, die den gewünschten Drehwinkel angibt.
`android:visibility`	Sichtbarkeit `visible` – das UI-Element ist sichtbar (Standardwert) `invisible` – das UI-Element ist nicht sichtbar, sein Platz im Layout wird aber freigehalten `gone` – das UI-Element ist komplett verschwunden

Tabelle 5.1: Attribute, die von der Basisklasse View an alle UI-Elemente vererbt werden (Auswahl)

Da es sehr viele View-Klassen gibt, mit ganz unterschiedlichen Abfolgen von Basisklassen, ist es gar nicht so leicht im Kopf zu behalten, für welche View nun gerade welche Attribute zur Verfügung stehen. Natürlich können Sie die Attribute in der API-Dokumentation zu der betreffenden View-Klasse nachschlagen. Es geht aber auch bequemer.

Tippen Sie im XML-Editor einfach den Namespace-Präfix `android:` ein und der Editor zeigt Ihnen ein Auswahlfenster mit allen zur Verfügung stehenden Attributen an. Ist Ihnen die Auswahlliste zu lang, tippen Sie die Anfangsbuchstaben des gesuchten Attributs ein und die Liste wird automatisch angepasst. Ein einfacher Klick auf eines der angebotenen Attribute ruft die Hilfe zu dem Attribut ab, ein Doppelklick fügt das Attribut in Ihren XML-Code ein.

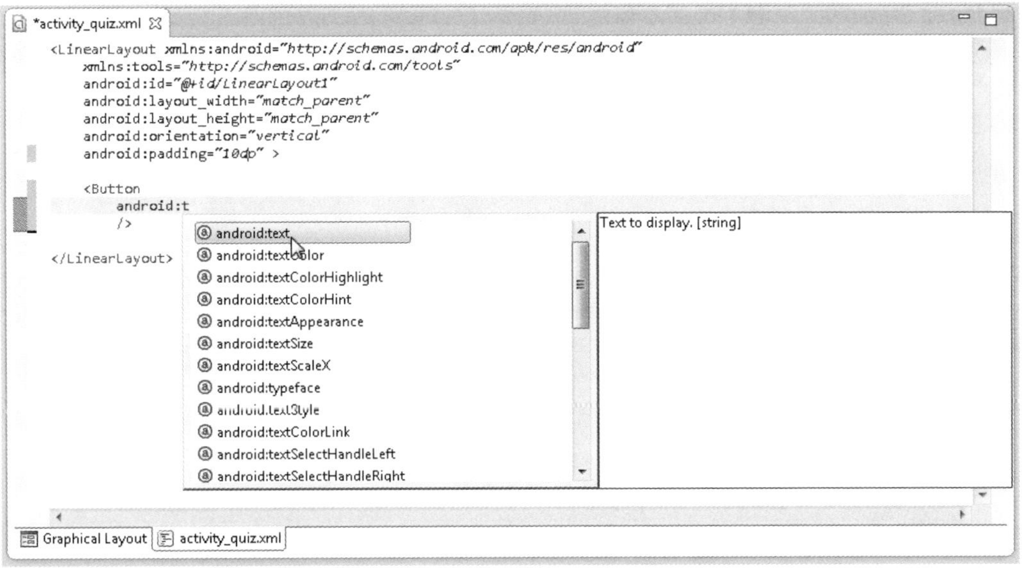

Abbildung 5.5: Mit Unterstützung des XML-Editors haben Sie alle Attribute im Griff.

Code-Formatierung

Wer viel im XML-Editor arbeitet, Zeilen und Attribute einfügt, Code aus anderen Layoutdateien einkopiert, der steht irgendwann vor dem Problem, dass die Einrückungen nicht mehr stimmen und der Code immer unübersichtlicher formatiert ist. Um solchen Code effizient umzuformatieren, gehen Sie am besten wie folgt vor:

1. Rufen Sie im Kontextmenü des Editors den Befehl PREFERENCES auf.

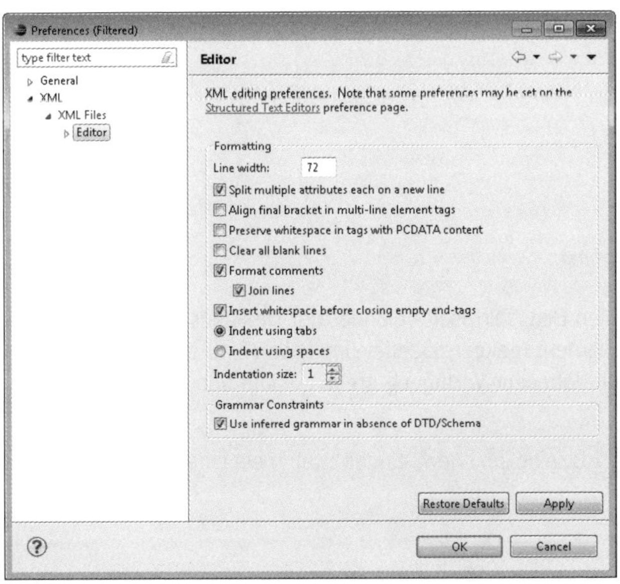

Abbildung 5.6: Formatierung für die XML-Layoutdateien

2. Legen Sie auf der Seite XML/XML FILES/EDITOR die gewünschten Formatierungsregeln fest. Achten Sie z.B. darauf, dass die Option SPLIT MULTIPLE ATTRIBUTES EACH ON A NEW LINE gesetzt ist. Verlassen Sie dann den Dialog mit OK.
3. Dies erledigt, brauchen Sie zum Umformatieren eines XML-Codes nur noch im Kontextmenü des XML-Editors den Befehl SOURCE/FORMAT aufzurufen.

5.2.2 Der Designer

Eine große Hilfe bei der Erstellung von Bildschirmseiten ist der Designer – so mancher Programmierer wird daher seine Bildschirmseiten überwiegend im Designer gestalten, während andere den Designer vielleicht nur dazu benutzen, sich einen ersten optischen Eindruck ihrer Bildschirmseite zu verschaffen oder um zu testen, wie die Seite unter Verwendung verschiedener Themen (siehe Kapitel 6.2.9) oder auf unterschiedlichen Android-Betriebssystemen aussieht.

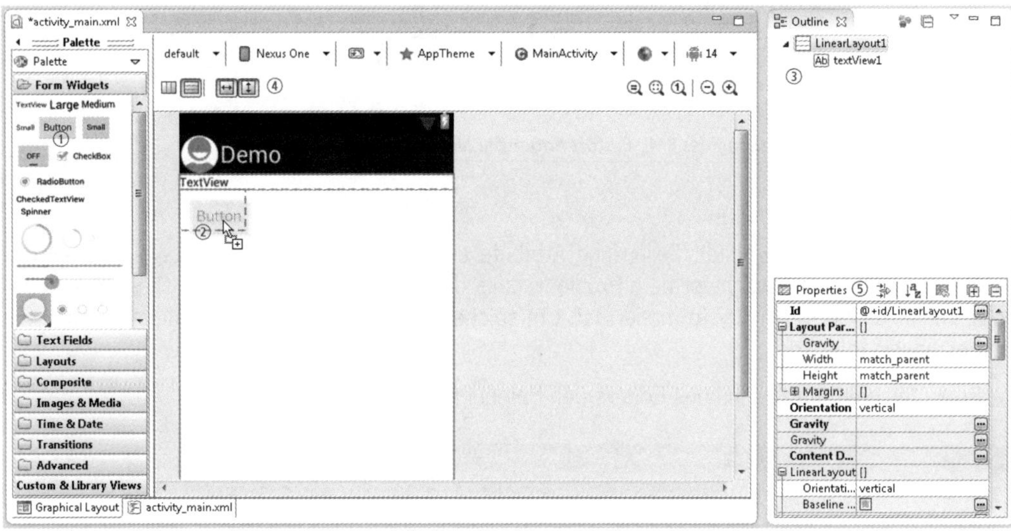

① UI-Element auswählen
② UI-Element auf Seite ziehen und ablegen
③ Einfügeposition in Outline-Fenster kontrollieren
④ Das UI-Element ausrichten
⑤ Eigenschaften des UI-Elements konfigurieren

Abbildung 5.7: Typische Arbeitsschritte im Designer

In der Symbolleiste oben über der virtuellen Bildschirmseite blendet der Designer Schaltflächen ein, über die Sie das aktuell ausgewählte UI-Element (gekennzeichnet durch den blau gestrichelten Rand) ausrichten können. Welche Optionen Ihnen dabei zur Verfügung stehen, hängt von dem übergeordneten Layout ab.

In Abbildung 5.7 ist das aktuelle Element z.B. eine TextView, eingebettet in ein LinearLayout. Sie können daher von links nach rechts

- die Orientierung des LinearLayouts wählen
  - Horizontal – die eingebetteten Elemente werden nebeneinander angezeigt
  - Vertikal – die eingebetteten Elemente werden untereinander angezeigt

  Die beiden Einstellungen schließen sich gegenseitig aus.
- die Breite und Höhe festlegen
  - gedrückt bedeutet: Anpassung an umgebenden Layout-Container (`match_parent`)
  - nicht gedrückt bedeutet: Anpassung an Inhalt (`wrap_content`)
- Abstände (Margins) definieren

  Ein Klick auf das Symbol öffnet einen Dialog, in dem Sie Werte für die gewünschten Abstände eingeben können. Achtung, Werte immer mit Einheiten angeben, also z.B. `10dp`.
- Verankerung (Gravity) definieren

  Ein Klick auf das Symbol öffnet eine Liste, in der Sie Anker setzen oder aufheben können.
- Gewicht (Weight) definieren

  Mehrere Schaltflächen für typische Einstellungen, die letzte Schaltfläche dient zum Löschen. (Mehr zu dieser Einstellung finden Sie im Unterkapitel zum LinearLayout, 5.3.2.)

Hinweis Mehr Informationen zu den Layout-Attributen finden Sie im Abschnitt 5.3.1.

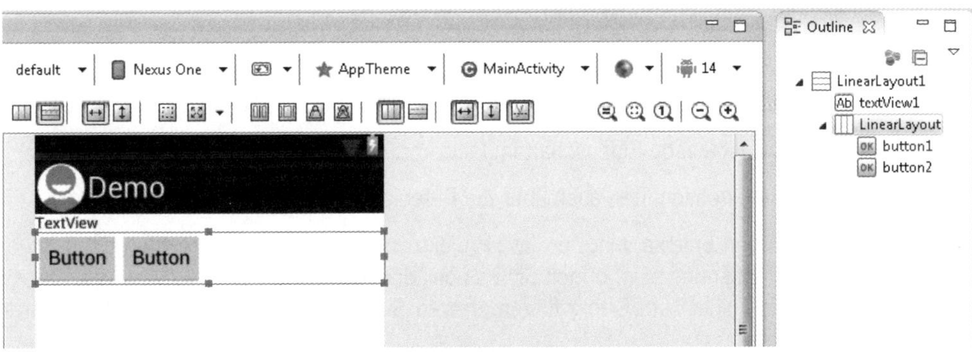

Abbildung 5.8: Wenn Sie eine Layout-View auswählen, hier ein LinearLayout mit zwei eingebetteten Buttons, werden in der Symbolleiste zuerst die Optionen eingeblendet, die die LinearLayout-View in der übergeordneten Layout-View ausrichten, und danach noch einmal die Elemente, die die aktuelle LinearLayout-View konfigurieren. Daher ist für das übergeordnete LinearLayout die Vertikal-Orientierung und für die aktuell ausgewählte Linear-Layout-View die Horizontal-Orientierung gedrückt. Die beiden Symbolpaare für Breite und Höhe haben den gleichen Effekt, d.h. sie formatieren beide das aktuell ausgewählte Layout.

> **Tipp** Wenn Sie UI-Elemente im Designer ausrichten, wird es Ihnen immer wieder passieren, dass Sie Konfigurationen einstellen, die Ihr Design unerwartet und gravierend verändern. Nehmen Sie solche Änderungen dann mit [Strg]+[Z] zurück. Schlimmstenfalls können Sie jederzeit in die XML-Ansicht wechseln und dort Ordnung schaffen.

Die UI-Hierarchie (Outline-Ansicht)

Eine große Hilfe bei der Arbeit im Designer ist die Outline-Ansicht (siehe Abbildung 5.9). Hier können Sie die UI-Elemente-Hierarchie der aktuellen Bildschirmseite im Auge behalten und einzelne UI-Elemente auswählen oder innerhalb der Hierarchie verschieben.

Die Outline-Ansicht wird in Eclipse Juno für Java-Projekte standardmäßig am rechten Rand angezeigt. Sollte sie dort nicht zu finden sein, öffnen Sie sie über den Menübefehl WINDOW/SHOW VIEW/OUTLINE. Sollte auch dies nicht zum Erfolg führen, setzen Sie zuvor noch die aktuelle Perspektive zurück (WINDOW/RESET PERSPECTIVE).

> **Tipp** Manchmal ist es im Designer schlichtweg unmöglich, ein bestimmtes UI-Element per Mausklick auszuwählen – etwa weil es von anderen Elementen verdeckt wird oder weil es sich um eine leere Viewgroup handelt. Wechseln Sie dann einfach in die Outline-Ansicht und klicken Sie dort auf das betreffende Element.

Eigenschaften (Properties)

Die Attribute, über die Sie View-Elemente in der XML-Ansicht konfigurieren können, stehen Ihnen im Designer als sogenannte Eigenschaften (Properties) zur Verfügung.

Um eine Eigenschaft für ein UI-Element zu setzen, gehen Sie wie folgt vor:

1. Klicken Sie mit der rechten Maustaste auf das UI-Element in der virtuellen Bildschirmseite.
2. Bearbeiten Sie die einzustellende Eigenschaft im PROPERTIES-Fenster.

Alternativ können Sie viele Eigenschaften auch über die Befehle im Kontextmenü bearbeiten.

Das PROPERTIES-Fenster wird in Eclipse Juno für Java-Projekte standardmäßig am rechten Rand angezeigt. Sollte es dort nicht zu finden sein, öffnen Sie es über den Menübefehl WINDOW/SHOW VIEW/OTHER/PROPERTIES. Sollte auch dies nicht zum Erfolg führen, setzen Sie zuvor noch die aktuelle Perspektive zurück (WINDOW/RESET PERSPECTIVE).

> **Tipp** Über die beiden ersten Schaltflächen in der Symbolleiste des PROPERTIES-Fensters können Sie die Eigenschaften wahlweise thematisch oder alphabetisch sortiert anzeigen lassen.

Konfigurationen

Anfangs werden Sie zuerst einmal Apps für Ihr Android-Gerät schreiben. Sobald Sie aber dazu übergehen, Ihre Apps an Freunde oder Kunden zu verteilen, müssen Sie beachten, dass diese ganz unterschiedliche Android-Endgeräte mit unterschiedlich beschaffenen Touchscreens verwenden.

Glücklicherweise können Sie mit dem Designer praktisch beliebige Touchscreens simulieren. Wählen Sie die gewünschte Geräte-Konfiguration einfach oben im zweiten Dropdown-Listenfeld von links aus – oder kreieren Sie einen eigenen Touchscreen mit individuellen Einstellungen für Abmaße, Dichte, Tastaturfeld etc.:

1. Klappen Sie einfach die Liste der vordefinierten Bildschirme auf und wählen Sie den Eintrag ADD CUSTOM.
2. Wählen Sie unten im Dialogfeld DEVICE CONFIGURATIONS ebenfalls den Eintrag CUSTOM aus und klicken Sie dann auf die Schaltfläche NEW.
3. Im Dialogfeld DEVICE können Sie danach den zu erstellenden Bildschirm konfigurieren.

Auch die variablen Einstellungen eines Endgeräts, wie Halten im Hoch- oder Querformat, Themen und Android-Betriebssystemversion können Sie festlegen. Die zugehörigen Listenfelder finden Sie rechts neben dem Listenfeld für die Auswahl des Touchscreens.

Achtung Besonders interessant ist das Listenfeld zur Auswahl des Betriebssystems. Hier sollte grundsätzlich die API-Version des für das Projekt ausgewählten Target-SDK eingestellt sein (dies ist auch die Voreinstellung). Sie können aber auch andere APIs auswählen (sofern Sie die zugehörigen SDKs installiert haben) und auf diese Weise frühzeitig testen, wie Ihre Bildschirmseite unter verschiedenen Android-Betriebssystemversionen aussieht. Einen endgültigen Test mit einem passenden AVD im Emulator kann dies allerdings nicht ersetzen.

5.3 Layout-Views

Wie ein Anwender mit einer Bildschirmseite interagieren kann, hängt im Wesentlichen von den Widgets[1] ab, die Sie in die Seite eingebettet haben. Wie diese Widgets auf der Bildschirmseite angeordnet sind, hängt dagegen vor allem von den Layout-Views ab, die Sie verwenden.

Android kennt mittlerweile eine ganze Reihe von Layout-Views – also Views, die andere View-Elemente einbetten können und diese nach bestimmten Regeln arrangieren.

Wichtig ist dabei zu wissen, dass Anordnung und Ausrichtung der View-Elemente in einer Layout-View durch zwei Mechanismen gesteuert werden:

- Der allgemeinen **Layoutregel**, für die die gewählte Layout-View steht.

  Beispielsweise arrangiert TableLayout die eingebetteten UI-Elemente in Tabellenform, während LinearLayout die Elemente unter- oder nebeneinander anzeigt.

1 Zur Erinnerung: Widgets sind View-Elemente, die mit dem Anwender interagieren können.

- Den individuellen **Layoutparametern**, die von der Layout-View an die eingebetteten View-Elemente gereicht werden und denen letztere individuelle Werte zuweisen können.

  Über diesen Mechanismus kann jedes View-Element selbst angeben, wie es – im Rahmen der vorgegebenen Layoutregel – in der übergeordneten Layout-View angeordnet werden soll.

5.3.1 Die allgemeinen Layoutparameter

Die Layoutparameter stellen einen Mechanismus dar, über den eingebettete View-Elemente Informationen über die Art und Weise, in der sie ausgerichtet werden möchten, an die übergeordnete Layout-View zurückliefern können.

Einige dieser Layoutparameter sind allgemeiner Natur und werden von allen Layout-Views verwendet. Dies sind `layout_width` und `layout_height` für Breite und Höhe sowie `layout_marginBottom`, `layout_marginLeft` etc. für die Zwischenabstände.

Der Trick mit den Layoutparametern

Wie kann ein View-Element, sagen wir ein einfacher Button, je nach Layout-View, in die er eingebettet ist, unterschiedliche Layoutparameter setzen? Also z.B. einen `layout_weight`-Wert, wenn er in ein LinearLayout eingebettet ist, und einen `layout_alignParentLeft`-Wert, wenn er in ein RelativeLayout eingebettet ist.

Eine Möglichkeit wäre natürlich, dass der Button für alle erdenklichen Layoutparameter Felder besitzt, in denen er die gewünschten Werte abspeichert und die von den Layout-Views bei Bedarf abgefragt werden können. Dies hieße dann aber, dass er viele layoutspezifische Felder definiert, von denen je nach übergeordnetem Layout immer nur einige ausgewählte wirklich benötigt werden. (Mit der Konsequenz, dass ein `Button`-Objekt unnötig viel Speicherplatz belegen würde.) Schlimmer noch wäre aber, dass dieses Konzept sehr unflexibel ist. Hieße es doch, dass beim Herauskommen neuer Layout-Views mit eigenen Layoutparametern auch die Definition der Button-Klasse überarbeitet werden müsste, um Felder für die neuen Layoutparameter vorzusehen.

Es verwundert daher nicht, dass Android hier einen anderen Weg geht. Jede Layout-View definiert für ihre Layoutparameter eine eigene, innere Layoutparameter-Klasse, die auf die Basisklasse `ViewGroup.LayoutParams` zurückgeht. Letzter Punkt ist ganz wichtig, damit Objekte dieser Klasse an Methodenparameter vom gemeinsamen Basistyp `ViewGroup.LayoutParams` übergeben werden können.

Als Pendant dazu besitzen alle View-Klassen eine Methode `setLayoutParams(ViewGroup.LayoutParams params)`. Wird nun ein View-Element in eine Layout-View eingebettet, erzeugt man zusätzlich ein Objekt vom Typ der Layoutparameter-Klasse, die die Layout-View definiert, speichert darin die gewünschten Layoutwerte und übergibt das Objekt an die `setLayoutParams()`-Methode des View-Elements.

```
Button btn = new Button(this);
LinearLayout.LayoutParams lparams;
lparams = new LinearLayout.LayoutParams(LinearLayout.LayoutParams.MATCH_PARENT,
                               LinearLayout.LayoutParams.WRAP_CONTENT;
lparams.gravity = Gravity.CENTER_HORIZONTAL;
btn.setLayoutParams(lparams);
```

Danach kann die Layout-View das Layoutparameter-Objekt jederzeit mit `getLayoutParams()` abfragen.

Andere Layoutparameter sind layoutspezifisch. Zum Beispiel erlaubt LinearLayout die Angabe relativer Breiten/Höhen für die eingebetteten Elemente (`layout_weight`), während RelativeLayout Layoutparameter zur relativen Anordnung vorsieht und FrameLayout keine anderen Layoutparameter als für Breite, Höhe und Abstände kennt.

Breite und Höhe

Wie breit und hoch ein View-Element dargestellt werden soll, können Sie über die Attribute `layout_width` und `layout_height` des Elements festlegen.

Wert	Beschreibung
`match_parent` bzw.[1] `fill_parent`	Die Breite (Höhe) wird so eingestellt, dass die Restbreite (Resthöhe) des übergeordneten Layout-Containers ausgefüllt wird. Für das Wurzelelement sollten Sie immer diesen Wert für Breite und Höhe verwenden, damit das Layout den kompletten Touchscreen ausfüllt.
`wrap_content`	Die Breite (Höhe) richtet sich nach dem Inhalt des Elements (inklusive Padding).
Zahlenwert	Feste Größe in px, pt, dp, sp, in oder mm. Zu empfehlen sind vor allem die relativen Einheiten dp und sp. Achtung! Die Einheit muss zwingend mit angegeben werden und folgt ohne Leerzeichen auf den Zahlenwert, also z.B.: `12dp`.

Tabelle 5.2: Mögliche Werte für Breite und Höhe

Grundsätzlich sollten Sie für die Dimensionierung relative Größenangaben nutzen, also idealerweise `match_parent` oder `wrap_content` bzw. dp- oder sp-Werte, wenn Sie feste Vorgaben machen wollen.

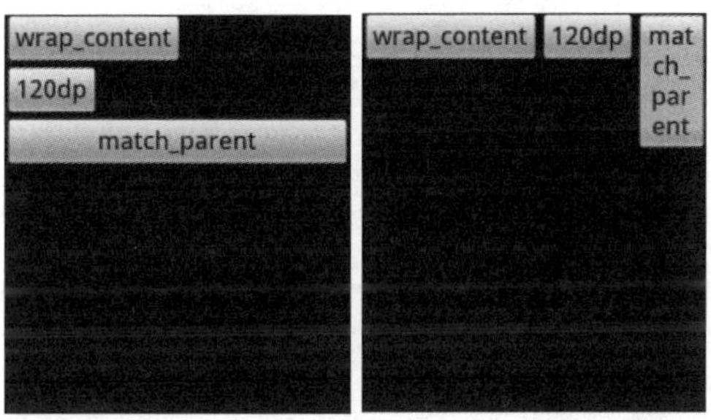

Abbildung 5.9: Dimensionierung von Buttons in einem vertikalen (links) bzw. horizontalen (rechts) LinearLayout. Beachten Sie, dass in dem rechten Layout der match_parent-Wert keinen Effekt mehr hat, weil der Platz ehedem nicht mehr ausreicht, den Button mit Titel darzustellen. Würden Sie allerdings dem zweiten Button den match_parent-Wert zuweisen, würde dieser die Restbreite einnehmen und den dritten Button aus der Seite drängen!

> **Tipp** Wenn Sie feste Zahlenwerte für Breite oder Höhe im Designer angeben möchten, markieren Sie das zu dimensionierende UI-Element und tippen Sie den Zahlenwert im PROPERTIES-Fenster ein oder rufen Sie im Kontextmenü den Befehl LAYOUT WIDTH/OTHER auf.

1 Hier hat Google den Namen geändert. Vor der API-Version 8 hieß der Wert `fill_content`, seit API-Version 8 (Android-Plattform 2.2) heißt er `match_parent`. Der Wert `fill_content` wird gelegentlich heute noch aus Gründen der Abwärtskompatibilität verwendet.

Größeneinheiten

Dimensionsangaben für Breite, Höhe, Ränder (Margin) oder Innenabstände (Padding) müssen Sie immer mit Einheit angeben, wobei die relativen Einheiten dp und sp (für Schriftgrößen) zu bevorzugen sind. Zur Verfügung stehen:

px – Pixelwert. Das Problem mit dieser Einheit ist, dass die tatsächlichen Abmaße abhängig von der Bildschirmdichte des Ausgabegeräts variieren können. Wenn Sie das Layout beispielsweise für ein Gerät mit mittlerer Bildschirmdichte entwerfen, kann es auf Geräten mit hoher oder niedriger Dichte zu unschönen Verzerrungen kommen.

dp – Pixelwert, der automatisch an die Dichte des Ausgabegeräts angepasst wird.

sp – Ähnlich dp, wird aber zusätzlich gemäß der vom Anwender eingestellten Schriftgröße skaliert.

pt – Punktgröße, wird üblicherweise für Schriftgrößen verwendet.

mm – Millimeter

in – Inch

Außenabstand (Margin)

Über die Margin-Layoutparameter können Sie angeben, welcher Abstand zwischen einem UI-Element und den umgebenden Elementen oder Layout-View-Rändern bleiben soll. Sie können wahlweise einen Abstandswert für alle Seiten oder individuelle Werte für die einzelnen Seiten angeben.

Für das Wurzelelement ist die Angabe von Margin-Werten sinnlos.

Margin-Attribut	Beschreibung
`layout_marginBottom`	Abstand nach unten
`layout_marginLeft`	Abstand nach links
`layout_marginRight`	Abstand nach rechts
`layout_marginTop`	Abstand nach oben

Tabelle 5.3: Abstands-Attribute

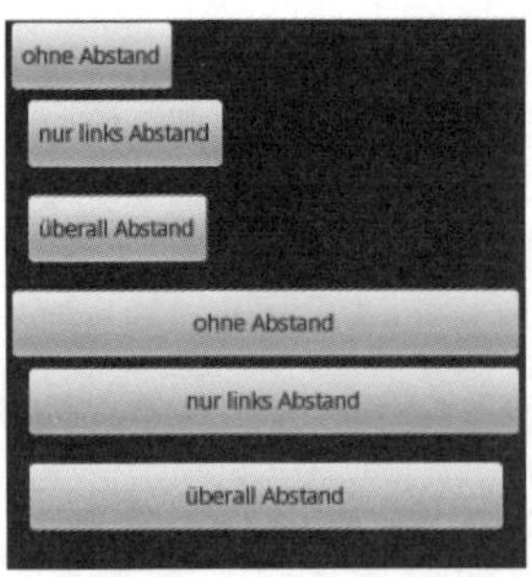

Abbildung 5.10: Beachten Sie, dass der Layout-Container möglicherweise von sich aus bereits kleine Zwischenabstände einfügt (siehe z.B. den Abstand zwischen dem ersten und zweiten Button).

Hinweis Der Margin gehört nicht zum UI-Element. Seine Farbe ist die Hintergrundfarbe (background-Attribut) des Layout-Containers, nicht die des UI-Elements.

5.3.2 Die Layout-Views

Views, die als Container für andere View-Elemente dienen, bezeichnen wir als Viewgroups. Der Name rührt einfach daher, dass diese Klasse auf die Basisklasse `ViewGroup` zurückgeht. Viewgroups, die selbst keine sichtbare Benutzerschnittstelle besitzen, sondern vornehmlich dazu dienen, die in ihnen eingebetteten View-Elemente anzuordnen, bezeichnen wir als Layout-Views.

Zu den Layout-Views gehören `FrameLayout`, `LinearLayout`, `RelativeLayout`, `TableLayout`, `TabHost` aber auch

- `Gallery` – Horizontale Abfolge von Bildern mit Bildlauf
- `ScrollView` – Eine von `FrameLayout` abgeleitete Viewgroup mit Bildlauf
- `GridView` – Layout-Gitter aus Spalten und Zeilen mit Bildlauf in beide Richtungen
- `ListView` – Einspaltige Liste mit Bildlauf
- `ViewFlipper` – Diashow, auch als Liste verwendbar, die immer nur ein Element zeigt

Auf der Android-Website unter *http://developer.android.com/resources/index.html* können Sie die Definitionen dieser Layouts nachschlagen.

Die grundlegenden Layouts sollten wir uns aber direkt hier ein wenig näher ansehen.

LinearLayout – das »Einsteiger«-Layout

`LinearLayout` ordnet die in ihm eingebetteten Elemente wahlweise unter- oder nebeneinander an. Die gewünschte Anordnung kann im `LinearLayout`-Element über das Attribut `orientation` eingestellt werden. Mögliche Werte sind `vertical` und `horizontal`.

```
<LinearLayout
   xmlns:android="http://schemas.android.com/apk/res/android"
   android:orientation="vertical"
   android:layout_width="match_parent"
   android:layout_height="match_parent">
```

Darüber hinaus können Sie über das Attribut `gravity` angeben, wie die eingebetteten Elemente ausgerichtet werden sollen. Als Werte können Sie die gleichen Konstanten übergeben wie für den Layoutparameter `layout_gravity`, der die Ausrichtung eines bestimmten UI-Elements vorgibt (siehe Tabelle 5.4).

```
<LinearLayout
   xmlns:android="http://schemas.android.com/apk/res/android"
   android:orientation="vertical"
   android:gravity="center"
   android:layout_width="match_parent"
   android:layout_height="match_parent">
```

LinearLayout ist einfach und unkompliziert in der Handhabung, aber sehr vielseitig, vor allem wenn man LinearLayout-Views ineinander verschachtelt. Doch Obacht, möglichst nicht mehr als zwei, maximal drei Verschachtelungsebenen erzeugen!

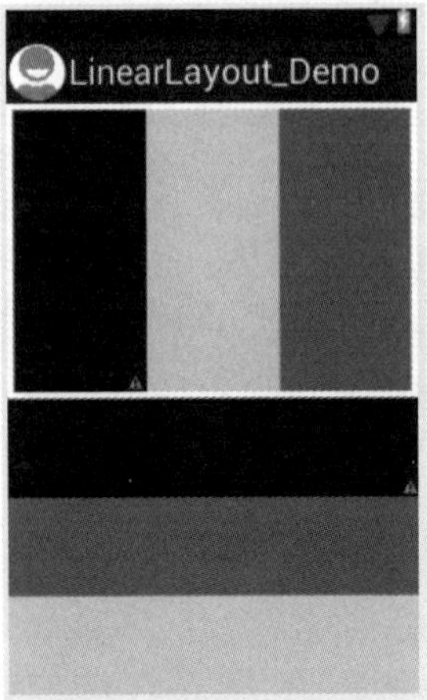

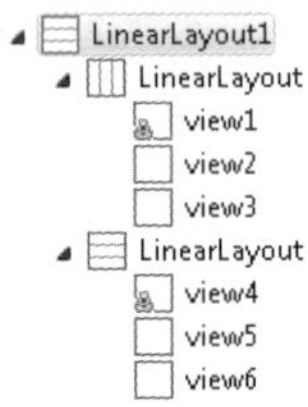

***Abbildung 5.11:** Beispiel für ein LinearLayout mit zwei weiteren eingebetteten LinearLayouts: einem horizontalen und einem vertikalen (Die gelben Warnsignale rühren daher, dass hier auf verschachtelten Ebenen mit Gewichten dimensioniert wurde – was relativ viel Zeit kostet.)*

Layoutparameter	Beschreibung
`layout_gravity`	Wert, der angibt, wie das Element verankert werden soll. Mögliche Werte sind: `top`, `bottom`, `left`, `right`, `center_vertical`, `fill_vertical`, `center_horizontal`, `fill_horizontal`, `center`, `fill`, `clip_vertical` und `clip_horizontal`.
`layout_weight`	Legt fest, wie freier Platz im Layout-Container auf die eingebetteten UI-Elemente zu verteilen ist. Mögliche Werte liegen zwischen 0 und 1 und geben das Verhältnis an, in dem der Platz aufgeteilt wird. Enthält ein Layout-Container also zwei Elemente mit `layout_weight="1.0"` so teilen sich diese den Platz gerecht auf (Verhältnis 1:1).

***Tabelle 5.4:** Spezifische LinearLayout-Layoutparameter*

Achtung Verschachtelte Layout-Views setzen die Performance herab. Wenn Sie für ein auf LinearLayout-Views basierendes Layout mehr als zwei Verschachtelungsebenen benötigen, sollten Sie überlegen, ob dasselbe Layout nicht mit anderen Layout-Views, beispielsweise einem TableLayout oder einem RelativeLayout günstiger zu erreichen wäre.

RelativeLayout – der Alleskönner

`RelativeLayout` ordnet die in ihm eingebetteten Elemente relativ zueinander bzw. relativ zu seinen Rändern an. Es ist sehr flexibel, erlaubt auch die Ausrichtung an umliegenden Elementen und ist geeignet, komplexere Layouts ohne die Verschachtelung von Viewgroups umzusetzen (was in der Regel die Performance der App verbessert).

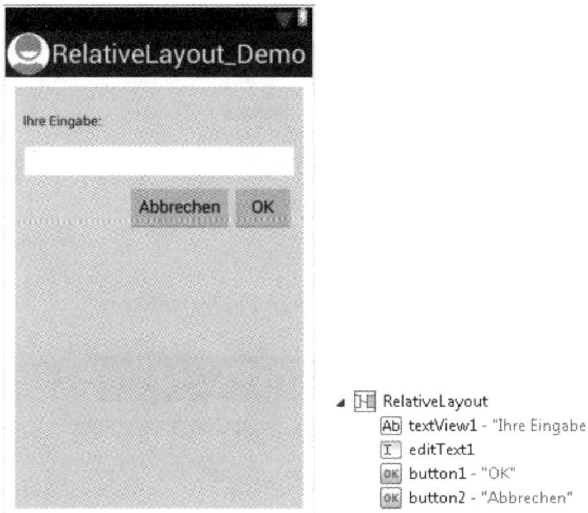

Abbildung 5.12: Beispiel für ein RelativeLayout mit einem EditText-Eingabefeld, das unter dem TextView-Element ganz oben angezeigt wird, einem OK-Button, der unter dem Eingabefeld und rechtsrandig ausgerichtet wird, sowie einem Abbrechen-Button, der links von dem OK-Button positioniert wird.

Um ein eingebettetes Element relativ zu einem anderen eingebetteten Element zu **positionieren**, wählen Sie den Layoutparameter aus, der die gewünschte relative Position beschreibt – z.B. `layout_below`, um das Element unterhalb des Bezugselements zu positionieren – und geben Sie die ID des Bezugselements als Wert für das Attribut an. Die Positionierung am Rand des Layout-Containers erfolgt analog, nur dass Sie statt einer ID einfach `true` als Wert zuweisen.

```
<TextView
    android:id="@+id/beschriftung"
    android:layout_width="match_parent"
    android:layout_height="wrap_content"
    android:text="Möchten Sie den Titel abspielen?"/>
<Button
    android:layout_width="wrap_content"
    android:layout_height="wrap_content"
    android:layout_below="@id/beschriftung"
    android:text="Play" />
```

Um ein eingebettetes Element an einem anderen eingebetteten Element **auszurichten**, wählen Sie den Layoutparameter aus, der die gewünschte Ausrichtung beschreibt – z.B. `layout_alignTop`, um das Element am oberen Rand des Bezugselements auszurichten – und geben Sie die ID des Bezugselements als Wert für das Attribut an. Die Ausrichtung am Rand des Layout-Containers erfolgt analog, nur dass Sie statt einer ID einfach `true` als Wert zuweisen.

Layoutparameter	Beschreibung
`layout_centerHorizontal`	Zentriert das Element horizontal im Layout-Container.
`layout_centerInParent`	Zentriert das Element horizontal und vertikal im Layout-Container.
`layout_centerVertical`	Zentriert das Element vertikal im Layout-Container.

***Tabelle 5.5:** Spezifische RelativeLayout-Layoutparameter zur Positionierung am Rand der RelativeLayout-View*

Layoutparameter	Beschreibung
`layout_above`	Positioniert das Element über dem Bezugselement.
`layout_below`	Positioniert das Element unter dem Bezugselement.
`layout_toLeftOf`	Positioniert das Element links des Bezugselements.
`layout_toRightOf`	Positioniert das Element rechts des Bezugselements.

***Tabelle 5.6:** Spezifische RelativeLayout-Layoutparameter zur Positionierung an anderen UI-Elementen*

Layoutparameter	Beschreibung
`layout_alignParentBottom`	Richtet das Element am unteren Rand des Layout-Containers aus.
`layout_alignParentLeft`	Richtet das Element am linken Rand des Layout-Containers aus.
`layout_alignParentRight`	Richtet das Element am rechten Rand des Layout-Containers aus.
`layout_alignParentTop`	Richtet das Element am oberen Rand des Layout-Containers aus.
`layout_alignWithParentIfMissing`	Richtet das Element am Layout-Container aus, wenn die Ausrichtung an einem Bezugselement scheitert.

***Tabelle 5.7:** Spezifische RelativeLayout-Layoutparameter zur Ausrichtung am Rand der RelativeLayout-View*

Layoutparameter	Beschreibung
`layout_alignBaseline`	Richtet die Grundlinie des Elements an der Grundlinie des Bezugselements aus.
`layout_alignBottom`	Richtet den unteren Rand des Elements am unteren Rand des Bezugselements aus.
`layout_alignLeft`	Richtet den linken Rand des Elements am linken Rand des Bezugselements aus.
`layout_alignRight`	Richtet den rechten Rand des Elements am rechten Rand des Bezugselements aus.
`layout_alignTop`	Richtet den oberen Rand des Elements am oberen Rand des Bezugselements aus.

***Tabelle 5.8:** Spezifische RelativeLayout-Layoutparameter zur Ausrichtung an anderen UI-Elementen*

Achtung Die relative Positionierung oder Ausrichtung an Bezugselementen setzt voraus, dass diese über eine ID verfügen.

TableLayout – die Tabelle

`TableLayout` ordnet die in ihm eingebetteten Elemente in Zeilen (Rows) und Spalten (Columns) an. Zeilen werden als `TableRow`-Elemente erzeugt, die Spalten werden durch die Anzahl der Zellen in den Zeilen definiert:

```
<?xml version="1.0" encoding="utf-8"?>
<TableLayout
  xmlns:android="http://schemas.android.com/apk/res/android"
  android:orientation="vertical"
  android:layout_width="match_parent"
  android:layout_height="match_parent"
  android:padding="10dp">
  <TableRow
    android:id="@+id/tableRow1"
    android:layout_width="match_parent"
    android:layout_height="wrap_content">
    <Button
      android:text="Button 1_1"
      android:layout_height="wrap_content"
      android:layout_width="150dp"></Button>
    <Button
      android:text="Button 1_2"
      android:layout_height="wrap_content"
      android:layout_width="150dp"></Button>
  </TableRow>
  <TableRow
    android:id="@+id/tableRow2"
    android:layout_width="match_parent"
    android:layout_height="wrap_content">
    <Button
      android:text="Button 2_1"
      android:layout_height="wrap_content"
      android:layout_width="150dp"></Button>
    <Button
      android:text="Button 2_2"
      android:layout_height="wrap_content"
      android:layout_width="150dp"></Button>
  </TableRow>
</TableLayout>
```

Listing 5.1: TableLayout mit zwei Zeilen und zwei Spalten

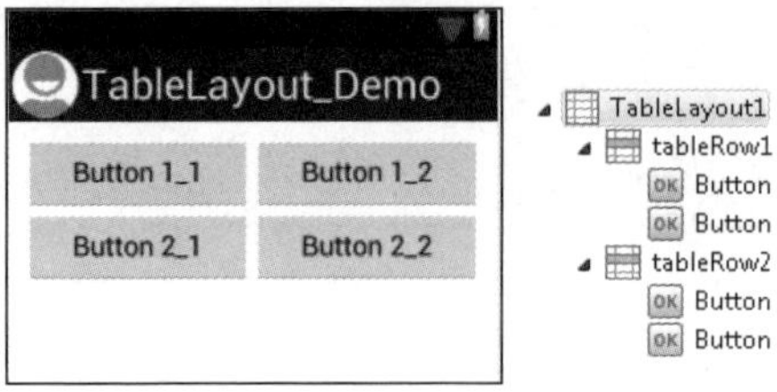

Abbildung 5.13: Das TableLayout zu Listing 5.1

`TableLayout` definiert keine eigenen spezifischen Layoutparameter, ist aber von der Klasse `LinearLayout` abgeleitet und verwendet daher neben den Layoutparametern für Breite, Höhe und Abstand auch die Layoutparameter `layout_gravity` und `layout_weight`.

GridLayout – der Ordentliche

Erzeugt ein Gitter-Layout. Die Anzahl der gewünschten Spalten (Columns) und Zeilen (Rows) geben Sie über die Layoutparameter `columnCount` und `rowCount` an.

```
<GridLayout ...
    android:layout_width="wrap_content"
    android:layout_height="match_parent"
    android:layout_gravity="center"
    android:columnCount="3"
    android:rowCount="3" >
```

Die eingebetteten UI-Elemente ordnen Sie über die Attribute `layout_column` und `layout_row` zu:

```
    <Button
        android:id="@+id/button1"
        android:layout_column="0"
        android:layout_row="0"
        android:text="1" />

    <Button
        android:id="@+id/button2"
        android:layout_column="1"
        android:layout_row="0"
        android:text="2" />
```

Die Spalten- (bzw. Zeilenbreite) wird bei der Einstellung `"wrap_content"` an den Inhalt der breitesten (höchsten) Zellen angepasst. Soll sich ein UI-Element stattdessen über mehrere Spalten (Zeilen) ausbreiten, geben Sie neben der gewünschten Breite (Höhe) auch noch mittels des Attributs `layout_columnSpan` (bzw. `layout_rowSpan`) an, über wie viele Spalten (Zeilen) sich das Element ausdehnen soll:

```
<GridLayout ...
    android:layout_width="wrap_content"
    android:layout_height="match_parent"
    android:layout_gravity="center"
    android:columnCount="3"
    android:rowCount="3" >
```

```
<Button
    android:id="@+id/button1"
    android:width="150dp"
    android:layout_columnSpan="1"
    android:layout_column="0"
    android:layout_row="0"
    android:text="1" />
```

Aufsteiger Abstände zwischen den eingebetteten Elementen können Sie über die Margin-Einstellungen oder durch Einbettung von Space-Elementen erzeugen.

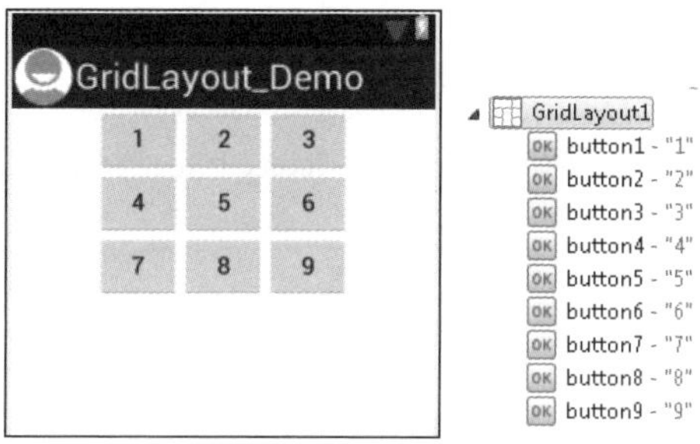

Abbildung 5.14: Das GridLayout

GridView – die UI-Galerie

GridView ordnet UI-Elemente wie z.B. Bilder (ImageView-Elemente), Buttons oder Ähnliches in einer Galerie an, mit freiem Bildlauf in beide Richtungen. Die Anzahl der Spalten in der Galerie wird fest vorgegeben; die Anzahl der Zeilen ergibt sich automatisch aus der Anzahl der eingebetteten Bilder.

Die Einbettung der Elemente ist im Übrigen der einzig schwierige Part bei der Erstellung einer GridView, denn er verlangt die Implementierung einer passenden Adapter-Klasse. Da es sich bei GridView um ein relativ spezielles Layout handelt, ersparen wir uns hier eine ausführliche Beschreibung und heben uns diese für Kapitel 20.4 auf.

Abbildung 5.15: Beispiel für ein GridView-Layout (siehe auch Kapitel 20.4)

Zur Konfiguration der GridView stehen folgende XML-Attribute zur Verfügung:

Attribut	Beschreibung
`columnWidth`	Die Spaltenbreite. Der Wert wird fest vorgegeben, üblicherweise in dp-Einheiten.
`gravity`	Wert, der angibt, wie ein Element in seiner Zelle verankert werden soll. Mögliche Werte sind: `top`, `bottom`, `left`, `right`, `center_vertical`, `fill_vertical`, `center_horizontal`, `fill_horizontal`, `center`, `fill`, `clip_vertical` und `clip_horizontal`.
`horizontalSpacing`	Horizontaler Abstand zwischen den Zellen
`numColumns`	Vorgegebene Anzahl Spalten. Ein ganzzahliger Wert oder `auto_fit`. Im letzteren Fall wird die Breite des Touchscreens ganz ausgenutzt.
`stretchMode`	Regel, die angibt, wie Spalten etwaigen Leerraum nutzen können. Mögliche Werte sind: `none` – Leerraum wird nicht genutzt `spacingWidth` – der Abstand zwischen den Zellen wird vergrößert `columnWidth` – die Spaltenbreite wird vergrößert `spacingWidthUniform` – Spaltenbreite und Zwischenabstände werden beide vergrößert
`verticalSpacing`	Vertikaler Abstand zwischen den Zellen

Tabelle 5.9: GridView-Attribute

Hinweis GridView definiert keine spezifischen Layoutparameter.

FrameLayout – der Platzhalter

`FrameLayout` besitzt keine spezifischen Layoutparameter und ist nicht mehr als ein Platzhalter für View-Elemente, die zur Laufzeit ein- oder ausgeblendet werden.

Sie können mehrere Elemente einfügen, die allerdings übereinander angeordnet werden (ausgerichtet an der oberen rechten Ecke) und sich somit, sollten sie gleichzeitig angezeigt werden, verdecken.

Mit FrameLayout können Sie z.B.

- über ein View-Element ein weiteres Element stapeln (das dann allerdings kleiner oder teilweise transparent sein sollte, damit das darunterliegende Element noch zu sehen ist.
- zur Laufzeit das angezeigte Element wechseln (das anzuzeigende Element erhält das Attribut `android:visbility="visible"`, die anderen eingebetteten Elemente `android:visibility="invisible"`) – wobei der Platz, den das `FrameLayout` freihält, sich immer nach dem größten (!) eingebetteten Element richtet, auch wenn gerade ein kleineres Element sichtbar ist. Zur Laufzeit kann die Sichtbarkeit eines View-Elements mithilfe der Methode `setVisibility()` geändert werden.
- Registerseiten-Layouts erzeugen.

Aufsteiger Bei Ausführung auf Ihrem Android-Gerät ist der Haupt-View Ihrer Activities immer ein Frame-Layout übergeordnet.

AbsoluteLayout – der Unerwünschte

Einziger Layout-Container in dem Sie die eingebetteten UI-Elemente frei positionieren können (durch Angabe der x,y-Koordinaten der linken oberen Ecke, z.B. über die Layoutparameter `layout_x` und `layout_y`). Vom Gebrauch dieser Layout-View wird allerdings abgeraten, da die so erzeugten Layouts sich nicht an unterschiedliche Touchscreen-Formate der Endgeräte anpassen können. Auf eine ausführlichere Beschreibung wird daher verzichtet.

5.3.3 Hintergrundfarbe (oder -bild)

Im Abschnitt »Attribute« aus 5.2 konnten Sie bereits lesen, dass die Hintergrundfarbe jeder beliebigen View über das Attribut `background` eingestellt werden kann. Um die Hintergrundfarbe einer Bildschirmseite festzulegen, brauchen Sie folglich lediglich die `background`-Eigenschaft der obersten Layout-View zu bearbeiten:

```
<?xml version="1.0" encoding="utf-8"?>
<LinearLayout
   xmlns:android="http://schemas.android.com/apk/res/android"
   android:orientation="vertical"
   android:layout_width="match_parent"
   android:layout_height="match_parent"
   android:gravity="center"
   android:background="#ff0000">
   ...
</LinearLayout>
```

Farben

Farben werden in Android als eine Kombination ihrer Rot-, Grün- und Blauanteile definiert. Jeder Farbanteil kann dabei einen hexadezimalen Wert zwischen 00 (=0) und ff (=255) annehmen. Den Zahlenwerten muss das Zeichen # vorangestellt sein.

```
#ffffff     // Weiß
#000000     // Schwarz
#ff0000     // Rot
#ff00ff     // Mischung aus Rot und Blau: Rosa
#09ff77     // leuchtend Hellgrün
```

Grauwerte zwischen Weiß und Schwarz erzeugen Sie, indem Sie allen drei Farbanteilen den gleichen Wert zuweisen:

```
#555555     // Dunkelgrau
#AAAAAA     // Hellgrau
```

Transparente Farben erzeugen Sie, indem Sie vor den RGB-Anteilen noch einen Wert für den Alpha-Kanal übergeben. Dieser Wert muss ebenfalls zwischen 00 (=0) und ff (=255) liegen. Ein Wert von 00 steht dabei für 100%-ige Transparenz.

```
#55ffffff     // transparentes Weiß (= Aufhellung)
#00ffffff     // transparent
```

RGB-Farben

Die RGB-Codierung beruht auf dem Effekt, dass man durch Variation der Farbintensitäten für die drei Lichtfarben Rot, Grün und Blau sämtliche Farben mischen kann. Werden beispielsweise rotes, grünes und blaues Licht in voller Intensität ausgestrahlt, erhält man Weiß. Ist die Intensität aller drei Farben gleich null (d.h., es wird kein Licht ausgestrahlt), erhält man Schwarz.

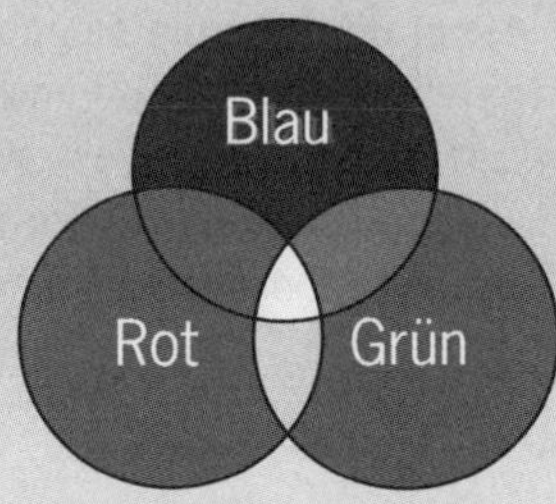

Abbildung 5.16: Das RGB-Farbmodell

Hintergrundbilder

Statt einer Farbe können Sie auch ein Bild als Hintergrund wählen. Der Weg führt ebenfalls über das Attribut `background`, ist aber etwas holpriger:

1. Bereiten Sie das Bild vor.

   Schneiden Sie das Bild mit einem geeigneten Grafikprogramm so zu, dass es ungefähr die Abmaße eines modernen Smartphones hat (z.B. 480 x 800).

   Speichern Sie es im Format PNG (wahlweise auch JPG, BMP oder GIF) und unter einem Namen, der nur Kleinbuchstaben und Ziffern enthält.

2. Nehmen Sie das Bild in Ihr Projekt auf.

   Kopieren Sie die Bilddatei in den Ordner *res/drawable-ldpi* des Projektverzeichnisses. (Mehr zur korrekten Auswahl des Ressourcenordners lesen Sie in Kapitel 6.)

   Wechseln Sie in Eclipse, klicken Sie mit der rechten Maustaste auf den Projektknoten und wählen Sie den Befehl REFRESH aus.

   Danach sollte die Bilddatei im Ordner *res/drawable-ldpi* aufgeführt werden.

3. Wählen Sie die Bilddatei als Hintergrund für die oberste Layout-View aus.

   Klicken Sie dazu mit der rechten Maustaste in den Hintergrund des Designers und rufen Sie den Befehl EDIT BACKGROUND auf.

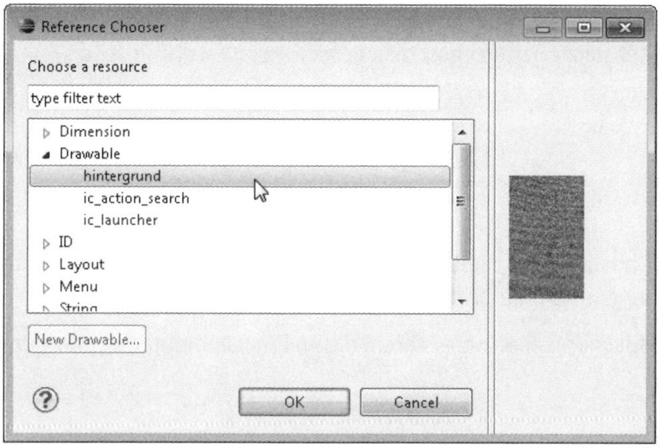

Abbildung 5.17: Eine Bildressource auswählen

4. Wählen Sie im Dialogfeld Reference Chooser die Bilddatei-Ressourcen aus und drücken Sie OK.

   Alternativ können Sie die Ressource auch über den XML-Code zuweisen:

   ```
   android:background="@drawable/hintergrund">
   ```

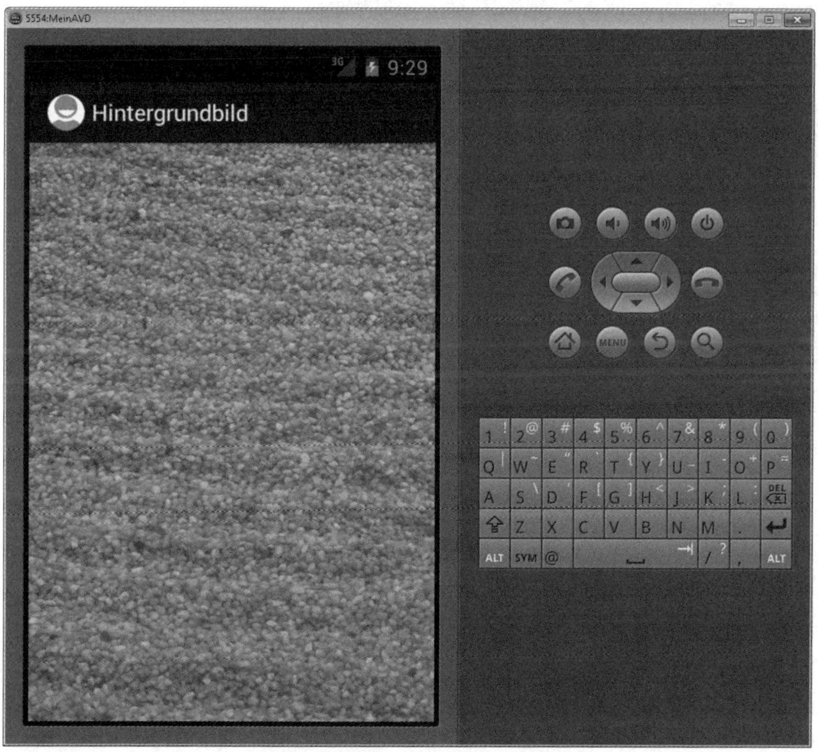

Abbildung 5.18: Die App mit dem Hintergrundbild im Emulator

> **Achtung** Zu große Bilder können zum Absturz einer App oder zum Scheitern der Installation auf dem Endgerät führen.

5.3.4 Hierarchy Viewer

Wir können das Thema Layout schlecht abschließen, ohne Ihnen noch schnell eines der Hilfsprogramme aus dem Android-SDK ans Herz zu legen: den *Hierarchy Viewer*.

Mit ihm können Sie die Hierarchie von Bildschirmseiten analysieren, die im Emulator angezeigt werden.

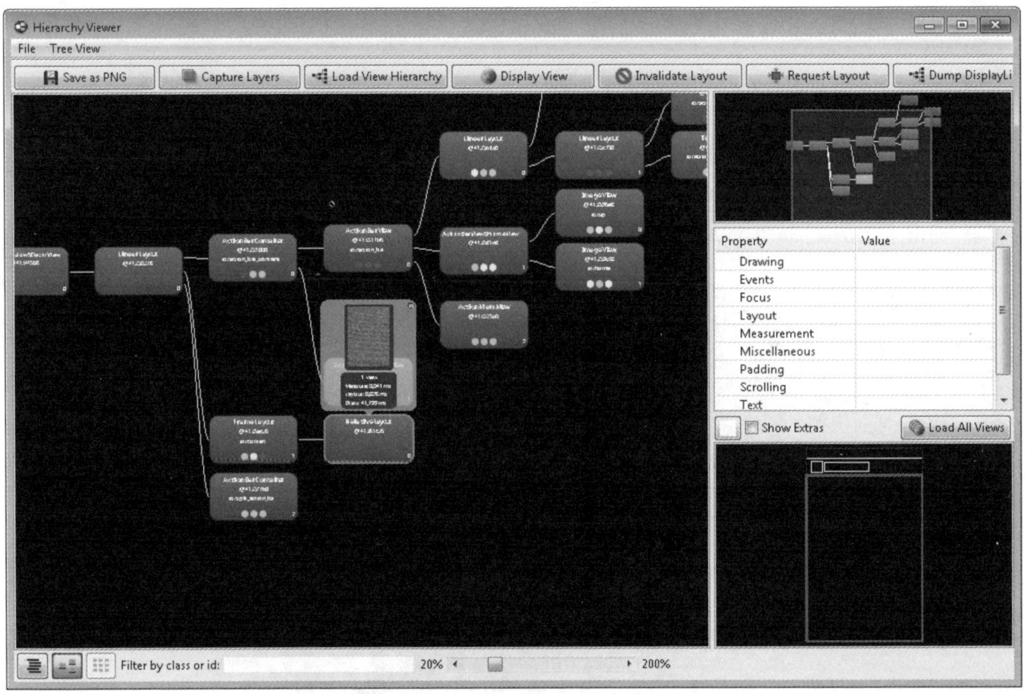

Abbildung 5.19: Analyse einer Bildschirmseite im Hierarchy Viewer

1. Führen Sie zunächst die Activity mit der zu analysierenden Bildschirmseite im Emulator aus.

   Achten Sie darauf, dass die Bildschirmseite im Emulator zu sehen ist, und klicken Sie zur Sicherheit noch einmal in die Seite, damit diese den Fokus erhält.

2. Starten Sie den Hierarchy Viewer, indem Sie die Datei *hierarchyviewer.bat* aus dem *tools*-Verzeichnis Ihrer Android-SDK-Installation starten.

3. Klicken Sie im Hierarchy Viewer auf den Eintrag für die Activity der zu untersuchenden Bildschirmseite und anschließend auf die Schaltfläche LOAD VIEW HIERARCHY.

   Nach einer kurzen Weile erscheint die View-Hierarchie.

Die Anzeige links zeigt die Hierarchie. Sie können die Anzeige mithilfe der Zoomleiste im unteren Rand vergrößern oder verkleinern, oder durch Ziehen mit der Maus den angezeigten Ausschnitt verändern.

Wenn Sie auf einen der View-Kästen klicken, werden in der Tabelle rechts die Werte ausgesuchter Properties der View angezeigt. Darunter sehen Sie eine Umrissskizze der Bildschirmseite, in der die jeweils ausgewählte View dick rot umrandet ist.

> **Aufsteiger** Wie Sie unschwer erkennen können, bildet die oberste Layout-View Ihrer Bildschirmseite nicht die Wurzel des View-Stammbaums. Sie findet sich vielmehr immer unter einem der beiden Frame-Layouts.

5.4 Widgets

Trotz der großen Zahl an Widgets, die uns die Android-Bibliothek mittlerweile zur Verfügung stellt, sind die grundlegenden Schritte bei der Verwendung dieser Widgets fast immer die gleichen.

1. Sie fügen das Widget in das Layout der Bildschirmseite ein.

   Sie können im XML-Code ein XML-Element für das Widget aufsetzen oder im Designer das Widget mit der Maus aus der Toolbox links in die virtuelle Bildschirmseite ziehen (siehe auch Abschnitt 5.2).

2. Sie sorgen dafür, dass das Widget in seiner Layout-View korrekt positioniert wird.

   Dazu setzen Sie die von der Layout-View vorgegebenen Layoutparameter (siehe Abschnitt 5.3).

3. Sie konfigurieren das Widget.

   Jedes Widget verfügt über eine Vielzahl von Eigenschaften, über die es konfiguriert werden kann. Einige dieser Eigenschaften erbt es von seinen Basisklassen, wie z.B. `id`, `padding` oder `visibility` (siehe auch Tabelle 5.1). Andere Eigenschaften sind widget- oder widgetklassenspezifisch, wie z.B. `text`, `textColor` und `password` für Text-Views.

   Sie können diesen Eigenschaften über die zugehörigen XML-Attribute oder das PROPERTIES-Fenster im Designer Werte zuweisen (siehe Abschnitt 5.2).

4. Sie greifen gegebenenfalls zur Laufzeit auf das Widget zu, um es zu manipulieren oder Einstellungen des Anwenders abzufragen.

   Halten Sie in diesem Fall in der API-Dokumentation bzw. dem Info-Fenster des Editors nach passenden set- und get-Methoden Ausschau, z.B. `setText()` und `getText()` für den Zugriff auf den Text in einem Textfeld.

   Meist erfolgen solche Zugriffe auf Widgets im Code von Ereignisbehandlungsmethoden – Methoden, die dank eines zuvor eingerichteten Listeners (Lauschers) automatisch ausgeführt werden, wenn für das beobachtete Widget ein bestimmtes Ereignis eintritt (wie z.B. das Drücken eines Buttons). Ein Thema, dem wir uns in Kapitel 7 ausführlicher zuwenden werden.

> **Hinweis** Wenn Sie ganz unglücklich mit einem Widget sind, löschen Sie es, indem Sie sein XML-Element aus dem XML-Code löschen oder indem Sie es im Designer auswählen und [Entf] drücken.

Widget	Beschreibung
`Button` 	Button mit Titel (Schaltfläche), den der Anwender drücken kann, um eine Aktion auszulösen. Wichtige Eigenschaften: `text` – der Titel des Buttons Wichtige Ereignisse: `onClick` – wird ausgelöst, wenn der Button gedrückt wird.
`CheckBox` 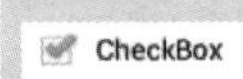	Kontrollkästchen, das der Anwender markieren kann. Wichtige Eigenschaften: `text` – der Titel des Kontrollkästchens `checked` – der Auswahlstatus des Kontrollkästchens Wichtige Ereignisse: `onClick` – wird ausgelöst, wenn das Kontrollkästchen gedrückt wird. Der Status des Kontrollkästchens kann dann mit der Methode `isChecked()` abgefragt werden, die `true` oder `false` zurückliefert.
`EditText` 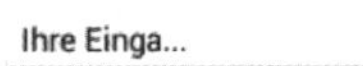	Eingabefeld, in das der Anwender einen Text eingeben kann. Wichtige Eigenschaften: `text` – ein vorgegebener Eingabetext (bleibt meist leer, sollte aber in XML-Code gesetzt werden: `android:text=""`) `minLines` – die (Mindest-)Höhe des Eingabefelds in Zeilen `inputType` – bestimmt das Verhalten des Eingabefelds; der Attributwert `text` erzeugt ein simples Texteingabefeld, die Kombination `text|textCapCharacters` erzeugt ein simples Texteingabefeld, das alle eingetippten Buchstaben groß schreibt; Standard ist ein Eingabefeld mit AutoComplete-Funktion. `password` – maskiert die Eingabe (interessant für die Abfrage von Passwörtern) Wichtige Ereignisse: `onKey` – wird ausgelöst, wenn der Anwender eine Eingabetaste drückt. Meist werden Sie in der Ereignisbehandlungsmethode abfragen, ob die gedrückte Taste die [↵]-Taste war, und dann den eingegebenen Text mit `getText()` abfragen.
`ImageButton` 	Symbol-Button (Symbolschaltfläche), den der Anwender drücken kann, um eine Aktion auszulösen. Wichtige Eigenschaften: `src` – die anzuzeigende Bildressource `contentDescription` – Textbeschreibung des angezeigten Bildes Wichtige Ereignisse: `onClick` – wird ausgelöst, wenn der Button gedrückt wird.

Widget	Beschreibung
`ImageView` 	Zum Anzeigen von Bildern. Kann auch als Zeichenfläche verwendet werden. Wichtige Eigenschaften: `src` – die anzuzeigende Bildressource `scaleType` – Regel, nach der das geladene Bild in das Widget eingepasst wird. Mögliche Werte sind u.a. `fitXY` (Widget füllen), `fitCenter` (skaliert zentrieren, aber Seitenverhältnis beibehalten), `fitStart` (Breite oder Höhe füllen und linksbündig anzeigen) oder `center` (unskaliert zentrieren). `contentDescription` – Textbeschreibung des angezeigten Bildes Achtung! Zu große Bilder können eine App zum Absturz bringen.
`ProgressBar` 	Fortschrittsanzeige, die dem Anwender anzeigt, dass eine länger andauernde Aktion durchgeführt wird. Wichtige Eigenschaften: `style` – Stil der Fortschrittsanzeige, z.B. `"@android:style/Widget.ProgressBar.Horizontal"` für eine horizontale Fortschrittsanzeige (Voreinstellung ist eine kreisförmige Fortschrittsanzeige). `max` – Maximaler Fortschrittswert. Der Fortschritt wird in Stufen von 0 bis `max` angezeigt. `progress` – angezeigter Fortschrittswert
`RadioButton` 	Optionsfeld, das der Anwender drücken kann, um es auszuwählen. Wichtige Eigenschaften: `text` – der Titel des Optionsfelds (üblicherweise die Option, die das Optionsfeld repräsentiert) `checked` – der Auswahlstatus des Optionsfelds Wichtige Ereignisse: `onClick` – wird ausgelöst, wenn das Optionsfeld gedrückt wird. Der Status des Optionsfelds kann dann mit der Methode `isChecked()` abgefragt werden, die `true` oder `false` zurückliefert. Hinweis: Zusammengehörige Optionsfelder werden üblicherweise in einer RadioGroup-Viewgroup gruppiert. Auf diese Weise ist sichergestellt, dass der Anwender immer nur eines der Optionsfelder gleichzeitig auswählen kann. (Für Gruppen von sich nicht gegenseitig ausschließenden Optionen gibt es die Kontrollkästchen.)
`RadioGroup` 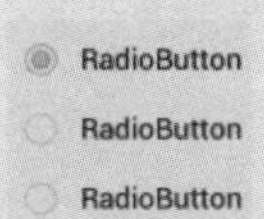	Viewgroup, die zum logischen und optischen Gruppieren von Optionsfeldern verwendet wird. Wichtige Eigenschaften: `checkedButton` – die ID des ausgewählten Optionsfelds (funktioniert nur, wenn Sie für kein eingebettetes Optionsfeld das Attribut `checked` auf `true` setzen) `orientation` – Regel für die Anordnung der eingebetteten Optionsfelder (`horizontal` oder `vertical`)

Widget	Beschreibung
`Spinner` 	Ein dem Listenfeld verwandtes Widget. Wird es »aufgeklappt«, erscheint ein Listendialog zum Auswählen des gewünschten Elements. Wichtige Eigenschaften: `prompt` – der Titel des aufspringenden Dialogs Wichtige Ereignisse: `onItemSelected` – wird ausgelöst, wenn ein Element ausgewählt wird.
`Switch` 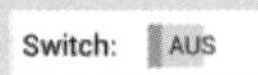	Ein Kippschalter. Wichtige Eigenschaften: `text` – der Titel des Schalters `textOff` – der Titel für die AUS-Stellung `textOn` – der Titel für die AN-Stellung `checked` – der Zustand des Schalters Wichtige Ereignisse: `onTouch` – wird ausgelöst, wenn der Schalter gekippt wird.

`TextView` 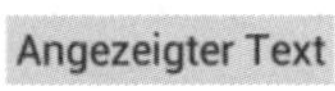	Text-Anzeigefeld, das sowohl für statischen Text als auch für Textausgaben verwendet werden kann.
	Wichtige Eigenschaften:
	`text` – der Titel des Textfelds
	`textSize` – die Schriftgröße
	`textStyle` – Schriftschnitt: `italic` (kursiv), `bold` (fett) oder `normal`
	`typeface` – Schriftfamilie: `sans` (ohne Serifen (Schnörkel)), `serif` (mit Serifen), `monospace` (gleichbreite Buchstaben) oder `normal`

`ToggleButton` 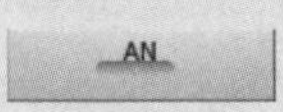	Button (Schaltfläche), der zwischen den beiden Zuständen »gedrückt« und »nicht gedrückt« hin und her wechselt. Wichtige Eigenschaften: `textOn` – Titel, der angezeigt wird, wenn der Button gedrückt ist `textOff` – Titel, der angezeigt wird, wenn der Button nicht gedrückt ist `checked` – der Zustand des Buttons Wichtige Ereignisse: `onClick` – wird ausgelöst, wenn der Button gedrückt wird.
`WebView`	Browser-Ansicht. Zum Laden und Anzeigen einer Website verwenden Sie die Methode `loadURL()`. Beachten Sie auch, dass Sie in der Manifestdatei die Berechtigung (Permission) `"android.permission.INTERNET"` setzen müssen, um Zugang zum Internet zu haben.

Tabelle 5.10: Die wichtigsten und am häufigsten benötigten Widgets auf einen Blick

Hinweis Einige der hier aufgeführten Widgets werden Sie im Zuge dieses Buches noch genauer kennenlernen.

5.5 Praxisbeispiel: eine Quiz-Oberfläche

Grau ist alle Theorie. Versuchen wir also einmal, unsere theoretischen Kenntnisse in ein echtes, funktionales Layout umzusetzen.

Ziel soll es sein, eine Bildschirmseite für eine Quiz-App aufzubauen. Das Quiz soll aus einer Folge von acht Fragen bestehen, die nacheinander eingeblendet werden. Zu jeder Frage sollen dem Spieler vier Lösungen präsentiert werden, die er durch Drücken auswählen kann. Als letztes UI-Element wird eine Anzeige benötigt, an der der Spieler ablesen kann, welche Gewinnstufe er erreicht hat.

Unser erster Entwurf besteht aus einer TextView für die Frage, einem TableLayout mit vier Button-Elementen für die Antworten und einer horizontalen Fortschrittsanzeige für den Spielstand.

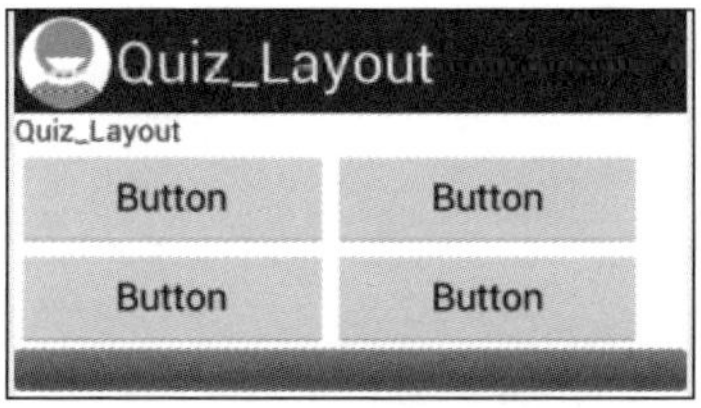

Abbildung 5.20: Der Quiz-Bildschirm (1. Entwurf)

```
<?xml version="1.0" encoding="utf-8"?>
<LinearLayout
   xmlns:android="http://schemas.android.com/apk/res/android"
   android:layout_width="match_parent"
   android:layout_height="match_parent"
   android:orientation="vertical">
   <TextView
      android:id="@+id/frage"
      android:layout_width="match_parent"
      android:layout_height="wrap_content"
      android:text="@string/app_name"></TextView>
   <TableLayout
      android:layout_width="wrap_content"
      android:layout_height="wrap_content">
      <TableRow
         android:layout_width="match_parent"
         android:layout_height="wrap_content">
         <Button
            android:id="@+id/antwort1"
            android:layout_width="150dp"
            android:layout_height="wrap_content"
            android:text="Button"></Button>
         <Button
            android:id="@+id/antwort2"
            android:layout_width="150dp"
            android:layout_height="wrap_content"
            android:text="Button"></Button>
      </TableRow>
```

```
        <TableRow
            android:layout_width="match_parent"
            android:layout_height="wrap_content">
            <Button
                android:id="@+id/antwort3"
                android:layout_width="150dp"
                android:layout_height="wrap_content"
                android:text="Button"></Button>
            <Button
                android:id="@+id/antwort4"
                android:layout_width="150dp"
                android:layout_height="wrap_content"
                android:text="Button"></Button>
        </TableRow>
    </TableLayout>

    <ProgressBar
            android:id="@+id/progressBar1"
            android:layout_width="match_parent"
            android:layout_height="wrap_content"
            style="@android:style/Widget.ProgressBar.Horizontal"
            android:max="8"
            android:progress="0"></ProgressBar>

</LinearLayout>
```

Für View-Elemente, auf die später vom Code aus zugegriffen werden muss, um das betreffende Element zu aktualisieren (beispielsweise um in dem TextView-Element die nächste Frage einzublenden), haben wir bereits eindeutige IDs vergeben.

Die Breiten der Schaltflächen haben wir fest vorgegeben (150dp) und die Fortschrittsanzeige wurde in acht Stufen aufgeteilt (Attribut `max`) und aktuell auf Stufe 0 eingestellt (Attribut `progress`).

> **Hinweis** Wenn Strings wie hier direkt an ein Attribut eines View-Elements zugewiesen werden (`<Button android:text="Button"> ...`), erzeugt der Compiler üblicherweise ein Warnung, die Sie darauf hinweist, dass es besser wäre, den String in einer String-Ressource zu verwalten und dann diese zuzuweisen. Da die direkte Zuweisung aber im Grunde kein Fehler und uns die Arbeit mit Ressourcen noch eher fremd ist, belassen wir es einfach bei der direkten Zuweisung und ignorieren die Warnung.

Zentrierung, Abstände und Größen

Um das Layout etwas aufzulockern, verändern wir jetzt die Höhen einiger Elemente und sehen noch Zwischenabstände vor.

Zunächst sorgen wir dafür, dass alle Elemente, die nicht die gesamte Breite der obersten Layout-View einnehmen, in dieser horizontal zentriert werden. Diese Einstellung betrifft vor allem die Tabelle mit den Buttons. Außerdem rücken wir alle eingebetteten Elemente ein wenig von den Seitenrändern ab.

```
<LinearLayout
   xmlns:android="http://schemas.android.com/apk/res/android"
   android:layout_width="match_parent"
   android:layout_height="match_parent"
   android:orientation="vertical"
   android:gravity="center_horizontal"
   android:padding="10dp">
```

Fragetexte können schon einmal etwas länger geraten. Es ist also damit zu rechnen, dass der Fragetext über zwei Zeilen geht. Dies ist nicht weiter tragisch, da die Einstellung `wrap_content` die Höhe des TextView-Elements automatisch anpasst. Allerdings verschieben sich die nachfolgenden UI-Elemente dann bei jedem Wechsel von einer einzeiligen zu einer zweizeiligen Frage und zurück nach unten bzw. oben. Um dies zu verhindern, geben wir eine Höhe vor, die für zwei Zeilen ausreicht. Außerdem fügen wir nach unten noch einen kleinen Zwischenabstand ein und wählen für den Titel Fettschrift aus.

```
<TextView
   android:id="@+id/frage"
   android:layout_width="match_parent"
   android:layout_height="40sp"
   android:layout_marginBottom="5dp"
   android:text="@string/app_name"
   android:textStyle="bold"></TextView>
```

Die Antwort-Buttons können so bleiben, aber die Fortschrittsanzeige sollten wir noch etwas höher machen:

```
<ProgressBar
      android:id="@+id/progressBar1"
      android:layout_width="match_parent"
      android:layout_height="60dp"
      ...></ProgressBar>
```

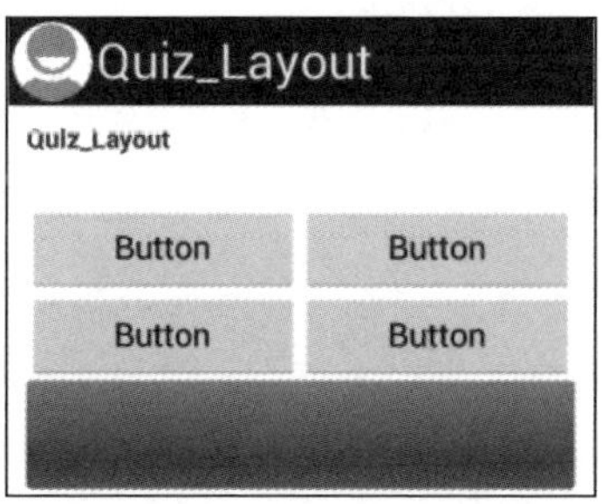

Abbildung 5.21: Der Quiz-Bildschirm (2. Entwurf)

Ein Titel für die Fortschrittsanzeige

Jetzt stört eigentlich nur noch, dass bei Programmstart die Fortschrittsanzeige so leer und nutzlos aussieht, dass sich der Spieler vermutlich fragt, wozu dieses Element überhaupt dient. Ein aufklärender Titel, wie z.B. »Erreichter Spielstand« wäre hier hilfreich, doch das ProgressBar-Element besitzt keinen Titel.

Natürlich könnten wir der Fortschrittsanzeige ein TextView-Element voranstellen, doch dies würde unser aktuelles Design verändern, das uns, so wie es derzeit ist, eigentlich ganz gut gefällt.

Also blenden wir mit einem Trick einen Titel über der Fortschrittsanzeige ein. Zuerst betten wir die Fortschrittsanzeige in ein FrameLayout ein. Dann fügen wir in dieses FrameLayout als zweites Element eine TextView ein. Das FrameLayout zeigt die TextView daraufhin automatisch über der Fortschrittsanzeige an, was genau in unserem Sinne ist – zumal TextView-Elemente transparent sind (mit Ausnahme des Textes natürlich).

Alles was wir noch tun müssen, ist dafür zu sorgen, dass der TextView-Titel zentriert über der Fortschrittsanzeige erscheint. Dazu stellen wir das FrameLayout so ein, dass es seine Höhe an sein größtes Element (hier die Fortschrittsanzeige) anpasst (`layout_height="wrap_content"`), geben die Höhe der Fortschrittsanzeige fest vor (`layout_height="60dp"`, siehe vorangehenden Schritt) und zentrieren die TextView in der Horizontalen (`layout_gravity="center"`).

Zu guter Letzt stellen wir für die Textfarbe der TextView noch ein dunkles Grau ein, damit der Titel dezent im Hintergrund bleibt.

```
   <FrameLayout
      android:layout_width="match_parent"
      android:layout_height="wrap_content">
      <ProgressBar
         android:id="@+id/progressBar1"
         android:layout_width="match_parent"
         android:layout_height="60dp"
         style="@android:style/Widget.ProgressBar.Horizontal"
         android:max="8"
         android:progress="0"></ProgressBar>
      <TextView
         android:id="@+id/textView2"
         android:layout_width="wrap_content"
         android:layout_height="wrap_content"
         android:text="Erreichter Spielstand"
         android:layout_gravity="center"
         android:textColor="#AAAAAA"></TextView>
   </FrameLayout>
</LinearLayout>
```

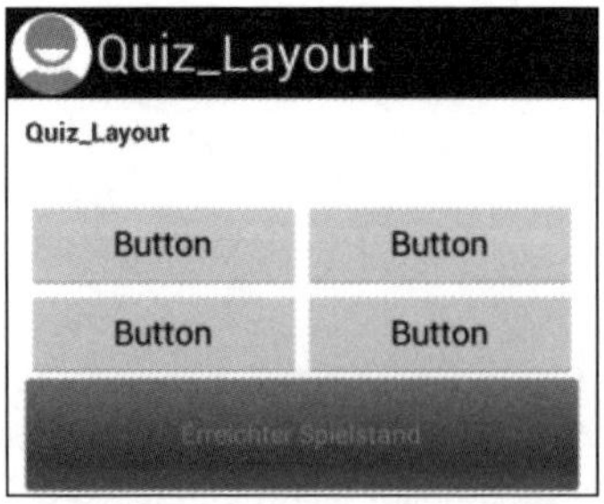

Abbildung 5.22: Der fertige Quiz-Bildschirm

5.6 Hoch- und Querformat

Wie sieht der oben erstellte Quiz-Bildschirm wohl aus, wenn der Anwender sein Smartphone um 90 Grad dreht – also von Hoch- zu Querformat wechselt.

Sie können dies ganz einfach im Designer testen. Klicken Sie einfach im oberen Rand auf das dritte Listenfeld (FLIP ORIENTATION) und wählen Sie den Eintrag LANDSCAPE.

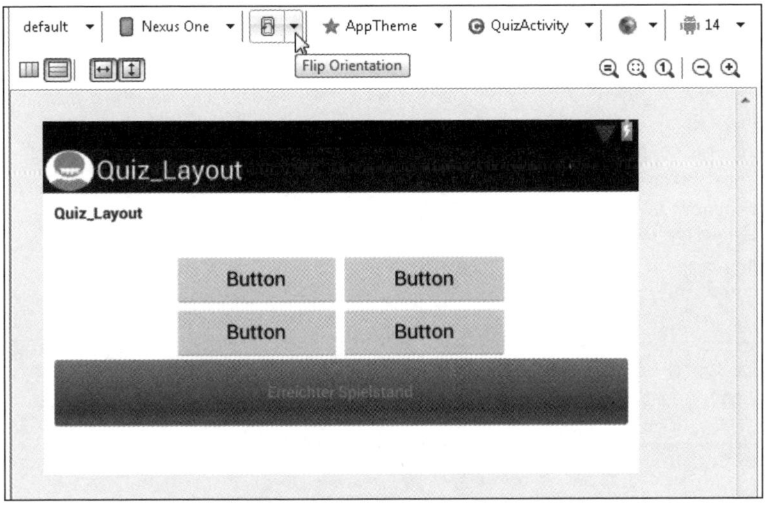

Abbildung 5.23: Überprüfung des Bildschirmdesigns im Querformat

Wie zu erwarten, füllen die TextView für die Frage und die Fortschrittsanzeige die neue Breite komplett aus, während die Button-Tabelle zentriert bleibt.

Grundsätzlich könnte dies so bleiben. Aber wäre es nicht schöner, wenn die Elemente im Querformat etwas weiter von den Rändern eingerückt wären?

Um dies zu erreichen, müssen Sie ein alternatives Layout für das Querformat (englisch »landscape«) vorsehen.

1. Legen Sie unter dem Ordner *res* einen Unterordner *layout-land* an.

   Sie können dies direkt von Eclipse aus erledigen, indem Sie im Package Explorer mit der rechten Maustaste auf den Ordner *res* klicken und im Kontextmenü den Befehl NEW/FOLDER auswählen.

Hinweis Der Name *layout-land* ist nicht von uns ausgedacht, sondern von Android für spezielle Querformat-Layouts fest vorgegeben (siehe auch Kapitel 6.3).

2. Kopieren Sie die Datei *activity_quiz.xml* aus dem Ordner *layout* in den Ordner *layout-land*.

   Sie können dies ebenfalls direkt von Eclipse aus erledigen, indem Sie im Package Explorer im Ordner *res/layout* auf den Knoten der Datei *activity_quiz.xml* klicken und die Tastenkombination Strg+C drücken. Danach klicken Sie auf den Ordner *res/layout-land* und drücken Strg+V.

3. Laden Sie die Layoutdatei *activity_quiz.xml* aus dem Ordner *layout-land* in den Editor und bearbeiten Sie sie.

   Für unser Beispiel genügt es, den Padding-Wert für die oberste Layout-View auf 40dp heraufzusetzen:

```
<LinearLayout
   xmlns:android="..."
   android:layout_width="match_parent"
   android:layout_height="match_parent"
   android:orientation="vertical"
   android:gravity="center_horizontal"
   android:padding="40dp">
```

> **Hinweis** Wenn Sie das Querformat-Layout im Emulator testen möchten, führen Sie die App wie gewohnt im Emulator aus und drücken Sie dann die Tastenkombination Strg+F12, um die Orientierung zu ändern.

Abbildung 5.24: Das angepasste Landscape-Layout im Emulator

5.7 App-Symbol

Jedes App-Projekt, das Sie neu beginnen, wird automatisch mit einem App-Symbol (*Launcher-Icon*) ausgestattet, über das der Anwender die App vom Startmenü aus aufrufen kann.

Wichtig ist, dass das App-Symbol in unterschiedlichen Größen vorliegt, um auf den unterschiedlichen Bildschirmdichten der Android-Endgeräte möglichst optimal dargestellt zu werden.

Bildschirmdichte	Pixel-Abmaße für das App-Symbol
Geringe Dichte (ldpi = 120 dpi)	36 x 36
Mittlere Dichte (mdpi = 160 dpi)	48 x 48
Hohe Dichte (hdpi = 240 dpi)	72 x 72
Extra hohe Dichte (xhdpi = 320 dpi)	96 x 96

Tabelle 5.11: Bildschirmdichten und Symbolgrößen

Erstellen Sie nacheinander die vier benötigten PNG-Dateien und speichern Sie diese z.B. als *ic_launcher.png* in den Ordnern *drawable-ldpi*, *drawable-mdpi*, *drawable-hdpi* und *drawable-xhdpi*.

Hinweis Nach dem oben beschriebenen Verfahren überschreiben Sie einfach das Standardsymbol des App-Projekts. Wenn Sie lieber einen anderen Namen für das App-Symbol verwenden möchten, müssen Sie dies Android über die Manifestdatei mitteilen.

Hinweis App-Symbole sollten möglichst einen transparenten Hintergrund haben. Mehr Informationen und Tipps zur Erstellung optimaler App-Symbole (Launcher-Icons) finden Sie in der Android-Dokumentation unter *http://developer.android.com/guide/practices/ui_guidelines/icon_design.html.*

5.8 Views im Code verwenden

Wir beenden dieses doch sehr umfangreich gewordene Kapitel mit einer kurzen Übersicht der Syntaxformen, mit denen Sie im Code auf Ihre Layout- und UI-Ressourcen zugreifen können.

5.8.1 Layouts laden

Wie Sie die Benutzeroberfläche einer Activity auf Basis einer Layoutdatei erstellen, ist Ihnen bereits aus unserem allerersten Beispiel bekannt. Sie nehmen einfach die Ressourcen-ID der Layoutdatei und übergeben diese an die Methode `setContentView()`:

```
public class Demo extends Activity {
    public void onCreate(Bundle savedInstanceState) {
        super.onCreate(savedInstanceState);
        setContentView(R.layout.activity_quiz);
    }
}
```

Die Ressourcen-IDs werden automatisch generiert und in der Datei *R.java* in statischen Konstanten gespeichert. Für Layoutdateien sind diese Konstanten in der inneren Klasse `R.layout` definiert und tragen den gleichen Namen wie die zugehörige Layoutdatei.

```
public final class R {
    // ...
    public static final class layout {
        public static final int activity_quiz=0x7f030000;
    }
    // ...
}
```

Achtung Nicht vergessen! Die Datei *R.java* wird vom Android-Plugin erzeugt und verwaltet. Wenn Sie sie aktualisieren möchten, lassen Sie das Projekt neu erstellen.

5.8.2 Zugriff auf UI-Elemente

Um vom Code aus auf ein UI-Element zugreifen zu können, das in einer XML-Layoutdatei definiert ist, benötigen Sie die Ressourcen-ID des UI-Elements.

Ressourcen-IDs

Bevor Sie also auf ein UI-Element zugreifen, sollten Sie die zugehörige Layoutdatei in den Editor laden und nachsehen, wie die ID des UI-Elements lautet.

```
<LinearLayout
   xmlns:android="http://schemas.android.com/apk/res/android"
   android:layout_width="match_parent"
   android:layout_height="match_parent">
   <TextView
      android:id="@+id/textView1"
      android:text="Hallo"
      android:layout_width="wrap_content"
      android:layout_height="wrap_content" />
</LinearLayout>
```

Listing 5.2: Layoutdatei mit einem TextView-Element, dem die ID textView1 zugewiesen wurde

Ressourcen-IDs werden über das Attribut `android:id` zugewiesen. Wenn Sie feststellen, dass das UI-Element, auf das Sie zugreifen möchten, noch keine ID besitzt, fügen Sie dem Element einfach das `android:id`-Attribut hinzu:

```
android:id="@+id/einName"
```

Den Namen können Sie weitgehend frei wählen, er sollte aber eindeutig sein. Über diesen Namen greifen Sie im Code auf die Ressourcen-ID zu.

Danach müssen Sie speichern und das Projekt neu erstellen lassen, damit im Zuge der Kompilierung die neue Ressourcen-ID in die Datei *R.java* eingetragen wird. Dort wird dann der von Ihnen gewählte Name mit dem eigentlichen Zahlenwert der ID verbunden.

Achtung Die Namen für Ressourcen-IDs unterliegen den üblichen Regeln für Bezeichner in Java-Code – sie dürfen also keine Sonderzeichen enthalten und müssen mit einem Buchstaben beginnen.

Zugriff mit findViewByID()

Vom Code einer Activity aus können Sie problemlos auf jedes UI-Element zugreifen, das zur Benutzeroberfläche der Activity gehört und über eine Ressourcen-ID verfügt.

Übergeben Sie einfach die Ressourcen-ID an die `Activity`-Methode `findViewById()`. Das Ergebnis ist ein Verweis vom Typ `View` auf das gefundene View-Element. Meist werden Sie diesen Verweis per Casting in den eigentlichen Typ des Objekts umwandeln und in einer passenden Objektvariablen speichern.

```
TextView ueberschrift = (TextView) findViewById(R.id.textView1);
```

Hier wird auf das UI-Element mit der Ressourcen-ID `R.id.textView1` zugegriffen. Da es sich bei dem UI-Element um eine TextView handelt, wird der Verweis in den Typ `TextView` umgewandelt und in einer `TextView`-Variablen gespeichert.

Anschließend können Sie über die Variable auf das UI-Element zugreifen und es manipulieren. Die einzelnen View-Klassen definieren für solche Zwecke unter anderem eine ganze Reihe von get- und set-Methoden, mit denen die Werte von Eigenschaften abgefragt oder gesetzt werden können.

```
// Der TextView einen neuen Text zuweisen
ueberschrift.setText("Willkommen");
```

Achtung Wenn die Methode `findViewByID()` kein Element mit der übergebenen Ressourcen-ID finden kann, liefert sie `null` zurück. Sie können sich also mit einem Test auf »ungleich null« davon überzeugen, dass das gewünschte UI-Element auch tatsächlich gefunden wurde:

```
TextView ueberschrift = (TextView) findViewById(R.id.textView1);

   if (ueberschrift != null) {
      ueberschrift.setText("Willkommen");
   }
```

5.9 Fragen und Antworten

1. Gibt es eine Möglichkeit, wie man die Warnung »Hardcoded string ... should use @string resource« unterdrücken kann?

   Klar! Wechseln Sie in das PROBLEMS-Fenster (Aufruf über WINDOWS/SHOW VIEW/PROBLEMS). Klicken Sie mit der rechten Maustaste auf die Warnung und rufen Sie im Kontextmenü den Befehl QUICK FIX auf. Wählen Sie in der oberen Liste den Eintrag DISABLE CHECK IN THIS PROJECT und klicken Sie dann auf FINISH. Zum Abschluss sollten Sie Eclipse noch einmal alles speichern lassen, damit die Warndreiecke im Designer verschwinden.

2. Warum sollen Texte überhaupt als String-Ressourcen zugewiesen werden?

   Eigentlich spricht nichts dagegen, Texte direkt zuzuweisen. Falls Sie aber eine App später einmal über Google Play weltweit vertreiben möchten, lohnt es sich schon, wenn sämtliche Texte konsequent in String-Ressourcen gespeichert und nur als Ressourcen zugewiesen wurden. Denn nur String-Ressourcen können automatisch lokalisiert – d.h. an die aktuellen Spracheinstellungen auf dem Smartphone oder Tablet-PC angepasst – werden. Mehr Informationen zu diesem Thema finden Sie in Kapitel 20.6.

5.10 Übungen

1. Erstellen Sie eine einfache App namens *ZweiSchalter* und erzeugen Sie basierend auf einem LinearLayout eine UI, die ungefähr wie in Abbildung 5.24 aussieht – also mit zwei Button-Elementen und einer Fortschrittsanzeige dazwischen.

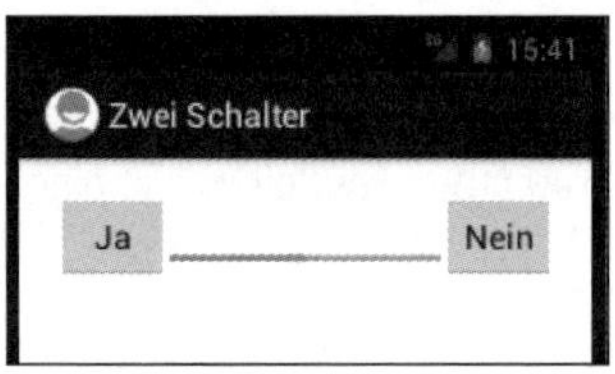

Abbildung 5.25: Zu erzeugende Oberfläche

6 Ressourcen

> SIE LERNEN IN DIESEM KAPITEL,
>
> - WELCHE ARTEN VON RESSOURCEN ES GIBT,
> - WIE SIE STILE UND THEMES NUTZEN UND
> - WIE SIE ALTERNATIVE BILDRESSOURCEN ZUR OPTIMALEN UNTERSTÜTZUNG UNTERSCHIEDLICHER AUFLÖSUNGEN ANBIETEN.

Ressourcen bilden neben Code und Benutzeroberfläche den dritten Grundpfeiler einer App. Nutzen Sie Ressourcen, wo immer sich die Gelegenheit ergibt. Ressourcen sind nicht nur leicht auszutauschen – etwa wenn Sie eine App mit einem anderen Hintergrundbild versehen möchten – sie profitieren auch von einer speziellen Behandlung durch das Android-System, die es uns erlaubt, für eine einzelne Ressource mehrere Alternativen zur Verfügung zu stellen, die dann je nach aktueller Systemkonfiguration ausgewählt werden. Doch wir greifen vor. Sehen wir uns erst einmal an, welche Arten von Ressourcen es gibt und wie diese grundsätzlich verwendet werden.

6.1 Der grundlegende Umgang

In Android ist der Umgang mit Ressourcen im Grunde recht einfach – vorausgesetzt man kennt die diversen Formalien, die zu beachten sind:

- die richtige Wahl des Formats
- die richtige Wahl des Dateinamens
- die richtige Wahl des Speicherorts
- die richtige Form des Zugriffs aus dem Code heraus

Gehen wir diese Punkte am Beispiel einer typischen Ressource – sagen wir ein Bild, das auf der Benutzeroberfläche in einer ImageView angezeigt werden soll – einmal im Einzelnen durch.

1. Legen Sie zum Nachvollziehen der Schrittanweisungen ein neues Android-Projekt *RessourcenDemo* mit den Parametern aus Tabelle 4.1 an (Befehl FILE/NEW/PROJECT, Wizard ANDROID APPLICATION PROJECT).

Dialogfeld	Eingabe/Einstellung
PROJECT NAME	RessourcenDemo
BUILD SDK	Android 4.0.3
APPLICATION NAME	RessourcenDemo
PACKAGE NAME	de.carpelibrum.ressourcendemo
CREATE ACTIVITY	RessourcenDemoActivity
MIN SDK VERSION	15

Tabelle 6.1: Parameter für das Projekt RessourcenDemo

> **Achtung** Die Schrittanweisungen in diesem Kapitel dienen der praktischen Übung. Sie verfolgen nicht das Ziel, das zu diesem Kapitel gehörende App-Projekt aus der Beispielsammlung identisch nachzubauen.

6.1.1 Ressourcen anlegen

Beim Anlegen von Ressourcen sind vor allem das Format und der Speicherort entscheidend.

Format

Ressourcen müssen in einem für Android lesbaren Format vorliegen. Für Strings bedeutet dies, dass sie als Zeichenfolge definiert werden (wie wir es in der Programmierung sowieso tun), für Farbressourcen bedeutet es, dass sie als RGB-Werte angegeben werden, und für Bilder bedeutet es, dass sie in einem bestimmten Grafikformat (z.B. PNG, JPG, BMP oder GIF, aber eben nicht TIFF oder WMF) abgespeichert werden.

2. Suchen Sie sich eine Bilddatei, die Sie gerne zum Test in der RessourcenDemo-App anzeigen möchten.

   Vielleicht haben Sie ja auf Ihrer Festplatte, einem USB-Stick oder einer SD-Karte ein selbst aufgenommenes Foto, das Sie benutzen könnten.

   Falls nicht, durchsuchen Sie Ihre Festplatte einfach nach Dateien mit der Extension *.png* oder *.jpg*. Sie werden mit Sicherheit fündig werden.

3. Legen Sie zur Sicherheit eine Kopie der Bilddatei an.

4. Laden Sie die Bilddatei in ein Grafikprogramm und schneiden Sie einen Bildausschnitt aus, der ungefähr 400 x 300 Pixel groß ist.

Der Ressourcendateiname

Charakteristisch für Ressourcen ist, dass sie in eigenen Dateien gespeichert werden. Ein String-Literal, das Sie im Code einer Java-Quelldatei definieren, ist demnach keine Ressource, wohl aber der gleiche String gespeichert in der Datei *strings.xml*.

Manche Ressourcen, wie z.B. Strings, können zusammen in einer Datei gespeichert werden. Andere Ressourcen, wie z.B. PNG- oder JPG-Bilder, benötigen jede ihre eigene Datei.

Für alle Ressourcendateien gilt, dass ihr Name ausschließlich aus den Kleinbuchstaben von a bis z und Ziffern bestehen darf.

Der Speicherort

Alle Ressourcen eines Projekts müssen unterhalb des Projektordners *res* abgelegt werden – verteilt auf Unterordner, deren Namen wiederum fest vorgegeben sind.

So müssen Sie Ressourcendateien für Strings unter dem Ordner *res/values* ablegen und Bilddateien unter dem Ordner *res/drawable*.

Sie werden jetzt vielleicht einwenden, dass es unter dem Ordner *res* keinen Ordner *drawable* gibt, sondern nur die vier Ordner *drawable-hdpi, drawable-ldpi, drawable-mdpi* und *drawable-xhdpi.* Dahinter verbirgt sich ein Konzept, dass es dem Programmierer erlaubt, eine Ressource in mehreren Varianten anzubieten, die besonders gut auf bestimmte Geräteeigenschaften abgestimmt sind – in diesem Fall die Bildschirmdichte.

Im Abschnitt 6.3 werden wir uns näher mit diesem Konzept befassen. Hier verzichten wir auf die Unterstützung unterschiedlicher Bildschirmdichten und legen uns das allgemeine *drawable*-Verzeichnis selbst an.

Abbildung 6.1: Einrichtung eines allgemeinen Verzeichnisses für Bildressourcen

5. Klicken Sie im Package Explorer mit der rechten Maustaste auf den Knoten *res* und wählen Sie im Kontextmenü den Befehl NEW/FOLDER aus.
6. Kontrollieren Sie, dass im Dialogfeld NEW FOLDER der Projektordner *res* als übergeordneter Ordner ausgewählt ist, geben Sie als Namen für den neuen Ordner »*drawable*« ein und klicken Sie auf FINISH.
7. Speichern Sie nun Ihre Grafik unter dem Namen *testbild* im Format PNG im eben angelegten *drawable*-Ordner.
8. Wechseln Sie in Eclipse, klicken Sie mit der rechten Maustaste auf den Projektknoten und wählen Sie den Befehl REFRESH aus.

   Danach sollte die Bilddatei im Ordner *res/drawable* aufgeführt werden.

Abbildung 6.2: Das Bild testbild.png ist nun eine Ressource des Android-Projekts RessourcenDemo.

9. Klicken Sie im Package Explorer mit der rechten Maustaste auf den Projektknoten und rufen Sie den Befehl BUILD PROJECT auf, um das Projekt zu kompilieren.

Im Zuge der Kompilierung wird die Bilddatei als neue Ressource erkannt, bekommt eine ID zugewiesen und wird in die Ressourcendatei *R.java* aufgenommen.

```
/* AUTO-GENERATED FILE.  DO NOT MODIFY. ... */
package de.carpelibrum.ressourcendemo;

public final class R {
    public static final class attr {
    }
    public static final class dimen {
        public static final int padding_large=0x7f040002;
        public static final int padding_medium=0x7f040001;
        public static final int padding_small=0x7f040000;
    }
    public static final class drawable {
        public static final int ic_action_search=0x7f020000;
        public static final int ic_launcher=0x7f020001;
        public static final int testbild=0x7f020002;
    }
    ...
}
```

Listing 6.1: Die Datei R.java des Projekts nach der Kompilierung

6.1.2 Ressourcen verwenden

Es gibt verschiedene Techniken, wie man vom App-Code aus auf die externen Ressourcen zugreift. Besonders einfach geht es, wenn Sie die Ressource mit Unterstützung des Designers an Eigenschaften von View-Elementen zuweisen.

Zuweisung an View-Eigenschaften mithilfe des Designers

10. Laden Sie die Layoutdatei *activity_ressourcen_demo.xml*.
11. Verschieben Sie in der Graphical Layout-Ansicht die TextView nach oben und ziehen Sie dann aus der Palette, Kategorie Images & Media, eine ImageView in die Bildschirmseite Ihrer App.

Sofort springt ein Dialogfeld auf, über das Sie das anzuzeigende Bild auswählen können. Der Name Ihrer Bildressource (*testbild*) sollte hier aufgeführt werden. Wenn Sie ihn anklicken, erscheint rechts eine Vorschau auf das Bild.

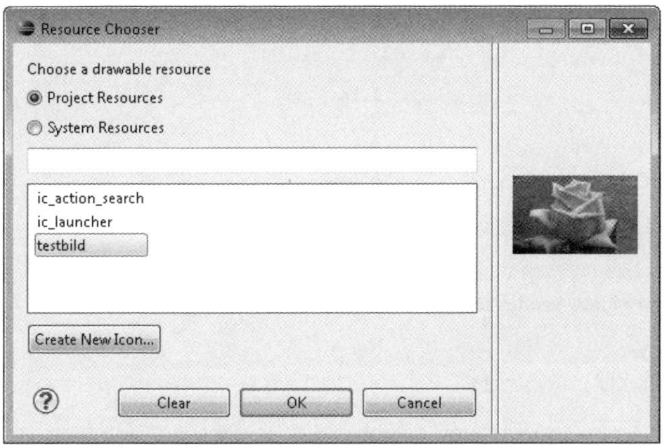

Abbildung 6.3: Dialogfeld zum Auswählen von Projektressourcen

12. Wählen Sie Ihr Testbild aus und klicken Sie auf OK.

Danach sollte die Bilddatei in der ImageView angezeigt werden.

> **Hinweis** Das gelbe Warnsymbol erscheint, wenn Sie es unterlassen, über die Eigenschaft `contentDescription` eine Textbeschreibung zu dem Bild mitzuliefern. Eine solche Textbeschreibung ist nicht zwingend notwendig, verbessert aber die Barrierefreiheit Ihrer App.

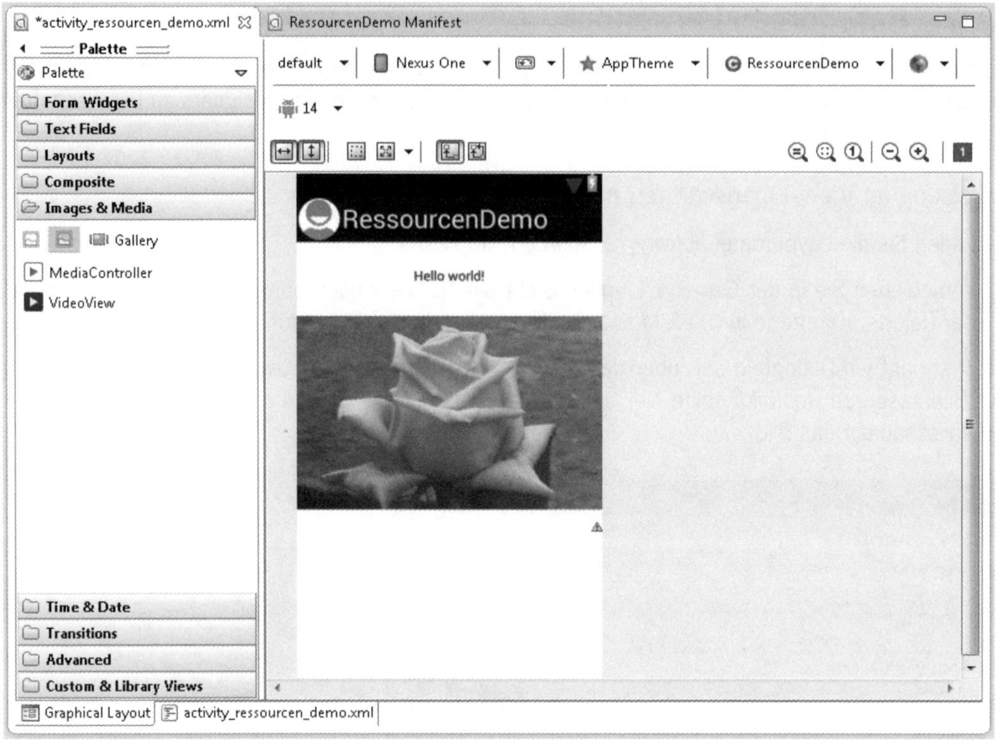

***Abbildung 6.4:** Die Bildressource wird in der ImageView angezeigt.*

Zuweisung an View-Attribute in der XML-Ansicht

Wer lieber in der XML-Ansicht arbeitet, kann die Ressourcen auch direkt an passende Attribute der View-Elemente zuweisen.

```
<ImageView
   android:id="@+id/imageView1"
   android:layout_height="wrap_content"
   android:layout_width="wrap_content"
   android:src="@drawable/testbild" />
```

Damit dies funktioniert, müssen drei Bedingungen erfüllt sein:

- Das Attribut muss zu dem Ressourcentyp passen.

  Dem src-Attribut einer ImageView können Sie z.B. eine Bildressource oder auch eine Farbressource zuweisen, nicht aber einen String oder eine Größenangabe.

- Das Projekt muss nach dem Anlegen der Ressource einmal erfolgreich kompiliert worden sein.

  Falls nicht, kann es sein, dass die Ressourcen-ID noch nicht in die Datei *R.java* eingetragen wurde. Dann ist ein Zugriff auf die Ressource unmöglich.

- Die Ressourcen-ID muss korrekt sein.

  Im XML-Code wird der Ressourcen-ID immer das Klammeraffen-Symbol »@« vorangestellt. Danach folgt die Angabe des Ressourcentyps, gefolgt von einem Schrägstrich »/« und dem Namen der Ressource.

Ressourcentyp, Ressourcenname und R.java

Alle Ressourcen im Ordner *res* bekommen vom Android-Ressourcencompiler (*aapt.exe*) im Zuge der Projekterstellung eine eindeutige ID zugewiesen und werden in die automatisch generierte Datei *R.java* eingetragen. Dabei ordnet der Ressourcencompiler jede Ressource einem Ressourcentyp zu.

Den Ressourcentyp bestimmt der Ressourcencompiler nicht etwa durch Analyse der Ressource. Er leitet ihn vielmehr aus dem *res*-Unterordner ab, in dem Sie die Ressourcendatei mit der Ressource abgespeichert haben.

Wenn Sie z.B. eine Ressourcendatei in dem Ordner *drawable* ablegen, geht der Ressourcencompiler automatisch davon aus, dass es sich um eine Bildressource handelt. (Für Wissbegierige: Wenn Sie eine Ressourcendatei in dem Ordner *layout* ablegen, erwartet der Ressourcencompiler, dass die Ressourcendatei XML-Code enthält und ein Layout definiert. Wenn Sie eine Ressourcendatei in dem Ordner *values* ablegen, erwartet der Ressourcencompiler, dass die Ressourcendatei XML-Code enthält, der mit dem Wurzelelement `resources` beginnt und darunter String-, Größen- oder vielleicht auch Farbressourcen definiert.)

Für jeden verwendeten Ressourcentyp fügt der Ressourcencompiler in die Datei *R.java* eine Klassendefinition ein: z.B. `string` für Strings oder `drawable` für Bilder. Und unter dieser Klasse trägt er die Namen aller Ressourcen ein, die er gefunden hat und die in seinen Augen zu diesem Typ gehören.

```
public final class R {
    public static final class drawable {
        public static final int ic_action_search=0x7f020000;
        public static final int ic_launcher=0x7f020001;
        public static final int testbild=0x7f020002;
    }
...
```

Sofern Sie also Ihre Ressourcendateien korrekt aufbauen und im richtigen *res*-Ordner speichern (siehe dazu auch die nachfolgenden Einzeldarstellungen), können Sie in der *R.java*-Datei alle Informationen ablesen, die Sie für den Aufbau der Ressourcen-ID benötigen.

Zuweisung per Code

Sie können Ressourcen auch via Java-Code zuweisen. Dies hat den Vorteil, dass die Zuweisung zu praktisch jedem beliebigen Zeitpunkt im Leben der App erfolgen kann (beispielsweise auch als Reaktion auf das Drücken eines Buttons, siehe Kapitel 7).

Wenn Sie im Code auf eine Ressource zugreifen möchten, müssen Sie der ID den Klassennamen `R` und den Namen der in `R` definierten Ressourcentypklasse voranstellen, also beispielsweise

```
R.drawable.testbild
```

Code	Zugriff auf ID der Bildressource testbild
XML	`@drawable/testbild`
Java	`R.drawable.testbild`

Tabelle 6.2: Verwendung von Ressourcen-IDs

Das folgende Beispiel demonstriert, wie Sie Ressourcenwerte per Code zuweisen können:

```
import android.widget.ImageView;

public class RessourcenDemoActivity extends Activity {
  @Override
  public void onCreate(Bundle savedInstanceState) {
    super.onCreate(savedInstanceState);
    setContentView(R.layout.activity_ressourcen_demo);

    // Zuweisung des anzuzeigenden Bildes
    // an die ImageView mit der ID imageView1
    ImageView bild = (ImageView)findViewById(R.id.imageView1);
    bild.setImageResource(R.drawable.testbild);
  }
}
```

Listing 6.2: Aus RessourcenDemoActivity.java

Aufsteiger Meist werden Sie Ressourcen, wie oben gezeigt, einfach zuweisen. Es besteht aber auch die Möglichkeit, sich eine Ressource als Objekt zurückliefern zu lassen, das Sie dann weiter verarbeiten können. Beispielsweise könnten Sie eine String-Ressource laden, an ihren Text etwas anhängen und dann den resultierenden String statt der originalen Ressource als Titel an ein TextView-Element zuweisen:

```
TextView ueberschrift = (TextView) findViewById(R.id.textView1);

String titel = getResources().getString(R.string.titel);
titel = titel + " 2011";
ueberschrift.setText(titel);
```

6.1.3 Ressourcen aus dem Projekt entfernen

Expandieren Sie im Package Explorer die Knoten bis zu dem Ordner mit der zu entfernenden Ressource. Klicken Sie mit der rechten Maustaste auf die Ressource und wählen Sie im Kontextmenü den Befehl DELETE aus.

Erstellen Sie das Projekt anschließend neu (Befehl BUILD PROJECT) im Kontextmenü des Projektknotens), um auch die Ressourcendatei *R.java* auf den aktuellen Stand zu bringen.

6.2 Welche Arten von Ressourcen gibt es?

Android arbeitet viel und gern mit Ressourcen. Entsprechend groß ist die Bandbreite an unterschiedlichen Ressourcentypen, von denen wir die wichtigsten hier vorstellen möchten.

Die drei elementaren Ressourcentypen haben Sie bereits in den vorangehenden Kapiteln kennengelernt: Layoutdateien, Bilder und Strings. Mit diesen Ressourcentypen haben Sie in fast jedem App-Projekt zu tun.

Die anderen Ressourcentypen werden Sie weit seltener benötigen (wie z.B. Menüs oder Rohdaten) bzw. es obliegt ganz Ihrer Entscheidung, ob Sie sie nutzen möchten oder nicht (wie im Falle von Größenangaben, Farben oder Stilen).

> **Achtung** Nicht vergessen! Verwenden Sie für die Namen von Ressourcendateien ausschließlich die Kleinbuchstaben von a bis z und die Ziffern.

6.2.1 Größenangaben

Größenangaben sind Kombinationen aus Zahlenwert und Einheit – wie z.B. »*150dp*« oder »*12sp*« –, die View-Eigenschaften wie `layout_width`, `layout_margin` oder auch `padding` als Werte zugewiesen werden können.

Kennzeichen	Wert
Definitionsdatei	*res/values/dimensions.xml* Der Dateiname, hier *dimensions*, kann beliebig gewählt werden.
XML-Element	`<dimen name="`*name*`">`*Wert*`</dimen>`
XML-ID	`@dimen/`*name*
Code-ID	`R.dimen.`*name*
`Resources`-Zugriffsmethode	`float` **`getDimension`**`(int id)`

Tabelle 6.3: Steckbrief Größenangaben

Verwenden Sie Dimension-Ressourcen, um Größenangaben, die Sie mehrfach benutzen, mit einem sprechenden, wiederverwendbaren Namen zu verbinden.

Wenn Sie z.B. in einer Bildschirmseite mehrere TextView-Elemente mit fester Breite und einheitlicher Textgröße verwenden, empfiehlt es sich, Breite und Schriftgröße als Ressource zu definieren.

```
<?xml version="1.0" encoding="utf-8"?>
<resources>
    <dimen name="textview_breite">150dp</dimen>
    <dimen name="textview_schriftgroesse">20sp</dimen>
</resources>
```

Wenn Sie hernach den TextView-Elementen konsequent die Ressourcen zuweisen ...

```
<TextView
    android:layout_height="wrap_content"
    android:layout_width="@dimen/textview_breite"
    android:textSize="@dimen/textview_schriftgroesse"/>
```

... ist der XML-Code besser verständlich und Sie können bei Bedarf die Breite aller TextView-Elemente mit einer Änderung in der Ressourcendatei vergrößern oder verkleinern.

Hinweis Dimension-Ressourcen sind den symbolischen Konstanten von Java sehr ähnlich, nur dass letztere natürlich keine Kombinationen aus Wert und Einheit repräsentieren können.

6.2.2 Farben

Farbwerte werden in Android als hexadezimale RGB-Werte in einem der Formate `#RGB`, `#ARGB`, `#RRGGBB` oder `#AARRGGBB` angegeben, z.B.

```
<LinearLayout android:background="#fefe00" ...>
```

Wenn Sie lieber mit Farbnamen als mit kryptischen RGB-Werten arbeiten, definieren Sie sich für Ihre Farben einfach passende Farbressourcen.

Kennzeichen	Wert
Definitionsdatei	*res/values/colors.xml* Der Dateiname, hier *colors*, kann beliebig gewählt werden.
XML-Element	`<color name="`*name*`">`*Wert*`</color>`
XML-ID	`@color/name`
Code-ID	`R.color.name`
Resources-Zugriffsmethode	`int` **`getColor`**`(int id)`

Tabelle 6.4: Steckbrief Farbangaben

```
<?xml version="1.0" encoding="utf-8"?>
<resources>
   <color name="magenta">#ff00ff</color>
   <color name="violett">#8a1194</color>
   <color name="durchsichtig_violett">#aa8a1194</color>
   <color name="hintergrund">#a76c05</color>
</resources>
```

Tipp Wenn der Ressourcenname auf die Bedeutung der Farbe hinweist statt auf den Farbwert (wie z.B. »hintergrund« oder »hervorhebung«) hat dies den Vorteil, dass Sie den Farbwert, der sich hinter der Ressource verbirgt, später bei Bedarf austauschen können.

6.2.3 Strings

Titel und Texte, die auf der Benutzeroberfläche zu lesen sind, sollten Sie immer als String-Ressourcen (oder String-Array-Ressourcen, siehe unten) definieren. Auf diese Weise können Sie die Texte bei Bedarf bequem in den zugehörigen XML-Ressourcendateien bearbeiten (anstatt den Code durchforsten zu müssen) und, falls Sie später planen, Ihre App auch in anderen Sprachen bereitzustellen, brauchen Sie nur einen alternativen Satz der XML-Ressourcendateien mit den übersetzten Texten zu erstellen (siehe Kapitel 20.6).

Kennzeichen	Wert
Definitionsdatei	*res/values/strings.xml* Der Dateiname, hier *strings*, kann beliebig gewählt werden.
XML-Element	`<string name="`*name*`">`*Wert*`</string>`
XML-ID	`@string/name`
Code-ID	`R.string.name`
`Resources`-Zugriffsmethode	`String` **`getString`**`(int id)`

Tabelle 6.5: Steckbrief Strings

```
<?xml version="1.0" encoding="utf-8"?>
<resources>
    <string name="hello">Hallo!</string>
    <string name="app_name">RessourcenDemo</string>
</resources>
```

String-Ressource mit dem Ressourceneditor anlegen

1. Öffnen Sie im Package Explorer den Knoten *res/values*.
2. Doppelklicken Sie auf den Dateiknoten *strings.xml*, um die Datei zur Bearbeitung in den Editor zu laden.

   Der Inhalt der Datei wird standardmäßig im Ressourceneditor angezeigt. Falls nicht, klicken Sie unten auf den Reiter für die Registerseite RESOURCES.

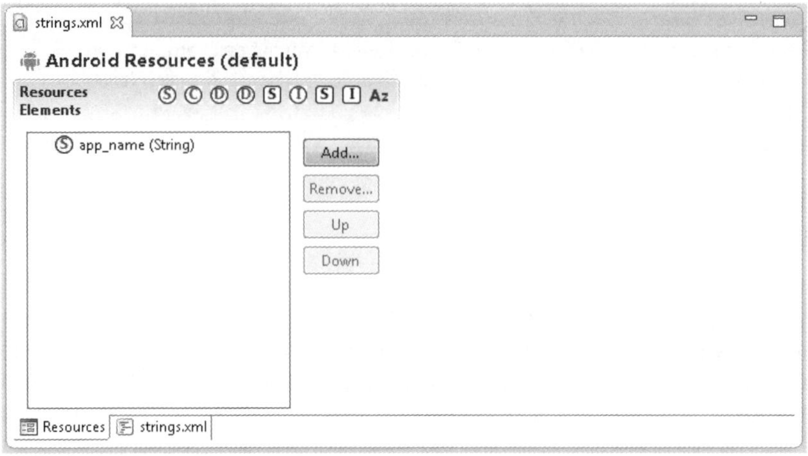

Abbildung 6.5: Die Datei strings.xml im Ressourceneditor (Hinweis: Wundern Sie sich nicht, wenn Sie im Dialog ein paar mehr String-Ressourcen sehen, als hier angezeigt. Wir haben diese vorab gelöscht, um die Abbildung auf das Wesentliche zu reduzieren.)

3. Klicken Sie auf die Schaltfläche ADD.
4. Wählen Sie im erscheinenden Dialogfeld den Eintrag STRING und klicken Sie auf OK.
5. Zurück im Ressourceneditor können Sie jetzt in den dafür vorgesehenen Eingabefeldern einen Namen und einen Wert für Ihre String-Ressource eingeben.

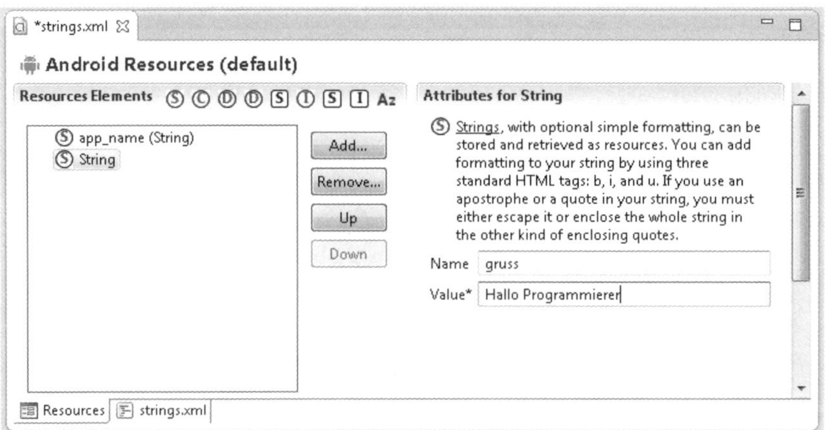

Abbildung 6.6: Anlegen einer neuen String-Ressource

6. Speichern Sie.
7. Lassen Sie das Projekt anschließend erstellen, damit Android die Ressource mit einer ID versieht und diese in die Ressourcendatei *R.java* einträgt.

6.2.4 String-Arrays (Texte)

Zusammengehörende Strings, wie z.B. die Einträge in einem Listenfeld (Spinner), legen Sie am besten als String-Array an.

Kennzeichen	Wert
Definitionsdatei	*res/values/strings.xml* Der Dateiname, hier *strings*, kann beliebig gewählt werden.

XML-Element	`<string-array name="`*name*`">`
	`<item>`*String 1*`</item>`
	`<item>`*String 2*`</item>`
	`</string>`

XML-ID	`@array/name`
Code-ID	`R.array.name`
Resources-Zugriffsmethode	`String[]` **`getStringArray`**`(int id)`

Tabelle 6.6: Steckbrief String-Arrays

```
<resources>
   <string-array name="monster">
      <item>Medusa</item>
      <item>Vampir</item>
      <item>Hydra</item>
      <item>Golem</item>
      <item>Showmaster</item>
      <item>TV-Juror</item>
   </string-array>
</resources>
```

String-Array-Ressourcen mit dem Ressourceneditor anlegen

1. Öffnen Sie im Package Explorer den Knoten *res/values*.
2. Doppelklicken Sie auf den Dateiknoten *strings.xml*, um die Datei zur Bearbeitung in den Editor zu laden. (Sie können natürlich auch zuvor eine eigene XML-Datei anlegen.)

   Der Inhalt der Datei wird standardmäßig im Ressourceneditor angezeigt. Falls nicht, klicken Sie unten auf den Reiter für die Registerseite Resources.
3. Klicken Sie auf die Schaltfläche Add.
4. Wählen Sie im erscheinenden Dialogfeld den Eintrag String Array und klicken Sie auf OK.
5. Zurück im Ressourceneditor können Sie jetzt in dem dafür vorgesehenen Eingabefeld einen Namen für das String-Array eingeben.

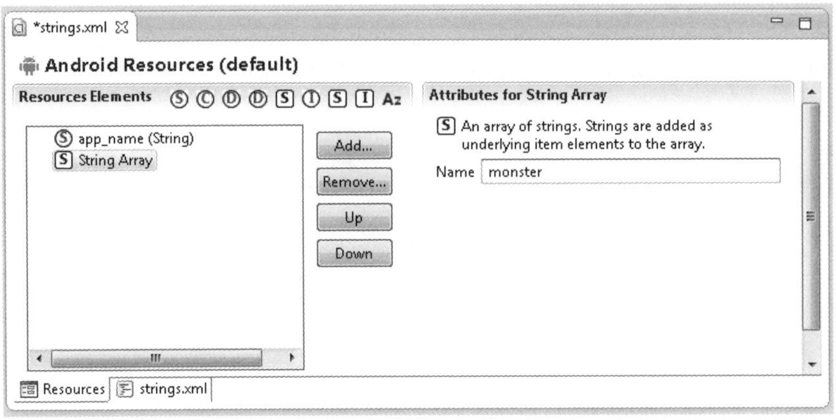

Abbildung 6.7: Anlegen eines String-Arrays

6. Speichern Sie.

   Links wird die neue Ressource nun mit Namen und Typ aufgelistet.

Jetzt gilt es, das Array mit String-Elementen zu füllen.

7. Klicken Sie dazu mit der rechten Maustaste auf den neu angelegten Ressourcen-Eintrag und rufen Sie den Befehl ADD auf.

   Wenn die String-Array-Ressource links bereits ausgewählt ist, können Sie auch direkt auf die Schaltfläche ADD klicken.

8. Achten Sie darauf, dass im daraufhin erscheinenden Dialogfeld die Option CREATE A NEW ELEMENT IN THE SELECTED ELEMENT, <NAME> ausgewählt ist und klicken Sie auf OK.

9. Zurück im Ressourceneditor können Sie jetzt in dem dafür vorgesehenen Eingabefeld einen Text für das neue String-Element eingeben.

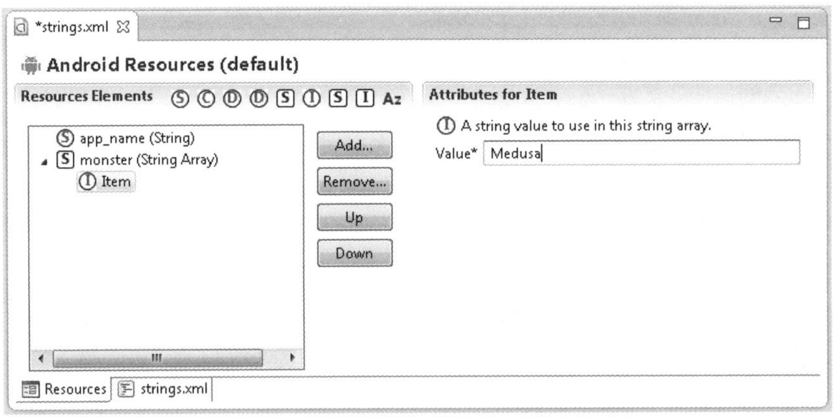

Abbildung 6.8: Hinzufügen eines Strings zu einem String-Array

Alternativ können Sie die einzelnen Strings natürlich auch als XML-Element direkt im Code der XML-Datei (hier *strings.xml*) anlegen.

10. Speichern Sie.
11. Lassen Sie das Projekt anschließend erstellen, damit Android die Ressource mit einer ID versieht und diese in die Ressourcendatei *R.java* einträgt.

6.2.5 Bilder

Bilder, die einen festen Bestandteil der App-Benutzeroberfläche bilden, also beispielsweise Hintergrundbilder oder Symbole, die in UI-Elementen eingeblendet werden, werden grundsätzlich als Ressourcen verwaltet.

Um ein Bild als App-Ressource abzuspeichern, müssen Sie die Bilddatei einfach nur in den *res*-Ordner *drawable* kopieren, die Anzeige des Package Explorers aktualisieren (REFRESH-Befehl im Kontextmenü) und das Projekt abschließend neu erstellen lassen.

Die App-Projekte, die Sie mit Eclipse und dem Android-Plugin anlegen, besitzen allerdings keinen allgemeinen *drawable*-Ordner, sondern verfügen über vier Ordner *drawable-hdpi, drawable-ldpi, drawable-mdpi* und *drawable-xhdpi*. Diese vier Ordner sind dafür gedacht, Bilder und Symbole in unterschiedlichen Auflösungen anzubieten (siehe auch Abschnitt »6.3«). Wenn Sie diese Technik nicht nutzen möchten, legen Sie am besten einen allgemeinen Ordner *drawable* an, in dem Sie Ihre Bilder ablegen (siehe auch Abschnitt 6.1.1, »Der Speicherort«).

Aufsteiger Es gibt auch die Möglichkeit, XML-Dateien mit Verweisen auf speziell zu verarbeitende Bilder aufzusetzen. Mit dieser Technik, auf die wir hier allerdings nicht weiter eingehen werden, können Sie z.B. die verschiedenen Gedrückt-Zustände eines Buttons mit unterschiedlichen Bildern verbinden.

Kennzeichen	Wert
Definitionsdatei	*res/drawable/hintergrund.png* Der Dateiname, hier *hintergrund*, kann beliebig gewählt werden. Unterstützte Formate: PNG (empfohlen), JPG, BMP und GIF.
XML-Element	–
XML-ID	`@drawable/name`
Code-ID	`R.drawable.name`
Resources-Zugriffsmethode	`int` **`getColor`**`(int id)`

Tabelle 6.7: Steckbrief Bilder

Wenn Sie Bilder als Ressourcen in ein Projekt aufnehmen, achten Sie auf:

- den Namen der Bilddatei

  Der Bilddateiname darf ausschließlich aus den Kleinbuchstaben von a bis z und Ziffern bestehen

- die Größe der Bilddatei

  Unnötig große Bilddateien kosten Speicher und Prozessorzeit. Wenn Sie z.B. ein 2500 x 3800 großes Bild verwenden möchten, das Sie mit Ihrer Digitalkamera aufgenommen haben, reduzieren Sie dieses zuerst mit einem geeigneten Grafikprogramm auf eine adäquate Größe, z.B. 450 x 672 Pixel.

  Wenn Sie möchten, dass das Bild auf unterschiedlichen Android-Geräten (Smartphones und Tablet-PCs unterschiedlicher Bildschirmdichte) optimal und trotzdem schnell und effizient dargestellt wird, stellen Sie das Bild in unterschiedlichen Auflösungen bereit (siehe Abschnitt 6.1.1, »Der Speicherort«).

  Es ist jedoch in der Regel nicht erforderlich – und oft auch gar nicht möglich –, die Pixelgröße des Bildes exakt auf die Pixelgröße des Anzeigebereichs abzustimmen. Nutzen Sie für diese Aufgabe lieber die Skalierungs- und Clippingoptionen der UI-Anzeigeelemente. (Hintergrundbilder werden beispielsweise standardmäßig skaliert.)

- das Bildformat

  Für Rastergrafiken haben Sie die Wahl zwischen PNG, JPG, BMP und GIF.

  GIF ist im Grunde ein veraltetes Format, das für hochauflösende Bilder oder Fotos ungeeignet ist. JPG ist ein sehr gutes und flexibel einsetzbares Grafikformat, arbeitet allerdings mit einem verlustbehafteten Komprimierungsverfahren und erlaubt keine Transparenz. PNG bietet in gewisser Weise das Beste aus den Formaten GIF und JPG: hohe Farbtiefe, verlustfreie Komprimierung und Transparenz.

Achtung Das Komprimieren von JPG-Bildern führt zwar zur Reduzierung der Dateigröße, nicht aber zur Schonung des Smartphone-Arbeitsspeichers. (Das Bild muss ja für die Anzeige in der App dekomprimiert werden.)

6.2.6 Layouts

Layout-Ressourcen definieren den Aufbau von Bildschirmseiten und wurden bereits in Kapitel 5 ausführlich behandelt.

Kennzeichen	Wert
Definitionsdatei	*res/layout/main.xml* Der Dateiname, hier *main*, kann beliebig gewählt werden.
XML-Element	View-Hierarchie mit einem Viewgroup-Element als Wurzelelement
XML-ID	`@layout/name`
Code-ID	`R.layout.name`
Activity-Zugriffsmethode	`void` **`setContentView`**`(View v)`

Tabelle 6.8: Steckbrief Layouts

6.2.7 Menüs

Menüs dienen dazu, dem Anwender eine Auswahl an Befehlen oder Optionen anzubieten, und werden in Kapitel 10 ausführlicher behandelt.

Kennzeichen	Wert
Definitionsdatei	*res/menu/hauptmenue.xml* Der Dateiname, hier *hauptmenue*, kann beliebig gewählt werden.

XML-Element	<menu xmlns:android="http://schemas.android.com/apk/res/android">
	    <item android:id="@+id/element1"
	            android:title="Element 1">
	    </item>
	    <item android:id="@+id/element2"
	            android:title="Element 2">
	    </item>
	</menu>

XML-ID	@menu/name
Code-ID	R.menu.name
Activity-Zugriffsmethode	boolean **onCreateOptionsMenu**(Menu m) void **onCreateContextMenu**(Contextmenu m, View v, ContextMenu.ContextMenuInfo info)

Tabelle 6.9: Steckbrief Menüs

6.2.8 Roh- und Multimediadaten

Für Ressourcen, die keinem der speziellen Android-Ressourcentypen angehören, gibt es den *res*-Ordner *raw*. Hier können Sie z.B. abzuspielende Sounddateien unterbringen.

Kennzeichen	Wert
Definitionsdatei	*res/raw/hintergrundmusik.mpg* Der Dateiname, hier *hintergrundmusik.mpg*, kann beliebig gewählt werden. Die Dateierweiterung hängt vom Typ der Ressourcendaten ab.
XML-ID	@raw/name
Code-ID	R.raw.name
Resources-Zugriffsmethode	InputStream **openRawResources**(int id) Beachten Sie, dass es für bestimmte Ressourcen in der Android-Bibliothek spezielle Klassen gibt, mit denen der Zugriff und die Verwendung dieser Ressourcen weitaus leichter fallen, als wenn Sie versuchen, die Ressourcen über openRawResources() zu laden. Die Klasse MediaPlayer zum Abspielen von Sound- und Videodateien ist hierfür ein Beispiel (siehe Kapitel 14).

Tabelle 6.10: Steckbrief Rohdaten

6.2.9 Stile

Stile erfüllen bei der Gestaltung von App-Benutzeroberflächen die gleiche Aufgabe wie CSS-Stylesheets beim Webdesign: Sie helfen uns, Seitenaufbau und Seitendesign voneinander zu trennen. Allerdings sind Android-Stile viel einfacher zu verwenden, denn ein Stil ist im Grunde nichts weiter als eine Zusammenstellung von XML-Attributen:

```
<resources>
    <style name="Text">
        <item name="android:textColor">#7a470a</item>
        <item name="android:textSize">16sp</item>
     </style>
</resources>
```

Ein so definierter Stil kann dann über das Attribut `style` an beliebige View-Elemente zugewiesen werden.

```
<TextView style="@style/Text" ... />
```

Kennzeichen	Wert
Definitionsdatei	*res/values/styles.xml* Der Dateiname, hier *styles*, kann beliebig gewählt werden.

XML-Element	`<style name="`*name*`">`
	`<item name="`*attribut*`">`*Wert1*`</item>`
	`<item name="`*attribut*`">`*Wert2*`</item>`
	`</style>`

XML-ID	`@style/name`

Tabelle 6.11: Steckbrief Stile

Stile sind ein probates Mittel, um Inhalt und Design zu trennen oder um für gleichartige Elemente auf effiziente Weise ein einheitliches Design vorzugeben. Betrachten Sie z.B. die drei TextView-Elemente aus dem folgenden Layout:

```
<LinearLayout
   xmlns:android="http://schemas.android.com/apk/res/android"
   android:layout_width="match_parent"
   android:layout_height="match_parent">
   <TextView
      android:id="@+id/textView1"
      android:text="Gartenschau 2011"
      android:layout_width="wrap_content"
      android:layout_height="wrap_content"
      android:textColor="#7a470a"
      android:textSize="16sp" />
   <TextView
      android:id="@+id/textView2"
      android:text="aufgenommen am 12.07"
      android:layout_width="wrap_content"
```

```
        android:layout_height="wrap_content"
        android:textColor="#7a470a"
        android:textSize="16sp"
        android:layout_gravity="right"></TextView>
    <TextView
        android:id="@+id/textView3"
        android:text="von Dirk Adams"
        android:layout_width="wrap_content"
        android:layout_height="wrap_content"
        android:textColor="#7a470a"
        android:textSize="16sp"
        android:layout_gravity="right"></TextView>
</LinearLayout>
```

Allen drei TextView-Elementen werden hier die gleiche Textfarbe und die gleiche Textgröße zugewiesen. Dies schafft ein einheitliches, ruhiges Design. Ärgerlich ist nur, dass Sie bei Änderungen an diesem Design – sagen wir, Sie würden gerne mit einer anderen Textfarbe experimentieren – die Textfarbe für alle drei TextView-Element einzeln anpassen müssen.

Wenn Sie dagegen einen eigenen Stil für TextView-Elemente definieren und diesen allen TextView-Elementen zuweisen, können Sie das Design aller TextView-Elemente ändern, indem Sie einmalig die entsprechenden Attribute in der Stildefinition anpassen.

```
<resources>
    <style name="Text">
        <item name="android:textColor">#7a470a</item>
        <item name="android:textSize">16sp</item>
    </style>
</resources>
```

Listing 6.3: Stildefinition in styles.xml

```
<LinearLayout
    xmlns:android="http://schemas.android.com/apk/res/android"
    android:orientation="vertical"
    android:layout_width="match_parent"
    android:layout_height="match_parent"
    android:padding="10dp">
    <TextView
        android:id="@+id/textView1"
        android:text="Titel"
        android:layout_width="wrap_content"
        android:layout_height="wrap_content"
        style="@style/Text" />
    <TextView
        android:id="@+id/textView2"
        android:text="aufgenommen am 12.07"
        android:layout_width="wrap_content"
        android:layout_height="wrap_content"
        style="@style/Text"
        android:layout_gravity="right"></TextView>
```

```
    <TextView
        android:id="@+id/textView3"
        android:text="von Dirk Adams"
        android:layout_width="wrap_content"
        android:layout_height="wrap_content"
        style="@style/Text"
        android:layout_gravity="right"></TextView>
</LinearLayout>
```

Listing 6.4: Verwendung von Stilen in der Layoutdatei

> **Hinweis** Wenn Sie möchten, können Sie auch Layoutparameter wie `layout_width` oder `layout_height` in Stile auslagern.

Vererbung

Sie können Stile auch als Weiterentwicklungen bestehender Stile definieren. Die folgende Stildatei definiert z.B. zwei Stile: einen allgemeinen Stil für die Formatierung von TextView-Elementen und einen spezialisierten Stil für TextView-Elemente, die einen Titel anzeigen.

```
<?xml version="1.0" encoding="utf-8"?>
<resources>
    <style name="Text">
        <item name="android:textColor">#7a470a</item>
        <item name="android:textSize">16sp</item>
     </style>
    <style name="Titel" parent="@style/Text">
        <item name="android:textStyle">bold</item>
        <item name="android:textSize">26sp</item>
    </style>
</resources>
```

Listing 6.5: Vererbung für Stile

Über das Attribut `parent` können Sie festlegen, auf welchem Basis-Stil Sie die aktuelle Stildefinition aufbauen möchten. Der aktuelle Stil übernimmt dadurch automatisch alle Attribute aus seinem `parent`-Stil. Darüber hinaus kann er weitere Attribute definieren (im obigen Beispiel `textStyle`) oder den geerbten Attributen andere Werte zuweisen. Der obige Stil bewirkt z.B., dass Titel-Elemente wie Text-Elemente formatiert werden, aber mit größerer, fetter Schrift.

```
<LinearLayout ...">
    <TextView ...
        style="@style/Titel" />
    <TextView ...
        style="@style/Text"
        android:layout_gravity="right"></TextView>
```

```
    <TextView ...
       style="@style/Text"
       android:layout_gravity="right"></TextView>
</LinearLayout>
```

Listing 6.6: Verwendung von Stilen in der Layoutdatei (activity_ressourcen_demo.xml aus dem Projekt Ressourcendemo)

Themes

Themes sind Stile, die Sie auf dem Weg über die Manifestdatei an eine Activity oder an die App selbst zuweisen. Diese Stile werden dann automatisch auf alle UI-Elemente der betreffenden Activity (bzw. aller Activities der App) angewendet.

Verwendet ein Theme Attribute, die bestimmte UI-Elemente im Layout der Activity nicht unterstützen, werden diese Werte für die besagten Elemente einfach ignoriert.

> **Hinweis** Android 4.0.3-Projekte verwenden automatisch ein Theme namens *AppTheme*, das von dem vordefinierten Design `android:Theme.Light` abgeleitet ist.

```
<resources>
    <style name="AppTheme" parent="android:Theme.Light">
        <item name="android:background">#fefe00</item>
        <item name="android:typeface">sans</item>
    </style>
    <style name="Text">
        <item name="android:textColor">#7a470a</item>
        <item name="android:textSize">16sp</item>
     </style>
    <style name="Titel" parent="@style/Text">
        <item name="android:textStyle">bold</item>
        <item name="android:textSize">26sp</item>
    </style>
</resources>
```

Listing 6.7: Themes werden wie normale Stile definiert (hier werden eine allgemeine Hintergrundfarbe und ein Schrifttyp vorgegeben).

```
<manifest xmlns:android="http://schemas.android.com/apk/res/android"
      package="de.carpelibrum.ressourcendemo"
      android:versionCode="1"
      android:versionName="1.0">
    <uses-sdk android:minSdkVersion="8" />

    <application android:icon="@drawable/icon"
                 android:label="@string/app_name">
        <activity android:name=".RessourcenDemoActivity"
                  android:label="@string/app_name"
                  android:theme="@style/AppTheme">
```

```
            <intent-filter>
                <action android:name="android.intent.action.MAIN" />
                <category android:name=
                               "android.intent.category.LAUNCHER" />
            </intent-filter>
        </activity>

    </application>
</manifest>
```

Listing 6.8: Zuweisung eines Themes über die Manifestdatei

Abbildung 6.9: Die mit Stilen und einem Theme formatierte Seite im Designer und im Emulator

6.3 Alternative Ressourcen vorsehen

Android-Geräte gibt es in den verschiedensten Größen mit unterschiedlichsten Auflösungen, unterschiedlicher Hardware-Ausstattung und individueller Konfiguration (Sprache, Region, Orientierung, Plattform-Version etc.).

So erfreulich diese Bandbreite für den Anwender sein mag, den App-Entwickler stellt sie vor ein großes Problem. Wie kann er sicherstellen, dass die Bildschirmseiten seiner App auch dann vollständig angezeigt werden, wenn der Anwender das Gerät im Querformat hält? Wie kann er erreichen, dass deutsche Anwender deutsche Texte auf den Bildschirmseiten sehen und englische Anwender englische

Texte? Wie kann er verhindern, dass seine Bilder und Symbole, die auf Smartphones so gut aussehen, auf Tablet-PCs durch Skalierung und Verzerrung nicht komplett entstellt werden?

Die Antwort auf all diese Fragen liegt im Android-Ressourcenkonzept, welches es uns erlaubt, von einer Ressource unterschiedliche Varianten bereitzustellen, die optimal an bestimmte Hardwarekonfigurationen angepasst sind.

6.3.1 Das Grundprinzip

Der wichtigste Punkt ist sicher die Feststellung, dass

»es nicht nötig ist, jede denkbare Konfiguration optimal zu unterstützen.«

Wenn Sie Ihre App dafür ausgelegt haben, dass das Android-Gerät im Hochformat gehalten wird, müssen Sie nicht unbedingt auch das Querformat optimal unterstützen. Sie können es den Anwendern durchaus zumuten, das Gerät in die gewünschte Position zu drehen. (Etwas anders liegt der Fall natürlich, wenn Sie eine Diashow oder etwas Ähnliches programmieren. Bei solchen Apps erwartet der Anwender mittlerweile, dass er das Gerät drehen kann, um sowohl Hoch- als auch Querformatbilder bildschirmfüllend anzeigen zu lassen.)

Und wenn die Benutzeroberfläche Ihrer App nur in Deutsch oder vielleicht wahlweise in Deutsch und Englisch, aber eben nicht in Französisch, Russisch, Persisch oder Chinesisch angezeigt wird, so wird man Ihnen dies sicherlich ebenfalls verzeihen. Gegebenenfalls suchen sich die Anwender dann halt eine vergleichbare App in ihrer Sprache.

Wenn Sie aber konfigurationsspezifische Ressourcen zur Verfügung stellen möchten, so gehen Sie wie folgt vor:

- Erstellen Sie zuerst einen vollständigen Satz von Standardressourcen.

  Standardressourcen sind diejenigen Ressourcen, die in den Standard-Ressourcenverzeichnissen stehen, also *res/drawable*, *res/layout*, *res/values* etc.

  Wenn Sie also ein Symbol in unterschiedlichen Auflösungen mitliefern möchten, stellen Sie sicher, dass eine Version der Symbolbilddatei auch im Verzeichnis *drawable* zu finden ist. Und wenn Sie die Texte Ihrer Benutzeroberfläche in Deutsch und Norwegisch bereitstellen möchten, achten Sie darauf, dass ein Satz der benötigten String-Ressourcen in den XML-Dateien im Verzeichnis *res/values* definiert ist.

- Stellen Sie für jede abweichende Konfiguration, die Sie optimal unterstützen möchten, angepasste Varianten der betreffenden Ressourcen bereit.

Wenn Sie im Zuge der App-Entwicklung, vom Anlegen des Projekts bis zur letzten Erstellung der fertigen und bereits getesteten App, alle benötigten Ressourcen als Standardressourcen definieren, ergibt sich der Standardsatz ganz automatisch.

Danach können Sie in einem weiteren Schritt von einzelnen Ressourcen konfigurationsspezifische Kopien erstellen.

Warum verfügt das Projektgrundgerüst über kein drawable-Verzeichnis?

Ein kompletter Satz von Standardressourcen ist das sicherste Mittel, um App-Abstürze wegen nicht gefundener Ressourcen zu verhindern.

Wenn Sie drei Sätze von String-Ressourcen für Deutsch, Englisch und Italienisch bereitstellen, aber einen String im englischen Satz vergessen haben, wird Ihre App auf den Smartphones englischer Anwender abstürzen. Hätten Sie dagegen den deutschen Satz als Standardsatz installiert, würde die App nicht abstürzen und auf der Oberfläche wäre zumindest der deutsche Text zu sehen.

Für die unterschiedlichen Bildschirmauflösungen verfährt Android allerdings etwas anders. Hier sucht es selbständig die Ressource heraus, die am besten zu der Auflösung des Geräts passt. Das heißt, wenn eine Variante für die Bildschirmdichte (mdpi) fehlt, aber dafür eine Kopie für die niedrige Bildschirmdichte (ldpi) verfügbar ist, greift Android zur Not auf diese zurück.

6.3.2 Wie stellt man konfigurationsspezifische Ressourcen bereit?

Für jeden Konfigurationsparameter, den Sie berücksichtigen können, gibt es einen vordefinierten Satz von Bezeichnern, welche die möglichen Alternativen kennzeichnen. Für die Bildschirmorientierung wären dies z.B. die Bezeichner *port* (für Hochformat) und *land* (für Querformat).

Wenn Sie eine Ressource für eine bestimmte Konfiguration erstellen möchten, legen Sie einfach unter dem *res*-Ordner ein neues Verzeichnis an, dessen Name sich aus dem Ressourcentyp und dem Konfigurationsbezeichner zusammensetzt, also beispielsweise *drawable_port* für Bildressourcen, die besonders an das Hochformat angepasst sind.

```
res
|--drawable              // für Standardbilder
|--drawable_port         // für Bilder, optimal für Hochformat
```

In diesem Verzeichnis legen Sie dann die gewünschten Ressourcen ab.

```
res
|--drawable
   |-- icon.pgn
   |-- hintergrund.png
|--drawable_port
   |-- hintergrund.png
```

Bei dieser Konstellation würde Android beim Halten des Geräts im Hochformat das Symbol *icon.png* aus dem Verzeichnis *drawable* und das Hintergrundbild aus dem Verzeichnis *drawable_port* verwenden. Hält der Anwender das Gerät dagegen im Querformat, würden ausschließlich die Bildressourcen aus dem Verzeichnis *drawable* herangezogen.

Hinweis Wenn Sie eine Ressource in mehreren Varianten anbieten, achten Sie darauf, dass der Ressourcenname (bei Bildressourcen der Dateiname) für alle Varianten gleich ist.

Konfiguration	Alternativen	Beschreibung

Sprache	`de`
	`en`
	`fr`
	`...`
		Sprache. Android wählt die Sprache, die auf dem Gerät eingestellt ist (oder die Standardversion).

Verfügbare Breite	`w720dp`
	`w1024dp`
	`...`
		Mindestbreiten. Android wählt die Variante, die am besten zur Breite des Geräts passt.
		Diese Konfiguration ist erst ab der Android API 13 verfügbar.

Bildschirmgröße	`small`
	`normal`
	`large`
	`xlarge`
		Bildschirmgröße.
		`small` entspricht ungefähr 320x426dp, `normal` ungefähr 320x470dp, `large` ungefähr 480x460dp (VGA- und WVGA-Bildschirme mittlerer Dichte) und `xlarge` ungefähr 720x960dp oder mehr (Tablet-PCs).

Orientierung	`port` `land`	Auswahl hängt davon ab, ob das Gerät waagerecht (`land`) oder senkrecht (`port`) gehalten wird.

Bildschirmdichte	`ldpi`
	`mdpi`
	`hdpi`
	`xhdpi`
		Geringe Bildschirmdichte entspricht in etwa 120dpi, mittlere Dichte 160dpi, hohe Dichte 240dpi und extra hohe Dichte 320 dpi.

Plattform	`v8`
	`v11`
	`...`
		Auswahl erfolgt nach der auf dem Gerät installierten Android-Version.

Tabelle 6.12: ***Auswahl an unterstützten Konfigurationsparametern (eine vollständige Liste finden Sie in der SDK-Dokumentation unter http://developer.android.com/guide/topics/resources/providing-resources.html)***

Hinweis Wenn Sie Ressourcenvarianten bereitstellen möchten, die auf eine bestimmte Kombination von Konfigurationsparametern abgestimmt sind, hängen Sie die Alternativbezeichner einfach hintereinander an den Namen des Standardordners an, also beispielsweise *drawable_en_hdpi* für Bilder in englischer Sprache (vielleicht enthält das Bild einen Anfangsbuchstaben oder einen Text) und hoher Auflösung. Alternativbezeichner, die in Tabelle 6.12 oben stehen, müssen dabei vor Bezeichnern aufgeführt werden, die weiter unten in der Tabelle stehen.

6.4 Fragen und Antworten

1. Mein Designer scheint manchmal zu spinnen. Dann lässt er mich im PROPERTIES-Fenster keine direkten Werte für die verschiedenen Eigenschaften eintippen. Was kann ich da machen?

   Wenn es Probleme mit dem Designer gibt, hilft meist ein Neustart von Eclipse.

   Kommt ein Neustart nicht in Frage, können Sie den Wert im XML-Editor direkt an das zugehörige Attribut zuweisen. Oder Sie erzeugen ad hoc eine Ressource: Klicken Sie dazu im PROPERTIES-Fenster auf die ...-Schaltfläche zu der Eigenschaft. Es erscheint das Fenster RESOURCE CHOOSER, in dem Sie nicht nur bestehende Ressourcen auswählen, sondern auch passende Ressourcen gleich anlegen können. Sie müssen nur auf die unten im Dialog liegende NEW-Schaltfläche klicken.

2. Der Tipp mit dem Anlegen von Ressourcen über den Designer ist Gold wert. Warum haben Sie das nicht schon vorne im Kapiteltext erwähnt?

   Nun, zum einem ist der Designer ständigen Veränderungen unterworfen. Eine Technik, die wunderbar mit dem von uns verwendeten Android-Plugin und dem darin integrierten Designer funktioniert, kann beim nächsten Update des Plugins schon wieder verschwunden sein oder ganz anders aussehen.

   Viel wichtiger ist aber, dass Sie verinnerlichen, wie App-Projekte aufgebaut sind. Wenn Sie sich von Anfang an nur der Annehmlichkeiten des Designers bedienen, werden Sie nie richtig verstehen, was im Hintergrund eigentlich passiert.

6.5 Übungen

1. Wie gehen Sie vor, um einem ImageButton-Widget ein Bild zuzuweisen?
2. Wie gehen Sie vor, wenn Sie das Theme der App verändern möchten?

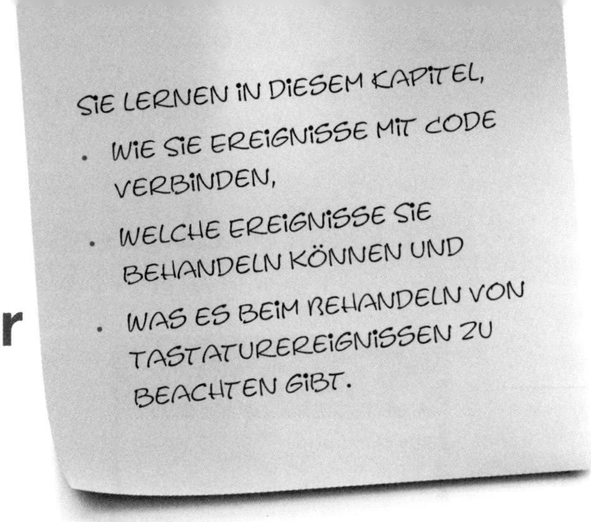

7 Mit dem Anwender interagieren

Früher, viel früher, waren Computer noch richtige Rechenmaschinen. Man fütterte sie mit Daten, wartete eine kurze oder längere Weile und erhielt schließlich irgendwann ein Ergebnis zurück. Heute sind Programme wesentlich flexibler und kommunizieren meist fortlaufend mit ihrer Umwelt – einer Umwelt, die zum einem aus dem Android-Betriebssystem und zum anderen aus dem Anwender besteht.

Das Android-System informiert die App über diverse Systemereignisse (wie z.B. bedenklich niedrige Batterieladung). Der Anwender interagiert durch Drücken von Tasten, Buttons oder anderen Aktionen mit den Elementen der App-Benutzeroberfläche – und erwartet, dass die App entsprechend reagiert. Womit wir beim Thema dieses Kapitels wären: der Reaktion auf allgemeine Benutzeraktionen.

7.1 Das Grundprinzip

Wie Sie aus Kapitel 5 wissen, werden Bildschirmseiten aus View-Elementen aufgebaut. Wie Sie ebenfalls wissen, steht hinter jedem dieser View-Elemente ein Objekt, dessen Klasse direkt oder indirekt auf die Basisklasse `View` zurückgeht. Was wir bisher jedoch noch nicht angesprochen haben, ist, dass es zu jeder dieser Klassen einen Satz von Ereignissen gibt, auf die die Objekte der Klasse reagieren können.

So können Button-Elemente beispielsweise auf das Klickereignis reagieren, das ausgelöst wird, wenn der Anwender den Button drückt (mit dem Finger oder durch Drücken der [↵]-Taste).

Damit drängen sich zwei Fragen auf:

- Wie kann ich Code vorsehen, der automatisch ausgeführt wird, wenn für ein bestimmtes View-Objekt ein bestimmtes Ereignis ausgelöst wurde?
- Welche Ereignisse gibt es für ein gegebenes View-Objekt?

7.1.1 Auf ein Ereignis reagieren

Was passiert, wenn der Anwender in der Bildschirmseite aus Abbildung 7.1 auf den Test-Button drückt?

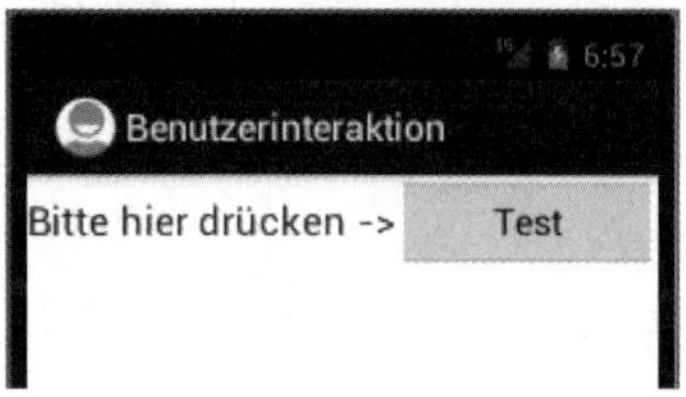

Abbildung 7.1: Viele View-Elemente dienen dazu, mit dem Anwender zu interagieren. Buttons z.B. können gedrückt werden und lösen dann irgendeine Aktion aus.

Richtig! Es passiert erst einmal gar nichts. Damit etwas passiert, müssen wir zuerst Code schreiben, der bei Auslösung des Klickereignisses ausgeführt wird.

Toasts

Angenommen wir wollten dem Anwender bei Drücken des Buttons eine simple Toast-Nachricht zukommen lassen.

```
String text = "Gut geklickt!";
Toast einToast = Toast.makeText(v.getContext(), text, Toast.LENGTH_SHORT);
einToast.show();
```

Dieser Code erzeugt einen Toast mit dem Nachrichtentext »Gut geklickt!« und blendet den Toast durch Aufruf der `show()`-Methode auf dem Bildschirm ein. (Für eine ausführlichere Beschreibung des Toast-Mechanismus siehe Kapitel 10.3.)

> **Toasts**
>
> Ein Toast ist eine unaufdringliche Nachricht, die üblicherweise am unteren Bildschirmrand eingeblendet wird und nach kurzer Zeit von selbst wieder verschwindet.

Ereignisbehandlung einrichten

Um diesen Code als Reaktion auf ein Ereignis ausführen zu lassen, müssen Sie

- den Code in eine Methode verpacken,
- die Methode in ein Objekt verpacken,
- das Objekt bei dem UI-Element registrieren, welches das Ereignis auslöst.

Der Name der Methode und der Typ des Objekts hängen vom Ereignistyp ab und werden durch ein Interface (Schnittstelle) vorgegeben. Für Klickereignisse ist dies das Interface `OnClickListener`. Klassen, die dieses Interface implementieren, müssen die Methode `void onClick(View v)` definieren – und in eben diese Methode gehört unser Ereigniscode:

```
package de.carpelibrum.benutzerinteraktion;

import android.app.Activity;
import android.os.Bundle;
import android.view.View;
import android.view.View.OnClickListener;
import android.widget.Button;
import android.widget.Toast;

public class BenutzerinteraktionActivity extends Activity {

   // Ereignislistener-Klasse mit Behandlungscode
   class MeinClickListener implements OnClickListener {
      public void onClick(View v) {
         String text = "Gut geklickt!";
         Toast einToast = Toast.makeText(v.getContext(), text,
                                         Toast.LENGTH_SHORT);
         einToast.show();
      }
   }

   public void onCreate(Bundle savedInstanceState) {
      super.onCreate(savedInstanceState);
      setContentView(R.layout.main);
   }
}
```

Listing 7.1:* *Der Ereigniscode wurde in ein passendes Listener-Objekt verpackt.

Wir haben hier die Klasse `MeinClickListener` als innere Klasse unserer Activity-Klasse definiert – ein sehr verbreitetes Verfahren, da die Klasse `MeinClickListener` auf diese Weise bei Bedarf auf die Felder der umgebenden äußeren Klasse zugreifen kann (siehe auch den Exkurs »Innere Klassen« aus dem Java-Tutorium auf der Buch-DVD).

In der Klasse `MeinClickListener` implementieren wir die `onClick()`-Methode aus dem Interface `OnClickListener`, d.h. wir übernehmen die vom Interface vorgegebene Signatur und füllen die Methode mit unserem Ereignisbehandlungscode.

Tipp Wer will, kann sich beim Implementieren der Interface-Methode von QuickFix oder dem Kontextmenübefehl OVERRIDE/IMPLEMENT METHODS aus dem Untermenü SOURCE helfen lassen (siehe Kapitel 4).

Ist die Listener-Klasse erst einmal definiert, ist der Rest einfach. Wir erzeugen einfach ein Objekt der Listener-Klasse und registrieren dieses bei dem View-Element.

```
public class BenutzerinteraktionActivity extends Activity {
  // ...
   public void onCreate(Bundle savedInstanceState) {
       super.onCreate(savedInstanceState);
       setContentView(R.layout.main);

       // Listener-Objekt erzeugen und bei View registrieren
       MeinClickListener testListener = new MeinClickListener();
       Button test = (Button) findViewById(R.id.button1);
       test.setOnClickListener(testListener);
   }
}
```

Hier wird zunächst das Listener-Objekt erzeugt und in der Variablen `testListener` abgespeichert. Dann beschaffen wir uns mithilfe der Methode `findViewById()` einen Verweis auf das Button-Element, dessen Klickereignisse wir behandeln möchten, und registrieren das Listener-Objekt. Die View-Klassen verfügen zu diesem Zweck über passende setOn...Listener-Methoden. Die setOn...Listener-Methode für das Klickereignis heißt – Überraschung – `setOnClickListener()`. Wir rufen sie für das Button-Element auf und übergeben ihr unser Listener-Objekt.

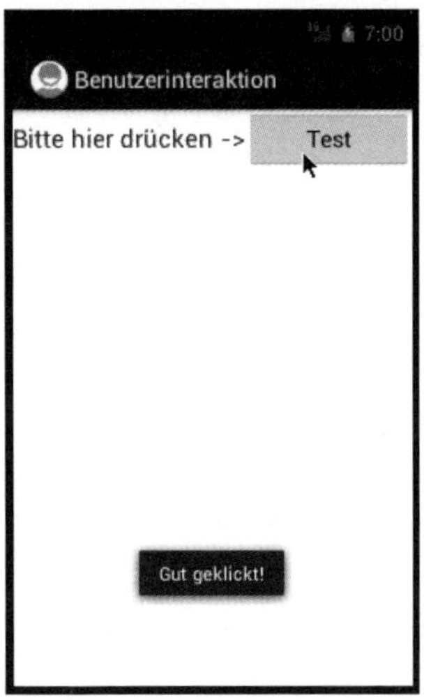

***Abbildung 7.2:** Als Reaktion auf das Drücken des Button-Elements wurde eine Toast-Nachricht eingeblendet.*

Die Spezifität des Listener-Modells

Der Registrierungsmechanismus ist sehr spezifisch: Es wird immer nur ein spezielles Ereignis für ein individuelles View-Element registriert. Welches Ereignis registriert wird, geben Sie über die Auswahl der Registriermethode an. Für welches View-Element das Ereignis behandelt wird, legen Sie dadurch fest, dass Sie für dieses Element die Registriermethode aufrufen.

Wenn Sie also in der Bildschirmseite einer Activity zwei Button-Elemente anzeigen, aber nur bei einem ein `OnClickListener`-Objekt registrieren, reagiert auch nur dieses eine Button-Element auf Klickereignisse.

Möchten Sie die Klickereignisse beider Button-Elemente behandeln, müssen Sie Ihr `OnClickListener`-Objekt bei beiden Button-Elementen registrieren – und gegebenenfalls den Code in der `onClick()`-Methode des Listener-Objekts so anpassen, dass er abhängig von der Quelle des Ereignisses unterschiedliche Aktionen ausführt (siehe weiter unten den Abschnitt »Eine Behandlungsmethode für mehrere Views«), oder Sie implementieren mehrere abgeleitete `OnClickListener`-Klassen.

7.1.2 Welche Ereignisse gibt es?

Einige View-Elemente erlauben die Behandlung spezieller Ereignisse, die mit ihrer besonderen Funktion zu tun haben. So z.B. die Spinner-Elemente, die ein `OnItemClick`-Ereignis auslösen, wenn der Anwender in der dargebotenen Liste ein Element auswählt (siehe Kapitel 20.5).

Daneben gibt es aber auch einen Standardsatz von Ereignissen, die von allen View-Elementen unterstützt werden. Die wichtigsten dieser Ereignisse sind in Tabelle 7.1 zusammengefasst.

Aufsteiger Wie kommt es, dass diese Ereignisse von allen View-Elementen unterstützt werden? Der Trick ist natürlich, dass die Unterstützung für diese Ereignisse, d.h. die zugehörigen Interfaces und Registriermethoden, in der Basisklasse `View` definiert sind.

Ereignismethode	Beschreibung
`void onClick(View v)`	Wird bei Klickoperationen aufgerufen. Interface: `OnClickListener` Registriermethode: `setOnClickListener()`
`boolean onDrag(View v, DragEvent e)`	Wird bei Drag&Drop-Operationen aufgerufen. Interface: `OnDragListener` Registriermethode: `setOnDragListener()` Mithilfe der `getAction()`-Methode des `DragEvent`-Parameters können Sie abfragen, um welche Drag&Drop-Aktion es sich handelt (also beispielsweise den Beginn einer Ziehoperation oder das Ablegen des gezogenen Objekts).

Ereignismethode	Beschreibung
`boolean onLongClick(View v)`	Wird aufgerufen, wenn ein View-Element gedrückt gehalten wird. Interface: `OnLongClickListener` Registriermethode: `setOnLongClickListener()`
`void onFocusChange(View v, boolean f)`	Wird bei Änderung des Fokus aufgerufen. Interface: `OnFocusChangeListener` Registriermethode: `setOnFocusChangeListener()` Der Parameter `f` gibt den neuen Fokuszustand an (`true` bedeutet, das View-Element hat den Fokus erhalten).
`boolean onKey(View v, int taste KeyEvent e)`	Wird bei Drücken einer Taste aufgerufen, vorausgesetzt das betreffende UI-Element besitzt den Tastaturfokus. Interface: `OnKeyListener` Registriermethode: `setOnKeyListener()` Der Parameter `taste` gibt den Tastencode der gedrückten Taste an und hilft bei deren Identifizierung. Mithilfe des `KeyEvent`-Parameters können Sie detailliertere Informationen über den Tastendruck abfragen (siehe weiter unten den Abschnitt »Auf Tipp- und Wischereignisse reagieren«).
`boolean onTouch(View v, MotionEvent e)`	Wird bei Tipp-Operationen aufgerufen. Interface: `OnTouchListener` Registriermethode: `setOnTouchListener()` Im `MotionEvent`-Parameter sind ausführliche Informationen über die Tipp-Operation gespeichert (siehe unten).
`onCreateContextMenu()`	Zur Erstellung von Kontextmenüs (siehe Kapitel 10.1.5).

Tabelle 7.1: Die wichtigsten allgemeinen Benutzerereignisse

7.1.3 Hintergrund der Ereignisverarbeitung

Sie möchten mehr über die Hintergründe der Ereignisverarbeitung erfahren? Nun, dann lassen Sie uns doch noch einmal bei unserem vorherigen Ausgangspunkt beginnen: Was passiert, wenn der Anwender in der Bildschirmseite aus Abbildung 7.3 auf den TEST-Button drückt?

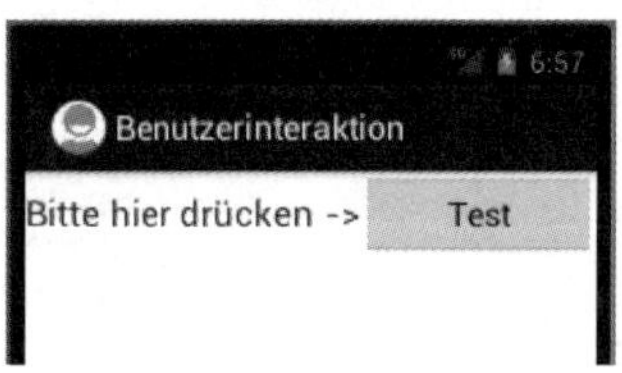

Abbildung 7.3: Bildschirmseite mit Button-Element

Wann immer der Anwender mit der Hardware seines Android-Geräts interagiert, erfasst das Android-Betriebssystem diese Interaktion, ermittelt das UI-Element, an das die Interaktion gerichtet ist, und schickt diesem eine Benachrichtigung.

Im Falle unserer Apps handelt es sich bei den UI-Elementen stets um Views, also Objekte, die einem Klassentyp angehören, der auf die Android-Klasse `android.view.View` zurückgeht.

> **Hinweis** Button-Elemente sind z.B. Objekte der Klasse `android.widget.Button`, die von der Basisklasse `android.widget.TextView` abgeleitet ist, welche selbst wieder von `android.view.View` abgeleitet ist.
>
> ```
> android.view.View
> |--- android.widget.TextView
>      |--- android.widget.Button
> ```

Standardverarbeitung

Der Anwender hat also das Button-Element unserer App gedrückt und das Android-System schickt dem Button-Objekt daraufhin eine Benachrichtigung. Das Button-Objekt nimmt diese Benachrichtigung entgegen, führt sie einer Standardverarbeitung zu – die nicht notwendigerweise zu einer für den Anwender sichtbaren Reaktion führt – und prüft anschließend, ob es schon weitere Benachrichtigungen gibt.

Der Code, der all dies bewirkt, ist in den View-Klassen verborgen. Wir haben mit ihm nichts zu tun. Die Kommunikation zwischen dem Betriebssystem und den View-Elementen unserer App funktioniert ganz ohne unser Zutun. Wir müssen uns um nichts kümmern.

Individuellen Behandlungscode einbauen

Aber vielleicht möchten wir uns ja kümmern! Vielleicht nicht gerade um jede einzelne einkommende Benachrichtigung, aber möglicherweise würden wir gerne festlegen, was grundsätzlich passieren soll, wenn der Anwender einen bestimmten Button drückt.

Hier setzt das Konzept der Ereignisbehandlung via Ereignislistener an, das auf drei Punkten basiert:

- Aus vielen Benachrichtigungen werden wenige Ereignisse.

  Views empfangen nicht nur eine große Anzahl, sondern auch ein breites Spektrum von Benachrichtigungen. Doch nicht alle diese Benachrichtigungen sind für die Arbeit mit einem View-Element wirklich wichtig.

  Daher trifft jede View eine Vorauswahl, welche Benachrichtigungen interessant genug sind, dass der Programmierer auf sie reagieren möchte. Diese Benachrichtigungen wandelt die View in sogenannte *Ereignisse* (englisch »events«) um.

  Für das Drücken eines Buttons wäre dies z.B. das `onClick`-Ereignis.

Ereignisse sind also in gewisser Weise gefilterte und vorverdaute Systembenachrichtigungen.

Hinweis Die beschriebene Vorauswahl wurde schon vor langer Zeit getroffen, als die Android-Entwickler begonnen haben, die einzelnen View-Klassen zu schreiben. Wie diese Vorauswahl aussieht und wie Benachrichtigungen in Ereignisse umgewandelt werden, muss uns nicht interessieren. Wichtig ist, dass wir es dank dieser Umwandlung statt mit unzähligen, kryptischen Systemnachrichten mit einer kleinen überschaubaren Auswahl von Ereignissen für Klicks, Tipp-Berührungen, Tastendrücke etc. zu tun haben (siehe Tabelle 7.1).

- Die View implementiert einen Einhak-Mechanismus.

  Die View baut in die Standardverarbeitung für die betroffenen Benachrichtigungen einen Mechanismus ein, wie der Programmierer eigenen Code so einhaken kann, dass dieser automatisch ausgeführt wird, wenn ein bestimmtes Ereignis für ein bestimmtes UI-Element ausgelöst wird.

- Die View definiert, wie ein »Haken« auszusehen hat.

  Zu jedem unterstützten Ereignistyp definiert die View ein Ereignislistener-Interface.

  Dieses Interface legt fest, wie der »Haken« auszusehen hat. Mit anderen Worten: Wenn der Programmierer den Code, den er als Behandlungscode für das Ereignis ausführen lassen möchte, in ein Objekt verpackt, dessen Klassentyp das zugehörige Interface implementiert, hat er automatisch einen korrekten Haken.

  Registriert er dieses Objekt mit der passenden, von der View zur Verfügung gestellten Methode, ist der Haken eingehängt.

Will also der Programmierer ein bestimmtes Ereignis für ein bestimmtes View-Objekt behandeln, schreibt er eine Klasse, die das zugehörige Interface implementiert, erzeugt ein Objekt dieser Klasse und registriert dieses Objekt bei dem View-Objekt, für das er auf das Ereignis reagieren möchte.

Wie dies in der Praxis aussieht, haben Sie ja bereits in der Einleitung am Beispiel des Klickereignisses gesehen.

7.2 Vereinfachte Ereignisbehandlung

In dem einleitenden Abschnitt haben wir für die Implementierung des Listener-Interface eine eigene Klasse namens `MeinClickListener` definiert. Das war übersichtlich, aber auch etwas umständlich. Sehen wir uns einige Alternativen an.

7.2.1 Ereignisbehandlung mit anonymen Listener-Klassen

Ist es nicht lästig, sich jedes Mal vernünftige Namen für die Listener-Klassen ausdenken zu müssen? Stimmen Sie mir zu? Dann definieren Sie die Klassen doch einfach als anonyme Klassen.

Dazu definieren Sie in der Activity-Klasse statt einer inneren Listener-Klasse einfach gleich ein Feld für das Listener-Objekt.

```
import android.view.View;
import android.view.View.OnClickListener;
import android.widget.Toast;
import android.widget.Button;

public class BenutzerinteraktionActivity extends Activity {

  private OnClickListener testListener;

}
```

Dieses Feld initialisieren Sie nun direkt mit einem `OnClickListener`-Objekt, wobei Sie die anonyme Klassendefinition direkt an den Aufruf des `OnClickListener()`-Konstruktors anhängen:

```
  private OnClickListener testListener = new OnClickListener() {
       public void onClick(View v) {
          String text = "Gut geklickt!";
          Toast einToast = Toast.makeText(v.getContext(), text,
                                          Toast.LENGTH_SHORT);
          einToast.show();
       }
  };

   public void onCreate(Bundle savedInstanceState) {
       super.onCreate(savedInstanceState);
       setContentView(R.layout.main);

       Button test = (Button) findViewById(R.id.button1);
       test.setOnClickListener(testListener);
   }
```

DVD zum Buch Siehe auch den Exkurs »Innere Klassen« aus dem Java-Tutorium auf der Buch-DVD.

7.2.2 Ereignisbehandlung mit anonymen Listener-Objekten

Wenn Sie ein Listener-Objekt nur für eine einzige Registrierung benötigen, geht es sogar noch radikaler. Erzeugen Sie es einfach als anonymes Objekt einer anonymen Klasse direkt bei der Übergabe an die Registrierungsmethode:

```
public void onCreate(Bundle savedInstanceState) {
    super.onCreate(savedInstanceState);
    setContentView(R.layout.main);
```

```
        // Listener-Objekt bei View registrieren
        Button test = (Button) findViewById(R.id.button1);
        test.setOnClickListener(new OnClickListener() {
            public void onClick(View v) {
                String text = "Auch gut geklickt!";
                Toast einToast = Toast.makeText(v.getContext(), text,
                                                Toast.LENGTH_SHORT);
                einToast.show();
            }
        });
}
```

DVD zum Buch Siehe auch die Exkurse »Anonyme Objekte« und »Innere Klassen« aus dem Java-Tutorium auf der Buch-DVD.

7.2.3 Ereignisbehandlung mithilfe der Activity-Klasse

Schließlich gibt es noch die ebenfalls sehr beliebte Möglichkeit, die Activity-Klasse als Listener-Klasse zu verwenden.

Bei dieser Technik lassen Sie die Activity-Klasse das Listener-Interface implementieren und übergeben als Listener-Objekt den `this`-Verweis.

```
public class BenutzerinteraktionActivity extends Activity
                                         implements OnClickListener {

    public void onCreate(Bundle savedInstanceState) {
        super.onCreate(savedInstanceState);
        setContentView(R.layout.main);

        // Listener-Objekt bei View registrieren
        Button test = (Button) findViewById(R.id.button1);
        test.setOnClickListener(this);
    }

    // Implementierung der Listener-Methode
    public void onClick(View v) {
       String text = "Verdammt gut geklickt!";
       Toast einToast = Toast.makeText(v.getContext(), text,
                                       Toast.LENGTH_SHORT);
       einToast.show();
    }
}
```

7.3 Eine Behandlungsmethode für mehrere Views

Wenn Sie ein Ereignis – wie z.B. das Klickereignis – für mehrere View-Elemente **individuell** behandeln möchten, stehen Sie vor dem Problem, dass je nachdem, für welches Element das Ereignis aufgetreten ist, unterschiedlicher Code ausgeführt werden muss.

Sie könnten dieses Problem natürlich dadurch lösen, dass Sie für jedes View-Element eine eigene Listener-Klasse (mit individuellem Behandlungscode) definieren.

Effizienter aber ist es, nur eine Listener-Klasse für das Ereignis zu schreiben, das zugehörige Listener-Objekt bei allen betroffenen View-Elementen zu registrieren und dann im Code der Ereignisbehandlungsmethode eine Fallunterscheidung zu treffen.

Alle Ereignisbehandlungsmethoden besitzen zu diesem Zweck einen View-Parameter, der das auslösende View-Objekt repräsentiert.

```
public class EreignisseActivity extends Activity {
   private Button btn1;
   private Button btn2;

   private OnClickListener btnListener = new OnClickListener() {
      public void onClick(View v) {
         String text = "";

         if (v == btn1) {
            text = "Hallo von Button 1";
         } else if (v == btn2) {
            text = "Hallo von Button 2";
         }

         Toast einToast = Toast.makeText(v.getContext(), text,
                                         Toast.LENGTH_SHORT);
         einToast.show();
      }
   };

   @Override
   public void onCreate(Bundle savedInstanceState) {
      super.onCreate(savedInstanceState);
      setContentView(R.layout.main);

      // Listener-Objekt bei Views registrieren
      btn1 = (Button) findViewById(R.id.button1);
      btn1.setOnClickListener(btnListener);
      btn2 = (Button) findViewById(R.id.button2);
      btn2.setOnClickListener(btnListener);
   }
}
```

Listing 7.2: Ein OnClickListener für mehrere View-Elemente

Der Trick ist, den in dem View-Parameter gespeicherten Objektverweis mit den einzelnen View-Objekten zu vergleichen:

```
if (v == btn1) { ...
```

Ergibt ein solcher Vergleich `true`, wissen wir, dass der Parameter `v` und die Objektvariable `btn1` auf ein und dasselbe View-Element verweisen. In den von der `if`-Bedingung kontrollierten Anweisungsblock können wir dann den Code einfügen, der speziell für dieses View-Element ausgeführt werden soll.

Im obigen Code wird z.B. als Reaktion auf das Klickereignis eine Toast-Nachricht ausgegeben. Der Text der Nachricht hängt davon ab, welcher Button gedrückt wurde.

> **Achtung** Für das hier vorgestellte Verfahren ist es wichtig, die Verweise auf die beteiligten View-Elemente in Feldern der Activity-Klasse abzuspeichern.

7.4 Auf Tipp- und Wischereignisse reagieren

Durch Registrierung eines `OnTouchListener`-Objekts können Sie auf Tipp- und Wischbewegungen der Finger reagieren.

7.4.1 Tippereignisse

Der folgende Code ist z.B. so aufgebaut, dass die Start-Activity das `OnTouchListener`-Interface mit seiner Methode `onTouch()` implementiert und sich selbst bei der LinearLayout-View als `OnTouchListener`-Objekt anmeldet.

```
package de.carpelibrum.tippen;

import android.app.Activity;
import android.os.Bundle;
import android.view.MotionEvent;
import android.view.View;
import android.view.View.OnTouchListener;
import android.widget.RelativeLayout;
import android.widget.Toast;

public class TippenActivity extends Activity
                              implements OnTouchListener {
    @Override
    public void onCreate(Bundle savedInstanceState) {
        super.onCreate(savedInstanceState);
        setContentView(R.layout.main);

        // Registrierung der Activity als Listener-Objekt bei der
        // obersten Layout-View
```

```
        RelativeLayout bildschirm =
              (RelativeLayout) findViewById(R.id.relativeLayout1);
        bildschirm.setOnTouchListener(this);
    }

    // Implementierung der OnTouchListener-Methode
    public boolean onTouch(View v, MotionEvent event) {
        int aktion = event.getAction();

        if(aktion == MotionEvent.ACTION_DOWN) {
            Toast einToast = Toast.makeText(v.getContext(), "Tipp",
                                             Toast.LENGTH_SHORT);
            einToast.show();

            return true;
        }

        return false;
    }
}
```

Listing 7.3: Implementierung und Registrierung eines OnTouchListeners (aus TippenActivity.java)

Beachten Sie, dass das Berühren des Touchscreens mit dem Finger immer mindestens zwei Ereignisse auslöst: `MotionEvent.ACTION_DOWN`, wenn der Finger den Touchscreen berührt, und `MotionEvent.ACTION_UP`, wenn der Anwender den Finger wieder hebt.

Um auf das Tippen mit dem Finger zu reagieren, ist es daher üblich, sich für eines dieser Ereignisse zu entscheiden (im obigen Beispiel `ACTION_DOWN`). Um herauszufinden, für welches konkrete `MotionEvent`-Ereignis Ihre Behandlungsmethode aufgerufen wurde,

- fragen Sie die ID des Ereignisses mithilfe der `getAction()`-Methode des `MotionEvent`-Parameters event ab und
- vergleichen diese ID anschließend mit der `MotionEvent`-Konstante des Ereignisses.

```
public boolean onTouch(View v, MotionEvent event) {
    int aktion = event.getAction();


    if(aktion == MotionEvent.ACTION_DOWN) {
        // Ereignis behandeln
        return true;
    }
```

Über den booleschen Rückgabewert Ihrer `onTouch()`-Methode zeigen Sie an, ob Sie an Folgeereignissen interessiert sind. Wenn Sie `false` zurückliefern, erhalten Sie keine Folgeereignisse.

Für unser obiges Beispiel ist der Rückgabewert unwesentlich, da wir nur das `ACTION_DOWN`-Ereignis behandeln. Möchte man aber nach einem `ACTION_DOWN`-Ereignis auch noch die nachfolgenden `ACTION_MOVE`- oder das abschließende `ACTION_UP`-Ereignis empfangen, ist es wichtig, die vorangehenden Ereignisse mit `return true` abzuschließen.

Hinweis Im Emulator simulieren Sie Tippereignisse durch das Klicken mit der linken Maustaste.

7.4.2 Wischereignisse

Für die Behandlung von Wischereignissen ist es üblicherweise wichtig, zu erkennen, in welche Richtung gewischt wurde. Dazu müssen wir die Position des Fingers beim Antippen (ACTION_DOWN) und beim Loslassen (ACTION_UP) vergleichen.

```
public class Demo extends ...
{
   private int touchX;
   private int touchY;

   //...

   public boolean onTouch(View v, MotionEvent event) {
      int aktion = event.getAction();

      if(aktion == MotionEvent.ACTION_DOWN) {
         // Position in Feldern touchX und touchY merken
         touchX = (int) event.getX();
         touchY = (int) event.getY();
      }

      if(aktion == MotionEvent.ACTION_UP) {
         int tx = (int) event.getX();
         int ty = (int) event.getY();

         // DOWN- und UP-Positionen vergleichen
         if( (touchX - tx) > 10) {
            // nach links
         } else if ((touchX - tx) <= -10){
            // nach rechts
         }

         if( (touchY - ty) > 10) {
            // nach oben
         } else if( (touchY - ty) <= -10) {
            // nach unten
         }
      }

      return true;
   }
```

Die Koordinaten eines Tippereignisses können Sie mithilfe der Methoden `getX()` und `getY()` aus dem `MotionEvent`-Objekt abfragen.

Der obige Code speichert die Positionen des Fingers beim Berühren des Touchscreens (`ACTION_DOWN`-Ereignis) in den Feldern `touchX` und `touchY`.

Verlässt der Finger den Touchscreen (`ACTION_UP`-Ereignis), wird wiederum die aktuelle Position ermittelt und mit der gespeicherten Position verglichen.

Der hier verwendete Vergleichscode ermittelt nicht die genaue Richtung der Verschiebungen, sondern unterscheidet lediglich zwischen »nach links«, »nach rechts«, »nach unten« und »nach oben«. Die in die Vergleiche eingebaute Toleranz von 10 Pixeln soll dem Anwender helfen, reine horizontale oder vertikale Verschiebungen zu bewerkstelligen.

> **Hinweis** In der UFO-App aus der Beispielsammlung (Kapitel 9) finden Sie eine Implementierung dieser Technik. Beachten Sie aber, dass die UFO-App keinen Ereignislistener verwendet, sondern eine eigene View-Klasse definiert und in dieser die `onTouchEvent()`-Methode überschreibt (siehe den Abschnitt »Ereignisverarbeitung in selbst geschriebenen View-Klassen«).

7.5 Auf Tastendrücke reagieren

Durch Registrierung eines `OnKeyListener`-Objekts können Sie auf Tastendrücke reagieren. Der folgende Code demonstriert z.B., wie Sie das Drücken der [↵]-Taste für ein Eingabefeld umdefinieren. Anstatt eine neue Zeile anzufangen, wird die Eingabe verarbeitet (im Beispiel durch Ausgabe als Toast-Nachricht).

```
import android.view.View.OnKeyListener;
...

private OnKeyListener editTextListener = new OnKeyListener() {
    public boolean onKey(View v, int keyCode, KeyEvent event) {

        if ((event.getAction() == KeyEvent.ACTION_DOWN) &&
            (keyCode == KeyEvent.KEYCODE_ENTER)) {

             Toast.makeText(v.getContext(), eingabefeld.getText(),
                            Toast.LENGTH_SHORT).show();
             return true;
        }

        return false;
    }
};

public void onCreate(Bundle savedInstanceState) {
   super.onCreate(savedInstanceState);
   setContentView(R.layout.main);
```

```
    EditText eingabefeld = (EditText) findViewById(R.id.editText1);
    eingabefeld.setOnKeyListener(editTextListener);
}
```

Da Key-Ereignisse durch Drücken nahezu jeder Taste ausgelöst werden, besteht der erste Schritt bei der Ereignisbehandlung meist darin, herauszufinden, welche Taste konkret gedrückt wurde. Dazu vergleichen Sie einfach den Parameter `keyCode` mit einer der Keycode-Konstanten der Klasse `KeyEvent`:

```
if (keyCode == KeyEvent.KEYCODE_N)  // true, wenn N gedrückt wurde
```

Tipp Wenn Sie »KeyEvent.« eintippen und ein wenig warten, blendet der Editor die Liste der definierten Konstanten ein.

Zwei Dinge sind bei der Tastaturverarbeitung zu beachten:

- Grundsätzlich löst jeder Tastendruck zwei Ereignisse aus: einmal, wenn die Taste gedrückt wird, und ein zweites Mal, wenn sie wieder losgelassen wird. Sie können zwischen beiden Ereignissen unterscheiden, indem Sie den Rückgabewert von `event.getAction()` mit einer der Konstanten `KeyEvent.ACTION_DOWN` oder `KeyEvent.ACTION_UP` vergleichen.
- Tastenereignisse werden in der View-Hierarchie weitergereicht, von der übergeordneten Layout-View runter bis zur eigentlichen Ziel-View. Wenn Sie ein Ereignis bearbeitet haben und die Weiterreichung unterbinden möchten, liefern Sie den Rückgabewert `true` zurück.

Wenn Sie möchten, können Sie dem Anwender auch vorgaukeln, seine Tastatur wäre defekt, indem Sie das Drücken einer bestimmten Taste (hier S) abfangen und nicht anderes tun als `true` zurückzuliefern. Dies unterbindet die weitere Verarbeitung und verhindert, dass der Buchstabe S im Eingabefeld erscheint:

```
private OnKeyListener editTextListener = new OnKeyListener() {
    public boolean onKey(View v, int keyCode, KeyEvent event) {

        if ((event.getAction() == KeyEvent.ACTION_DOWN) &&
            (keyCode == KeyEvent.KEYCODE_ENTER)) {

            Toast.makeText(v.getContext(), eingabefeld.getText(),
                           Toast.LENGTH_SHORT).show();
            return true;

        } else if (keyCode == KeyEvent.KEYCODE_S) {
            return true;
        }
        return false;
    }
};
```

Allerdings funktioniert dies nur, sofern das Eingabefeld den Tastaturfokus innehat. Wenn die Software-Tastatur eingeblendet ist, übernimmt diese den Tastaturfokus, konsumiert viele Tastenereignisse und hebelt Ihren bösen Spaß aus.

Hinweis In Kapitel 9 werden wir noch ein Beispiel sehen, wie eine gezeichnete Figur mittels der DPAD-Tasten über den Hintergrund bewegt werden kann.

7.6 Ereignisverarbeitung in selbst geschriebenen View-Klassen

Wenn Sie eine eigene View- oder Activity-Klasse schreiben, benötigen Sie für die Ereignisbehandlung keine Listener-Objekte. Überschreiben Sie stattdessen einfach die gewünschte on-Ereignismethode.

1. Setzen Sie im Editor den Mauszeiger in den Code der View- oder Activity-Klasse.
2. Rufen Sie den Kontextmenübefehl OVERRIDE/IMPLEMENT METHODS im Untermenü SOURCE auf.
3. Markieren Sie das Kästchen vor der zu überschreibenden Ereignismethode, wie z.B. ONKEYDOWN(), und drücken Sie OK.
4. Fügen Sie Ihren Ereignisbehandlungscode ein.

```
public boolean onKeyDown(int keyCode, KeyEvent event) {

   if (keyCode == KeyEvent.KEYCODE_DPAD_UP) {
      // ...
   }
   if (keyCode == KeyEvent.KEYCODE_DPAD_RIGHT) {
      // ...
   }
   if (keyCode == KeyEvent.KEYCODE_DPAD_DOWN) {
      // ...
   }
   if (keyCode == KeyEvent.KEYCODE_DPAD_LEFT) {
      // ...
   }

   return super.onKeyDown(keyCode, event);
}
```

5. Stellen Sie bei Views sicher, dass diese fokussierbar sind.

```
public UFOView(Context c) {
   super(c);

   // ...

   setFocusable(true);
}
```

Hinweis Die `onKeyDown`-Methode der Activity empfängt Tastaturereignisse immer nur dann, wenn diese zuvor von keinem der View-Elemente in der Bildschirmseite bearbeitet wurden.

Achtung Am Ende der überschriebenen Ereignismethode müssen Sie immer die Basisklassenversion aufrufen.

7.7 Fragen und Antworten

1. Ich habe meine Activity-Klasse einen `OnClickListener` definieren lassen, aber die `onClick()`-Methode, die ich mithilfe von Eclipse habe anlegen lassen, sieht ganz anders aus als in Ihrem Code. Statt eines `View`-Parameters definiert die Methode einen `DialogInterface`- und einen `int`-Parameter?

   Okay. Vermutlich haben Sie zuerst die Deklaration der Activity-Klasse um `implements OnClickListener` erweitert und dann, als Eclipse Ihnen durch eine rote Schlangenlinie unter dem Bezeichner `OnClickListener` angezeigt hat, dass es hier ein Problem gibt, mithilfe des ersten Quickfix im QuickInfo-Fenster die passende `import`-Anweisung hinzufügen lassen. Das Problem ist nur, dass es im QuickInfo-Fenster mehrere `import`-Anweisungen zur Auswahl gibt, da das Interface `OnClickListener` in verschiedenen Paketen bzw. Klassen definiert ist. Sie haben offensichtlich die falsche Anweisung ausgewählt und deswegen hat auch die anschließende mithilfe von Eclipse vorgenommene Implementierung der »unimplemented methods« zu den falschen Methodendefinitionen geführt. Löschen Sie die Methodendefinitionen und die falsche `import`-Anweisung und wählen Sie beim nächsten Mal die `import`-Anweisung für `android.view.View` aus.

7.8 Übungen

1. Ergänzen Sie die App *ZweiSchalter* aus dem Übungsteil zu Kapitel 5 um eine Ereignisbehandlung für die beiden Schaltflächen. Wird der Ja-Schalter gedrückt, soll der Wert der Fortschrittsanzeige um eins erniedrigt werden, beim Drücken des Nein-Schalters soll der Wert der Fortschrittsanzeige dagegen um eins erhöht werden.
2. Schreiben Sie die Tuschstaffel-App aus Kapitel 4 so um, dass das Abspielen der Tuschfolge bereits beim Antippen mit dem Finger (Mausklick in Emulator) beendet wird.

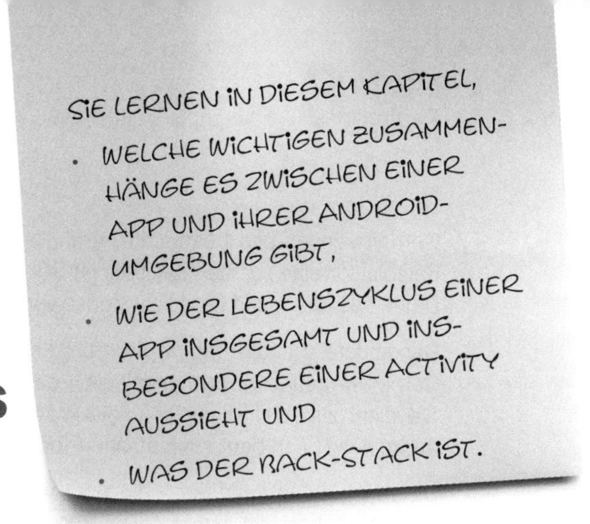

8 App-Grundlagen und Lebenszyklus

Nachdem wir in den vorangegangenen Kapiteln schon recht tief eingetaucht sind und erste Schritte in der App-Programmierung gemacht haben, wird es nun Zeit, einige wichtige Grundlagen von Android-Apps genauer zu betrachten.

8.1 Die Android-Architektur

Wie Sie sicherlich schon gehört haben, basiert Android auf einer besonderen Variante des Betriebssystems Linux, das selbst wiederum zur Gruppe der UNIX-Betriebssysteme gehört. Linux ist in der Programmiersprache C geschrieben, aber glücklicherweise bleibt uns das als Android-Programmierer erspart, denn wie Sie ja schon gesehen haben, können wir unsere Applikationen in der recht komfortablen und modernen Programmiersprache Java schreiben. Wieso eigentlich? Werfen wir zunächst einen Blick auf die grundlegende Architektur eines Android-Systems:

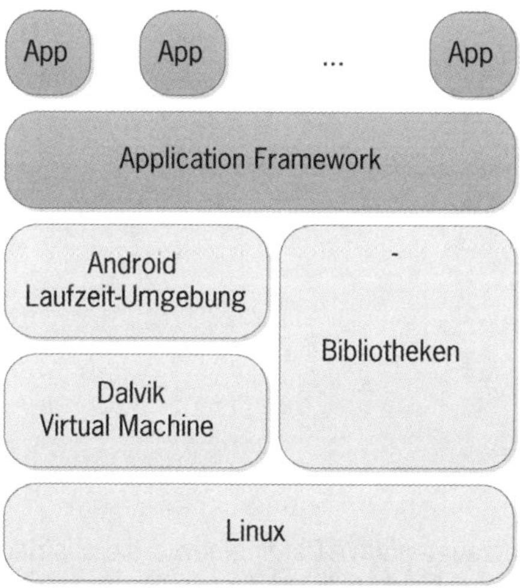

Abbildung 8.1: Die Android-Architektur

Auf der untersten Ebene befindet sich das Betriebssystem Linux, das die Schnittstelle zur eigentlichen Hardware bildet, also dem Smartphone oder Tablet-PC (in naher Zukunft wohl auch vermehrt Notebooks, Fernseher, etc.). Darauf setzen zum einen verschiedene Bibliotheken auf, d.h. Programme, die man nicht als Anwender direkt aufrufen kann, sondern die nur von anderen Programmen angesprochen werden können und bestimmte, grundlegende Funktionalitäten zur Verfügung stellen. Ein wichtiges Beispiel für eine solche Bibliothek ist SQLite, ein Datenbanksystem, mit dem Sie in Ihren Programmen Daten speichern und natürlich wieder abrufen können.

Der andere wichtige Block, der auf Linux aufsetzt, ist die *Dalvik Virtual Machine* (meistens einfach Dalvik VM genannt). Es handelt sich dabei um eine besondere Variante einer Java Virtual Machine. Sie dient zur Ausführung von Java-Programmen und bildet die Brücke zwischen der Java-basierten Android-Welt und dem systemnahen Teil.

Die Android-Applikationen – die *Apps* – werden von Anwendungsprogrammierern wie Ihnen erstellt. Apps bestehen aus selbst definierten Java-Klassen, die mal mehr, mal weniger umfangreich auf die vorhandenen Klassen aus dem Android Application Framework zurückgreifen, beispielsweise die Klassen `Activity` und `View`, die Sie ja schon kennengelernt haben. Beim automatischen Erstellen eines Java-Projekts werden in Eclipse hinter den Kulissen eine Reihe von Artefakten erzeugt und wir müssen uns glücklicherweise nicht im Detail darum kümmern, aber es ist dennoch empfehlenswert zu wissen, was ungefähr passiert.

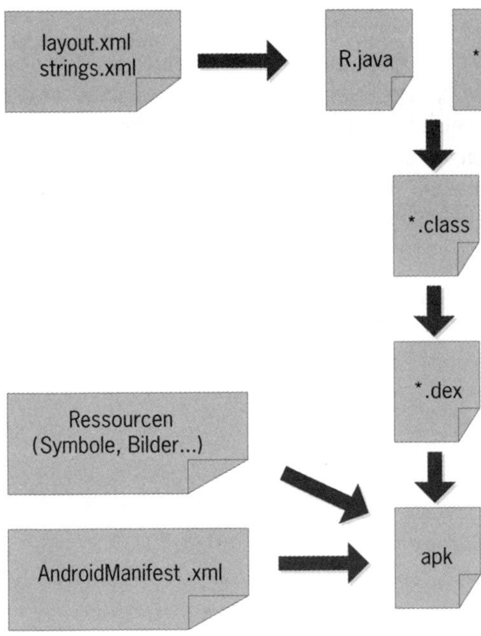

Abbildung 8.2: Vom Quellcode zur APK-Datei

Die Zutaten einer App, also die verschiedenen von Ihnen erzeugten JAVA-Dateien sowie die aus den Ressourcen automatisch erzeugte Datei *R.java* werden in ein Zwischenformat namens Java-Bytecode (Dateiendung *.class*) übersetzt und dann in das sogenannte *DEX-Format* für die Dalvik-VM umgewandelt. Sowohl die CLASS - als auch die DEX-Dateien sind ein Binärformat, d.h. für den Menschen nicht wirklich lesbar.

Der letzte Schritt auf dem Weg zur App besteht in der Bündelung der DEX-Dateien und einer besonderen Hilfsdatei namens *AndroidManifest.xml* (allerdings ebenfalls in einer binären, nicht mehr lesbaren

Form) zu einem Archiv mit der Endung *APK*. Das Android-Manifest dient zur Festlegung wichtiger Eigenschaften der App, z.B. welche Zugriffsrechte und Gerätefähigkeiten benötigt werden.

Die APK-Datei enthält alles, was die Dalvik-VM zur Ausführung der App auf einem Android-System benötigt, vorausgesetzt, die bei der Erstellung definierten Voraussetzungen sind erfüllt (z.B. die richtige Android-API-Version).

Man kann die APK-Datei nun auf das gewünschte Smartphone oder den Emulator transferieren und dort installieren und ausführen; Android arbeitet übrigens aus Sicherheitsgründen nur mit digital signierten APK-Dateien. Solange Sie nur debuggen und testen, wird dies automatisch mit einem besonderen Debug-Zertifikat schon von Eclipse für Sie erledigt. Nur beim finalen Export muss man noch ein bisschen Zusatzarbeit investieren und mit einem eigenen Zertifikat die APK-Datei signieren (mehr dazu in Anhang A).

8.2 Der App-Lebenszyklus

Eine Android-App besteht aus einer oder mehreren Komponenten, die den folgenden möglichen Typ haben können:

- `Activity` dient zur Interaktion mit dem Anwender und zeigt in der Regel genau einen definierten Bildschirm (View) an.
- `Service` stellt Funktionalität für (andere) Apps zur Verfügung und/oder dient zur Ausführung von lang laufenden Hintergrundaktivitäten.
- `ContentProvider` ermöglicht anderen Apps das Speichern und Laden von Daten.
- `BroadcastReceiver` verarbeitet Broadcast-Nachrichten (Nachrichten, die im Hintergrund an alle Prozesse gesendet werden).

Im Rahmen dieses Einsteigerbuches konzentrieren wir uns zwar auf die Activities, aber wir werden bei einigen Beispielen auch Vertretern der übrigen Komponentenarten über den Weg laufen und diese nutzen.

Eine typische App besteht in der Regel aus mindestens einer Activity, bei komplexeren Funktionalitäten natürlich entsprechend aus mehreren Activities. In der Regel definiert eine Activity genau eine Bildschirmanzeige (eine `View`), sodass wir also von einer 1:1 Beziehung ausgehen können.

Wenn der Anwender eine App starten will und dies durch einen »Klick« (also beim typischen Touchscreen ein einfaches Antippen) des entsprechenden App-Symbols dem Android-Betriebssystem kund tut, dann passiert leicht vereinfacht Folgendes:

- Ein neuer Linux-Prozess wird gestartet und eine darin laufende Instanz der Dalvik-VM erzeugt.
- Ein Intent-Objekt wird angelegt sowie eine Instanz der `Activity`-Klasse, die in der Manifestdatei der gewünschten App als »main«-Activity definiert worden ist.
- Die Activity wird durch Aufruf ihrer Methode `startActivity()` gestartet.

Die Activities einer gestarteten App werden von Android als eine logische Einheit namens *Task* zusammengefasst. Hierbei kommt eine besondere Datenstruktur zum Einsatz, der *Back-Stack* (wörtlich übersetzt der »Zurück-Stapel«, daher bleiben wir mal lieber beim englischen Begriff). Jede gestartete

App hat ihren eigenen Back-Stack, in dem alle Activities eingetragen werden, die der Anwender beim Hin- und Hernavigieren zu sehen bekommt.

Wichtig hierbei und vermutlich etwas ungewohnt, falls Sie schon weitergehende Programmiererfahrung auf einem konventionellen Betriebssystem wie Windows haben, ist der Umstand, dass eine Android-App während ihrer Laufzeit durchaus auch Activities umfassen kann, die eigentlich zu anderen Apps gehören! Ein klassisches Beispiel ist das Versenden von E-Mails. Anstatt diese Funktionalität selbst neu zu implementieren, lassen Sie einfach Ihre Activity eine geeignete Botschaft (also einen Intent) an das Android-System senden, das daraufhin eine Activity sucht, die zu diesem Intent passt, d.h. von ihm aktiviert werden kann[1]. Auch diese »fremde« Activity würde dann im Back-Stack Ihrer App auftauchen.

Schauen wir uns den Back-Stack nun genauer an. Ein Stack funktioniert wie ein Tellerstapel nach dem LIFO (Last-in first-out) Prinzip. Es werden immer nur oben Teller bzw. `Activity`-Instanzen draufgelegt und wieder weggenommen. Die oberste Activity ist diejenige, die gerade sichtbar ist und den Fokus hat, d.h. der Anwender kann mit ihr interagieren, Daten eingeben, etc.

Wenn der Anwender im Application Launcher das Symbol einer App antippt, wird eine neue Task mit einem frischen Back-Stack gestartet; falls die App vor kurzem bereits einmal gestartet worden war und ihre Task noch existiert, dann wird diese mit ihrem alten Back-Stack reaktiviert und zur aktiven Task.

Jede Activity, die nun aufgrund von Benutzereingaben erzeugt und angezeigt wird, kommt auf den Back-Stack.

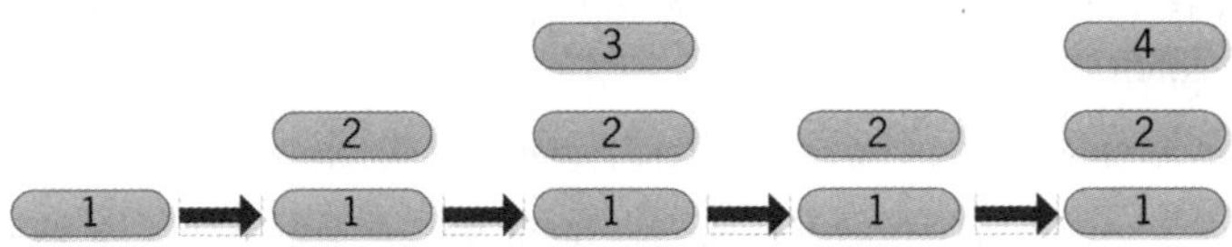

Abbildung 8.3: Activities im Back-Stack einer Task

Im obigen Beispiel sehen wir, dass die Task mit der Activity 1 begonnen hat. Eine solche Start-Activity, die in einem Stack ganz unten liegt, wird übrigens als *Root-Activity* bezeichnet. Danach wurde Activity 2 und dann 3 angezeigt. Jedes Mal, wenn der Anwender die ZURÜCK-Taste seines Smartphones verwendet, wird die oberste Activity zerstört und die darunter liegende wird wieder sichtbar und erhält den Fokus (im obigen Beispiel ging der Anwender von 3 zu 2 zurück). Wenn der Anwender nun aufgrund seiner weiteren Eingaben zu einer anderen Activity 4 gelangt, kommt diese auf den Stack. Vielleicht entscheidet sich der Anwender dann, eine ganz andere App zu starten, und er drückt den HOME-Button. Dies bewirkt, dass der aktuelle Stack gesichert und ein anderer Stack aktiv wird. Falls der Anwender sich wieder entscheidet, die zuerst gestartete App zu starten, wird der dazugehörige Stack, sofern er noch existiert, wieder aktiviert und startet mit dem Inhalt 1 – 2 – 4.

Android bietet also dem Anwender ein nahtloses Hin- und Herwechseln zwischen verschiedenen Apps. Dabei erwartet dieser in der Regel, dass Apps, die er via HOME-Button verlassen hat und dann später wieder startet, genau so aussehen und genau die gleichen Daten anzeigen wie beim Verlassen der App.

1 Wenn keine passende Activity gefunden wird, dann wird die Applikation mit einer Fehlermeldung beendet.

Damit dies problemlos klappt, müssen sowohl die Android-Laufzeitumgebung als auch Sie als App-Entwickler einige Dinge beachten. Zentrales Element hierbei ist der Activity-Lebenszyklus.

Wie Sie bereits wissen, muss jede selbst erstellte Activity von der Basisklasse `Activity` abgeleitet werden. Dadurch erbt sie eine Reihe von Methoden, die von Android zu genau definierten Zeitpunkten aufgerufen werden, nämlich immer dann, wenn die Activity in einen neuen Zustand übergeht. Durch Überschreiben dieser Methoden können Sie als App-Entwickler in den Lebenszyklus eines `Activity`-Objekts eingreifen.

8.3 Der Activity-Lebenszyklus

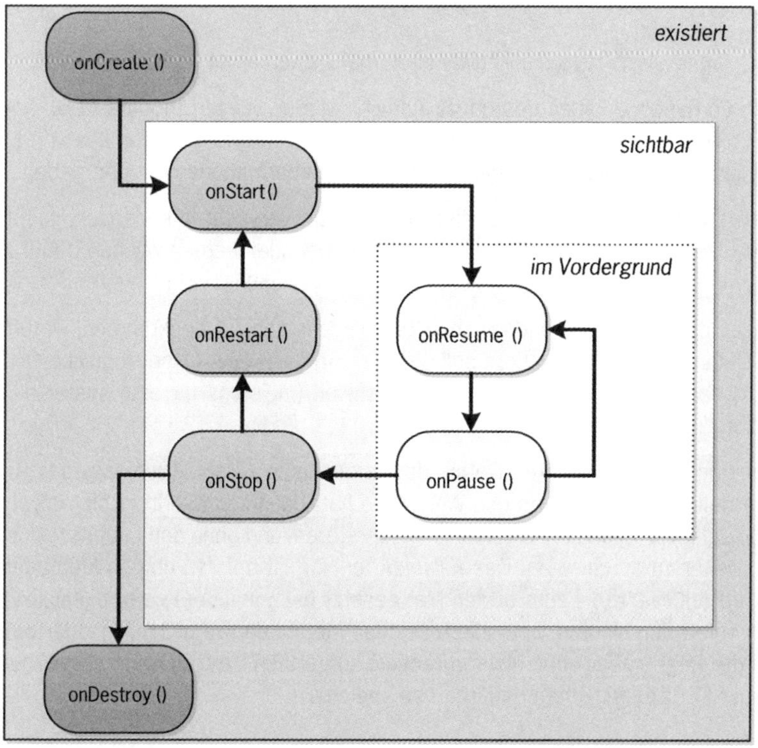

Abbildung 8.4: Lebenszyklus einer Activity

Abbildung 8.4 zeigt eine etwas vereinfachte Übersicht und greift aus einer Fülle von Lebenszyklus-Methoden diejenigen heraus, die man in der Regel braucht.

- Wenn eine Activity initialisiert wird, dann ruft Android zunächst die Methode `onCreate()` auf und übergibt dabei als Parameter auch gleich Informationen über einen vorangegangenen Zustand (falls vorhanden, siehe `onRestart()`). In dieser Methode sollten alle statischen, sich nicht mehr ändernden Vorbereitungen durchgeführt werden, z.B. das Erzeugen von Views.

- Wenn Android bereit zur Anzeige der Activity ist, wird `onStart()` aufgerufen. Nach Verlassen dieser Methode wird die View der Activity auf dem Touchscreen zu sehen sein.
- Wenn die Activity den Eingabefokus zugeteilt bekommt, d.h. im Vordergrund ist, wird `onResume()` durchlaufen. Ab jetzt kann der Anwender mit der Activity interagieren. Im Back-Stack ist die Activity nun ganz oben.
- Wenn zu einer anderen Activity gewechselt wird, dann wird für die noch im Vordergrund befindliche Activity ihre `onPause()`-Methode aufgerufen. Diese Methode wird typischerweise dazu verwendet, um Daten persistent zu machen, d.h. dauerhaft zu speichern, sowie Ressourcen verbrauchende Aktivitäten zu stoppen (z.B. eine automatisch ablaufende Animation). Die Activity bleibt aber eventuell noch sichtbar und kann auch wieder in den Vordergrund kommen (z.B. durch erneuten Aufruf von `onResume()`).
- Der Aufruf von `onStop()` signalisiert, dass die Activity nicht mehr sichtbar ist.
- Wenn Android die noch vorhandene, aber gestoppte Activity wieder starten möchte (z.B. weil der Anwender die App im App Launcher wieder angetippt hat), dann wird zunächst `onRestart()` aufgerufen, gefolgt von `onStart()`. Hierbei werden dann Zustandsinformationen mit übergeben.
- Falls die Activity aufgelöst werden soll (beispielsweise weil Android versucht, mehr freien Hauptspeicher zu haben, oder die Activity signalisiert selbst, dass sie beendet werden will durch Aufruf der Methode `finish()`), wird als letzte Methode im Leben der Activity `onDestroy()` aufgerufen.

Vielleicht ist Ihnen beim Lesen der obigen Zustandswechsel die Frage in den Sinn gekommen, warum man gerade in `onPause()` Daten dauerhaft speichern soll. Wäre nicht `onDestroy()` der logische Ort? Kurz vorm Lebensende wird das Erbe geregelt und für die Nachwelt (meistens für eine später neu gestartete Activity vom selben Typ) bereitgestellt.

Die Antwort gibt ein bisher noch nicht erwähntes Detail, das sogenannte *KillableAfter*-Flag, das für jede Lebenszyklus-Methode definiert ist. Wenn es den Wert `true` hat, dann kann Android die Activity nach Verlassen der Methode schlagartig und ohne Vorwarnung zerstören, und ohne den Lebenszyklus, wie eigentlich vorgesehen, weiter zu durchlaufen. Das *KillableAfter*-Flag ist bei den obigen Methoden (zeitlich geordnet gesehen ab `onCreate()`) zum ersten Mal gesetzt bei `onPause()`, d.h. `onPause()` wird noch auf jeden Fall komplett durchlaufen, aber die restlichen Methoden wie `onStop()` oder `onDestroy()` werden zwar in der Regel, aber eben nicht garantiert aufgerufen bzw. zu Ende abgearbeitet. Daher bietet sich `onPause()` dazu an, Daten dauerhaft zu speichern.

8.4 Lebenszyklus-Demo

Nach so viel Theorie wird es höchste Zeit, mithilfe einer kleinen App den oben beschriebenen Lebenszyklus zu verdeutlichen.

1. Legen Sie ein neues Android-Projekt *LebenszyklusDemo* mit den Parametern aus Tabelle 8.1 an (Befehl FILE/NEW/PROJECT, Wizard ANDROID APPLICATION PROJECT).

Dialogfeld	Eingabe/Einstellung
Application name	LebenszyklusDemo
Project name	LebenszyklusDemo
Package name	de.carpelibrum.lebenszyklus
Build SDK	Android 4.0.3
Minimum Required SDK	15
Create Activity	LebenszyklusActivity

Tabelle 8.1: Parameter für das Projekt LebenszyklusDemo

2. Editieren Sie zunächst die Datei *res/layout/activity_lebenszyklus.xml* für das Layout unserer neuen Activity.

   Löschen Sie das TextView-Element und tauschen Sie das Layout in ein vertikales LinearLayout.

   Legen Sie dann einen Button mit dem Titel *Beenden* an. Damit er zentriert angezeigt wird, fügen Sie im übergeordneten `LinearLayout` das Attribut `gravity` mit dem Wert `center_horizontal` hinzu.

```
<LinearLayout ...
    android:layout_width="match_parent"
    android:layout_height="match_parent"
    android:orientation="vertical"
    android:gravity="center_horizontal"
    >

   <Button
      android:text="Beenden"
      android:id="@+id/button1"
      android:layout_width="wrap_content"
      android:layout_height="wrap_content"></Button>
</LinearLayout>
```

Listing 8.1: Layoutdatei für LebenszyklusActivity

Widmen wir uns nun der Activity selbst.

3. Implementieren Sie eine Ereignisbehandlung für den Button, sodass bei einem Klick auf den Button die `finish()`-Methode der Activity aufgerufen wird.

```
import android.view.View;
import android.view.View.OnClickListener;
import android.widget.Button;

public class LebenszyklusActivity extends Activity
                                  implements OnClickListener {

   @Override
   public void onCreate(Bundle savedInstanceState) {
     super.onCreate(savedInstanceState);
```

```
        setContentView(R.layout.activity_lebenszyklus);
        Button button = (Button) this.findViewById(R.id.button1);
        button.setOnClickListener(this);
    }

    public void onClick(View v) {
        // Activity beenden
        finish();
    }
}
```

Listing 8.2: Aus LebenszyklusActivity.java

Die Methode `finish()` ist keine Lebenszyklus-Methode an sich, führt aber dazu, dass die Activity zunächst unsichtbar gemacht und dann beendet wird, sodass dadurch entsprechende Methoden aus dem Lebenszyklus aufgerufen werden.

4. Benutzen Sie die Klasse `Log` und ihre Methode `d()` zur Ausgabe von Textmeldungen in die Android-Logdatei.

```
import android.util.Log;

public class LebenszyklusActivity extends Activity
                              implements OnClickListener {

private final String DEBUG_TAG = "carpelibrum";

@Override
public void onCreate(Bundle savedInstanceState) {
  Log.d(DEBUG_TAG, getLocalClassName() + ".onCreate() aufgerufen");
  super.onCreate(savedInstanceState);
  setContentView(R.layout.main);
  Button button = (Button) this.findViewById(R.id.button1);
  button.setOnClickListener(this);
}

public void onClick(View v) {
  // Activity beenden
  Log.d(DEBUG_TAG, getLocalClassName() + " beende mich jetzt.");
  finish();
}
}
```

Listing 8.3: LebenszyklusActivity.java

Die `Log`-Methode `d()` erwartet zwei `String`-Parameter:

- ein beliebig definierbares Tag zur besseren Gruppierung der Log-Einträge, das wir als String-Konstante mit dem Wert *carpelibrum* anlegen, und
- die eigentliche Nachricht. Hierfür nehmen wir den Klassennamen der Activity (via `getLocalClassName()` zugänglich), an den wir noch den Namen der aktuellen Methode anhängen.

5. Überschreiben Sie die übrigen Lebenszyklus-Methoden wie `onStart()`, `onResume()` nach dem gleichen Muster.

   Es wird lediglich die Logausgabe eingefügt und dann erst wird via `super` die entsprechende Methode aus der Basisklasse aufgerufen.

```
public class LebenszyklusActivity extends Activity
                                  implements OnClickListener {

   // wie gehabt

@Override
protected void onStart() {
  Log.d(DEBUG_TAG, getLocalClassName() + ".onStart() aufgerufen");
  super.onPause();
}

@Override
protected void onRestart() {
 Log.d(DEBUG_TAG,  getLocalClassName() + ".onRestart() aufgerufen");
 super.onRestart();
}

@Override
protected void onResume() {
   Log.d(DEBUG_TAG, getLocalClassName() + ".onResume() aufgerufen");
   super.onResume();
}

@Override
protected void onPause() {
   Log.d(DEBUG_TAG,  getLocalClassName() + ".onPause() aufgerufen");
   super.onStart();
}

@Override
protected void onStop() {
   Log.d(DEBUG_TAG,  getLocalClassName() + ".onStop() aufgerufen");
   super.onStop();
}

@Override
protected void onDestroy() {
   Log.d(DEBUG_TAG,getLocalClassName() + ".onDestroy() aufgerufen");
   super.onDestroy();
}
}
```

Listing 8.4: LebenszyklusActivity.java

Tipp Zur Erinnerung: Das mühselige Anlegen von Methodenrümpfen beim Überladen kann Ihnen Eclipse abnehmen: Wenn Sie im Editorfenster die Tastenkombination [Alt]+[⇧]+[S] drücken oder im Kontextmenü den Eintrag SOURCE und dann den Menübefehl OVERRIDE/IMPLEMENT METHODS wählen, können Sie durch bequemes Selektieren der gewünschten Methoden die Methodenrümpfe anlegen lassen und müssen nur noch die entsprechende Zeile für die Log-Ausgabe hinzufügen.

Um besser mitzuverfolgen, in welcher Reihenfolge und wann die oben beschriebenen Lebenszyklus-Methoden durchlaufen werden, öffnen Sie zuerst den Debug-Monitor DDMS (*Dalvik Debug Monitor Server*) über das Menü WINDOW/OPEN PERSPECTIVE/OTHER/DDMS) und wählen Sie im DEVICES-Fenster den Eintrag für den Emulator aus.

Der DDMS bietet Zugang zu vielen Informationen, während eine App ausgeführt wird. Links unten befindet sich standardmäßig das sogenannte LogCat-Fenster zur Anzeige von Log-Ausgaben, die man mittels der erwähnten Log-Klasse erzeugt hat. Da im LogCat von allen laufenden Apps und dem Android-System selbst Ausgaben erscheinen, wird es sehr schnell unübersichtlich. Daher definieren wir einen Filter *cpFilter*, der nur Ausgaben mit unserem Tag *carpelibrum* anzeigt. Zum Anlegen des Filters klicken Sie auf das grüne Pluszeichen in der LogCat-Symbolleiste.

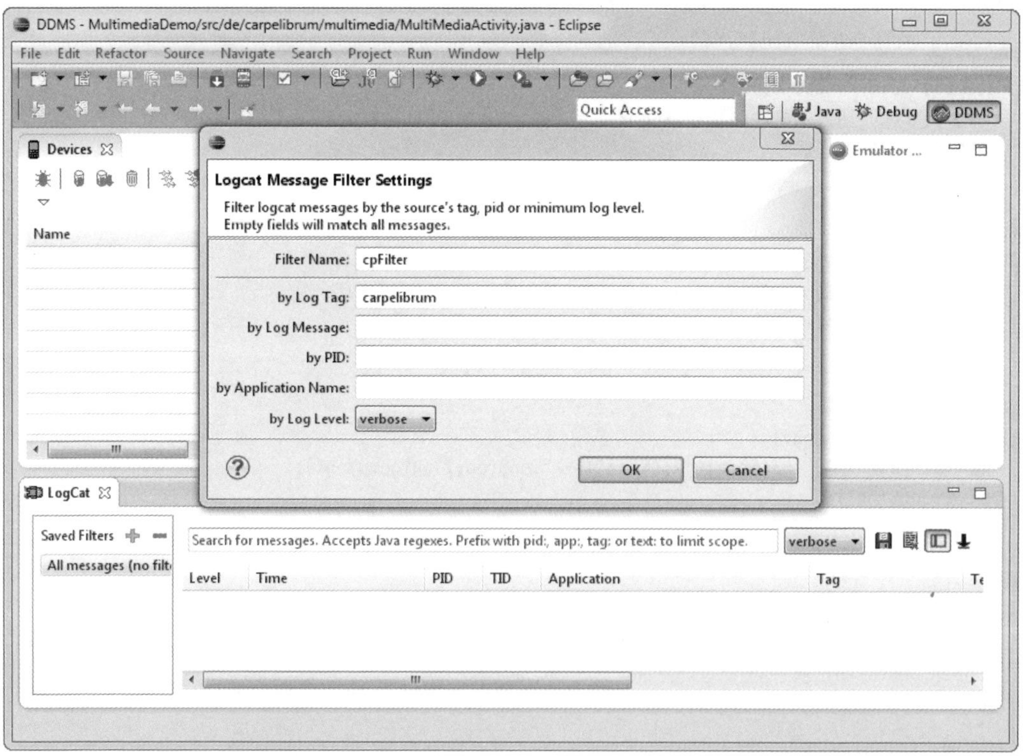

Abbildung 8.5: Log-Filter in DDMS

Wechseln Sie danach zurück in die Java-Perspektive. Klicken Sie dazu rechts oben im Eclipse-Fenster auf die Schaltfläche JAVA oder rufen Sie den Menübefehl WINDOW/OPEN PERSPECTIVE/OTHER/JAVA auf, sodass Sie die Lebenszyklus-App wie gewohnt starten können (RUN-Button in der Symbolleiste oder [Strg]+[F11]). Anschließend wechseln Sie erneut in die DDMS-Perspektive, wählen im DEVICES-Fenster den Emulator aus und können nun im DDMS mitverfolgen, wann die einzelnen Methoden aufgerufen werden.

Experimentieren Sie ruhig ein wenig: Wechseln Sie im Emulator mit der HOME-Taste und der ZURÜCK-Taste zu anderen Apps oder starten Sie die Lebenszyklus-App erneut und beobachten Sie die Ausgabe im LogCat-Fenster.

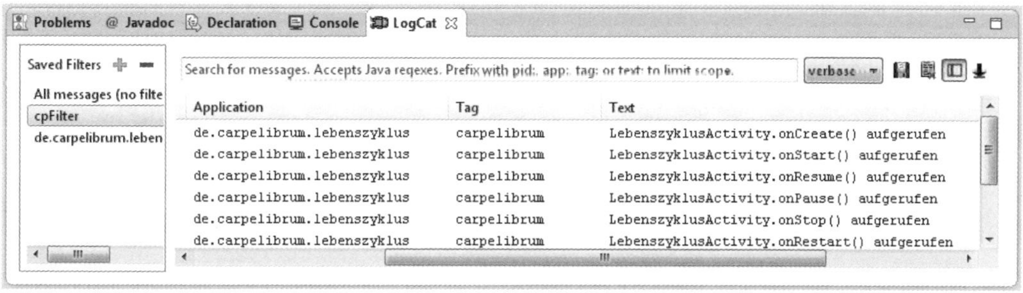

Abbildung 8.6: Ausgabe in LogCat

Hinweis Ausführlichere Informationen zum DDMS finden Sie im Anhang C.

8.5 Fragen und Antworten

1. Warum wird eigentlich bei Android die Dalvik-VM verwendet und nicht einfach eine normale Java-Virtual Machine?

   Neben lizenzrechtlichen Problemen ist es vor allem eine Performance-Frage. Die Dalvik-VM ist so implementiert, dass sie besonders wenig CPU-Zeit und Speicher verbraucht, was auf einem portablen Computer extrem wichtig ist. Eine normale Java-VM wäre viel zu »fett«.

2. Kann man in eine APK-Datei hineinschauen, um zu sehen, was da so drin steht?

   Ja! Es handelt sich um ein ZIP-Kompressionsformat. Nehmen Sie einfach 7-Zip oder WinZip und öffnen Sie damit die Datei.

3. Gibt es eine Größenbeschränkung für Apps bzw. die APK-Datei?

   Ja, bei 50 Mbyte ist Schluss. Für sehr aufwändige Spiele oder sehr datenintensive Apps gibt es noch einen besonderen Mechanismus namens Expansion-Files, mit dem man die Datenmenge bis zu 4 Gbyte vergrößern kann.

4. Wie entscheidet Android eigentlich, welche App bei Ressourcenknappheit beendet und aus dem Hauptspeicher entfernt werden soll?

   Die exakten Regeln sind recht zahlreich, aber als Grundregel können Sie sich Folgendes merken: Zuerst wird versucht, unsichtbare Apps und Hintergrund-Prozesse zu beenden. Wenn dies nicht reicht, kommen sichtbare, aber nicht im Vordergrund befindliche Apps dran und erst im Extremfall die gerade aktive, vom Benutzer verwendete App.

8.6 Übungen

1. Der Lebenszyklus einer Activity umfasst noch weitere Methoden, die man mit einer eigenen Version überladen kann: `onRestoreInstanceState(Bundle b)` sowie `onSaveInstanceState(Bundle b)`. Finden Sie heraus, wann genau diese Methoden im Lebenszyklus durchlaufen werden.

Teil C – Weiterführende Themen

Gratulation, den Einstieg in die Android-Programmierung haben Sie geschafft, die Pflichtübungen liegen hinter Ihnen, jetzt kommt die Kür.

Ihrem neuen Status als fortgeschrittenen Android-Programmierer gemäß werden wir uns in den folgenden Kapiteln ganz auf die jeweiligen angesprochenen Themen konzentrieren. Das heißt, wir setzen fortan voraus, dass Sie die Arbeit mit Eclipse bereits soweit verinnerlicht haben, dass Sie Projekte selbständig anlegen, Codefragmente einfügen und Ihre Apps erstellen und testen können. Weiterhin vertrauen wir darauf, dass Ihnen die Arbeit mit Activites, Layouts, Views und Ressourcen schon ein wenig ins Blut übergegangen ist, sodass wir auf langatmige Wiederholungen verzichten können.

Und falls Sie sich doch noch etwas wacklig auf den Beinen fühlen: Die ersten Kapitel stehen Ihnen ja jederzeit zum Nachschlagen zur Verfügung. Und hier und da haben wir in die Fortgeschrittenenkapitel auch Erinnerungsstützen eingebaut.

Hinweis Wie Sie vielleicht wissen, ist dieses Buch eine überarbeitete Neuauflage. Im Zuge der Überarbeitung haben wir auch sämtliche Beispiele aktualisiert, angepasst und getestet. Während die Beispielprojekte für die ersten Kapitel neu erstellt wurden, haben wir für die nachfolgenden Beispiele meist die alten Projekte verwendet und aktualisiert. Wichtige Neuerungen und Anpassungen haben wir eingearbeitet. Weniger wichtige haben wir weggelassen, weshalb das Startsymbol in diesen Projekten üblicherweise *icon.png* (statt *ic_launcher.png*) heißt, es nur einen *values*-Ordner gibt und die Layoutdatei für die Haupt-Activity meist den Standardnamen *main.xml* trägt. Auf Ihrem jetzigen Wissensstand sollte Sie dies nicht mehr verwirren, zumal man sich als Android-Entwickler sowieso darauf einstellen muss, dass der vom App-Wizard vorgegebene Projektaufbau sich mit jedem neuen Android-Plugin verändern kann.

9 In Views zeichnen 215
10 Menüs und Dialoge 231
11 Mehrseitige Apps 257
12 Daten speichern 269
13 Quiz-Apps 283
14 Multimedia 291
15 Sensoren 311
16 Einsatz der Datenbank SQLite 327
17 Geolokation 343
18 Brettspiel-Apps (TicTacToe) 353
19 Tablet-Unterstützung mit Fragmenten 365
20 Tipps und Tricks 379

9 In Views zeichnen

SIE LERNEN IN DIESEM KAPITEL,

- WIE MAN IN VIEWS ZEICHNET,
- WELCHE GRAFIKWERKZEUGE IHNEN ZUR VERFÜGUNG STEHEN,
- WIE SIE BILDER ÜBER EINEN HINTERGRUND BEWEGEN KÖNNEN.

Widgets sind eine Möglichkeit, eine App-Oberfläche zu gestalten. Die andere Möglichkeit ist, in die App-Oberfläche zu zeichnen oder gezeichnete Figuren (Sprites) vor einem Hintergrund zu bewegen.

9.1 Das Grundprinzip

Um in eine App zeichnen zu können, brauchen wir

- Eine Leinwand – sprich ein Objekt, in das wir zeichnen können
- Ein Atelier – sprich einen Ort, wo wir zeichnen können
- Zeichenwerkzeuge – also Pinsel und Farben

9.1.1 Die Leinwand

Leinwände sind in der Android-Programmierung Instanzen der Klasse `Canvas`. Jede View verfügt über eine solche `Canvas`-Leinwand, weswegen wir grundsätzlich auch jede View zum Zeichnen verwenden können. Ideal aber sind natürlich Views, die uns eine unverbrauchte, freie Zeichenfläche bieten, wie z.B. die Basisklasse `View` selbst, `ImageView` oder `SurfaceView`.

9.1.2 Das Atelier

Jede View verfügt über eine Methode `onDraw()`, die automatisch vom Android-System aufgerufen wird, wenn die View sichtbar wird und sich selbst zeichnen soll.

Grundsätzlich sollten Sie Ihren Zeichencode immer in diese Methode packen. Erstens müssen Sie sich dann nicht selbst darum kümmern, dass Sie Zugriff auf das `Canvas`-Objekt der View bekommen (dieses wird Ihnen über den Parameter der `onDraw()`-Methode zur Verfügung gestellt). Zweitens ist auf diese Weise sichergestellt, dass Ihr Zeichencode wenn nötig automatisch ausgeführt wird.

Um Zeichencode in die `onDraw()`-Methode einfügen zu können, müssen Sie die Methode allerdings überschreiben – was wiederum bedeutet, dass Sie eine eigene View-Klasse ableiten müssen (vorzugsweise von `View`, `ImageView` oder `SurfaceView`).

Hinweis Mögliche Alternativen sind das Zeichnen mit Drawable-Objekten (für einfache Zeichenoperationen) oder das Zeichnen in eine SurfaceView bei gleichzeitiger Implementierung des Interface SurfaceHolder.Callback. Auf diese beiden Alternativen werden wir hier allerdings nicht weiter eingehen.

9.1.3 Die Zeichenmethoden und -werkzeuge

Das Canvas-Objekt repräsentiert für uns nicht nur die Leinwand, in die wir zeichnen, es stellt uns auch gleich die Methoden zur Verfügung, die wir zum Zeichnen von Linien, Rechtecken, Ovalen, Strings, Bildern und anderen Grafikprimitiven benötigen.

Unterstützt wird die Klasse android.graphics.Canvas dabei von der Klasse android.graphics.Paint, deren Objekte unsere Zeichenwerkzeuge repräsentieren und über die wir Farbe, Linienbreite und andere Parameter einstellen können.

9.1.4 Wie alles zusammenwirkt

Um einer Bildschirmseite eine View hinzuzufügen, in die Sie zeichnen können, müssen Sie zuerst Ihrem App-Projekt eine neue Quelldatei für Ihre abgeleitete View-Klasse hinzufügen. Danach bauen Sie die View in das Layout der Bildschirmseite ein und zum guten Schluss erweitern Sie die Definition der View-Klasse um Ihren Zeichencode.

Quelldatei anlegen

Am besten rufen Sie dazu im Package Explorer unter dem *src*-Knoten das Kontextmenü zu dem Paketknoten *de.carpelibrum.grafik* auf und wählen den Befehl NEW/CLASS. Achten Sie darauf, dass Zielordner für die Quelldatei (SOURCE FOLDER) und Paket (PACKAGE) korrekt übernommen wurden, und geben Sie dann den Namen für die neu anzulegende Klasse ein, wie z.B. ZeichnenView. Tragen Sie als Basisklasse (Superclass) die Klasse android.widget.ImageView ein und klicken Sie dann auf FINISH.

View in Bildschirmseite einbauen

Grundsätzlich gibt es zwei Techniken, wie Sie Ihre Zeichenflächen-View in eine Bildschirmseite einbauen können:

- Sie bauen die View direkt in den XML-Code der Layoutdatei ein (im Ordner RES\LAYOUT zu finden).
- Sie tragen die View per Java-Code nachträglich in das Layout ein.

Im ersten Fall müssen Sie in die XML-Layoutdatei ein XML-Element einbauen, das die View repräsentiert. Da die View von einem selbst geschriebenen Typ ist, gibt es kein vordefiniertes XML-Element für diese View. Als Name des XML-Elements benutzen Sie daher den vollständigen Namen der View-Klasse (also paket.Klassenname).

Abbildung 9.1: Anlegen einer Quelldatei für eine View, in die man zeichnen kann

```
<?xml version="1.0" encoding="utf-8"?>
<LinearLayout xmlns:android="http://schemas.android.com/apk/res/android"
    android:orientation="vertical"
    android:layout_width="match_parent"
    android:layout_height="match_parent"
    >
<TextView
    android:layout_width="match_parent"
    android:layout_height="wrap_content"
    android:text="@string/hello"
    />
<de.carpelibrum.grafik.ZeichnenView
    android:layout_width="match_parent"
    android:layout_height="200dp"
    android:background="#ffffff"
    />
<TextView
    android:layout_width="match_parent"
    android:layout_height="wrap_content"
    android:text="Copyright carpelibrum.de"
    />
</LinearLayout>
```

Listing 9.1: Layoutdatei main.xml (aus dem Projekt Grafik)

Bei Ausführung der App wird für jedes in der Layoutdatei definierte XML-Element ein Objekt der zugehörigen Klasse erzeugt. Bisher mussten wir uns um diesen Mechanismus nie kümmern, weil er automatisch ablief und wir nur XML-Elemente zu vordefinierten Android-Klassen benutzten.

Wir können diesen Mechanismus auch für selbst geschriebene View-Klassen verwenden, müssen dann aber in der Klasse einen Konstruktor definieren, der als Parameter sowohl ein `Context`-Objekt als auch ein `AttributeSet`-Objekt (zur Übergabe der XML-Attribute) definiert:

```
package de.carpelibrum.grafik;

import android.content.Context;
import android.util.AttributeSet;
import android.widget.ImageView;

public class ZeichnenView extends ImageView {

   public ZeichnenView(Context context, AttributeSet attrs) {
      super(context, attrs);

   }
}
```

> **Achtung** Wenn Sie keine Hintergrundbitmap in die View laden, sollten Sie im XML-Code eine definierte Breite und Höhe vorgeben (also nicht `wrap_content` als Wert verwenden).

Für die zweite Variante genügt es, wenn Sie der View-Klasse einen Konstruktor mit einem `Context`-Parameter hinzufügen.

```
package de.carpelibrum.grafik;

import android.content.Context;
import android.widget.ImageView;

public class ZeichnenView extends ImageView {

   public ZeichnenView(Context context) {
      super(context);

   }
}
```

> **Hinweis** Die so definierte View wird nicht im Designer angezeigt (Registerseite GRAPHICALLAYOUT). Um zu testen, ob die View korrekt eingebaut wird, müssen Sie das Projekt also erstellen und ausführen.

In onCreate() erzeugen Sie dann ein Objekt Ihrer Zeichenflächen-View, beschaffen sich einen Verweis auf die gewünschte Layout-View und benutzen deren addView()-Methode, um Ihre View als letztes Element in die Layout-View einzufügen.

```
package de.carpelibrum.grafik;

import android.app.Activity;
import android.os.Bundle;

public class GrafikActivity extends Activity {
    private ZeichnenView zview;

    public void onCreate(Bundle savedInstanceState) {
        super.onCreate(savedInstanceState);
        setContentView(R.layout.main);

        zview = new ZeichnenView(this);
        zview.setLayoutParams(
                 new LayoutParams(LayoutParams.MATCH_PARENT, 200));
        zview.setBackgroundColor(Color.RED);

        LinearLayout layout =
                (LinearLayout) findViewById(R.id.linearlayout1);
        layout.addView(zview);     }
}
```

Hinweis Die ID für die Layout-View müssen Sie eventuell eigenhändig in der XML-Layoutdatei vergeben:

```
<LinearLayout xmlns:... android:id="@+id/linearlayout1" > ...
```

Zeichencode vorsehen

Um in die View zeichnen zu können, überschreiben Sie in Ihrer abgeleiteten View-Klasse die geerbte onDraw()-Methode. Sie können das Methodengerüst per Hand anlegen oder einfach in den Code der Klasse klicken, im Untermenü SOURCE des Kontextmenüs den Befehl OVERRIDE/IMPLEMENT METHODS aufrufen, den Eintrag für ONDRAW() markieren und OK drücken.

```
package de.carpelibrum.grafik;

import android.content.Context;
import android.graphics.Canvas;
import android.util.AttributeSet;
import android.widget.ImageView;
```

```
public class ZeichnenView extends ImageView {

   public ZeichnenView(Context context, AttributeSet attrs) {
      super(context, attrs);
   }

   @Override
   protected void onDraw(Canvas canvas) {
      // TODO Auto-generated method stub
      super.onDraw(canvas);
   }
}
```

Listing 9.2:* *Überschreibung der onDraw()-Methode (aus ZeichnenView.java)

9.2 Grafikprimitive zeichnen

Das eigentliche Zeichnen geschieht durch Aufruf der dafür vorgesehenen `Canvas`-Methoden.

Zuerst erzeugen Sie ein `Paint`-Objekt, über das Sie z.B. Farbe und gewünschte Linienbreite (für Linien und Umrisse) festlegen.

Dann wählen Sie abhängig von der Art des Grafikprimitivs (Linie, Rechteck, Kreis etc.), das Sie zeichnen möchten, die passende `Canvas`-Methode und ...

... übergeben der Methode die Koordinaten und das `Paint`-Objekt, das die Methode zum Zeichnen des gewünschten Grafikprimitivs verwenden soll.

```
protected void onDraw(Canvas canvas) {
   super.onDraw(canvas);

   // 1. Paint-Objekt für Blauton und
   // Linienbreite von 5 Pixeln erzeugen
   Paint pinsel = new Paint();
   pinsel.setColor(Color.rgb(64, 64, 255));
   pinsel.setStrokeWidth(5);

   // Diagonale durch Leinwand zeichnen
   canvas.drawLine(0, 0, getWidth(), getHeight(), pinsel);
}
```

Listing 9.3:* *Überschreibung der onDraw()-Methode (aus ZeichnenView.java)

Abbildung 9.2: Bildschirmseite mit ImageView für eigene Grafikausgaben

Methode	Beschreibung
`drawColor(int farbe)` `drawRGB(int r, int g, int b)`	Füllt die ganze Leinwand in der angegebenen Farbe (`Color`-Wert oder RGB-Anteile).

`drawArc(RectF r,`
`float start,`
`float winkel,`
`bool keil,`
`Paint pinsel)`
	Zeichnet einen Bogen in das Rechteck `r` ein. Das Argument `start` gibt den Startwinkel an. Über das boolesche Argument können Sie festlegen, ob Sie nur einen Bogen (`false`) oder einen Keil (`true`) zeichnen möchten.

`drawBitmap(Bitmap b,`
`float links,`
`float oben,`
`Paint pinsel)`
	Kopiert ein Bild in die Canvas, sodass die linke obere Ecke des Bildes an der angegebenen Koordinate zu liegen kommt. Für das `Paint`-Objekt können Sie `null` übergeben oder ein Objekt, das eine Maske für die Verblendung mit dem Hintergrund definiert.

`drawBitmap(Bitmap b,`
`RectF quelle,`
`RectF ziel,`
`Paint pinsel)`
	Kopiert ein Bild oder einen Bildausschnitt (Argument `quelle` ungleich `null`) in den angegebenen Zielbereich der Canvas. Das Bild wird notfalls skaliert, damit es in den Zielbereich passt. Für das `Paint`-Objekt können Sie `null` übergeben oder ein Objekt, das eine Maske für die Verblendung mit dem Hintergrund definiert.

Methode	Beschreibung
`drawCircle(float x, float y, float radius, Paint pinsel)`	Zeichnet einen Kreis mit Mittelpunkt x,y und dem angegebenen Radius.
`drawLine(float startX, float startY, float endX, float endY, Paint pinsel)`	Zeichnet eine Linie von (`startX`,`startY`) nach (`endX`,`endY`).
`drawLines(float[] punkte, Paint pinsel)`	Zeichnet mehrere Linien. Für jede Linie müssen im Array `punkte` vier Werte angegeben werden.
`drawOval(RectF r, Paint pinsel)`	Zeichnet ein Oval in das vorgegebene Rechteck. Wenn Sie als erstes Argument ein Quadrat übergeben, erhalten Sie einen Kreis.
`drawPoints(float[] punkte, int offset, int anzahl, Paint pinsel)`	Zeichnet mehrere Punkte. Für jeden Punkt müssen im Array `punkte` zwei Werte (x,y) angegeben werden. Die ersten `offset` Punkte werden übersprungen und es werden maximal `anzahl` Punkte gezeichnet. Die Dicke der Punkte können Sie über den Stroke-Wert des Pinsels festlegen.
`drawRect(float links, float oben, float rechts, float unten, Paint pinsel)` `drawRect(RectF r, Paint pinsel)`	Zeichnet ein Rechteck.
`drawRoundRect(RectF r, float rx, float ry, Paint pinsel)`	Zeichnet ein Rechteck mit abgerundeten Ecken. Die Radien für die abgerundeten Ecken können Sie über die Argumente `rx` und `ry` vorgeben.
`drawText(String text, float x, float y, Paint pinsel)`	Zeichnet einen String an der spezifizierten Koordinate.
`fillArc(), fillOval(), fillPolygon() ...`	Zeichnet ausgefüllte Formen (vgl. `draw...()`).
`translate(float dx, float dy)`	Verschiebt den Ursprung der Canvas.

Tabelle 9.1: Auswahl einiger Methoden der Klasse Canvas

Koordinaten

Koordinaten können Sie als `int`- oder `float`-Werte angeben.

Etliche Methoden arbeiten mit umschließenden Rechtecken, in die das zu zeichnende Grafikprimitiv eingepasst wird. Diese Rechtecke können Sie meist auch als `RectF`-Objekt angeben.

```
Paint pinsel = new Paint();
pinsel.setColor(Color.CYAN);
pinsel.setStrokeWidth(2);

RectF r = new RectF(10, 10, 50, 50);
canvas.drawRect(r, pinsel);
```

> **Hinweis** Der Ursprung der Canvas-Leinwand liegt immer in der linken oberen Ecke (0,0), wobei zu beachten ist, dass die x-Werte nach rechts und die y-Werte nach unten (!) zunehmen.

Farben

Farben werden grundsätzlich durch `int`-Werte codiert. Einige Farben sind als statische Felder der Klasse `Color` vordefiniert: `Color.BLACK`, `Color.BLUE`, `Color.CYAN`, `Color.DKGRAY`, `Color.GRAY`, `Color.GREEN`, `Color.LTGRAY`, `Color.MAGENTA`, `Color.RED`, `Color.TRANSPARENT`, `Color.WHITE`, `Color.YELLOW`. Alle anderen Farben können Sie mithilfe der statischen Methode `rgb()` definieren:

```
Paint pinsel = new Paint();
pinsel.setColor(Color.rgb(64, 64, 255));
pinsel.setStrokeWidth(2);

RectF r = new RectF(10, 10, 50, 50);
canvas.drawRect(r, pinsel);
```

Umrisse oder gefüllte Primitive

Mit den `draw`-Methoden können Sie sowohl Umrisslinien als auch ausgefüllte Grafikprimitive zeichnen. Standardmäßig werden ausgefüllte Grafikprimitive gezeichnet (`Style.FILL`). Um einen Umriss zu zeichnen, müssen Sie die `setStyle()`-Methode des verwendeten `Paint`-Objekts aufrufen und dieser die Konstante `Style.STROKE` übergeben.

```
RectF r = new RectF(10, 10, 50, 50);

Paint umrissPinsel = new Paint();
umrissPinsel.setColor(Color.YELLOW);
umrissPinsel.setStrokeWidth(2);
umrissPinsel.setStyle(Style.STROKE);
```

```
Paint fuellPinsel = new Paint();
fuellPinsel.setColor(Color.MAGENTA);
fuellPinsel.setStyle(Style.FILL);

canvas.drawRect(r, fuellPinsel);
canvas.drawRect(r, umrissPinsel);
```

9.3 Bilder bewegen

In diesem Abschnitt möchten wir Ihnen zeigen, wie man es einrichten kann, dass der Anwender eine Figur mithilfe der Pfeiltasten vom DPAD über den App-Hintergrund bewegt.

Dazu benötigen wir

- Eine App mit einem FrameLayout und einer selbst definierten View
- Eine Bitmap für die Figur vor transparentem Hintergrund
- Code zum Zeichnen der App
- Code zur Behandlung der Richtungstasten

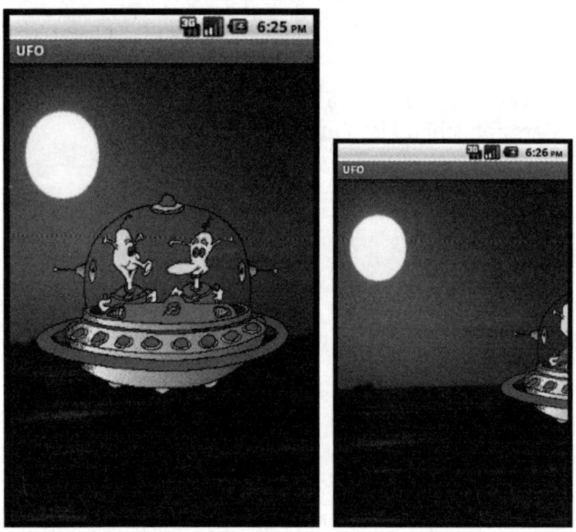

Abbildung 9.3: Eine fliegende Untertasse

View-Klasse, Activity und Layoutdatei

In Eclipse neu angelegte App-Projekte verfügen immer über eine Start-Activity mit einem LinearLayout. Für Apps, die wie unsere UFO-App nur aus einer einzigen Zeichenfläche bestehen (also einem einzigen anzuzeigenden View-Element), gibt es allerdings bessere Alternativen, z.B. das FrameLayout.

```
<?xml version="1.0" encoding="utf-8"?>
<FrameLayout
   xmlns:android="http://schemas.android.com/apk/res/android"
   android:orientation="vertical"
   android:id="@+id/framelayout0"
   android:layout_width="match_parent"
   android:layout_height="match_parent">
</FrameLayout>
```

Listing 9.4: Die Layoutdatei main.xml (aus dem Projekt UFO)

Hinweis Um die oberste Layout-View auszutauschen, öffnen Sie die Layoutdatei am besten in der XML-Ansicht.

Als Zeichenfläche verwenden wir eine selbst geschriebene View-Klasse, die wir direkt von der Basisklasse `View` ableiten. Im Konstruktor dieser Klasse laden wir die Bild-Ressource für den Hintergrund.

```
package de.carpelibrum.ufo;

import android.content.Context;
import android.content.res.Resources;
import android.graphics.Bitmap;
import android.graphics.BitmapFactory;
import android.graphics.Canvas;
import android.graphics.Paint;
import android.view.KeyEvent;
import android.view.View;

public class UFOView extends View  {
   public UFOView(Context c) {
      super(c);

      // lade Hintergrund
      this.setBackgroundResource(R.drawable.hintergrund);
   }
}
```

Listing 9.5: Definition der Zeichenflächen-View (aus UFOView.java)

In der `onCreate()`-Methode der Activity-Klasse erzeugen wir ein Objekt unserer View-Klasse und fügen dieses in die Layout-View ein.

```
package de.carpelibrum.ufo;

import android.app.Activity;
import android.os.Bundle;
import android.widget.FrameLayout;
```

```
public class UFOActivity extends Activity {
   private UFOView ufoView;

   @Override
   public void onCreate(Bundle savedInstanceState) {
     super.onCreate(savedInstanceState);
     setContentView(R.layout.main);

     // UI vervollständigen
     ufoView = new UFOView(this);

     FrameLayout fl = (FrameLayout) findViewById(R.id.framelayout0);
     fl.addView(ufoView);
   }
}
```

***Listing 9.6:** Einbetten der Zeichenflächen-View (aus UFOActivity.java)*

Die UFO-Bitmap

Bitmaps haben immer rechteckige Abmaße. Wenn Sie daher Bitmaps für Figuren erzeugen, die Sie über einen Hintergrund oder zwischen anderen Figuren bewegen möchten, müssen Sie darauf achten, dass Sie die Figur vor einem einfarbigen Hintergrund zeichnen und diesen dann als transparent deklarieren. Mit etwas besser ausgestatteten Grafikprogrammen sollte dies kein Problem sein.

> **Hinweis** Figuren, die bewegt werden, bezeichnet man auch als *Sprites*. Speichern Sie Ihre Sprites im PNG-Format. (Das JPG-Format unterstützt keine Transparenz.)

Speichern Sie die Bitmap der Figur als Ressource. Laden Sie die Bitmap-Ressource in der `onCreate()`-Methode der View-Klasse in ein `Bitmap`-Objekt. Verwenden Sie dazu die `BitmapFactory`-Methode `decodeResource()`.

```
public class UFOView extends View  {
   private float xpos = -1;
   private float ypos = -1;
   private Bitmap ufoBitmap;

   public UFOView(Context c) {
      super(c);

      // lade Hintergrund
      this.setBackgroundResource(R.drawable.hintergrund);
```

```
        // lade Bitmap für UFO
        Resources resources = getResources();
        ufoBitmap = BitmapFactory.decodeResource(resources,
                                                 R.drawable.ufo);
    }
}
```

Haben Sie die Felder xpos und ypos bemerkt? Sie sollen die Position angeben, an der die UFO-Bitmap in die Canvas gezeichnet werden soll.

Anfangs haben diese Koordinaten den Wert -1, obwohl wir das UFO eigentlich in der Mitte der View anzeigen möchten. Die Methoden, die uns Breite und Höhe der View liefern (getWidth() und getHeight()), geben allerdings in der onCreate()-Methode noch keine vernünftigen Werte zurück (auch nicht in onStart()). Wir starten daher mit den Anfangswerten -1 und korrigieren diese beim ersten Aufruf von onDraw(). Später werden die Koordinaten dann nur noch beim Drücken der Richtungstasten durch den Anwender verändert.

onDraw()

In der onDraw()-Methode kopieren wir die Bitmap in die Canvas. Als Zielposition wählen wir die Koordinate (xpos, ypos), wobei wir von dem x-Wert die halbe Bitmap-Breite und von dem y-Wert die halbe Bitmap-Höhe abziehen, damit die Bitmap ungefähr mittig über dem Punkt (xpos, ypos) zu liegen kommt.

```
protected void onDraw(Canvas canvas) {
    super.onDraw(canvas);

    // Startposition beim ersten Aufruf auf View-Mitte setzen
    if (xpos == -1 && ypos == -1) {
        xpos = getWidth()/2;
        ypos = getHeight()/2;
    }

    // UFO-Bitmap einzeichnen
    Paint iconPaint = new Paint(Paint.ANTI_ALIAS_FLAG);

    if(ufoBitmap != null) {
         canvas.drawBitmap(ufoBitmap,
                           xpos - ufoBitmap.getWidth()/2,
                           ypos - ufoBitmap.getHeight()/2,
                           iconPaint);
    }
}
```

Das Paint-Objekt wird hier dazu verwendet, die Bitmap mit Antialiasing zu zeichnen.

Beim ersten Aufruf von onDraw() korrigieren wir die Werte von xpos und ypos so, dass das UFO in der Mitte der View angezeigt wird.

Hinweis Der gezeigte Code ist nicht ganz wasserdicht. Wenn nämlich der Anwender das UFO zufällig mal an die Position (-1,-1) bewegt, würde die Koordinatenkorrektur erneut ausgeführt und das UFO würde sehr zum Erstaunen des Anwenders einen Hups machen. Besser wäre es daher, für die Koordinatenkorrektur ein boolesches Feld `korr` zu definieren, das anfangs auf `true` gesetzt ist. In `onDraw()` würden Sie dann schreiben:

```
if (korr == true) {
   xpos = getWidth()/2;
   ypos = getHeight()/2;
   korr = false;
}
```

onKeyDown()

Um sicherzustellen, dass unsere Zeichenflächen-View überhaupt Tastaturereignisse empfängt, rufen wir in ihrer `onCreate()`-Methode die Methode `setFocusable()` auf:

```
public UFOView(Context c) {
   super(c);

   // ...

   setFocusable(true);
}
```

Danach überschreiben wir die View-Methode `onKeyDown()`.

```
public boolean onKeyDown(int keyCode, KeyEvent event) {

     if (keyCode == KeyEvent.KEYCODE_DPAD_UP) {
        ypos -= 5;
     }
     if (keyCode == KeyEvent.KEYCODE_DPAD_RIGHT) {
        xpos += 5;
     }
     if (keyCode == KeyEvent.KEYCODE_DPAD_DOWN) {
        ypos += 5;
     }
     if (keyCode == KeyEvent.KEYCODE_DPAD_LEFT) {
        xpos -= 5;
     }
     if (keyCode == KeyEvent.KEYCODE_DPAD_CENTER) {
        xpos = getWidth()/2;
        ypos = getHeight()/2;
     }
```

```
        invalidate();

    return super.onKeyDown(keyCode, event);
}
```

Wurde eine der Richtungstasten gedrückt, ändern wir die Koordinate. Am Ende der Methode rufen wir invalidate() auf. Der invalidate()-Aufruf bewirkt, dass die View ein Signal erhält, dass sie sich selbst neu zeichnen soll, d.h., es wird im Endeffekt onDraw() ausgeführt.

9.4 Verbesserungen

Die hier vorgestellten Techniken eignen sich allerdings nur für einfache Grafikanwendungen. Wenn Sie für die Aktualisierung der gezeichneten Oberfläche länger andauernde Berechnungen durchführen müssen oder mehrere Objekte dynamisch und schnell verschieben möchten, lagern Sie den Code zum Zeichnen in einen Thread aus, verwenden Sie SurfaceView und SurfaceHolder.Callback und führen Sie alle Zeichenoperationen im Hintergrund auf einer eigenen Canvas aus, die Sie dann erst nach Abschluss der Zeichenoperationen in einem Rutsch in die Canvas der View kopieren. (Für den Einsatz von SurfaceView siehe auch Kapitel 14.8)

9.5 Fragen und Antworten

1. Irgendwo habe ich einmal gewundenen Text gesehen. Wie haben die das gemacht?

   Vermutlich mit der Canvas-Methode drawTextOnPath(). Hier wird ein String entlang eines vorgegebenen Pfades (Klasse android.graphics.Path) gezeichnet.

2. Wie kann man halbdurchsichtig (transparent) zeichnen?

   Transparenz wird im RGB-Farbmodell durch den sogenannten Alpha-Kanal festgelegt. Die Paint-Klasse bietet daher die Methode setAlpha(), die einen Wert zwischen 0 (völlig transparent) und 255 (undurchsichtig) erwartet.

3. Moderne Programmiersprachen bieten auch Gradientenfüllung. Was ist mit Android?

   Gibt's natürlich auch. Man kann z.B. die Klasse LinearGradient verwenden, um einen linearen Farbverlauf von einem Startpunkt zu einem Endpunkt und von Gelb zu Blau zu erreichen:

```
LinearGradient lg = new LinearGradient(startx, starty,
            endx, endy, Color.YELLOW, Color.BLUE,
           TileMode.CLAMP);

Paint pinsel = new Paint();
pinsel.setShader(lg);
```

9.6 Übungen

1. Schreiben Sie einen Funktionsplotter, der für die Funktion f(x) = sin(x) den Verlauf im Wertebereich -5 bis +5 zeichnet.

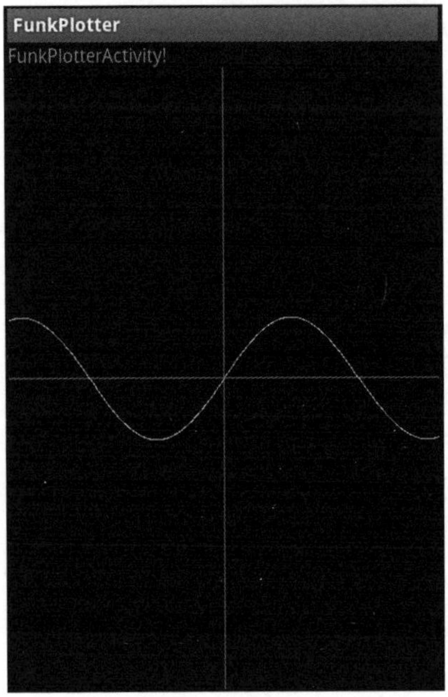

Abbildung 9.4: Ausgabe von sin(x)

10 Menüs und Dialoge

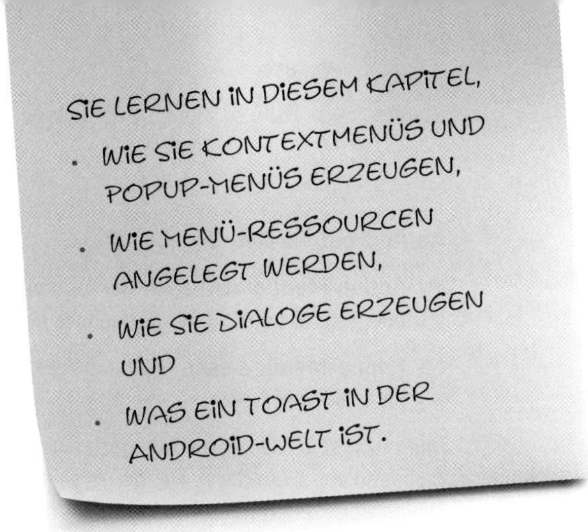

Seit den ersten Versionen von Microsoft Windows und anderen grafischen Benutzeroberflächen sind Menüs und Dialoge typische Bestandteile von fast allen PC-Programmen geworden, um der Vielzahl an Funktionen und Einstellmöglichkeiten Herr zu werden. Sie sind daher allen computeraffinen Menschen vertraut und so ist es auch keine Überraschung, dass Android ebenfalls bestimmte Menü- und Dialogfunktionalitäten unterstützt.

10.1 Menüs

Ein Menü ist im Software-Bereich eine weitverbreitete Möglichkeit, dem Benutzer mehrere Alternativen zur Auswahl anzubieten. Leider war man sich bei der Android-Entwicklung am Anfang nicht so ganz sicher, wie genau Menüs auf einem Android-Gerät unterstützt werden sollen, sodass es mittlerweile zu einem ordentlichen Durcheinander gekommen ist. Daher als Warnung vorneweg: Lassen Sie sich nicht zu sehr verwirren und bleiben Sie entspannt!

Im Prinzip gibt es die folgenden Möglichkeiten, etwas Menüartiges anzuzeigen:

- **Optionen-Menü** (auch **Icon-Menü** oder **Activity-Menü** genannt) : ein Menü von Icons, das am unteren Rand angezeigt wird, wenn der Anwender den MENU-Button auf dem Android-Gerät gedrückt hat.
- **Kontextmenü**: ein Menü, das über der gesamten Activity ausgebreitet erscheint, wenn der Anwender eine View längere Zeit berührt hat.
- **Untermenü**: erscheint, wenn ein Menüeintrag (in einem Optionen-Menü oder Kontextmenü) längere Zeit berührt wird.

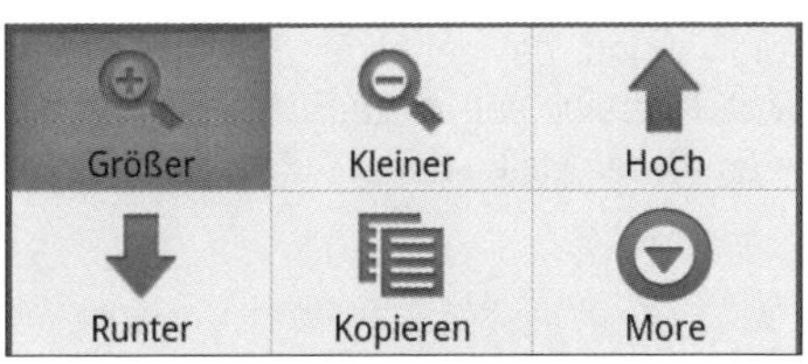

Abbildung 10.1: Optionen-Menü

Ab Android Version 3.x und höher

- **Action-Menüeinträge** in der ActionBar: Die ActionBar kann Menüeinträge enthalten, die direkt oder indirekt über das sogenannte Overflow-Menü zugreifbar sind.
- **Popup-Menü:** dieses Menü verdeckt die aktuelle View nur teilweise und wird durch einen Button-Klick aktiviert.

Im Prinzip sind alle obigen Menüarten in ihrem inneren Aufbau ähnlich und die wesentlichen Unterschiede liegen vor allem darin, wie der Anwender zu ihnen gelangt bzw. wann und wie sie angezeigt werden. Davon abgesehen besteht ein Menü immer aus Menueinträgen, die als Ressource in einer XML-Datei definiert werden, also ein bisschen so wie bei der Definition des Layouts einer Activity, allerdings viel einfacher.

10.1.1 Menü-Verwirrungen

Was ist nun bei den Menüs so verwirrend, wie eingangs erwähnt?

Beginnen wir mit dem Optionen-Menü. Es wird durch Drücken des MENU-Buttons angezeigt. Blöd nur, dass Geräte ab Android 3.x aufwärts keinen MENU-Button mehr haben müssen und Tablet-PCs in der Regel sowieso keinen MENU-Button haben! Damit ist also schon mal klar, dass das Optionen-Menü ein Auslaufmodell ist. Natürlich gibt es noch massenhaft Geräte, die den Button haben und eine Android 2.x-Version einsetzen: Hier können und müssen Sie das Optionen-Menü nehmen.

Für Versionen ab Android 3.x sieht Google vor, dass man auf die ab dieser Version vorhandene ActionBar umsteigt. Die ActionBar ist eine Navigationsleiste, die am oberen Rand des Bildschirms gezeigt wird. Dort lassen sich Menüeinträge anzeigen, die als Ersatz für das Optionen-Menü aus der Android 2.x-Welt dienen können.

Ähnlich verhält es sich mit dem Kontextmenü, das man nur bis Version 2.x verwenden soll. Für alle Android-Versionen 3.x und höher wird empfohlen, auf Kontextmenüs zu verzichten (allerdings kann man dies ignorieren und sie trotzdem verwenden) und stattdessen auf die neuen Popup-Menüs zu setzen. Die Motivation ist hierbei, dass viele Anwender gar nicht auf die Idee kommen, längere Zeit (ca. 3 Sekunden) auf eine View zu drücken, um das Optionen-Menü zu aktivieren. Ein gut sichtbarer Button mit der Beschriftung OPTIONEN dürfte deutlich intuitiver sein.

Wenn Sie vom Optionen-Menü begeistert sind und es entgegen der offiziellen Empfehlung in einer Android-Version 3.x aufwärts verwenden, kann es allerdings passieren, dass es nicht wie gewohnt am unteren Rand erscheint, sondern im sogenannten Overflow-Menü der ActionBar auftaucht (also am oberen Bildschirmrand), abhängig von der konkreten Android-Version, der gesetzten Darstellungsart (Theme) der aktuellen Activity und der Kombination von *minSDKVersion* und *targetSDKVersion* in der Datei *AndroidManifest.xml*. Weitere Details ersparen wir uns an dieser Stelle, damit Autoren und Leser nicht total verwirrt werden!

10.1.2 Menü-Ressourcen

Die Definition, wie ein Menü gefüllt sein soll, erfolgt in einer XML-Datei, die in Eclipse im Package Explorer im Projektverzeichnis unter *res/menu* abgelegt sein muss, z.B. *menu_1.xml*. Sehen wir uns ein Beispiel an.

Erstellen Sie ein neues Projekt, selektieren Sie im Package Explorer den Unterknoten *res* und rufen Sie via rechtem Mausklick das Kontextmenü auf. Wählen Sie den Befehl NEW/OTHER und dann im Dialogfeld NEW unter der Kategorie ANDROID den Eintrag ANDROID XML FILE und klicken Sie auf NEXT. Es erscheint ein Dialog, in dem Sie den Namen (z.B. *menu_1*) und den Typ (MENU) für die zu erstellende Ressource angeben müssen. Beenden Sie den Dialog mit FINISH.

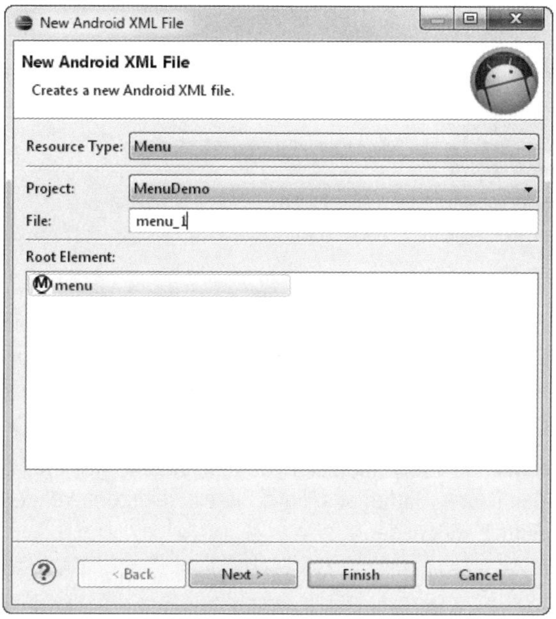

Abbildung 10.2: Anlegen einer Menü-Ressource

Wir befinden uns nun in einem Menu-Designer, der das bequeme Hinzufügen und Editieren von Menüeinträgen erlaubt (alternativ können Sie auch über die Registerlasche am unteren Rand zur XML-Ansicht wechseln und den XML-Code direkt bearbeiten).

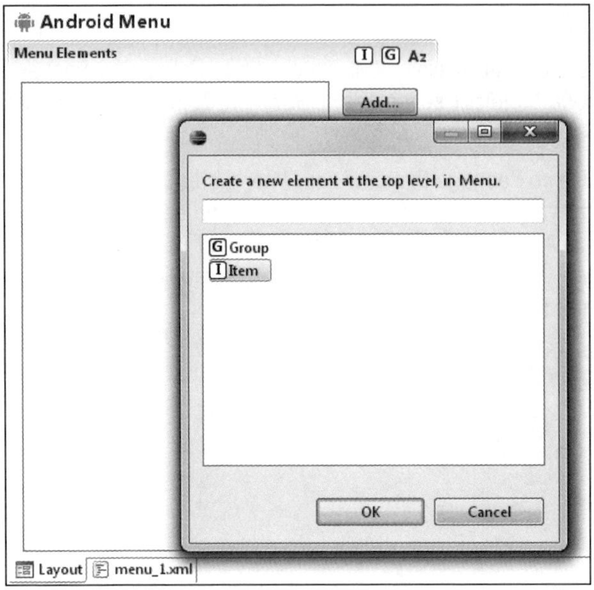

Abbildung 10.3: Hinzufügen von Menüeinträgen

Mithilfe der ADD-Schaltfläche können Sie nun beliebig viele neue Menüeinträge hinzufügen (wählen Sie hierbei als Typ immer ITEM und ab dem zweiten Menüeintrag auch die Option CREATE A NEW ELEMENT AT THE TOP LEVEL). Die so angelegten Menüeinträge können Sie direkt im Dialogfeld bearbeiten. Für den Einstieg reicht es in der Regel, die folgenden Attribute zu setzen:

- TITLE. Geben Sie hier den Text ein, der für den Menüeintrag angezeigt werden soll bzw. wählen Sie eine entsprechende String-Ressource über den BROWSE-Button aus. Falls Sie ein selbsterklärendes Symbol (ICON) festlegen, können Sie den Titel auch weglassen.
- Ein Menüeintrag kann ein Kontrollkästchen anzeigen (jedoch nicht bei Verwendung in der ActionBar). Weisen Sie dazu CHECKABLE den Wert *true* zu; die Voreinstellung erfolgt dann über das Attribut CHECKED.
- Ein Menüeintrag (außer im Kontextmenü) darf auch ein Symbol anzeigen; dies ist insbesondere für das Optionen-Menü üblich. Legen Sie Ihre Symbole im Projektverzeichnis ab, beispielsweise unter *res/drawable*[1], und geben Sie den entsprechenden Ressourcen-Link (z.B. *@drawable/meinIcon*) im ICON-Feld ein (leider gibt es hierfür – noch? – keinen BROWSE-Button).
- Wenn der Menüeintrag in der ActionBar erscheinen soll, dann muss das Attribut SHOW AS ACTION gesetzt sein, typischerweise auf *ifRoom* (= Anzeige nur bei hinreichend Platz, ansonsten wird der Eintrag indirekt erreichbar im sogenannten Overflow-Menü der ActionBar).

1 Beachten Sie, dass Symbol-Dateinamen nur aus Buchstaben, Ziffern, Punkt und dem Unterstrich bestehen dürfen.

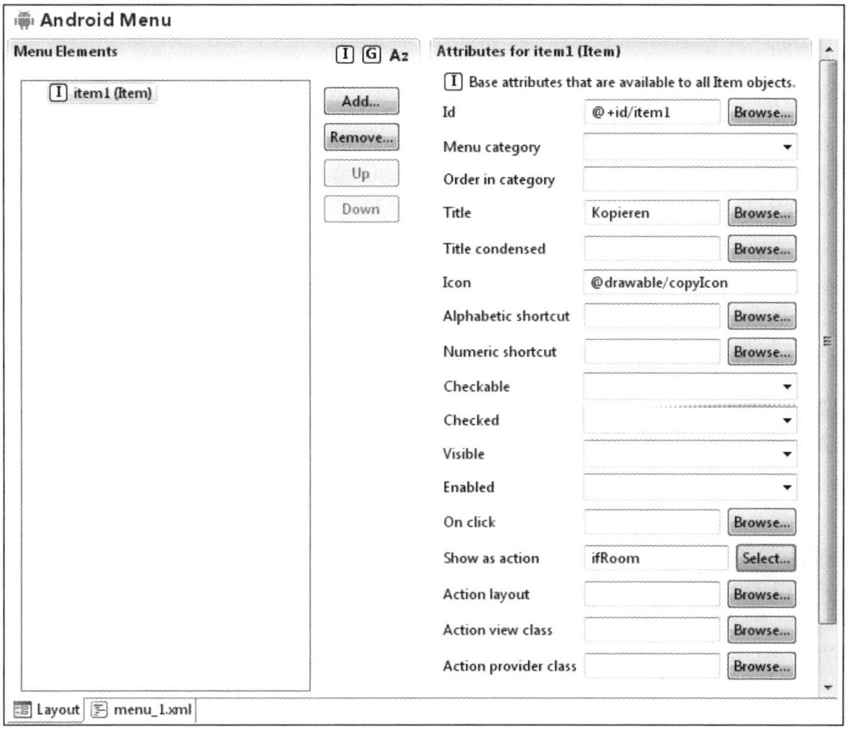

Abbildung 10.4: Konfigurieren eines Menüeintrags

Tipp Wer nicht gerade Grafikdesigner ist und keinen gesteigerten Wert darauf legt, seine Symbole alle selbst zu entwerfen, der kann Android-Symbole auf zahlreichen Internet-Seiten finden, teilweise sogar kostenlos, z.B. auf *http://www.glyfx.com/products/free_android2.html.* Beachten Sie aber immer die jeweiligen Lizenzbedingungen für den Gebrauch und wählen Sie vorzugsweise Symbole mit einer Auflösung von 72x72-Pixeln.

10.1.3 Menüeinträge in der ActionBar

Wie bereits erwähnt ist die ActionBar eine Navigationsleiste, die am oberen Rand des Bildschirms angezeigt wird. Sie war ursprünglich für Tablet-PCs gedacht und trat daher nur mit dem ausschließlich für Tablet-PCs verfügbaren Android 3.x auf.

Hinweis Wenn Sie eine ActionBar haben wollen, müssen Sie zuerst sicherstellen, dass in der Datei *AndroidManifest.xml* das Tag Uses Sdk passend gesetzt ist (z.B. Min SDK Version 11). Zum Testen müssen Sie den Emulator mit einem entsprechenden AVD für die Android-Plattform 3.x/4.x ausführen (siehe Kapitel 20.1).

Mit Android 4.x wurden Smartphone und Tablet-Welt zusammengeführt und die ActionBar ist der bevorzugte Platz für Menüs.

Hierbei ist Folgendes zu beachten:

- Action-Items sind einzelne Menüeinträge, die als Icon in der Leiste angezeigt werden und somit durch den Benutzer direkt sichtbar und anklickbar sind. Sie müssen im Menu-Designer entsprechend markiert sein (Flag SHOW AS ACTION) und ein Icon sollte ihnen zugewiesen sein.
- Das Overflow-Menü am rechten Ende der ActionBar dient als Sammelplatz für weitere Menüeinträge, die nicht direkt als Action-Items angezeigt werden können (weil kein Platz mehr ist oder einfach weil sie nicht als Action-Item definiert worden sind). Das Overflow-Menu wird bei Android 3.x standardmäßig angezeigt, bei Android 4.x nur dann, wenn das Gerät keinen MENU-Button besitzt.

Abbildung 10.5: ActionBar für Android 4.x (Smartphone) mit 2 Action-Items

Abbildung 10.6: Actions in der ActionBar für Android 3.x (Tablet) mit Overflow-Menü

Jede Activity besitzt die Methode `onCreateOptionsMenu()`, die man überschreiben muss, um dort die gewünschte Menü-Ressource (also die Action-Items) zu laden. Das Aufrufen der Methode macht Android automatisch beim Erzeugen der Activity.

Das Laden von Menü-Ressourcen erfolgt mit einem `MenuInflater`-Objekt:

```
public boolean onCreateOptionsMenu(Menu menu) {
   MenuInflater inflater = getMenuInflater();
   inflater.inflate(R.menu.menu_1, menu);
   return true;
}
```

Android übergibt dabei bereits ein `Menu`-Objekt, das wir nur noch mit Inhalt, also den gewünschten Menüeinträgen, füllen müssen.

10.1.4 Das Optionen-Menü

Das geradezu klassische Android-Menü ist das Optionen-Menü, das für eine aktive App über den MENU-Button des Smartphones aktiviert wird; bei Geräten ab Android-Version >= 3.x ist das Optionen-Menü über die ActionBar am oberen Rand erreichbar.

Optionen-Menüs werden je nach Android-Version unterschiedlich behandelt: Bis Version 2.3 ruft Android beim ***ersten*** Öffnen des Menüs die Methode `onCreateOptionsMenu()` der gerade im Vordergrund befindlichen Activity auf; ab Android 3.0 wird diese Methode bereits automatisch beim Starten der Activity ausgeführt.

Die Realisierung eines eigenen Optionen-Menüs ist aus Entwicklersicht identisch zum oben beschriebenen Vorgehen für die ActionBar. Man überschreibt die Methode `onCreateOptionsMenu()` und lädt das Menü.

Optionen-Menüs

Für Optionen-Menüs gelten einige wichtige Besonderheiten:

- Bei Android-Versionen bis einschließlich 2.3 werden nur die ersten sechs Menüeinträge am unteren Bildschirmrand angezeigt; falls mehr Einträge definiert sind, wird anstelle des sechsten Eintrags ein MORE-Eintrag angezeigt. (Hier noch einmal der Hinweis, dass ab Android 3.x und 4.x auf Tablet-PCs das Optionen-Menü ganz anders präsentiert wird: in der ActionBar am oberen Bildschirmrand im sogenannten Overflow-Menu.)
- Für die ersten sechs Einträge eines Optionen-Menüs ist es in vielen Apps daher üblich, ein Symbol zu definieren.
- Für diese ersten sechs Menüeinträge hat das Attribut CHECKABLE keine Bedeutung und wird ignoriert.

```
<?xml version="1.0" encoding="utf-8"?>
<menu xmlns:android="http://schemas.android.com/apk/res/android">
<item android:id="@+id/item1" android:icon="@drawable/zoom_in"
      android:title="Größer">
</item>
<item android:id="@+id/item2" android:icon="@drawable/zoom_out"
      android:title="Kleiner"
</item>
<item android:id="@+id/item3" android:icon="@drawable/arrow_up"
      android:title="Hoch">
</item>
<item android:id="@+id/item4" android:icon="@drawable/arrow_down"
      android:title="Runter">
</item>
<item android:id="@+id/item5" android:icon="@drawable/copy"
      android:title="Kopieren">
</item>
<item android:id="@+id/item6" android:icon="@drawable/cut"
      android:title="Ausschneiden">
</item>
<item android:id="@+id/item7" android:checked="true"
      android:checkable="true" android:icon="@drawable/options"
      android:title="Spezialoption aktiv">
</item>
</menu>
```

Listing 10.1: Beispiel für ein Menü mit sieben Einträgen

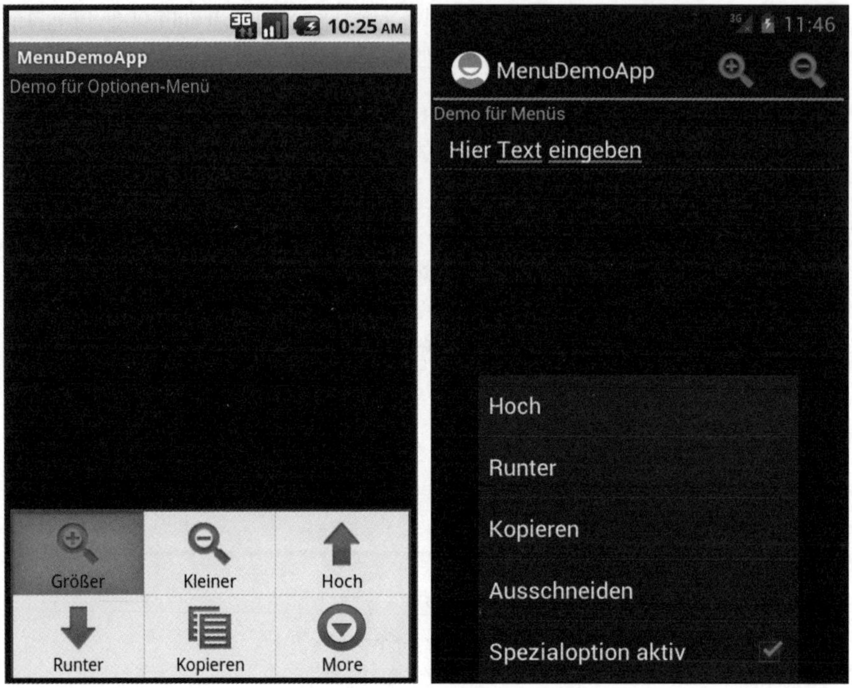

***Abbildung 10.7:** Ein Optionen-Menü a) unter 2.3.3, b) unter 4.0.3*

10.1.5 Das Kontextmenü

Das Kontextmenü ist nicht wie das Optionen-Menü für eine Activity definiert, sondern an eine View gebunden, die seinen Kontext darstellt. Das PC-Analogon ist der berühmte Rechte-Maustasten-Klick; bei Android mit seinem Touchscreen-Ansatz wird der Aufruf durch längeres Drücken bzw. Berühren eines Elements der Benutzeroberfläche (also einer View) erreicht. Prinzipiell kann man ein Kontextmenü für beliebige Views definieren. Der häufigste Fall ist jedoch die Definition für eine ListView.

Das generelle Vorgehen für die Definition eines Kontextmenüs ist zunächst analog zum oben behandelten Optionen-Menü – jedoch mit dem Unterschied, dass die zu implementierende Methode für die Anzeige des Menüs nun `onCreateContextMenu()` heißt:

```
public void onCreateContextMenu(ContextMenu menu, View v,
                                ContextMenuInfo menuInfo) {
  super.onCreateContextMenu(menu, v, menuInfo);

  MenuInflater inflater = getMenuInflater();
  inflater.inflate(R.menu.context_menu, menu);

}
```

Android übergibt dabei der aktuellen Activity eine Instanz der Klasse `ContextMenu`, die Sie mit den gewünschte Kontextmenüeinträgen füllen können (zuvor können Sie noch der Basisklasse durch Aufruf von `super.onCreateContextMenu()` die Gelegenheit geben, ggf. ihre eigenen Menüeinträge hinzuzufügen).

> **Hinweis** In Abhängigkeit vom Typ der übergebenen View kann es sein, dass die Android-Laufzeitumgebung bereits selbst einige Menüeinträge hinzugefügt hat (z.B. bei `EditView`). Dies sollten Sie berücksichtigen, um keine doppelten oder verwirrenden Kontextmenüs zu erzeugen. Falls Sie die standardmäßig definierten Einträge entfernen möchten, können Sie dies via `ContextMenu.clear()` erledigen.

Im folgenden Beispiel wird das Kontextmenü für die View mit der ID `editText1` zunächst gelöscht und dann erst mit den eigenen Einträgen gefüllt.

```
public void onCreateContextMenu(ContextMenu menu, View v,
                                ContextMenuInfo menuInfo) {
   MenuInflater inflater = getMenuInflater();

   switch(v.getId()) {
     case R.id.text1     : inflater.inflate(R.menu.menu_2, menu);
                           break;
     case R.id.editText1 : menu.clear(); // vordefinierte
                                         // Einträge entfernen
                           inflater.inflate(R.menu.menu_3, menu);
                           break;

     default             : break;
   }
}
```

Nach der Implementierung von `onCreateContextMenu()` müssen Sie die betreffenden Views noch registrieren, damit Android auch weiß, dass beim langen Berühren der Views ein Kontextmenü angezeigt werden soll. Dies sollten Sie in der `onCreate()`-Methode der Activity erledigen – durch Übergabe der Views an die Methode `registerForContextMenu()`:

```
public void onCreate(Bundle savedInstanceState) {
  super.onCreate(savedInstanceState);
  setContentView(R.layout.main);

  View textView = findViewById(R.id.text1);
  registerForContextMenu(textView);

  View editView = findViewById(R.id.editText1);
  registerForContextMenu(editView);

  // ...
}
```

10.1.6 Popup-Menü

Ein Popup-Menü ist ab Android 3.x die empfohlene Alternative zu einem Kontextmenü. Es sieht fast identisch zum Kontextmenü aus, ist jedoch etwas schmaler und verdeckt nicht die gesamte View.

Für die Verwendung eines Popup-Menüs muss man in die gewünschte View beispielsweise einen Button einbauen, der bei Klick durch den Benutzer in seiner zugewiesenen onClick-Behandlungsmethode das Popup-Menü erzeugt, z.B.

```
public class MainActivity extends Activity
                         implements  OnClickListener {

    public void onCreate(Bundle savedInstanceState) {
        super.onCreate(savedInstanceState);
        setContentView(R.layout.main);

        Button b = (Button) this.findViewById(R.id.button1);
        b.setOnClickListener(this);

}

public void onClick(View v) {
    PopupMenu popup = new PopupMenu(this, v);
    MenuInflater inflater = popup.getMenuInflater();
    inflater.inflate(R.menu.menu_4, popup.getMenu());
    popup.show();
   }
}
```

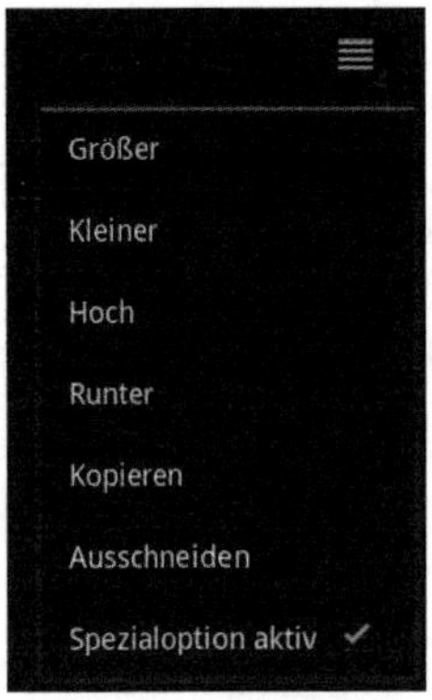

Abbildung 10.8: Popup-Menü

10.1.7 Untermenüs

Ein Menüeintrag in einem Optionen-/Kontext-/Popup-Menü kann auch lediglich der Platzhalter für ein weiteres Untermenü sein. Ein solches Untermenü lässt sich im Menu-Designer ganz leicht erzeugen.

Wählen Sie zunächst den gewünschten Menüeintrag aus, der ein Untermenü öffnen soll. Klicken Sie dann auf die ADD-Schaltfläche und wählen Sie im erscheinenden Dialog die Option CREATE A NEW ELEMENT IN THE SELECTED ELEMENT.

Abbildung 10.9: Anlegen eines Untermenüs

Die Menüeinträge im Untermenü legen Sie dann genauso an wie für jedes andere Menü auch.

10.1.8 Auf die Auswahl eines Menüeintrags reagieren

Das Anzeigen eines Menüs ist natürlich nur die halbe Miete, denn die App soll ja auch auf den gewählten Menüeintrag reagieren und etwas Sinnvolles tun.

Action-Items und Optionen-Menü

Hierzu muss man in der jeweiligen Activity die Methode `onOptionsItemSelected()` implementieren, die aufgerufen wird, wenn ein Menüeintrag ausgewählt wurde:

```
public boolean onOptionsItemSelected(MenuItem item) {

   switch (item.getItemId()) {
      case R.id.item1: tueWas();
                       return true;
      default        : return super.onOptionsItemSelected(item);
   }
}
```

Android übergibt dabei den ausgewählten Menüeintrag in Form eines `MenuItem`-Objekts, das Sie dann zur weiteren Verarbeitung auswerten können. Mithilfe der Methode `getItemId()` können Sie eindeutig feststellen, welcher Menüeintrag aktuell vorliegt, und entsprechend reagieren.

Wenn Sie einen Menüeintrag behandelt haben, sollten Sie die Methode mit `true` als Ergebniswert verlassen; dadurch weiß Android, dass die App auf den Menüeintrag erfolgreich reagiert hat, und versucht nicht, anderweitig eine Verarbeitung anzustoßen[1]. Wenn Ihre Implementierung sich um den übergebenen Menüeintrag nicht kümmern will oder kann, dann rufen Sie einfach die geerbte Standard-implementierung der Basisklasse `Activity` auf (die lediglich `false` zurückgibt).

Kontextmenü

Für das Kontextmenü ist das Vorgehen analog, hier heißt die entsprechende Methode `onContext-ItemSelected()`:

```
public boolean onContextItemSelected(MenuItem item) {
   AdapterContextMenuInfo info = (AdapterContextMenuInfo)
                                              item.getMenuInfo();
   View kontext = info.targetView;


   switch (item.getItemId()) {
      case R.id.item1: behandleItem1(kontext);
                       return true;
      default        : return super.onContextItemSelected(item);
   }
}
```

Da Menüeinträge aus einem Kontextmenü zu einer bestimmten View gehören, ist es meistens notwendig, Zugriff auf diese View zu haben. Hierzu bietet die Klasse `MenuItem` die Methode `getMenuInfo()`. Sie liefert ein Objekt vom Typ `AdapterContextMenuInfo`, das über seine öffentliche Instanzvariable `targetView` die zugehörige View zugänglich macht.

1 Es ist auch möglich, an einem MenuItem direkt eine auszuführende Programmlogik zu hinterlegen, die dann zum Tragen käme. Dieser Aspekt wird aber in diesem Einsteigerbuch nicht weiter behandelt.

Popup-Menü

Beim Popup-Menü muss man eine Klasse definieren, die das Interface `PopupMenu.OnMenuItemClickListener` implementiert und es beim Popup-Menü registriert. Das Interface enthält nur eine einzige Methode namens `onMenuItemClick()`, sodass man oft direkt an Ort und Stelle eine innere namenlose Klasse definiert, die das Interface realisiert und dem Popup zuweist:

```
// PopupMenu popup = ...;
popupMenu.setOnMenuItemClickListener(
    new OnMenuItemClickListener() {
      Log.d("carpelibrum", "Popup Eintrag ausgewählt: " +
             item.getTitle());
      return true;
    }
  });
```

Alternativ können Sie die umgebende Activity dieses Interface implementieren lassen:

```
public class PopupMenuActivity extends Activity
          implements PopupMenu.OnMenuItemClickListener {

   // ...

   public boolean onMenuItemClick(MenuItem item) {
      Log.d("carpelibrum", "Popup Eintrag ausgewählt: " +
             item.getTitle());
      return true;
   }

}
```

Menüeinträge direkt behandeln

Grundsätzlich gibt es immer auch die Möglichkeit, bei einem einzelnen `MenuItem`-Objekt ein entsprechendes Listener-Objekt (vom Typ `MenuItem.OnMenuItemClickListener`) zu registrieren. Dies ist typischerweise bei Einträgen notwendig, die nur indirekt über ein Untermenü erreichbar sind, z.B.

```
SubMenu subMenu = meinMenuItem.getSubMenu();

for(int i = 0; i < subMenu.size(); i++) {
   MenuItem item = submenu.getItem(i);
   item.setOnMenuItemClickListener(this);

}
```

Hier weisen wir jedem Menüeintrag eines Untermenüs als Click-Listener die umgebende Klasse (`this`) zu, die daher das Interface `MenuItem.OnMenuItemClickListener` implementieren muss:

```
public boolean onMenuItemClick(MenuItem item) {
   // … hier was tun

}
```

10.2 Dialoge

Dialoge in der Android-Welt sind wie auch in den konventionellen PC-Programmen kleine Fenster, die im Vordergrund einer Activity angezeigt werden, um dem Anwender Hinweise zu geben oder gewisse Informationen abzufragen. Die Android-API bietet Ihnen dabei im Paket `android.app` folgende vordefinierte Klassen an, die alle von der allgemeinen Basisklasse `Dialog` abstammen:

- `AlertDialog`: Der am häufigsten verwendete Dialogtyp bietet ein Fenster mit bis zu drei Schaltflächen und/oder einer Liste von auszuwählenden Einträgen.
- `DatePickerDialog` und `TimePickerDialog`: Dialoge, in denen der Anwender ein Datum bzw. eine Uhrzeit auswählen kann.
- `ProgressDialog`: zeigt einen Fortschrittsbalken oder ein Fortschrittsrad an, um Wartezeiten zu überbrücken.

Wer mit dieser Auswahl noch nicht glücklich ist, kann auch eigene Dialoge definieren (siehe Abschnitt 10.2.6).

Ein Dialog gehört normalerweise zu einer Activity und wird im Zusammenhang mit ihr erzeugt und angezeigt. Der Einsatz eines Dialogs besteht immer aus zwei Schritten: anlegen und anzeigen. Diese Schritte sind in der Regel auch im Code getrennt.

10.2.1 Dialoge erzeugen

Das Erzeugen eines `Dialog`-Objekts geschieht in der Activity-Methode `onCreateDialog()`:

```
protected Dialog onCreateDialog(int dialogId) {
   Dialog derDialog = null;

   switch(dialogId) {
     case HINWEIS_DIALOG: derDialog = // hier Dialog anlegen ...
                                      break;
     case WARNUNG_DIALOG: derDialog = // hier Dialog anlegen ...
                                      break;
   }


   return derDialog;
}
```

Android ruft diese Methode auf, wenn ein bestimmter Dialog zum ersten Mal verwendet werden soll. Dadurch wird die zugehörige Activity zum Besitzer (*Owner*) des Dialogs und der Dialog übernimmt von ihr einige Eigenschaften und Verhaltensweisen.

Als Parameter wird eine eindeutige ID übergeben, die Sie selbst in Ihrer Activity für die verschiedenen Dialoge definiert haben, z.B.

```
final int HINWEIS_DIALOG = 0;
final int WARNUNG_DIALOG = 1;
```

10.2.2 Dialoge anzeigen

Das eigentliche Anzeigen eines Dialogs erfolgt mit der Activity-Methode `showDialog()`, beispielsweise:

```
showDialog(HINWEIS_DIALOG);
```

Beim ersten Aufruf wird Android wie erwähnt `onCreateDialog()` aufrufen, dort wird der Dialog erzeugt und dann wird er angezeigt.

Wenn der Dialog später wieder durch `showDialog()` benötigt wird, dann wird `onCreateDialog()` nicht mehr durchlaufen und das noch vorhandene `Dialog`-Objekt wird wiederverwendet und angezeigt.

Falls Sie Dialoge verwenden wollen, die bei jeder Anzeige möglicherweise leicht andere Inhalte anzeigen sollen (z.B. einen anderen Text), dann sollten Sie zusätzlich die Methode `onPrepareDialog()` implementieren. Sie wird garantiert vor jedem Anzeigen des Dialogs ausgeführt und erlaubt es Ihnen, die gewünschten Anpassungen vorzunehmen.

```
protected void onPrepareDialog(int dialogId, Dialog dialog) {
    switch(dialogId) {
    case HINWEIS_DIALOG:   AlertDialog ad = (AlertDialog) dialog;
                           ad.setMessage("Aufruf Nr. " + zahler++);
                           break;
   }
}
```

Wenn der Dialog nach dem Anzeigen nicht mehr benötigt wird und verschwinden soll, dann rufen Sie die `Dialog`-Methode `dismiss()` auf. Dies geschieht typischerweise als Reaktion auf das Drücken eines im Dialog angezeigten Buttons.

Dialoge haben außerdem noch eine interessante Eigenschaft: Man kann festlegen, ob der Dialog mithilfe der ZURÜCK-Taste geschlossen werden darf (= *cancelable*) oder nicht. Dies legt man mit der Methode `setCancelable()` fest.

Hinweis Das Erzeugen und Anzeigen von Dialogen via den `Activity`-Methoden `onCreateDialog()` und `showDialog()` ist ab Android 3.x *deprecated*(), d.h. darf zwar weiterhin verwendet werden, ist aber nicht mehr die empfohlene Vorgehensweise. In Eclipse erkennen Sie es daran, dass `showDialog()` durchgestrichen angezeigt wird. In Kapitel 19 zum Thema Fragmente wird der nun gewünschte Weg erklärt.

DVD zum Buch Auf der Buch-DVD finden Sie im zugehörigen Verzeichnis das Projekt *DialogDemo*, mit dem Sie alle Beispiele dieses Kapitels schnell nachvollziehen können.

10.2.3 Standarddialoge mit AlertDialog

Ein `AlertDialog` ist die universelle Dialogklasse, die für die meisten Zwecke ausreichend sein dürfte und auch von der Android-Dokumentation zur Verwendung empfohlen wird – nicht zuletzt weil dadurch alle Dialoge in Android-Apps ähnlich aussehen und dem Anwender vertraut sind.

Das Erzeugen eines Dialogs vom Typ `AlertDialog` erfolgt mithilfe einer speziellen Hilfsklasse namens `AlertDialog.Builder`:

```
AlertDialog.Builder builder = new AlertDialog.Builder(this);
builder.setTitle("AlertDialogDemo");
builder.setMessage("AlertDialog");
builder.setPositiveButton("OK",
        new  DialogInterface.OnClickListener() {
           public void onClick(DialogInterface dialog, int id) {
                // nichts weiter tun; Dialog schließen
                dialog.dismiss();
           }
       });

builder.setNegativeButton("Abbruch",
       new DialogInterface.OnClickListener() {
           public void onClick(DialogInterface dialog, int id) {
                // nichts weiter tun; Dialog schließen
                dialog.dismiss();
           }
       });

builder.setCancelable(false); // nicht schließen mit ZURÜCK-Button
AlertDialog dialog = builder.create();
```

Die `Builder`-Instanz bietet diverse Möglichkeiten zur Gestaltung des Dialogs. Dies sind neben einem Titel und einem kurzen Text vor allem das optionale Setzen von bis zu drei Schaltflächen, die als positiver/neutraler/negativer Button bezeichnet werden und mit den entsprechenden Methoden `setPositiveButton()`, `setNeutralButton()`, `setNegativeButton()` gesetzt werden können. Bei Aufruf dieser Methoden müssen Sie ein Listener-Objekt angeben, das das Klickereignis für die jeweilige Schaltfläche übernimmt (Interface `DialogInterface.OnClickListener`). Üblicherweise macht man dies durch eine anonyme Klasse wie oben gezeigt, die namenlos an Ort und Stelle definiert wird. In der Ereignisbehandlungsmethode wird dann auch meistens der Dialog geschlossen, indem seine `dismiss()`-Methode aufgerufen wird.

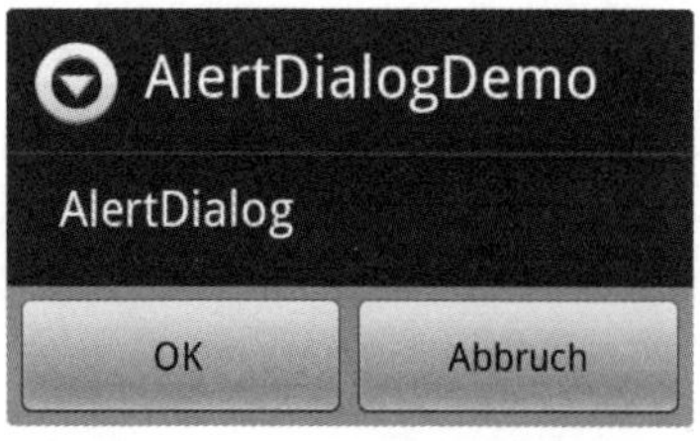

Abbildung 10.10: Beispiel für AlertDialog

Eine andere wichtige Option ist das Setzen einer Liste von Einträgen, unter denen der Anwender auswählen soll. Hierfür gibt es die Methode `setItems()`:

```
AlertDialog.Builder builder = new AlertDialog.Builder(this);
builder.setTitle("Wagentyp wählen");
final String[] typen = new String[]{"Kleinwagen", "Golf-Klasse",
                                    "Van", "Cabrio"};
builder.setItems(typen,  new DialogInterface.OnClickListener() {
     public void onClick(DialogInterface dialog, int item) {
            // Dialog schließen
            dialog.dismiss();
          }
     });

AlertDialog dialog = builder.create();
```

Als Argumente übergeben Sie der Methode die Liste der anzuzeigenden Einträge und einen Listener für das Klickereignis.

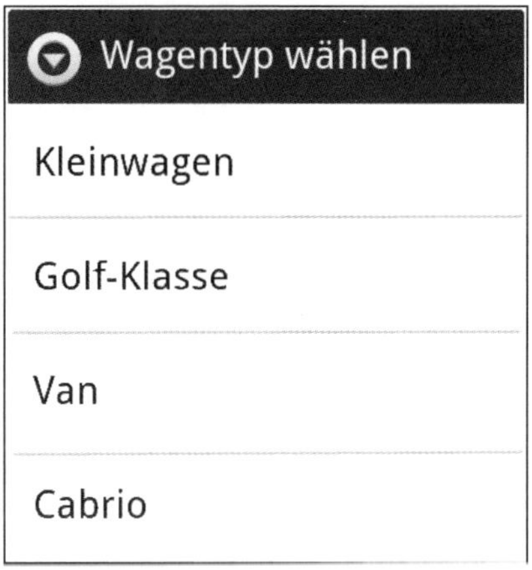

Abbildung 10.11: AlertDialog mit Liste

10.2.4 Dialoge für Datum- und Zeitauswahl

Eine immer wieder benötigte Aufgabe ist es, dass der Anwender ein Datum oder eine Uhrzeit auswählen muss. Damit dies nicht von jeder Android-App jedes Mal neu und anders und gerne auch mehr schlecht als recht realisiert wird, sollten Sie auf die vorgegebenen Klassen `DatePickerDialog` und `TimePickerDialog` zurückgreifen.

Wir beschreiben das Vorgehen zunächst für `DatePickerDialog`. Der Einsatz an sich ist recht einfach. Man definiert eine Callback-Methode `onDateSet()` als Teil einer anonymen Klasse, die das Interface `DatePickerDialog.OnDateSetListener` implementiert. Diese Methode wird später aufgerufen, wenn der Anwender den Dialog erfolgreich – also nicht über die ABBRECHEN-Schaltfläche – beendet hat, und man kann dann das eingestellte Datum übernehmen und verwenden.

```
final DatePickerDialog.OnDateSetListener listener;
listener = new DatePickerDialog.OnDateSetListener() {
               public void onDateSet(DatePicker view, int year,
                                     int monthOfYear, int dayOfMonth)
                     { // Datum verwenden
                     }};

// Dialog erzeugen und Datum auf heute setzen
Calendar c = Calendar.getInstance();
int jahr   = c.get(Calendar.YEAR);
int monat  = c.get(Calendar.MONTH);
int tag    = c.get(Calendar.DAY_OF_MONTH);
DatePickerDialog dialog = new DatePickerDialog(this, listener, jahr,
                                               monat, tag);
```

Beachten Sie, dass die an den `DatePickerDialog`-Konstruktor übergebene `listener`-Referenz als `final` deklariert sein muss (die Android-Laufzeitumgebung muss sich darauf verlassen können, dass die übergebene Referenz sich nicht mehr ändert).

Abbildung 10.12: DatePickerDialog-Beispiel

Der Dialog für die Auswahl einer Uhrzeit ist völlig analog. Wir nehmen einen `TimePickerDialog` und das Callback-Interface heißt nun `TimePickerDialog.OnTimeSetListener`.

```
final TimePickerDialog.OnTimeSetListener listener;
listener = new TimePickerDialog.OnTimeSetListener() {
               public void onTimeSet(TimePicker view, int hourOfDay,
                                     int minute)
                     { // Datum verwenden
                     }};

// Dialog erzeugen und Zeit auf jetzt setzen
Calendar c = Calendar.getInstance();
Date zeit  = c.getTime();
int stunde = zeit.getHours();
int minute = zeit.getMinutes();

// als 24-Stundenformat
TimePickerDialog dialog = new TimePickerDialog(this, listener,
                                              stunde, minute, true);
```

Der Konstruktor für den `TimePickerDialog` erwartet außer den Parametern für die besitzende Activity, die Callback-Klasse und die Uhrzeit noch die Information, ob das 24-Stunden- oder 12-Stunden-Format verwendet werden soll.

Abbildung 10.13: TimePickerDialog-Beispiel

Hinweis DatePickerDialog und TimePickerDialog verwenden immer die Lokale-Einstellungen des zugrunde liegenden Android-Geräts. Die obigen Abbildungen zeigen das Aussehen auf einem deutschen Smartphone. Auf einem englischen Gerät oder auch dem Emulator würden Sie entsprechende englische Begriffe sehen.

10.2.5 Der Fortschrittsdialog

Da Ihre Apps schnell und effizient sind, dürften Wartezeiten eigentlich nicht auftreten! Falls es sich aber doch mal nicht vermeiden lässt, sollten Sie die Klasse ProgressDialog verwenden, die übrigens von AlertDialog abgeleitet ist und somit eine Spezialisierung darstellt. Sie zeigt eine kleine Animation, um den Anwendern die Wartezeit zu versüßen.

```
ProgressDialog dialog = new ProgressDialog(this);
dialog.setProgressStyle(ProgressDialog.STYLE_HORIZONTAL);
dialog.setMessage("Lade Daten...");
dialog.setCancelable(false);
```

Die notwendigen Zutaten sind der Anzeigestil (STYLE_HORIZONTAL für den klassischen Fortschrittsbalken oder STYLE_SPINNER für ein Rad) und ein Text, der angezeigt werden soll. Im Falle des Fortschrittsbalken wird der Fortschritt in Prozent und als Wert von 0 bis 100 angezeigt, man kann aber auch über setMax() einen anderen Wert als Maximum festlegen.

Sie können einen Fortschrittsdialog wie alle anderen Dialoge über die Activity-Methode onCreateDialog() anlegen und mit showDialog(id) anzeigen lassen. Oft macht man es aber auch direkt an der Stelle, wo die Wartezeit anfallen wird. Der Grund hierfür ist, dass das bloße Erzeugen und Anzeigen noch nicht sonderlich viel bringt.

Abbildung 10.14: Fortschrittsbalken

Das ProgressDialog-Objekt muss natürlich regelmäßig informiert werden, wie weit der Fortschritt der jeweiligen Tätigkeit gediehen ist. Außerdem muss nach getaner Arbeit der Dialog wieder geschlossen werden.

Da man lang andauernde Aktionen in einem eigenen Arbeitsthread durchführen muss, damit die Benutzeroberfläche nicht lahmgelegt wird, bietet es sich an, die ProgressDialog-Instanz diesem Thread zugänglich zu machen. Der Arbeitsthread kann dann in seiner run()-Methode den Dialog mithilfe von setProgress(int wert) auf einen neuen absoluten Fortschrittswert setzen bzw. mit incrementProgressBy(int delta) den alten Wert um delta erhöhen, z.B.

```
ProgressDialog dialog = …; // dialog erzeugen wie oben gezeigt
ArbeitsThread ladeThread = new ArbeitsThread(this, dialog);
ladeThread.start();
```

Der Arbeitsthread ist beispielsweise folgendermaßen definiert:

```
public class Arbeitsthread extends Thread {

private Activity meineActivity;
private ProgressDialog meinFortschritt;

  public Arbeitsthread(Activity activity,
                       ProgressDialog fortschritt)   {
     super();
     meineActivity   = activity;
     meinFortschritt = fortschritt;
  }

  @Override
  public void run() {

     for(int i = 0; i < 100; i++) {
        // Daten laden, Berechnungen etc
        // simulieren wir hier durch warten
        try {
           Thread.sleep(200);
        }
        catch(Exception ex) {}

        // Fortschritt aktualisieren
        meinFortschritt.setProgress(i);
     }

     // Dialog schließen
     meinFortschritt.dismiss();
  }
}
```

Listing 10.2: Arbeitsthread, der den Fortschrittsdialog aktualisiert und beendet

Abbildung 10.15: Aktualisierter Fortschrittsbalken

10.2.6 Eigene Dialoge definieren

Manchmal wollen die vorhandenen Dialogmöglichkeiten einfach nicht passen. Dies ist kein Beinbruch und bedeutet lediglich, dass Sie etwas (oder auch extrem viel) mehr Arbeit investieren müssen, um einen eigenen Dialog (einen sogenannten *Custom-Dialog*) zu definieren. Das generelle Vorgehen sieht dabei folgendermaßen aus:

- Erstellen Sie eine XML-Layoutdatei analog wie im Falle einer View.
- Erzeugen Sie eine Instanz der Klasse `Dialog` und weisen Sie das definierte Layout zu.
- Initialisieren Sie die enthaltenen View-Elemente analog zum Vorgehen bei einer View, die man in einer Activity benutzt.
- Zeigen Sie den Dialog an.

Nehmen wir beispielsweise an, wir benötigen einen Dialog, der aus folgenden Elementen besteht: einem Textfeld mit einer Botschaft, darunter einem Bild und schließlich einer OK-Schaltfläche. Dazu legen wir zunächst über den Menübefehl FILE/NEW/OTHER, Option ANDROID XML FILE, eine XML-Datei *spezial_dialog.xml* vom Typ *Layout* in der Projektstruktur unter *res/layout* an. Danach können wir im Designer oder in der XML-Ansicht die Oberfläche des Dialogs festlegen, z.B.

```
<?xml version="1.0" encoding="utf-8"?>
<LinearLayout
  xmlns:android="http://schemas.android.com/apk/res/android"
  android:layout_width="match_parent"
  android:layout_height="match_parent"
  android:orientation="vertical"
  android:gravity="center"
  >
    <TextView
      android:text="TextView"
      android:id="@+id/dialogText"
      android:layout_width="wrap_content"
      android:layout_height="wrap_content"></TextView>
    <ImageView
      android:layout_height="wrap_content"
      android:id="@+id/dialogBild"
      android:layout_width="wrap_content"
      android:src="@drawable/icon"></ImageView>
    <Button
      android:text="Schließen"
      android:id="@+id/dialogButton"
      android:layout_width="wrap_content"
      android:layout_height="wrap_content"></Button>
</LinearLayout>
```

Dies definiert einfach ein Textfeld, darunter einen Bereich zur Anzeige eines Bildes und schließlich eine Schaltfläche zum Schließen des Dialogs. Danach können wir das `Dialog`-Objekt erzeugen und initialisieren:

```
final Dialog dialog = new Dialog(this);
dialog.setContentView(R.layout.spezial_dialog);

TextView textView = (TextView) dialog.findViewById(R.id.dialogText);
textView.setText("Die Erde geht auf!");

ImageView imageView = (ImageView) dialog.findViewById(R.id.dialogBild);
imageView.setImageResource(R.drawable.earthrise);

Button button = (Button) dialog.findViewById(R.id.dialogButton);
button.setOnClickListener(new OnClickListener() {
     public void onClick(View v) {
         dialog.dismiss(); // Dialog schließen

     }
});
```

Wie Sie sehen können, ist das Vorgehen völlig identisch zum Initialisieren einer View für eine Activity. Die Dialog-Klasse definiert ebenfalls die Methoden `setContentView()` und `findViewById()`, die Sie verwenden können, um Zugriff auf das Layout und seine Elemente zu erhalten.

Abbildung 10.16: Selbst definierter Dialog

10.3 Benachrichtigungen mit Toasts

Eine besondere Form von Dialogen bietet Android in Form eines *Toasts*. Das hat nichts mit Toastbrot zu tun, sondern mehr mit Trinkspruch und Tischrede, was die zweite Bedeutung des englischen Begriffs ist. Dennoch ist die Namensgebung – wie des Öfteren bei Android – etwas skurril. Gemeint ist jedenfalls ein aufspringender kleiner Dialog mit einer kurzen Nachricht, der danach automatisch verblasst und von selbst wieder verschwindet.

Eine solche Art von Dialog selbst zu implementieren ist recht mühsam und Sie dürfen daher froh sein, dass Sie in einer Activity Toasts mit wenigen Zeilen Code hervorzaubern können:

```
String text = "Sie haben neue E-Mails!";
Toast einToast = Toast.makeText(this, text, Toast.LENGTH_SHORT);
einToast.show();
```

Die Klasse `Toast` definiert hierfür eine statische Methode `makeText()`, die als Argumente den anzuzeigenden Text und eine Anzeigedauer erwartet. Für letzteres Argument existieren zwei vordefinierte Konstanten: kurz (`Toast.LENGTH_SHORT`) oder lang (`Toast.LENGTH_LONG`).

Ein Toast wird standardmäßig am unteren Bildschirmrand zentriert angezeigt. Dies lässt sich allerdings anpassen:

```
einToast.setGravity(Gravity.TOP|Gravity.LEFT, 0, 0);
```

Die Methode `setGravity()` erwartet eine Positionsangabe sowie einen X-Offset und einen Y-Offset bezogen auf diese Position. Für die Positionsangabe verwendet man die Konstanten `Gravity.TOP`, `Gravity.BOTTOM`, `Gravity.LEFT`, `Gravity.RIGHT`, die man auch wie oben gezeigt mit binärem OR zusammenführen kann. `Gravity.TOP|Gravity.LEFT` bedeutet also »oben links«.

Das Beispiel *DialogDemo* auf der Buch-DVD zu diesem Abschnitt erzeugt beim Drücken einer Schaltfläche einen Toast, der den Namen der Schaltfläche kurz anzeigt.

10.3.1 Toasts im Hintergrund-Thread

Ein Toast darf immer nur vom UI-Thread aufgerufen werden! Ein typisches Szenario ist jedoch, dass ein Hintergrund-Thread eine langlaufende Tätigkeit erledigt und dann am Ende per Toast informiert. Verwenden Sie hierzu die Methode `post()` der Klasse `android.os.Handler`. Sie erwartet ein `Runnable`-Objekt, das man meistens gleich als anonyme Klasse als Parameter definiert, z.B.:

```
private Handler handler; // als Instanzvariable der Activity

handler = new Handler(); // in onCreate() anlegen

//
handler.post(new Runnable() {
   public void run() {
      Toast toast = Toast.makeText(MeineActivity.this,
                                   "Bin fertig!",
                                   Toast.LENGTH_SHORT);
      toast.show();
   }
}
```

Das `Handler`-Objekt legen Sie dabei am besten in der `onCreate()`-Methode der zugehörigen Activity an.

Abbildung 10.17: Anzeige eines Toasts

10.4 Fragen und Antworten

1. Meine App mit Optionen-Menü ist für 2.x entwickelt und läuft auf einem Gerät mit 3.x/4.x und es gibt keinen MENU-Button. Wie kommt der Benutzer an das Menü?

   Android verwendet für einen solchen Fall das Overflow-Menü in der ActionBar. Dort werden die Menüeinträge angezeigt.

2. Wo genau erscheint ein Popup-Menü? Lässt sich das festlegen?

   Die Lage eines Popups wird vom Android-System automatisch festgelegt und lässt sich nicht programmtechnisch steuern.

3. Kann man sich irgendwo einklinken, wenn der Benutzer einen Dialog geschlossen hat?

   Ja, und zwar mit dem Interface `DialogInterface.OnDismissListener`. Man kann eine Klasse definieren, die dieses Interface implementiert (Methode `onDismiss(DialogInterface di)`), und bei der `Dialog`-Klasse via `setOnDismissListener()` registrieren.

4. Die `Dialog`-Klasse hat doch eine eigene Methode `show()`. Kann man die nicht direkt aufrufen, ohne diesen Umweg über `onCreateDialog()` und `onPrepareDialog()` der umgebenden Activity zu gehen?

   Das ist in der Tat möglich und auch völlig OK. Man kann einen Dialog erzeugen und dann direkt mit `show()(Dialog)` anzeigen. Allerdings verzichtet man dann auf einige Feinheiten, z.B. dass der `Menu`-Button für den Zugriff auf das Dialog-spezifische Optionen-Menü (falls vorhanden) umschaltet. Daher sollte man noch zusätzlich die besitzende Activity mit der `Dialog`-Methode `setOwnerActivity(Activity a)`. festlegen.

10.5 Übungen

1. Erstellen Sie eine App, welche die Güte einer PIN (bestehend aus den Ziffern 0-9) testet. Der Benutzer gibt eine PIN ein und die App testet, wie lange sie mittels Brute-Force (also systematischem Durchprobieren) braucht, um sie zu erraten. Dies erfolgt in einem Hintergrund-Thread, der sich bei Beendigung mit einem Toast beim Benutzer meldet und die Zeit angibt, die zum Erraten gebraucht wurde.

2. Schreiben Sie eine App, die eine analoge Uhr anzeigt und in ihrer ActionBar den Menüpunkt FARBEN anbietet. Beim Klick darauf wird in einem Untermenü die Auswahl mehrerer Farben ermöglicht, um die Hintergrundfarbe zu ändern. (Hinweis: für die Uhr können Sie das View-Element `AnalogClock` aus der Designer-Palette nehmen).

11 Mehrseitige Apps

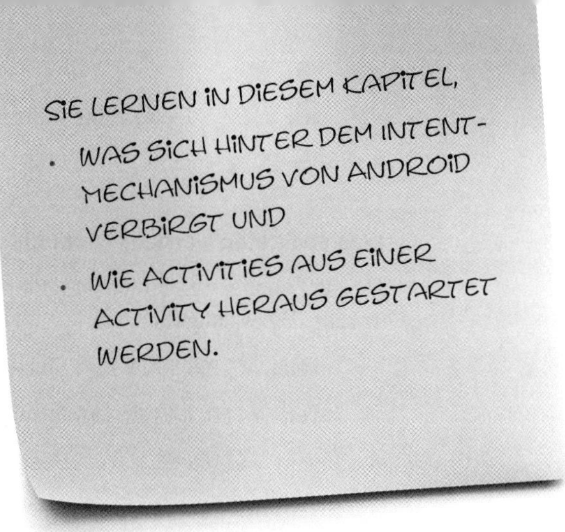

Die in den vorangehenden Kapiteln erstellten Apps hatten alle gemeinsam, dass sie immer nur eine Activity besaßen und somit auch nur eine Bildschirmansicht boten. Für erstaunlich viele Zwecke ist dies auch völlig ausreichend, zumal gerade im Smartphone-Bereich im Gegensatz zum PC die Tendenz besteht, viele kleine, spezialisierte Apps zu installieren anstelle von wenigen großen, aber mächtigen Programmsuiten.

Dennoch werden Sie über kurz oder lang vor der Aufgabe stehen, für eine App mehrere Bildschirmseiten bzw. Activities erzeugen zu müssen, um unterschiedliche Aktivitäten anzubieten. Ein besonderer Aspekt ist dabei auch, nicht jedes Mal das Rad neu zu erfinden, sondern vorhandene Funktionalität (aus anderen Apps bzw. dem Android-Betriebssystem) wiederzuverwenden.

Eine Möglichkeit bietet das Fragment-Konzept, das wir in Kapitel 19 näher kennenlernen.

Eine weitere mögliche Antwort auf diese Problemstellung liefert uns der Intent-Mechanismus von Android, mit dessen Hilfe wir andere Activities starten können.

11.1 Intents

Wie bereits in Kapitel 8 erwähnt, wird die Root-Activity einer Task über einen Intent (eine Art Botschaft) gestartet, den Android versendet, wenn der Anwender auf das Symbol der jeweiligen App getippt hat.

Dieser Mechanismus kommt generell beim Starten von Activities zur Anwendung. Wenn Sie in Ihrer App ausgehend von der aktuellen Activity eine andere Activity (sei es eine selbst geschriebene oder irgend eine andere) starten möchten, dann müssen Sie zwingend über den Intent-Ansatz vorgehen, damit die gewünschte Activity im Rahmen der Android-Mechanismen wie Back-Stack und Lebenszyklus verwaltet wird.

11.1.1 Was sind Intents?

Nicht sonderlich überraschend sind Intents Objekte der Klasse `Intent` (Paket `android.content`). Ein solches `Intent`-Objekt kann im Wesentlichen die folgenden Kerninformationen enthalten:

- **Was soll getan werden? (*Action*)**

  Für die Angabe, was zu tun ist, gibt es vordefinierte Konstanten in der Klasse `android.content.Intent`. Die wichtigsten sind:

  - `Intent.ACTION_MAIN` zum Starten einer App
  - `Intent.ACTION_VIEW` zum Anzeigen von Daten
  - `Intent.ACTION_EDIT` zum Bearbeiten von Daten
  - `Intent.ACTION_DIAL` zum Wählen einer Telefonnummer

  Für eigene Activities kann man aber auch selbst definierte String-Konstanten verwenden.

> **Hinweis** Eine vollständige Liste der vordefinierten Aktionen erhalten Sie, wenn Sie im Eclipse-Editor »Intent.« eingeben und warten, bis das Info-Fenster aufspringt.

- **Womit soll gearbeitet werden? Teil 1 (*Data*)**

  Die zu verwendenden Daten können in Form eines *URI* (Uniform Resource Identifier), beispielsweise einem http-Link, übergeben werden.

  Dies ist natürlich nur notwendig, wenn es relevante Daten gibt.

- **Womit soll gearbeitet werden? Teil 2 (*Extras*)**

  Zusätzliche Informationen können dem Intent auch in Form von Schlüssel/Wert-Paaren (key-value) mitgegeben werden.

- **Wer soll es machen? Teil 1 (*Component*)**

  Die Angabe, wer den Intent behandeln soll. Sie können den Empfänger explizit angeben oder Sie lassen implizit die Android-Laufzeitumgebung herausfinden, welche verfügbare Komponente (vom Typ `Activity`, `Service`, `ContentProvider`, `BroadcastReceiver`) von sich behauptet, den gewünschten Intent bedienen zu können.

- **Wer soll es machen? Teil 2 (*Category*)**

  Zusätzlich oder alternativ zur Angabe der Komponente, die sich um den Intent kümmern soll, kann im Falle von Activities noch ein Zusatzhinweis – die sogenannte *Category* – übergeben werden.

  Hierzu dienen Konstanten wie beispielsweise `Intent.CATEGORY_HOME` (Activity zeigt den Home-Bildschirm), oder `Intent.CATEGORY_LAUNCHER` (Activity kann Root-Activity sein und ist im Application Launcher verfügbar).

Das generelle Vorgehen besteht aus dem Anlegen einer geeigneten Instanz der Klasse `Intent` und der Übergabe an das Android-Betriebssystem, das sich dann um alles Weitere kümmert. `Intent` bietet dabei eine Reihe von Konstruktoren und set-Methoden, um einen gewünschten Intent beliebig genau zu spezifizieren, je nachdem, wie genau Sie festlegen möchten oder können, wer den Intent behandeln soll.

11.1.2 Explizite und implizite Intents

Intents werden grob in zwei Kategorien unterteilt, die von Android unterschiedlich behandelt werden:

- ***Explizite Intents*** geben die Komponente, an die sie gerichtet sind (also z.B. eine andere Activity), genau an.

  Besteht eine App aus mehreren Activities, sind explizite Intents der typische Weg, wie eine Activity der App eine andere Activity der App aufruft.

- ***Implizite Intents*** geben statt einer definierten Zielkomponente nur Hinweise an, anhand deren Android versucht, einen Empfänger zu finden.

  Diese Art von Intents wird typischerweise verwendet, um Activities, die zu anderen Apps gehören, zu starten.

11.1.3 Intent-Filter

Im Falle von impliziten Intents wählt Android die Zielkomponente anhand von Intent-Filtern, die jede installierte App in ihrer *AndroidManifest.xml* Datei definieren kann. Ein solcher Filter gibt an, für welche Kombination von *Action*, *Category* und *Data* die Activity aufgerufen werden kann. Schauen wir uns einige Beispiele an:

```
<intent-filter>
    <action android:name="carpelibrum.ZEIGE_LOGO" />
    <action android:name="carpelibrum.ZEIGE_ZEIT" />
</intent-filter>
```

Dieser Filter lässt alle Intents zu, die als *Action* den String `"carpelibrum.ZEIGE_LOGO"` oder `"carpelibrum.ZEIGE_ZEIT"` vorweisen.

Im nächsten Beispiel sehen Sie, wie eine Activity von sich behauptet, dass sie die Kategorien *BROWSABLE* (*BROWSABLE*-Intents werden z.B. erzeugt, wenn ein Anwender im Webbrowser auf einen Link tippt) und *DEFAULT* unterstützt.

```
<intent-filter>
    <category android:name="android.intent.category.DEFAULT" />
    <category android:name="android.intent.category.BROWSABLE" />
</intent-filter>
```

> **Hinweis** `"android.intent.category.DEFAULT"` ist besonders wichtig, denn diese *Category* signalisiert Android, dass die Activity für die Auflösung von impliziten Intents verwendet werden kann.

Die dritte Art, wie Intents gefiltert werden können, basiert auf der *Data*-Sektion des Intents.

```
<intent-filter>
  <data android:mimeType="video/mpeg" android:scheme="http" />
</intent-filter>
```

Im obigen Beispiel sagen wir, dass die Activity sich für Daten vom Typ *video/mpeg* interessiert, die via http-Link verfügbar sind. Dies bedeutet natürlich auch, dass ein Intent, der Video-Daten via Dateisystem (`scheme="file"`) behandelt haben will, diesen Filter nicht passieren wird. Wenn wir erreichen wollen, dass alle Video-Daten, egal woher, behandelt werden sollen, dann verallgemeinern wir den Filter, indem wir das Attribut `scheme` weglassen:

```
<intent-filter>
  <data android:mimeType="video/mpeg" />
</intent-filter>
```

Für jede Activity können Sie mehrere Intent-Filter definieren, die zudem auch noch aus mehreren Sektionen für *Action*, *Category* oder *Data* bestehen dürfen, sodass sich eine schon fast verwirrende Vielfalt an Möglichkeiten ergibt.

Konzentrieren wir uns daher auf einige wichtige Beispiele:

```
<intent-filter>
  <action android:name="android.intent.action.MAIN" />
  <category android:name="android.intent.category.LAUNCHER" />
</intent-filter>
```

Dies ist der Standardfilter, den Eclipse beim Anlegen eines Android-Projekts für die Start-Activity gleich miterzeugt. Es wird hier sowohl nach der *Action* als auch der *Category* gefiltert.

Ein Intent mit *Action* gleich `"android.intent.action.MAIN"` und *Category* gleich `"android.intent.category.LAUNCHER"` wird von Android versendet, wenn der Anwender im Application Launcher das App-Symbol gedrückt hat. In einer App darf genau eine Activity diese Kombination in ihrem Intent-Filter definieren, damit Android weiß, mit welcher Activity die App gestartet werden soll.

Nehmen wir mal an, unsere Activity soll nicht nur die Start-Activity sein, sondern auch für andere Apps via impliziten Intent zugreifbar sein. Dann brauchen wir zusätzlich die bereits erwähnte Kategorie *DEFAULT* und müssen den Intent-Filter erweitern:

```
<intent-filter>
  <action android:name="android.intent.action.MAIN" />
  <category android:name="android.intent.category.LAUNCHER" />
  <category android:name="android.intent.category.DEFAULT" />
</intent-filter>
```

11.2 Activities starten mit Intents

Nachdem Sie nun einen ersten Einblick in Intents gewonnen haben, können wir daran gehen, Activities via Intents zu starten. Das generelle Vorgehen ist einfach:

Sie erzeugen ein `Intent`-Objekt und übergeben es mithilfe der Methode `startActivity()` an die Android-Laufzeitumgebung.

11.2.1 Intent-Objekte erzeugen

Zum Erzeugen des `Intent`-Objekts bietet die Klasse `Intent` eine Reihe von Konstruktoren an, aus denen Sie sich den passenden auswählen können, unter anderem:

```
Intent(String action)
Intent(String action, Uri uri)
Intent(Content context, Class<?> class)
```

Mit den beiden ersten Konstruktoren erzeugen Sie implizite `Intent`-Objekte:

```
Intent intentV = new Intent(Intent.ACTION_View);
intentV.setData(Uri.parse("Text"));
```

bzw.

```
Intent intentE = new Intent(Intent.ACTION_EDIT, Uri.parse("Text"));
```

Mit dem dritten Konstruktor erzeugen Sie explizite `Intent`-Objekte:

```
Intent intent = new Intent(this, EineActivity.class);
```

Bundle-Daten

Unabhängig davon, mit welchem Konstruktor das `Intent`-Objekt erzeugt wurde, können Sie dem `Intent`-Objekt bei Bedarf zusätzliche Informationen und Nutzdaten als *Extra*-Daten mitgeben.

Für implizite Intents ist dies der Standardweg zur Übertragung von Daten mit dem Intent, für explizite Intents ist es eine Möglichkeit, neben den *Data*-Informationen noch weitere Daten mitzugeben.

Hinweis Der wichtigste Unterschied zwischen *Data*- und *Extra*-Daten ist, dass *Data*-Daten auch zur Ermittlung einer Empfänger-Activity für den Intent benutzt werden.

Extra-Daten werden immer als Schlüssel/Wert-Paare gespeichert, wobei der Schlüssel immer vom Typ `String` ist, während die Werte beliebige Objekte sein können. Um dem Intent ein solches Schlüssel/Wert-Paar mitzugeben, übergeben Sie Schlüssel und Wert an eine der überladenen `putExtra()`-Methoden:

```
Intent intent = new Intent(this, EineActivity.class);
intent.putExtra("name", "Jim");
intent.putExtra("alter", 34);
```

Hinweis Alternativ können Sie die *Extra*-Daten auch explizit in ein `Bundle`-Objekt verpacken und dieses dann dem Intent mitgeben.

Intents senden

Beginnen wir nun mit einem Beispiel für einen impliziten Intent zum Starten einer Activity, die dem Anwender das Eingabefeld zum Telefonieren zugänglich macht:

```
Intent intent = new Intent(Intent.ACTION_DIAL);
startActivity(intent);
```

Wie Sie sehen können, ist das Ganze ein Zweizeiler. Wir legen ein `Intent`-Objekt mit der gewünschten Action-Art (hier `ACTION_DIAL`) an und übergeben es an die Methode `startActivity()`, die jede `Activity`-Klasse besitzt.

Zu verarbeitende Daten haben wir nicht, und da wir davon ausgehen können, dass es mindestens eine Anwendung auf einem Smartphone gibt, welche das Wählen einer Telefonnummer anbietet, geben wir keine Activity vor, die sich darum kümmern soll, sondern überlassen die Ermittlung einer Empfänger-Activity der Android-Laufzeitumgebung. Sie wird anhand vorgegebener Regeln und mit Unterstützung der Intent-Filter aller installierten Apps versuchen, etwas Passendes zu finden.

Wenn wir die Zielkomponente genau angeben wollen bzw. müssen, dann übergeben wir dem `Intent`-Konstruktor einen Verweis auf den aufrufenden Kontext (z.B. die Activity, die den Intent versendet) und das `Class`-Objekt der gewünschten Ziel-Activity:

```
Intent intent = new Intent(this,
                    de.carpelibrum.multiactivity.Activity_2.class);
startActivity(intent);
```

Liegt die Empfänger-Activity im gleichen Paket wie die aufrufende Activity, kann die Angabe des Pakets entfallen:

```
Intent intent = new Intent(this, Activity_2.class);
startActivity(intent);
```

> **Hinweis** Der Bezeichner `de.carpelibrum.multiactivity.Activity_2.class` ist ein sogenanntes Class-Literal: an den vollen Klassennamen wird `.class` angehängt. Dies liefert zur Laufzeit ein spezielles Objekt vom Typ `java.lang.Class`, das Informationen über die jeweilige Klasse (hier also `Activity_2`) bereitstellt.

11.3 Intents empfangen

Wird eine Activity als Reaktion auf einen gesendeten Intent vom Android-System gestartet, kann sie sich in ihrer `onCreate()`-Methode das auslösende `Intent`-Objekt beschaffen und aus diesem – bei Bedarf – die im Objekt abgelegten Daten auslesen. Zum Abgreifen des `Intent`-Objekts besitzt jede Activity die Methode `getIntent()`. Zum Auslesen der im `Intent`-Objekt abgelegten Daten und Informationen gibt es z.B. die Methoden `getAction()` und `getData()`. Etwaige *Extra*-Daten lesen Sie am besten als `Bundle`-Objekt aus und fragen dann mithilfe der get-Methoden des `Bundle`-Objekts die Werte für die einzelnen Schlüssel ab.

```
public void onCreate(Bundle savedInstanceState) {
    super.onCreate(savedInstanceState);
    setContentView(R.layout.activity2);

    Intent intent = getIntent();
    Bundle daten = intent.getExtras();
    String name = daten.getString("name"); // liefert "Jim"
    int alter = daten.getInt("alter"); // liefert 34
}
```

11.4 Ein Demo-Beispiel

Schauen wir uns nun zur Veranschaulichung ein kleines Beispiel namens *MultiActivityApp* an, das aus zwei Activities *Activity_1* und *Activity_2* besteht, die sich via explizitem Intent gegenseitig starten können (bzw. gegenseitig wieder in den Vordergrund bringen, siehe auch Kapitel 8 zum App-Lebenszyklus).

Zusätzlich können Sie von *Activity_2* aus noch durch einen impliziten Intent zu einer Activity einer ganz anderen App gelangen, nämlich der Standard-Telefon-App (*Phone*).

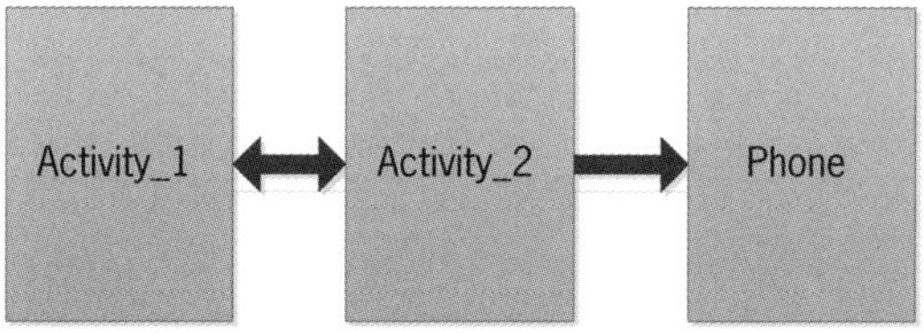

Abbildung 11.1: Navigation der MultiActivityApp

Das vollständige Eclipse-Projekt finden Sie auf der Buch-DVD und wir beleuchten hier nur noch die interessanten Code-Fragmente.

```
public class Activity_1 extends Activity
                        implements OnClickListener {

   public void onCreate(Bundle savedInstanceState) {
      super.onCreate(savedInstanceState);
      setContentView(R.layout.activity1);

      Button activity2Button = (Button) findViewById(R.id.button1);
      activity2Button.setOnClickListener(this);
   }

   public void onClick(View v) {
      // Activity 2 starten
      Intent intent = new Intent(this, Activity_2.class);
      startActivity(intent);
   }
}
```

Activity_1 soll in der Lage sein, Activity_2 zu starten. Die Bildschirmseite von Activity_1 bietet zu diesem Zweck einen Button an. In dessen onClick-Listener erzeugen wir einen expliziten Intent, der neben dem aufrufenden Kontext (die aktuelle Activity, also this) die gewünschte Zielkomponente als Argument erhält. Da Activity_2 im selben Paket wie Activity_1 liegt, reicht hier der einfache Klassenname. Dann übergeben wir mittels der startActivity()-Methode das Intent-Objekt an Android.

Auch die Klasse Activity_2 ist überschaubar. Ihre Bildschirmseite enthält zwei Buttons, die wir in einer gemeinsamen onClick()-Methode behandeln.

```
public class Activity_2 extends Activity implements OnClickListener {
   private Button telefonButton;
   private Button activity1Button;

    public void onCreate(Bundle savedInstanceState) {
        super.onCreate(savedInstanceState);
        setContentView(R.layout.activity2);

        activity1Button = (Button) this.findViewById(R.id.button1);
        activity1Button.setOnClickListener(this);

        telefonButton = (Button) this.findViewById(R.id.button2);
        telefonButton.setOnClickListener(this);
    }

   public void onClick(View v) {

      if(v == telefonButton) {
         Intent intent = new Intent(Intent.ACTION_DIAL);
         startActivity(intent);
      }
      else if(v == activity1Button) {
         Intent intent = new Intent(this, Activity_1.class);
         startActivity(intent);
      }
   }
}
```

Das Starten der Activity zur Anzeige des Standard-Telefonfelds ist ein Beispiel für einen impliziten Intent. Hierfür gibt es die vordefinierte Action-Konstante Intent.ACTION_DIAL, die wir lediglich dem Intent-Konstruktor übergeben müssen. Den Rest, d.h. das Ermitteln der genauen Activity, die aufgerufen werden muss, erledigt Android für uns.

Die Manifestdatei

Nicht vergessen dürfen wir die Anpassung der Datei *AndroidManifest.xml*. Dort müssen wir deklarieren, dass unsere App nicht wie bisher üblich nur aus einer Activity besteht, sondern zwei Activities definiert (`Activity_1` und `Activity_2`):

```
<?xml version="1.0" encoding="utf-8"?>
<manifest
   xmlns:android="http://schemas.android.com/apk/res/android"
   android:versionCode="1"
   android:versionName="1.0"
   package="de.carpelibrum.multiactivity">
   <uses-sdk android:minSdkVersion="8" />

   <application
      android:icon="@drawable/icon"
      android:label="@string/app_name"
      android:debuggable="true">
      <activity
         android:name=".Activity_1"
         android:label="@string/app_name">
         <intent-filter>
            <action android:name="android.intent.action.MAIN" />
            <category
               android:name="android.intent.category.LAUNCHER" />
         </intent-filter>
      </activity>

      <activity
         android:name="de.carpelibrum.multiactivity.Activity_2">
      </activity>
   </application>
</manifest>
```

Listing 11.1: AndroidManifest.xml mit zwei Activities

> **Achtung** Alle Activities werden in der Manifestdatei aufgelistet.

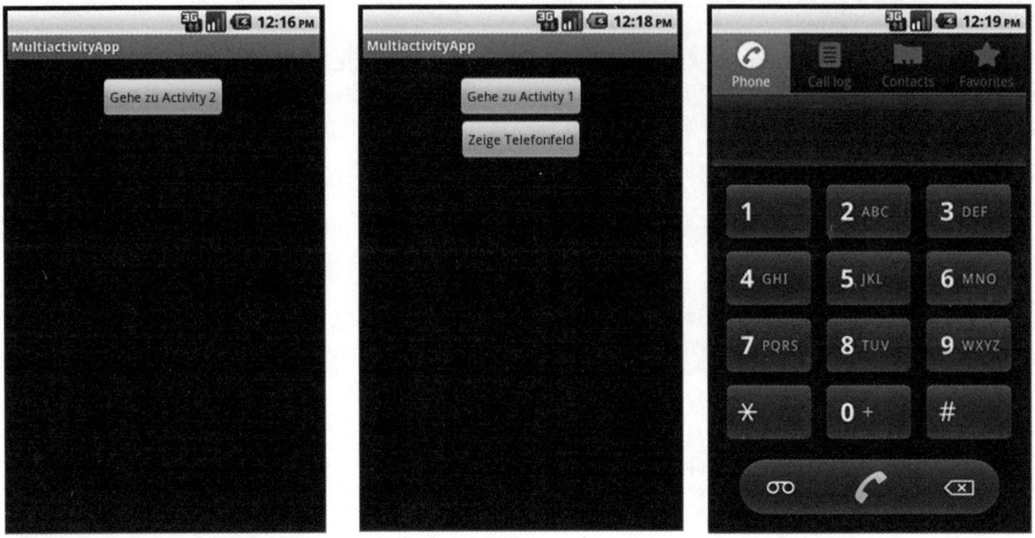

Abbildung 11.2: Wechsel zwischen Activities

11.5 Ergebnisse zurücksenden

Activities können auch derart gestartet werden, dass sie ein Ergebnis an die aufrufende Activity zurücksenden. Hierzu müssen Sie folgendermaßen vorgehen.

Starten Sie die Activity durch Aufruf der Methode `startActivityForResult()`.

```
startActivityForResult(Intent intent, int requestCode);
```

Im Unterschied zur üblicherweise verwendeten Methode `startActivity()` müssen Sie neben dem `Intent`-Objekt zur Identifizierung der gewünschten Ziel-Activity noch eine nicht-negative ganze Zahl für den `requestCode` mitgeben.

Die derart aufgerufene Activity erstellt nach Erledigung ihrer Aufgaben ein `Intent`-Objekt mit den Rückgabedaten, richtet dieses als Ergebniswert ein und beendet sich dann durch Aufruf der Methode `finish()`.

```
Intent ergebnis = new Intent();
ergebnis.putExtra("Name", "Sepp");
setResult(Activity.RESULT_OK, ergebnis);
finish();
```

In der aufrufenden `Activity`-Klasse muss ferner die Methode

```
onActivityResult(int requestCode, int resultCode, Intent data);
```

implementiert sein. Die Android-Laufzeitumgebung ruft diese Methode nach Beendigung der aufgerufenen Activity auf und übergibt dabei

- den `requestCode`, mit dem die entsprechende Activity gestartet wurde, und
- das Ergebnis (den Status-Code `resultCode` und ein `Intent`-Objekt mit den eigentlichen Ergebnisdaten).

```
void onActivityResult(int requestCode, int resultCode, Intent data) {
   Bundle ergebnis = data.getExtras();
   String name     = ergebnis.getString("Name");
   // ...
}
```

Ein konkretes Beispiel für den Einsatz von `startActivityForResult()` finden Sie in Kapitel 12.4.

11.6 Fragen und Antworten

1. Bei einem impliziten Intent weiß man ja nicht sicher, ob eine passende Activity im System vorhanden ist. Kann man das vorab herausfinden?

   Ja, und zwar mit der `Intent`-Methode `resolveActivity()` und einem `PackageManager`:

   ```
   Intent meinIntent = ...

   PackageManager pm = getPackageManager();
   ComponentName cn  = meinIntent.resolveActivity(pm);

   if(cn != null) {
      // OK, passende Activity vorhanden
      startActivity(meinIntent);
   }
   ```

2. Kann man mit Intents eine Nachricht an alle Apps senden?

   Ja, dies nennt man Broadcasting. Definieren Sie wie oben beschrieben ein Intent-Objekt und verwenden Sie die Methode `sendBroadcast()` aus der Klasse `Activity`.

3. Und wie kann meine App auf solche Broastcast-Intents reagieren?

   Das ist leider etwas komplizierter und sprengt den Rahmen dieses Einsteigerbuchs. Die zentrale Klasse ist hierbei `android.content.BroastcastReceiver`. Ihre App muss sich als Broadcast-Receiver registrieren und entsprechend implementiert sein und kann dann solche Nachrichten erhalten.

11.7 Übungen

1. Schreiben Sie eine App mit folgender Funktionalität: der Benutzer gibt in ein Eingabefeld (EditText mit `inputType` gleich `textUri`) eine Webadresse ein (z.B. *www.carpelibrum.de*) und die App startet dann via Intent den installierten Standardbrowser. Verwenden Sie hierbei `Intent.ACTION_VIEW`. Denken Sie daran, dass die Permission `INTERNET` im Android-Manifest gesetzt sein muss.

12 Daten speichern

SIE LERNEN IN DIESEM KAPITEL,

- WIE SIE EINFACHE SCHLÜSSEL/ WERT-PAARE DAUERHAFT SPEICHERN UND WIEDER LESEN - MIT DEM PREFERENCES-MECHANISMUS,
- WIE SIE DATEIEN IM ANDROID-DATEISYSTEM ABLEGEN UND
- MEHR ÜBER IHR REAKTIONSVERMÖGEN.

Das dauerhafte Speichern von Daten ist ein Grundproblem für jedes ernsthafte Computersystem. Zum Glück lässt uns Android auch hier nicht im Regen stehen und bietet uns verschiedene Optionen an.

12.1 Preferences

Für das Verwalten von kleinen Datenmengen, wie sie beispielsweise bei der App-Konfiguration anfallen, bietet sich die Klasse `SharedPreferences` an. Jede Activity verfügt über die Methode `getPreferences()`, die Ihnen ein `SharedPreferences`-Objekt zum Speichern App-privater Daten zurückliefert:

```
SharedPreferences prefs = getPreferences(Context.MODE_PRIVATE);
```

Die in einem Objekt vom Typ `SharedPreferences` abgelegten Daten sind Privateigentum der Activity, zu der das Objekt gehört. Das heißt, nur diese Activity kann darauf lesen und schreiben. Allerdings können Sie die Sicherheitsstufe abschwächen, indem Sie anstelle von `Context.MODE_PRIVATE` die Werte `Context.MODE_WORLD_READABLE` (= andere Apps können lesen) oder `Context.MODE_WORLD_WRITEABLE` (= andere Apps können lesen und schreiben) verwenden.

Die zu speichernden Daten werden als Schlüssel/Wert-Paare abgelegt, wobei wie üblich in Android der Schlüssel vom Typ `String` sein muss, während das Wert-Objekt einen beliebigen Standardtyp (`String`, `boolean`, `float`, `long`) haben kann. Sie können allerdings nicht direkt in das `SharedPreferences`-Objekt schreiben, sondern müssen einen Mittelsmann vom Typ `SharedPreferences.Editor` anfordern. Über diesen Mittelsmann können Sie nach Herzenslust Datenpaare anlegen und durch Aufruf von `commit()` dauerhaft speichern (oder *persistieren*, wie der Fachmann sagt).

```
SharedPreferences.Editor meinEditor = prefs.edit();
meinEditor.putString("name", "Sepp");
meinEditor.putBoolean("verheiratet", true);
meinEditor.commit();
// ab Android 2.3: besser: meinEditor.apply();
```

Hinweis Ab Android 2.3 sollten Sie zum Speichern die neue Methode `apply()` anstelle von `commit()` verwenden. `apply()` führt ein sicheres, nicht-blockierendes Speichern durch, während `commit()` an der Aufrufstelle blockierend ist und dadurch bei ungünstigen Umständen ein kurzes Hängen auftreten kann.

Das Auslesen ist ganz einfach und erfolgt ohne zwischengeschalteten Editor mithilfe der zugehörigen get-Methoden:

```
String name = prefs.getString("name");
boolean istVerheiratet = prefs.getBoolean("verheiratet");
```

Hinter den Kulissen macht Android nichts anderes, als die Schlüssel/Wert-Paare in einer XML-Datei im Android- (bzw. genauer Linux)-Dateisystem abzulegen. Wenn Sie möchten, können Sie als App-Programmierer natürlich auch direkt auf das Dateisystem zugreifen, was wir kurz im nächsten Abschnitt beleuchten.

12.2 Dateizugriffe

Das direkte Lesen und Schreiben in eine Datei bietet sich vor allem an, wenn es um größere Datenmengen geht. Der Ansatz via `SharedPreferences` ist hierfür in der Regel nicht so gut bzw. gar nicht geeignet. Arbeiten Sie in solchen Fällen also besser mit dateibasierten Ein- und Ausgabeströmen und den Java-Klassen `FileInputStream` bzw. `FileOutputStream`.

DVD zum Buch Für eine ausführlichere Behandlung der Java-IO-Klassen siehe den Exkurs »Ein- und Ausgabe« im Java-Tutorium auf der Buch-DVD.

12.2.1 In Dateien schreiben

Sie benötigen eine neue Datei und ein `FileOutputStream`-Objekt, über das Sie in die Datei schreiben können?

Dann ist die Activity-Methode `openFileOutput()` genau richtig für Sie:

```
FileOutputStream datei = openFileOutput("daten.txt",
                                        Context.MODE_PRIVATE);
```

Sie übergeben der Methode den Dateinamen und einen Zugriffsmodus. Wenn eine Datei mit dem angegebenen Namen bereits existiert, wird sie gelöscht und durch eine neue ersetzt. Üblicherweise sollten Sie als Zugriffsmodus `Context.MODE_PRIVATE` verwenden, sodass die Datei nur von Ihrer App geschrieben bzw. gelesen werden kann. Wenn später auch andere Apps darauf zugreifen sollen, dann übergeben Sie `Context.MODE_WORLD_READABLE` (alle können lesen) oder `Context.MODE_WORLD_WRITEABLE` (alle können lesen und schreiben).

Damit ist ein Ausgabestream geöffnet und Sie können nun die Bytes der zu schreibenden Daten mithilfe der Methode `write()` in die Datei schreiben:

```
try {
  FileOutputStream datei = openFileOutput("daten.txt",
                                          Context.MODE_PRIVATE);
  String meinText = "Die weiteren Aussichten: bewölkt, 36 Grad";
  datei.write(meinText.getBytes());
  datei.close();
}
```

```
catch(IOException ex) {
  Log.d("carpelibrum", ex.getMessage());
}
```

Alle Arten von Dateizugriffen können Ausnahmefehler (Exceptions) vom Typ `IOException` werfen, daher müssen Sie diese Codeblöcke immer mit `try-catch` kapseln. Wichtig ist auch das explizite Schließen des Ausgabestreams via `close()`, da ansonsten Daten verloren gehen können.

12.2.2 Aus Dateien lesen

Das Lesen geschieht analog: Sie beschaffen sich mithilfe der Methode `openFileInput()` einen `FileInputStream` und lesen die Daten als Folge von einzelnen Bytes aus der Datei ein.

Leider ist das Lesen eines Byte-Streams etwas umständlich, da Sie nicht vorab wissen, wie viele Bytes am Stück gelesen werden können. Der übliche Weg ist daher, in einer Schleife so lange einzelne Bytes einzulesen, bis das Dateiende durch den Rückgabewert `-1` angezeigt wird:

```
try {
  FileInputStream eingabeDatei = openFileInput("daten.txt");
  List<Byte> daten = new ArrayList<Byte>();

  while(true) {
    int b = eingabeDatei.read();

    if(b == -1) {
          break;  // Dateiende
    }
   else {
      daten.add((byte) b);
   }
 }

// aus Byte-Daten nun Buchstaben erzeugen
byte[] bytes = new byte[daten.size()];

for(int i = 0; i < bytes.length; i++) {
   bytes[i] = daten.get(i);
}

String text = new String(bytes);
Log.d("carpelibrum", text);
}
catch(Exception ex) {
   Log.d("carpelibrum", ex.getMessage());
}
```

Falls die gelesenen Byte-Daten im Grunde Text repräsentieren, müssen Sie außerdem noch dafür sorgen, dass die Bytes in ein korrektes `String`-Objekt überführt werden. Hierzu werden im obigen Beispiel die aufgesammelten Bytes in ein `byte`-Array geschrieben und einem `String`-Konstruktor übergeben.

> **Hinweis** Der Dateiname, der an `openFileOutput()` bzw. `openFileInput()` übergeben wird, muss ein einfacher Dateiname ohne Pfadangabe sein (darf also weder / noch \ enthalten). Man kann diese Methoden daher nur für App-lokale Dateien einsetzen, die im Android-Dateisystem im Verzeichnis */data/data/<Paketname>/files* liegen, also z.B. */data/data/de.carpelibrum.testapp/files/daten.txt.*

12.2.3 Textdateien

Falls Sie mit Java schon Programme für den PC entwickelt haben, dann werden Sie vermutlich das Paket `java.io` kennen, das diverse spezialisierte Klassen zum Umgang mit Dateien beinhaltet (siehe auch das Java-Tutorium auf der Buch-DVD, Exkurs »Ein- und Ausgabe«) – darunter auch Klassen zum vereinfachten Lesen von Textdateien.

Das folgende Beispiel demonstriert, wie Sie mithilfe der geeigneten Klassen das oben gezeigte mühselige byteweise Lesen vermeiden können:

```
try {
    File datei = new File(getFilesDir(), "daten.txt");
    FileReader reader = new FileReader(datei);
    BufferedReader eingabeDatei = new BufferedReader(reader);
    String zeile = eingabeDatei.readLine();

    reader.close();
}
catch(Exception ex) {
     Log.d("carpelibrum", ex.getMessage());

}
```

Zunächst benötigen Sie ein `File`-Objekt, das die Datei repräsentiert. Dessen Konstruktor verlangt die Angabe des Verzeichnisses (wiederum als `File`-Objekt) und den eigentlichen Dateinamen. Wie bereits erwähnt sind die App-lokalen Dateien im Verzeichnis */data/data/<Paketname>/files* zu finden. Glücklicherweise verfügt jede Activity über die Methode `getFilesDir()`, die ein `File`-Objekt bereitstellt, das genau diesen Pfad repräsentiert.

Für das eigentliche Lesen werden die Klassen `FileReader` und `BufferedReader` verwendet. Das `FileReader`-Objekt liest die Daten aus der Datei. Das `BufferedReader`-Objekt ist ein sogenanntes *Wrapper*-Objekt, das sich die `FileReader`-Instanz einverleibt und die eingelesenen Daten puffert (wodurch ein höherer Datendurchsatz erzielt wird). Sie könnten die Daten auch allein mit dem `FileReader`-Objekt lesen – ähnlich wie oben für `FileInputStream` gezeigt –, müssten dann aber auf die Pufferung und den Komfort der Methode `readLine()` verzichten. Letztere erlaubt es uns, mit einem Aufruf die gesamte Datei in ein `String`-Objekt einzulesen.

Achtung Vorsicht! Ganz so einfach, wie oben demonstriert, funktioniert das Einlesen nur, wenn es sich um einen durchlaufenden Text ohne Zeilenumbrüche handelt. Ist der Inhalt der Textdatei dagegen aus mehrere einzelnen Zeilen aufgebaut, liest der Aufruf von `readLine()` statt des gesamten Textes nur die erste Zeile. In solchen Fällen müssen Sie `readLine()` in einer Endlosschleife so lange aufrufen und die gelesenen Zeilen aufsammeln, bis die Methode `null` zurückliefert:

```
StringBuilder sb = new StringBuilder();
String zeile;

while(true) {
   zeile = eingabeDatei.readLine();

   if(zeile == null) {
      break;
   }
   else {
      sb.append(zeile);
      sb.append(‚\n'); //falls Zeilenumbruch übernommen werden soll
   }

  String text = sb.toString();
```

12.2.4 Welche Dateien sind vorhanden?

Wenn Ihre App viele Dateien anlegt bzw. auslesen muss, dann kann es wichtig werden, herauszufinden, welche Dateien überhaupt vorhanden sind. Hierzu definiert die `Activity`-Klasse die Methode `fileList()`:

```
String[] dateiNamen = fileList();
```

Die Methode `fileList()` liefert Ihnen allerdings nur die einfachen (lokalen) Dateinamen zurück. Wenn Sie weiterführende Informationen benötigen, besorgen Sie sich über die `Activity`-Methode `getFilesDir()` ein `File`-Objekt, welches das Verzeichnis der App-spezifischen Dateien repräsentiert (rufen Sie die Methode dazu ohne Argumente auf). Über dieses `File`-Objekt rufen Sie dann die Methode `listFiles()` auf und erhalten als Rückgabewert ein Array von `File`-Objekten, welche die im Verzeichnis liegenden Dateien repräsentieren.

```
File  verzeichnis = getFilesDir();
File[] dateien    = verzeichnis.listFiles();

for(int i = 0; i < dateien.length; i++) {
   Log.d("carpelibrum", "Name: " + dateien[i].getName()
          + ", lesbar:" + dateien[i].canRead());
}
```

12.2.5 Dateien als Ressourcen verwalten

Sie können Ihrer App auch über den Ressourcen-Mechanismus von Android Dateien mitgeben. Legen Sie hierzu im Package Explorer von Eclipse im *res*-Verzeichnis der App ein Unterverzeichnis *raw* an (falls noch nicht vorhanden) und legen Sie dort die Datei ab, die Ihre App zur Laufzeit einlesen soll, beispielsweise *test.txt*. In einer Activity können Sie dann mit

```
try {
  Resources res = getResources();
  InputStream testDaten = res.openRawResource(R.raw.test);
  // weiter wie bei Einsatz von FileInputStream
}
```

einen Eingabestream (vom allgemeinen Typ `InputStream`) erhalten, mit dem Sie, wie oben gezeigt, die Daten auslesen können.

Hinweis Alternativ können Sie Dateien auch im *assets*-Verzeichnis Ihres Projekts ablegen und dann darauf einen Eingabestream öffnen, z.B.:

```
InputStream input  = getAssets().open("meineDB.dat");
```

12.3 Zugriff auf die SD-Karte

Mittlerweile bieten viele Android-basierten Geräte die Möglichkeit, externe Speicherkarten (SD-Karten) zu verwenden. SD-Karten haben typischerweise mehrere Gbyte an Kapazität und eignen sich somit hervorragend, um größere Datenmengen zu speichern.

Der Zugriff auf Dateien auf einer SD-Karte unterscheidet sich grundsätzlich nicht vom normalen Dateizugriff und erfolgt mithilfe der Klassen aus dem Paket `java.io` (siehe vorangehenden Abschnitt).

Dennoch gibt es drei wichtige Unterschiede zum normalen (internen) Dateizugriff:

- Für den schreibenden Zugriff auf die SD-Karte muss die App die Berechtigung `WRITE_EXTERNAL_STORAGE` in ihrer *AndroidManifest.xml* Datei definieren:

```
<uses-permission
       android:name="android.permission.WRITE_EXTERNAL_STORAGE">
</uses-permission>
```

- Für rein lesenden Zugriff reicht die Berechtigung `READ_EXTERNAL_STORAGE`.
- Für Dateien auf einer SD-Karte gibt es keinerlei Zugriffsrechte. Jede installierte App kann alles lesen und schreiben, vorausgesetzt, die App an sich hat die Erlaubnis, auf die SD-Karte zuzugreifen. Berücksichtigen Sie dies, falls Daten abgelegt werden sollen, die nicht jeder sehen darf.
- Die SD-Karte ist ein entfernbares Speichermedium und vor dem Zugriff muss man sicherstellen, dass eine SD-Karte vorhanden ist.

SD-Karte vorhanden?

Wenn eine SD-Karte vorhanden ist, wird sie vom Android-Betriebssystem unter dem Pfad /sdcard in das Dateisystem eingehängt. Ein entsprechendes File-Objekt erhält man über die Environment-Klasse:

```
File sdKarte = Environment.getExternalStorageDirectory();

if(sdKarte.exists() && sdKarte.canWrite()) {
   // los geht's ...
}
```

Vor dem Zugriff muss, wie oben gezeigt, immer getestet werden, ob die Karte vorhanden ist und ob ein Schreibzugriff möglich ist.

In der Regel sollte eine App nicht im Wurzel/Root-Verzeichnis der SD-Karte ihre Dateien erzeugen. App-spezifische Daten (die nach einer Deinstallation der App mit verschwinden sollten) speichern Sie am besten in dem Verzeichnis, das der App von Android zugewiesen worden ist. Sie erhalten es über die Methode getExternalFiles() der Activity-Klasse:

```
File appVerzeichnis = getExternalFilesDir(null);
```

> **Achtung** Zum Testen müssen Sie den Emulator mit einem AVD ausführen, bei dessen Einrichtung Sie die SD CARD-Option gesetzt haben, oder Sie übergeben beim Emulatorstart die Option -sdcard <Pfad_zu_SD_Imagedatei>. Siehe hierzu auch Anhang C.

> **Tipp** Wenn Sie mit dem Emulator arbeiten bzw. mit einem Android-Gerät via USB-Debugverbindung, können Sie über die Eclipse-Perspektive *DDMS* auf das Dateisystem zugreifen – sowohl auf das interne Dateisystem als auch auf die externe SD-Karte. (Zum Wechseln in die DDMS-Perspektive rufen Sie den Eclipse-Befehl WINDOW/OPEN PERSPECTIVE/OTHER/DDMS auf. Den Dateisystem-Explorer müssen Sie eventuell extra aufrufen, Befehl WINDOW/SHOW VIEW/FILE EXPLORER.) Mehr zu diesem Thema im Anhang zu Emulator und DDMS.

Vorsicht, Speicherknappheit!

Auf dem PC gehören die Zeiten knappen Festplattenspeichers mittlerweile der Vergangenheit an, sodass man sich beim Speichern einer Datei in der Regel keine Gedanken darüber machen muss, ob überhaupt genügend Speicher vorhanden ist. Im Smartphone-Bereich ist dies (noch?) anders und bei größeren Dateien sollten Sie immer zuvor prüfen, ob der Platz reichen wird. Die Klasse, die dabei weiterhilft, heißt StatFs (Paket android.os).

```
File sdKarte = Environment.getExternalStorageDirectory()
StatFs statFs = new StatFs(sdKarte.getPath());
long bytes = (long) statFs.getBlockSize() *
             (long) statFs.getAvailableBlocks();
long megaBytes = bytes / 1048576;
```

Mithilfe von `StatFs` können Sie die Anzahl an freien Bytes abfragen. Für die Umrechnung in Megabytes müssen Sie diese Zahl dann nur noch durch 1024 * 1024 = 1048576 teilen.

12.4 Die Reaktions-App

Wie eingangs versprochen, sollen Sie in diesem Kapitel nicht nur etwas über Datenspeicherung lernen, sondern auch über Ihr Reaktionsvermögen. Auf der Buch-DVD finden Sie daher eine kleine App zum Testen der Reaktionsgeschwindigkeit.

Auf dem Bildschirm der App werden in farbigen Schriftzügen Farbnamen angezeigt (also z.B. »rot« oder »grün«). Allerdings stimmt die Farbe des Schriftzugs leider nur selten mit dem zu lesenden Farbnamen überein. An diesem Punkt setzt der Reaktionstest ein. Wenn die Farbe des Schriftzugs gleich dem angezeigten Farbnamen ist, muss der Anwender möglichst schnell den Bildschirm berühren. Das klingt einfacher als es ist.

Die App selbst besteht aus zwei Activities: der Activity `Reaktionstester` und einer unterstützenden Activity `ReaktionstestEinstellungen` für die Konfiguration.

`Reaktionstester` ist die Hauptklasse und präsentiert dem Anwender Buttons für Spielstart, Ende und Programmeinstellungen. Für alle Buttons wird in der Methode `onClick()` überprüft, was zu tun ist:

```
public void onClick(View v) {
   if(v == startButton) { // Reaktionstest starten
      new Thread(view).start();
   }
   else if(v == endeButton) {
     // Programm beenden
     finish();
   }
   else if(v == einstellungenButton) {
    // Activity für Auswahl der Einstellungen aufrufen
    Intent intent = new Intent(this,
                            ReaktionstestEinstellungen.class);
    startActivityForResult(intent, 0);
   }
}
```

***Listing 12.1:* Ereignisbehandlung der Start-Activity (aus Reaktionstester.java)**

Beginnen wir mit dem Aufruf der Einstellungen. Dies ist ein Beispiel für das Starten einer Activity mithilfe des Intent-Mechanismus wie in Kapitel 11 erläutert. Wir legen ein `Intent`-Objekt an, übergeben ihm das Class-Literal der Activity `ReaktionstestEinstellungen` und starten die Activity durch den nachfolgenden Aufruf von `startActivityForResult()`. Die aufgerufene Activity bietet in ihrer View zwei Einstellmöglichkeiten:

- ob die Farben rot/grün übersprungen werden sollen
- die Geschwindigkeit, mit der die Anzeige gewechselt wird

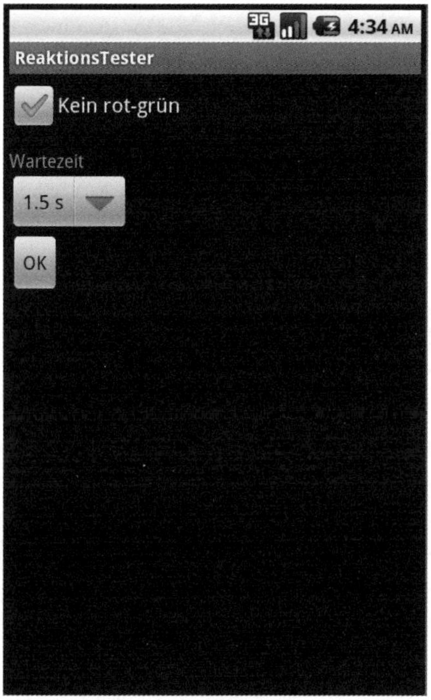

Abbildung 12.1: Spieleinstellungen

Die Activity liefert ihr Ergebnis (= die aktuellen Einstellungen) zurück an ihren Aufrufer, indem sie in der `onClick()`-Ereignisbehandlung für den OK-Button

- ein `Intent`-Objekt erzeugt,
- in dem `Intent`-Objekt die neuen Einstellungen ablegt und dann
- mit `setResult()` das offizielle Ergebnis der Activity festlegt.

```
public class ReaktionstestEinstellungen extends Activity
                                        implements OnClickListener {
  // ...
  public void onClick(View v) {
     // aktuelle Einstellungen zurückgeben an Aufrufer
     Intent ergebnis = new Intent();

     // Wartezeit extrahieren
     String str      = (String) warteZeitSpinner.getSelectedItem();
     int pos         = str.indexOf('s');
     String strWert  = str.substring(0, pos).trim();
     float warteZeit = Float.valueOf(strWert);
     ergebnis.putExtra(Reaktionstester.WARTEZEIT, warteZeit);
```

```
        // rot-grün Flag
        ergebnis.putExtra(Reaktionstester.ROT_GRUEN_IGNORIEREN,
                          rotGruenCheckbox.isChecked());
        this.setResult(Activity.RESULT_OK, ergebnis);

        finish();
    }
}
```

Listing 12.2: Ergebnisse aus einer Activity zurücksenden (aus ReaktionstestEinstellungen.java)

Wenn die Activity `ReaktionstestEinstellungen` beendet worden ist, wird der Aufrufer `Reaktionstester` wieder aktiv und seine `onActivityResult()`-Methode wird ausgeführt. Dort extrahieren wir die Daten und speichern sie mithilfe eines `SharedPreferences`-Objekts:

```
protected void onActivityResult(int requestCode, int resultCode,
                                Intent data) {
    // die Einstellungen-Activity ist beendet worden;
    // neue Einstellungen übernehmen
    if(resultCode == Activity.RESULT_OK) {
        Bundle daten = data.getExtras();
        boolean rotGruenIgnorieren =
                    daten.getBoolean(ROT_GRUEN_IGNORIEREN);
        float warteZeit = daten.getFloat(WARTEZEIT);

        // Einstellungen speichern
        einstellungenSpeichern(rotGruenIgnorieren, warteZeit);
    }
}

private void einstellungenSpeichern(boolean rotGruenIgnorieren,
                                    float warteZeit) {
    SharedPreferences prefs = getPreferences(Context.MODE_PRIVATE);
    Editor editor = prefs.edit();
    editor.putBoolean(ROT_GRUEN_IGNORIEREN, rotGruenIgnorieren);
    editor.putFloat(WARTEZEIT, warteZeit);
    editor.commit();
}
```

Listing 12.3: Auswertung der zurückgelieferten Ergebnisse (aus Reaktionstester.java)

Das Spiel selbst wird beim Antippen des START-Buttons in einem eigenen Thread gestartet:

```
if(v == startButton) { // Reaktionstest starten
    new Thread(view).start();
}
```

DVD zum Buch Ausführlichere Erläuterungen zur Programmierung mit Threads in Java finden Sie im Exkurs »Threads« des Java-Tutoriums auf der Buch-DVD.

Als Parameter erhält der Thread eine `View`-Instanz von der selbst erstellten Klasse `ReaktionstestView`, die deshalb das `Runnable`-Interface implementiert und in ihrer `run()`-Methode das eigentliche Spiel realisiert.

```
public void run() {
  int indexUngleich = 0;

  while(true) {
   // zufallsgenerator ist eine Instanz der Klasse Random, die
   // im Konstruktor der View-Klasse mit
   // zufallsGenerator = new Random(System.currentTimeMillis());
   // erzeugt wurde.

   nameIndex = zufallsGenerator.nextInt(FARBNAMEN.length);
   farbIndex = zufallsGenerator.nextInt(FARBEN.length);

   boolean rotGruenIgnorieren = einstellungen.getBoolean(
                               Reaktionstester.ROT_GRUEN_IGNORIEREN,
                               false);

   if(rotGruenIgnorieren) {
      if(nameIndex <= 1 || farbIndex <= 1) {
        // an Position 0 und 1 sind rot und grün; überspringen falls
        // gesetzt
        continue;
      }
   }

   if(nameIndex != farbIndex) {
      indexUngleich++;

      if(indexUngleich == 10) { // nicht zu lange den Anwender auf
                                // eine richtige Kombination warten
                                // lassen.
        farbIndex = nameIndex;
        indexUngleich = 0;
      }
   }

    this.postInvalidate(); // Anzeige neu zeichnen lassen

    try {

      float zeit = einstellungen.getFloat(Reaktionstester.WARTEZEIT,
                                          1.5f);
      // kurz warten  (Zeit in Millisekunden)
      long warteZeit = (long)  zeit * 1000;
      Thread.sleep(warteZeit);
    }
```

```
    catch(Exception ex) {}
  }
}
```

Listing 12.4: Die Spielschleife (aus ReaktionstestView.java)

Das Prinzip ist ganz einfach: In einer Endlosschleife würfeln wir mithilfe eines Zufallsgenerators (Instanz der Klasse `java.util.Random`, siehe Java-Tutorium, Exkurs »Zufallszahlen«) zwei Zahlen:

- eine Zahl `nameIndex`, die für einen in einem Array vordefinierten Farbnamen steht, sowie
- eine weitere Zahl `farbIndex` für die Farbe an sich.

Falls der Anwender die rot-grün-Option aktiviert hat, prüfen wir, ob rot oder grün gewürfelt wurde, und brechen gegebenenfalls mithilfe von `continue` den aktuellen Schleifendurchgang ab.

Das Neuzeichnen der Anzeige (mit dem neu gewürfelten Farbnamen und der Zeichenfarbe) stoßen wir durch den Aufruf von `postInvalidate()` an. Diese Methode muss eingesetzt werden, da `run()` in einem eigenen Thread läuft und nicht innerhalb des UI-Threads, der als einziger Thread das Zeichnen durchführen kann. Zum Schluss wird eine gewisse Zeit gewartet und der nächste Durchlauf kann beginnen.

Wenn der Anwender reagiert und auf den Bildschirm tippt (Klick mit linker Maustaste in Emulator), wird die `onTouchEvent()`-Methode ausgeführt. Dort testen wir, ob Farbname und Farbe übereinstimmen, und geben im Erfolgsfalle einen kleinen Dialog aus, der die Reaktionszeit anzeigt.

```
public boolean onTouchEvent(MotionEvent event) {
   int action = event.getAction();

   if(action == MotionEvent.ACTION_DOWN) {
      if(nameIndex == farbIndex) {
         // der Spieler hat richtig reagiert: Farbe == Text
         ergebnisAnzeigen();
      }

      return true;
   }

   return super.onTouchEvent(event);
}
```

Abbildung 12.2: Gemessene Reaktionszeit

12.5 Fragen und Antworten

1. Wenn ich `SharedPreferences` benutze mit der Sicherheitsstufe `MODE_WORLD_WRITABLE`, dann könnte es doch zu Kollisionen beim gleichzeitigen Schreiben durch verschiedene Apps kommen?

   Ja, in der Tat kann das passieren. Der Aufrufer, dessen `commit()` bzw. `apply()` zuletzt ausgeführt wird, hat gewonnen und seine Werte überleben.

2. Gibt es ein Limit, wie viele Daten man in einem `SharedPreferences` Objekt abspeichern kann?

   Nein, nicht direkt. Ein `SharedPreferences`-Objekt wird letztlich als Datei verwaltet und nur die Größe des internen Dateisystems ist eine Schranke.

12.6 Übungen

1. Erweitern Sie den Reaktionstester so, dass in den `SharedPreferences` auch die Bestzeit gespeichert wird. Wenn der Anwender eine neue Bestzeit geschafft hat, soll dies bei der Ausgabe berücksichtigt werden, beispielsweise indem Sie den Meldungstext durch den alternativen Text »Neue Bestzeit« austauschen.

2. Erstellen Sie eine App, die alle Dateien auf einer externen SD-Karte in einer Liste anzeigt. Verzeichnisse werden dabei durch den Zusatz <DIR> gekennzeichnet.

SIE LERNEN IN DIESEM KAPITEL,

- WIE SIE EIN QUIZSPIEL IMPLEMENTIEREN KÖNNEN.

13 Quiz-Apps

Erinnern Sie sich noch an das Quiz-Layout, das wir in Kapitel 5.5 entworfen haben? In diesem Kapitel werden wir diese App vervollständigen und die Spiellogik und Ereignisbehandlung hinter der Benutzeroberfläche implementieren.

13.1 Aufbau und Benutzeroberfläche

Unsere Quiz-App folgt dem Konzept gängiger TV-Quizspiele: Zu jeder Frage werden vier Alternativen angeboten. Wählt der Spieler die richtige Alternative, rückt der Spielstandsanzeiger eins vor. Entscheidet er sich für die falsche Antwort, ist das Spiel beendet.

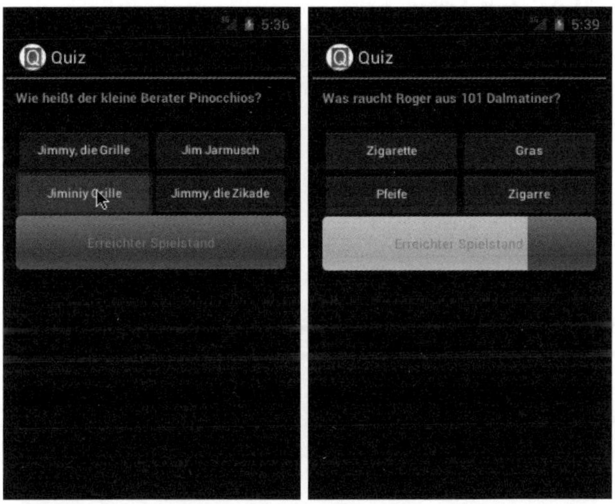

Abbildung 13.1: Die Benutzeroberfläche der Quiz-App besteht aus einer einzigen Bildschirmseite, in der nacheinander die Fragen eingeblendet werden.

Die Bildschirmseite der App besteht im Wesentlichen aus einer TextView zur Anzeige der Frage, vier Buttons zur Anzeige der möglichen Antworten und einer ProgressBar für den Spielstand. Die Konfiguration und Ausrichtung dieser View-Elemente haben wir bereits in Kapitel 5 eingehender besprochen. Verändert wurde gegenüber dem dortigen Design lediglich die Schriftgröße für die Button-Elemente, um auch größere Texte in den Schaltflächen anzeigen zu können: `android:textSize="6pt"`.

Für die Programmierung interessieren uns vor allem die IDs, die mit den Widgets verbunden sind und über die wir via Code auf die Widgets zugreifen können.

View-Element	ID
TextView für Frage	`frage`
Button-Views für Antworten	`antwort1`, `antwort2`, `antwort3` und `antwort4`
ProgressBar für Spielstand	`progressBar1`

Tabelle 13.1: Die IDs der UI-Elemente

Der App-Quelltext ist auf drei Dateien verteilt:

- *Quiz.java* – Dies ist die Quelldatei der Activity.
- *Frage.java* – Definition der Hilfsklasse `Frage`, deren Objekte einzelne Fragen (inklusive zugehöriger Antworten) repräsentieren. Sie erleichtert uns Aufbau, Anzeige und Auswertung der einzelnen Fragen und Antwortmöglichkeiten.
- *Spiellogik.java* – Definition der Klasse `Spiellogik`, deren Aufgabe darin besteht, die Fragen zu erzeugen und die Antworten auszuwerten.

13.2 Die Activity (QuizActivity.java)

Der `Activity`-Klasse kommen im Wesentlichen drei Aufgaben zu: ein Objekt der Klasse `Spiellogik` zu instanziieren, die Antwort-Buttons mit einer passenden Ereignisbehandlung zu verbinden und schließlich das Spiel zu starten, indem die erste Frage geladen wird.

```
package de.carpelibrum.quiz;

import de.carpelibrum.quiz.R.id;
import android.app.Activity;
import android.os.Bundle;
import android.view.View;
import android.widget.Button;

public class QuizActivity extends Activity
                  implements android.view.View.OnClickListener {
   Spiellogik spiel;

   @Override
   public void onCreate(Bundle savedInstanceState) {
      super.onCreate(savedInstanceState);
      setContentView(R.layout.main);

      // Spiellogik instanziieren
      spiel = new Spiellogik();

      // Antwort-Buttons mit Ereignislistener verbinden
```

```
    for (int n = 1; n <= 4; n++) {
      Button btn = null;

      switch (n) {
      case 1:
        btn = (Button) this.findViewById(id.antwort1);
        btn.setOnClickListener(this);
        break;
      case 2:
        btn = (Button) this.findViewById(id.antwort2);
        btn.setOnClickListener(this);
        break;
      case 3:
        btn = (Button) this.findViewById(id.antwort3);
        btn.setOnClickListener(this);
        break;
      case 4:
        btn = (Button) this.findViewById(id.antwort4);
        btn.setOnClickListener(this);
        break;
      }
    }

    // 1. Frage laden
    spiel.fragen[spiel.aktFrage].anzeigen(this);
  }

  public void onClick(View v) {
    int id = v.getId();

    if (id == R.id.antwort1)
      spiel.auswerten(1, this); // spielAuswerten(1);
    else if (id == R.id.antwort2)
      spiel.auswerten(2, this); // spielAuswerten(2);
    else if (id == R.id.antwort3)
      spiel.auswerten(3, this); // spielAuswerten(3);
    else if (id == R.id.antwort4)
      spiel.auswerten(4, this); // spielAuswerten(4);
  }

}
```

Listing 13.1: Code der Activity und der Ereignisbehandlung (aus Quiz.java)

Wie Sie sehen, nutzen wir hier bereits eifrig die Funktionalität der Klassen `Spiellogik` und `Frage`:

- In der Ereignisbehandlungsmethode `onClick()` wird zuerst ermittelt, welchen Button der Spieler gedrückt hat. Dessen Nummer wird dann zusammen mit dem `this`-Verweis auf die Activity an die `Spiellogik`-Methode `auswerten()` übergeben. Das heißt, die eigentliche Auswertung erfolgt in der Klasse `Spiellogik`.

- Am Ende der `onCreate()`-Methode benutzen wir die `Spiellogik`-Felder `fragen[]` und `aktFrage`, um auf das `Frage`-Objekt zuzugreifen, welches die erste Frage repräsentiert, (`spiel.fragen[spiel.aktFrage]`) und diese durch Aufruf der `Frage`-Methode `anzeigen()` zu laden.

13.3 Die Fragen (Frage.java)

Die Klasse `Frage` soll uns den Umgang mit den einzelnen Fragen erleichtern. Jedes `Frage`-Objekt soll eine der Quizfragen repräsentieren, inklusive möglicher Antworten und der Nummer der richtigen Antwort.

```
package de.carpelibrum.quiz;

import de.carpelibrum.quiz.R.id;
import android.app.Activity;
import android.widget.Button;
import android.widget.TextView;


class Frage {
   private String frage;
   private String option1;
   private String option2;
   private String option3;
   private String option4;
   private int loesung;

   public Frage(String f,
               String o1, String o2, String o3, String o4,
               int l) {
      frage = f;
      option1 = o1;
      option2 = o2;
      option3 = o3;
      option4 = o4;
      loesung = l;
   }

   public void anzeigen(Activity quizActivity) {

((TextView) quizActivity.findViewById(id.frage)).setText(frage);
((Button) quizActivity.findViewById(id.antwort1)).setText(option1);
((Button) quizActivity.findViewById(id.antwort2)).setText(option2);
((Button) quizActivity.findViewById(id.antwort3)).setText(option3);
((Button) quizActivity.findViewById(id.antwort4)).setText(option4);

   }
```

```
   public boolean richtig(int ausgewaehlt) {
      if (ausgewaehlt == this.loesung)
         return true;
      else
         return false;
   }
}
```

***Listing 13.2:** Die Klasse Frage*

Die `private`-Felder speichern die Texte für eine Frage und ihre Antwortoptionen sowie die Nummer der korrekten Antwort.

Die Methode `anzeigen()` schreibt die Texte der Frage und der Antworten in die entsprechenden View-Elemente der Activity.

Die Methode `richtig()` prüft, ob eine gegebene Antwort korrekt war. Sie wird von der `Spiellogik`-Methode `auswerten()` aufgerufen.

13.4 Die Spielsteuerung (Spiellogik.java)

Die Klasse `Spiellogik` legt fest, wie viele Fragen es gibt. Sie erzeugt die `Frage`-Objekte für die einzelnen Fragen und verwaltet diese in einem Array-Feld namens `fragen`. Ihr obliegt die Auswertung der vom Spieler getroffenen Auswahl und sie verwaltet den Spielstand.

```
package de.carpelibrum.quiz;

import de.carpelibrum.quiz.R.id;
import android.app.Activity;
import android.widget.Button;
import android.widget.ProgressBar;
import android.widget.Toast;


class Spiellogik {
   final int ANZAHL_FRAGEN = 8;

   Frage[] fragen = new Frage[ANZAHL_FRAGEN];
   byte aktFrage = 0;
   int gewinnstufe = 0;

   Spiellogik() {
      // Fragen erzeugen

      fragen[0] =
        new Frage("Wie heißt der kleine Berater Pinocchios?",
                  "Jimmy, die Grille", "Jim Jarmusch",
                  "Jiminiy Grille", "Jimmy, die Zikade", 3);
```

```
      fragen[1] =
        new Frage("Mit welchem Vogel fliegen Bernard und Bianca?",
                  "Airbus", "Adler", "Taube", "Albatros", 4);

      // und so fort
   }

   void auswerten(int schalter, Activity quizActivity) {

      if (!fragen[aktFrage].richtig(schalter)) {  // falsche Antwort
         if (gewinnstufe == 0) {
            Toast.makeText(quizActivity,
                           "Leider nichts gewonnen.  :-(",
                           Toast.LENGTH_LONG).show();
         }
         else {
            String str = "Sie haben Gewinnstufe " + gewinnstufe +
                         " erreicht!  :-)  - Glückwunsch!!!";
           Toast.makeText(quizActivity, str,
                          Toast.LENGTH_LONG).show();
         }
         // Schalter deaktivieren
((Button) quizActivity.findViewById(id.antwort1)).setEnabled(false);
((Button) quizActivity.findViewById(id.antwort2)).setEnabled(false);
((Button) quizActivity.findViewById(id.antwort3)).setEnabled(false);
((Button) quizActivity.findViewById(id.antwort4)).setEnabled(false);

      } else {
        if (aktFrage < ANZAHL_FRAGEN-1) {
            fragen[++aktFrage].anzeigen(quizActivity);

            gewinnstufe++;
            ((ProgressBar) quizActivity.findViewById(
                        id.progressBar1)).setProgress(gewinnstufe);
         }
          else {
            gewinnstufe++;
            ((ProgressBar) quizActivity.findViewById(
                        id.progressBar1)).setProgress(gewinnstufe);

            String str = "Super, Alles richtig beantwortet!!!";
            Toast.makeText(quizActivity, str,
                           Toast.LENGTH_LONG).show();

            // Schalter deaktivieren
((Button) quizActivity.findViewById(id.antwort1)).setEnabled(false);
((Button) quizActivity.findViewById(id.antwort2)).setEnabled(false);
```

```
((Button) quizActivity.findViewById(id.antwort3)).setEnabled(false);
((Button) quizActivity.findViewById(id.antwort4)).setEnabled(false);
            }
        }
    }
}
```

Listing 13.3: Die Klasse Spiellogik

Die Klasse `Spiellogik` definiert neben den Feldern zur Überwachung des Spielzustands zwei wichtige Methoden:

- den Konstruktor, der die Fragen erzeugt und in einem Array `fragen` speichert, und
- die Methode `auswerten()`, die von den Ereignisbehandlungsmethoden der Antwort-Buttons aufgerufen wird und mithilfe der `richtig()`-Methode des aktuellen `Frage`-Objekts prüft, ob der Spieler den richtigen Antwort-Button gedrückt hat.

  Falls nicht, wird eine entsprechende Toast-Meldung ausgegeben und die Buttons werden deaktiviert – das Spiel ist beendet.

  Wurde die korrekte Antwort ausgewählt, wird die nächste Frage geladen und die neu erreichte Gewinnstufe in der ProgressBar angezeigt. Wurden alle Fragen korrekt beendet, wird ein Toast-Glückwunsch ausgegeben und die Buttons werden deaktiviert.

13.5 Verbesserungen

Der Code dieses Quiz-Spiels ist bewusst einfach gehalten, damit Sie sich möglichst schnell und problemlos in die Spiellogik und den grundsätzlichen Aufbau einarbeiten können. Dies lässt natürlich Raum für diverse Verbesserungen, wie z.B.:

Mehr Fragen

Falls Sie das Quiz ausbauen und mehr Fragen vorsehen möchten, denken Sie daran, dass zu jeder Frage ein Fragetext, vier Antworttexte und die Nummer der korrekten Lösung gehören.

Erzeugt werden die Fragen im Konstruktor der Klasse `Spiellogik`. Vergessen Sie aber nicht, auch die `Spiellogik`-Konstante `ANZAHL_FRAGEN` und das `ProgressBar`-Attribut `android:max` in den Layoutdateien anzupassen.

Fragen aus Ressourcen laden

Derzeit stehen die Texte für die Fragen und Antworten direkt im Code des `Spiellogik`-Konstruktors. Schöner wäre es aber natürlich, die Daten für die `Frage`-Objekte als Ressourcen oder aus dem Dateisystem einzulesen.

Dies würde dann auch den Austausch der Fragen erleichtern – beispielsweise um Fragensätze zu verschiedenen Themen (Disney, Chemie, Android, Berühmtheiten etc.) anzubieten.

Einsatz eines Arbeitsthreads

Der Code zur Auswertung der Antworten und zur Aktualisierung der Bildschirmseite ist sehr einfach und benötigt nur einen Wimpernschlag zur Ausführung. Es ist daher ok, dies im UI-Thread durchzuführen. Falls jedoch aufwändige Dinge durchgeführt werden sollen (beispielsweise eine tolle grafische Animation bei richtiger Antwort), dann sollte der Auswertungscode in einen eigenen Thread verlegt werden (siehe hierzu auch die Reaktionstester-App aus Kapitel 12.4). Problematisch ist dabei allerdings, dass wir in dem Auswertungscode direkt auf die View-Elemente der Bildschirmseite zugreifen. Aus einem eigenständigen Thread heraus ist dies nicht gestattet (der Code wird zwar kompiliert, würde aber bei der Ausführung zum Absturz der App führen). Zur Lösung dieses Problems werden bei der App-Programmierung beispielsweise `Handler`-Objekte eingesetzt (siehe Kapitel 20.3).

13.6 Fragen und Antworten

1. Darf ich Ihr Quiz als Ausgangspunkt für ein eigenes Quiz-Spiel verwenden?

   Aber gerne! Nur ändern Sie vielleicht das Design ein wenig ab, damit es nicht demnächst unzählige gleich aussehende Quiz-Spiele für Android gibt.

13.7 Übungen

1. Ersetzen Sie die in *Spiellogik.java* hart-kodierten Fragen durch Fragen, die aus einer Raw-Ressource ausgelesen werden. Das Eclipse-Projekt *Quiz* auf der Buch-DVD enthält hierzu bereits in *\res\raw\fragen.txt* eine Textdatei mit Fragen, die Sie verwenden können.

   Hinweis: Verwenden Sie zum Einlesen die Klassen `java.io.BufferedReader` und `InputStreamReader`. Jede Zeile in der Textdatei ist eine Frage mit Antworten und Lösung, getrennt durch das Zeichen #. Zum Extrahieren der Daten sollten Sie dabei die Klasse `java.util.StringTokenizer()` einsetzen.

14 Multimedia

SIE LERNEN IN DIESEM KAPITEL,

- WIE AUDIORESSOURCEN BEREITGESTELLT WERDEN,
- WIE MAN AUDIO- UND VIDEODATEIEN ABSPIELT,
- WIE BILDER ANGEZEIGT WERDEN UND
- WIE FOTOS MIT DER INTEGRIERTEN KAMERA AUFGENOMMEN WERDEN.

Sie können nachts ohne Schlummerlied nicht einschlafen? Wie wäre es, wenn Sie sich dann eine App schreiben, die Ihnen in einer Schleife ein Schlummerlied vorspielt? Sie möchten eine App mit einem Video aufpeppen? Kein Problem. Android-Geräte verfügen, gemessen an ihrer Größe, meist über eine hervorragende Audio- und Video-Hardware. Und dank der kongenialen Bibliotheksklassen aus dem Android-SDK können Sie diese Hardware ohne große Probleme für Ihre eigenen Apps nutzen.

14.1 Audioressourcen

Wie alle Daten können Sie Audio- und Videodaten über externe Medien bereitstellen (z.B. über die SD-Karte oder das Internet) oder bereits im Rahmen der Projektdefinition in Eclipse als Ressource definieren. Da Videodateien erheblichen Speicherbedarf haben, ist der Ressourcen-Ansatz für längere Videos ungeeignet und wird in der Regel nur für Audiodaten eingesetzt.

Um eine Audioressource abspielen zu können, müssen Sie die Audiodatei zunächst als Ressource im Eclipse-Projekt bereitstellen, damit eine automatisch generierte Ressourcen-ID verfügbar wird. Anschließend können Sie die Audioressource mithilfe eines `SoundPool`- oder auch `MediaPlayer`-Objekts an beliebiger Stelle im Code referenzieren und abspielen.

Audiodateien als Ressource speichern

Audiodateien, die Sie als Ressourcen laden möchten, gehören in den Ordner *res/raw*.

Der erste Schritt zum Anlegen einer Sound-Ressource besteht folglich darin, unter dem App-Ordner *res* einen Unterordner *raw* anzulegen. Klicken Sie dazu z.B. im Package Explorer mit der rechten Maustaste auf den Ordner *res* und rufen Sie im Kontextmenü den Befehl NEW/FOLDER auf.

Danach kopieren Sie die Audiodatei in das App-Verzeichnis *res/raw*. Sie können dies mithilfe des Dateimanagers Ihres Betriebssystems erledigen. Sie können die Datei aber auch einfach per Drag&Drop in Eclipse ziehen und im Package Explorer über dem *res/raw*-Ordner ablegen.

Achtung Ressourcendateinamen dürfen nur Kleinbuchstaben, die Ziffern 0 bis 9 und den Unterstrich enthalten.

Anschließend müssen Sie das Projekt noch einmal erstellen lassen, damit die Audiodatei in die Datei *R.java* aufgenommen wird und eine Ressourcen-ID zugewiesen bekommt.

Tipp Sie haben eine Audiodatei, die Sie für Ihre App nutzen möchten, die aber das falsche Audioformat hat? Im Internet finden Sie zahlreiche Programme zum kostenfreien Download, mit denen Sie Ihre Audiodatei in eines der unterstützten Formate konvertieren können. Zum Beispiel den VLC-Player von *http://vlc-media-player.softonic.de*.

Tipp Einige kostenlose und frei verwendbare Soundeffekte finden Sie hier: *http://hamsterrepublic.com/ohrrpgce/Free_Sound_Effects.html*.

14.2 Sound-Effekte mit SoundPool

Zum Abspielen kleiner Soundsamples bzw. Audiodateien ist die Klasse `SoundPool` (Paket `android.media`) gedacht. Die Bereitstellung der Audiodaten erfolgt dabei in Form einer Ressource.

Ressource oder Internet

Kleinere, häufiger abgespielte Mediendateien, wie z.B. Soundeffekte und besondere Klickgeräusche für Buttons, sollten Sie möglichst mit `SoundPool` aus einer Ressource oder vom Dateisystem abspielen. Größere Mediendateien, die zudem nicht zwangsweise bei jeder Ausführung einer App abgespielt werden (wie z.B. eine Sammlung von Videos oder Audiodateien, die der Anwender über eine Liste auswählen kann), eignen sich dagegen eher dafür, nach Bedarf aus dem Internet heruntergestreamt und via `MediaPlayer` abgespielt zu werden.

`SoundPool` lädt die übergebene Audioressource in den Hauptspeicher des Geräts und dekodiert die Daten in unkomprimierte WAVE-Audiodaten, die verzögerungsfrei abgespielt werden können.

Das Laden der gewünschten Audioressourcen kann beispielsweise im Code der `onCreate()`-Methode der Activity erfolgen:

```
private SoundPool soundPool;
private boolean soundPoolBereit;
private int explosionID;

public void onCreate(Bundle savedInstanceState) {
   // ... andere Initialisierungen etc.


   soundPool = new SoundPool(5, AudioManager.STREAM_MUSIC, 0);
   soundPool.setOnLoadCompleteListener(
            new OnLoadCompleteListener() {
                  public void onLoadComplete(SoundPool soundPool,
                                             int sampleId,
                                             int status) {
                     soundPoolBereit = true;
                  }
            });

   explosionID = soundPool.load(this, R.raw.explosion, 1);
}
```

Der `SoundPool`-Konstruktor benötigt die Anzahl an parallelen Ausgabestreams, die unterstützt werden sollen (im Beispiel 5), d.h., Sie geben an, wie viele Soundeffekte maximal gleichzeitig (sich evtl. überlagernd) abgespielt werden können.

Das Laden erfolgt dann nicht weiter überraschend durch die Methode `load()`, welche die gewünschte Ressource in den Hauptspeicher lädt und unter einer ID bekannt macht (der zweite Parameter hat zurzeit keine Bedeutung und soll laut Android-Dokumentation auf 1 gesetzt werden).

Da das Laden einige Zeit in Anspruch nehmen kann, sollten Sie dem `SoundPool`-Objekt noch einen Listener vom Typ `OnLoadCompleteListener` zuweisen. Dessen `onLoadComplete()`-Methode wird automatisch ausgeführt, wenn das Laden einer Ressource via `load()` beendet ist. Im Listener können Sie dann mit dem Abspielen beginnen oder – wie im obigen Code – ein boolesches Feld setzen, um anzuzeigen, dass der Sound geladen wurde. Den Wert dieses Felds können Sie dann überall dort abfragen, wo Sie den Sound abspielen möchten:

```
if(soundPoolBereit) {
   float lautstaerkeLinks  = 1.0f;
   float lautstaerkeRechts = 1.0f;
   float geschwindigkeit   = 1.0f;
   int endlosschleife      = 0; // nur einmal abspielen
   soundPool.play(explosionID, lautstaerkeLinks,
                  lautstaerkeRechts, 1,
                  endlosschleife, geschwindigkeit);
}
```

Die `play()`-Methode erwartet die ID der geladenen Sound-ID sowie Angaben zur Lautstärke links und rechts (Werte zwischen 0 und 1.0), zur Priorität sowie den Hinweis, ob der Sound als Endlosschleife (-1) oder nur einmal (0) abgespielt werden soll. Ungewöhnlich, aber ganz interessant für besondere Effekte ist die Wahl der Abspielgeschwindigkeit: 1.0 = normal, 0.5 = halb so schnell, etc.

Achtung Wenn ein `SoundPool`-Objekt nicht mehr benötigt wird, sollten Sie seine Ressourcen explizit durch Aufruf seiner Methode `release()` freigeben.

14.3 Das Universalgenie: MediaPlayer

Zum Abspielen von Musikdateien und Videos stellt uns das Android-SDK ferner die Klasse `MediaPlayer` zur Verfügung. Die Dateien, die Sie abspielen, können dabei aus unterschiedlichen Quellen stammen (den App-Ressourcen, dem Dateisystem oder auch dem Internet) und unterschiedliche Formate haben (z.B.: MP3, MIDI, OGG oder WAV für Audiodateien und MP4 oder 3GP für Videos).

Achtung Nicht jedes Android-Gerät kann alle unterstützten Formate abspielen. Weit verbreitete Formate sind z.B. MP3, OGG und MP4.

14.3.1 Audioressourcen abspielen

Der einfachste Weg, um eine Audioressource abzuspielen, besteht darin, sich von der statischen `MediaPlayer`-Methode `create()` ein passendes `MediaPlayer`-Objekt zurückliefern zu lassen. »Passend« bedeutet hierbei, dass das `MediaPlayer`-Objekt die Audiodatei automatisch lädt und für den Abspielvorgang vorbereitet. Welche Datei? Nun, diejenige, deren Ressourcen-ID Sie als zweites Argument an die `create()`-Methode übergeben.

Zum Abspielen der Sound-Ressource müssen Sie danach nur noch die Methode `start()` aufrufen.

```
mediaplayer = MediaPlayer.create(this, R.raw.gong);

if (mediaplayer != null)
   mediaplayer.start();
```

Hinweis Vergessen Sie nicht, den Klassennamen `android.media.MediaPlayer` zu importieren oder durch die Tastenkombination [Strg]+[⇧]+[O] die benötigte `import`-Anweisung automatisch erstellen zu lassen.

Methode	Beschreibung
`start()`	Startet den Abspielvorgang oder nimmt diesen – nach vorangehendem `pause()`-Aufruf – wieder auf. Voraussetzung ist, dass Sie zuvor eine abzuspielende Mediendatei ausgewählt (mit `create()` oder `setDataSource()`) und den MediaPlayer vorbereitet haben (mit `prepare()` oder automatisch durch `create()`). Abgelaufene Mediendateien können durch nachfolgende `start()`-Aufrufe jederzeit wieder erneut abgespielt werden.
`pause()`	Hält den Abspielvorgang an, bis Sie ihn mit `start()` wieder aufnehmen oder mit `stop()` ganz beenden.
`stop()`	Stoppt den Abspielvorgang. Bevor Sie eine gestoppte Mediendatei erneut abspielen, müssen Sie die Methode `prepare()` aufrufen.

Tabelle 14.1: Abspielmethoden der Klasse MediaPlayer

14.3.2 Audiodateien vom Dateisystem abspielen

Wenn Sie Audiodateien vom Dateisystem abspielen möchten, übergeben Sie der `create()`-Methode statt der Ressourcen-ID einfach ein Objekt der Klasse `android.net.Uri`, das die Speicheradresse der Audiodatei repräsentiert, z.B.:

```
MediaPlayer player = MediaPlayer.create(context,
                     Uri.parse("file:///sdcard/jump.mp3"));
```

14.3.3 Audiodateien aus dem Internet abspielen

Wenn Sie Audiodateien aus dem Internet abspielen möchten, übergeben Sie der `create()`-Methode statt der Ressourcen-ID einfach ein Objekt der Klasse `android.net.Uri`, das die Webadresse der Audiodatei repräsentiert.

Im einfachsten Fall müssen Sie den String mit der Webadresse dazu lediglich an die statische Methode `Uri.parse()` übergeben. Der String sollte allerdings URL-kodiert sein, weswegen es empfehlenswert ist, den String an `Uri.encode()` zu übergeben und den Rückgabewert an `Uri.parse()` weiterzureichen:

```
String webadresse = "http://www.carpelibrum.de/test/spacemusic.mp3";

Uri soundUri = Uri.parse(Uri.encode(webadresse));

MediaPlayer mediaplayer = MediaPlayer.create(this, soundUri);
if (mediaplayer != null)
   mediaplayer.start();
```

Beachten Sie, dass Sie der App explizit erlauben müssen, auf Dateien im Internet zuzugreifen. Laden Sie dazu die Manifestdatei *AndroidManifest.xml*, wechseln Sie zur Registerseite APPLICATION und wählen Sie im Listenfeld PERMISSION die Berechtigung `android.permission.INTERNET` aus.

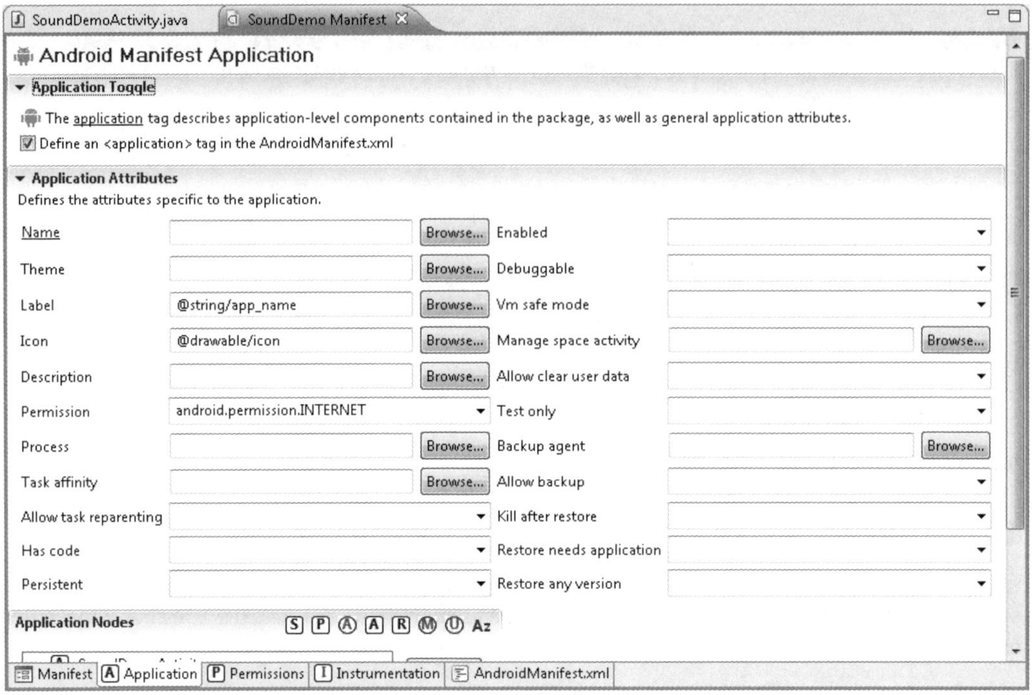

Abbildung 14.1: Internetzugriff gewähren

14.3.4 Auf das Abspielende reagieren

Der `start()`-Aufruf zum Abspielen von Audiodateien arbeitet asynchron, d.h., es wird nur das Abspielen in einem separaten Hintergrund-Thread gestartet und dann kehrt der Programmfluss direkt zurück und die normale Codeverarbeitung geht weiter. Wenn Sie bzw. Ihre App informiert werden möchten, dass die übergebene Audiodatei komplett abgespielt worden ist, dann können Sie bei dem `MediaPlayer`-Objekt ein Lausch-Objekt mittels `setOnCompletionListener()` registrieren, welches das Interface `OnCompletionListener` implementiert und in seiner Methode `onCompletion()` auf das Ereignis reagiert:

```
mediaPlayer.setOnCompletionListener(new OnCompletionListener() {
   public void onCompletion(MediaPlayer mp) {
     Log.d("carpelibrum", "Datei abgespielt");
}
});
```

Im obigen Beispiel wird bei der Parameterübergabe eine anonyme Klasse definiert, welche das Interface realisiert.

14.3.5 MediaPlayer-Objekte wiederverwenden

MediaPlayer-Objekte können intern erhebliche Systemressourcen beanspruchen. Solange Sie nur ein oder zwei MediaPlayer-Objekte erzeugen, stellt dies kein Problem dar. Falls Sie aber aus Achtlosigkeit eine größere Anzahl MediaPlayer-Objekte erzeugen, kann dies die Leistung des Android-Geräts beeinträchtigen. Ein typisches Szenario wäre z.B., dass Sie einen Button bereitstellen, über den der Anwender eine Audiodatei abspielen kann, und das MediaPlayer-Objekt ad hoc in der Ereignisbehandlungsmethode erzeugen:

```
public void onClick(View v) {
   MediaPlayer mediaplayer = MediaPlayer.create(this, R.raw.gong);
   if (mediaplayer != null) {
      mediaplayer.start();
   }
}
```

Das Problem hierbei ist, dass jedes Mal, wenn der Anwender den zugehörigen Button drückt, ein MediaPlayer-Objekt erzeugt wird. Wird die Methode onClick() beendet, wird das MediaPlayer-Objekt nicht weiter benötigt und die interne Speicherbereinigung von Android wird es irgendwann automatisch löschen. Bis dahin bleiben aber die internen Systemressourcen, die das Objekt für sich in Anspruch genommen hat, belegt.

Es gibt zwei Möglichkeiten, wie Sie dieses Problem lösen können. Eine Möglichkeit, mit der wir uns im nachfolgenden Abschnitt beschäftigen, wäre die sofortige Freigabe der Ressourcen durch Aufruf der Methode release(). Die andere Möglichkeit ist, nur ein MediaPlayer-Objekt zu erzeugen, den Verweis darauf in einem Feld der Activity-Klasse zu speichern, und das Objekt bei Bedarf wiederzuverwenden.

```
public class SoundDemoActivity extends Activity
                               implements OnClickListener {
    private Button geraeuschButton;
    private MediaPlayer mediaplayer;

    @Override
    public void onCreate(Bundle savedInstanceState) {
        super.onCreate(savedInstanceState);
        setContentView(R.layout.main);

        mediaplayer = MediaPlayer.create(this, R.raw.gong);

        geraeuschButton = (Button) this.findViewById(R.id.button1);
        geraeuschButton.setOnClickListener(this);
    }

   public void onClick(View v) {
        if (mediaplayer != null) {
            mediaplayer.start();
        }
   }
}
```

Sie können ein einmal erzeugtes MediaPlayer-Objekt auch zum Abspielen mehrerer Audiodateien benutzen. Setzen Sie dann das MediaPlayer-Objekt vor jedem neuen Gebrauch mithilfe von reset() zurück, weisen Sie ihm mit setDataSource() die abzuspielende Mediendatei zu und rufen Sie vor dem Aufruf von start() unbedingt noch prepare() auf.

Die folgende App stellt dem Anwender z.B. zwei Buttons zur Verfügung, über die er wahlweise eine Geräuschressource oder eine Musikdatei aus dem Internet abspielen kann. Zum Abspielen wird jeweils das gleiche MediaPlayer-Objekt verwendet, das einmal in der onCreate()-Methode erzeugt wurde.

```
package de.carpelibrum.sounddemo;

import android.app.Activity;
import android.content.res.AssetFileDescriptor;
import android.media.MediaPlayer;
import android.net.Uri;
import android.os.Bundle;
import android.view.View;
import android.view.View.OnClickListener;
import android.widget.Button;

public class SoundDemoActivity extends Activity
                               implements OnClickListener {
    private Button geraeuschButton;
    private Button musikButton;
    private MediaPlayer mediaplayer;

    @Override
    public void onCreate(Bundle savedInstanceState) {
        super.onCreate(savedInstanceState);
        setContentView(R.layout.main);

        mediaplayer = MediaPlayer.create(this, R.raw.gong);

        geraeuschButton = (Button) this.findViewById(R.id.button1);
        geraeuschButton.setOnClickListener(this);

        musikButton = (Button) this.findViewById(R.id.button2);
        musikButton.setOnClickListener(this);
    }

   public void onClick(View v) {

      if (mediaplayer == null)
         return;

      if(v == geraeuschButton) {
         AssetFileDescriptor fd =
                      getResources().openRawResourceFd(R.raw.gong);
         mediaplayer.stop();
         mediaplayer.reset();
```

```
      try {
         mediaplayer.setDataSource(fd.getFileDescriptor(),
                                   fd.getStartOffset(),
                                   fd.getLength());
         mediaplayer.prepare();
         mediaplayer.start();
      } catch (Exception e) {
         e.printStackTrace();
      }
   }
   else if(v == musikButton) {
        Uri soundUri = Uri.parse(
               Uri.encode(
               "http://www.carpelibrum.de/test/spacemusic.mp3"));
      mediaplayer.stop();
      mediaplayer.reset();
      try {
         mediaplayer.setDataSource(this, soundUri);
         mediaplayer.prepare();
         mediaplayer.start();
      } catch (Exception e) {
         e.printStackTrace();
      }
   }
  }
}
```

Listing 14.1: Wiederverwendung eines MediaPlayer-Objekts (aus SoundDemoActivity.java)

Beachten Sie den Code zum Abspielen der Sound-Ressource. Anders als im Falle der Methode `create()` können Sie der Methode `setDataSource()` nicht einfach eine Ressourcen-ID übergeben. Um ein bestehendes `MediaPlayer`-Objekt mit einer Sound-Ressource zu verbinden, müssen Sie daher zuerst ein `AssetFileDescriptor`-Objekt für die Sound-Ressource erzeugen. Dieses können Sie dann an `setDataSource()` übergeben.

14.3.6 Ressourcen freigeben

Um die Ressourcen eines nicht mehr benötigten `MediaPlayer`-Objekts sofort freizugeben, brauchen Sie an sich nur die Methode `release()` aufzurufen.

Allerdings sollten Sie in der Regel mit dem Aufruf von `release()` warten, bis die Mediendatei fertig abgespielt ist. Dazu müssen Sie einen `OnCompletedListener` einrichten.

```
public void onCreate(Bundle savedInstanceState) {
    super.onCreate(savedInstanceState);
    setContentView(R.layout.main);

    MediaPlayer mediaplayer = MediaPlayer.create(this, R.raw.gong);
    if (mediaplayer != null) {
        mediaplayer.start();
```

```
            mediaplayer.setOnCompletionListener(
                        new OnCompletionListener() {
                            public void onCompletion(MediaPlayer mp)
                            { mp.release(); }
                        });
   }
}
```

Achtung Nach Aufruf von `release()` dürfen Sie das `MediaPlayer`-Objekt nicht mehr weiter verwenden.

14.3.7 Audiodateien wiederholt abspielen

Um eine Audiodatei in einer Endlosschleife abspielen zu lassen, rufen Sie die Methode `setLooping()` mit dem Argument `true` auf.

Beachten Sie aber, dass die Audiodatei danach auch dann im Hintergrund weiter abgespielt wird, wenn der Anwender längst eine andere App gestartet hat. Um das Abspielen zu beenden, wenn Ihre App in den Hintergrund tritt oder gar beendet wird, müssen Sie die Methode `stop()` (oder `pause()`) des `MediaPlayer`-Objekts aufrufen, vorzugsweise in der `Activity`-Methode `onPause()`:

```
@Override
protected void onPause() {
   mediaplayer.stop();
   super.onStop();
}
```

14.4 Piepen und andere Töne

Neben dem Abspielen von vorgefertigtem Tonmaterial kann man einem Android-Smartphone noch andere Töne entlocken. Hierzu finden sich einige interessante Klassen im Paket `android.media`.

Für das Abspielen von vordefinierten Pieptönen bietet sich die Klasse `ToneGenerator` an:

```
int streamTyp    = AudioManager.STREAM_SYSTEM;
int lautstaerke  = 100; // in  Prozent
ToneGenerator tg = new ToneGenerator(streamTyp, lautstaerke);
tg.startTone(ToneGenerator.TONE_CDMA_ALERT_AUTOREDIAL_LITE);
```

Um dem Gerät einen Piepton zu entlocken, erzeugen Sie eine Instanz der Klasse `ToneGenerator` mit dem Streamtyp `AudioManager.STREAM_SYSTEM` und der gewünschten Lautstärke in Prozent (also von 0-100).

Das Abspielen geschieht dann durch Aufruf der Methode `startTone()`, die eine Konstante für den gewünschten Piep erwartet. In der Android-Dokumentation der Klasse `ToneGenerator` finden sich viele vordefinierte Pieptöne, aus denen Sie sich etwas Passendes heraussuchen können.

Viele der Piep-Konstanten haben eine definierte Dauer, andere sind per se endlos (z.B. ToneGenerator.TONE_CDMA_DIAL_TONE_LITE). Für letztere können Sie das Abspielen des Tons durch Aufruf der Methode stopTone() an geeigneter Stelle beenden. Oder Sie geben die gewünschte Abspieldauer direkt beim Starten des Abspielvorgangs in Millisekunden an, z.B.

```
// 1000 ms lang Piep abspielen
tg.startTone(ToneGenerator.TONE_CDMA_DIAL_TONE_LITE, 1000);
```

Eigene Soundtracks erzeugen

Leider erlaubt ToneGenerator nur das Abspielen von vordefinierten Pieptönen. Was aber tun, wenn man ganz andere Töne braucht und nicht MP3-Dateien o.Ä. abspielen möchte? In diesem Fall kann man Zuflucht bei der Klasse AudioTrack suchen. Sie erlaubt es, Audiodaten zu definieren, die man dann abspielen kann. Leider ist dies deutlich komplizierter und aufwändiger als der Einsatz von ToneGenerator und erfordert Kenntnisse über den Aufbau von Audiodaten und das Erzeugen von digitalen Klangdaten. Im Rahmen dieses Einsteigerbuches zeigen wir daher nur ein kleines Beispiel, das Sie auf den Weg bringen soll.

Ausgangspunkt ist das Erzeugen einer Instanz von AudioTrack zur Definition der Audiodaten:

```
AudioTrack audioTrack = new AudioTrack(AudioManager.STREAM_MUSIC,
                                        1000 * SAMPLE_RATE,
                       AudioFormat.CHANNEL_OUT_MONO,
                       AudioFormat.ENCODING_PCM_16BIT, daten.length,
                       AudioTrack.MODE_STATIC);
audioTrack.write(daten, 0, daten.length);
audioTrack.play(); // abspielen
```

Der Konstruktor erhält neben dem Ausgabestream eine Sample-Rate (Angabe, durch wie viele digitale Signale pro Sekunde das abzuspielende analoge Tonsignal dargestellt werden soll) sowie einige weitere Informationen wie Mono-Kanal-Ausgabe und die Art des Audioformats (PCM 16 Bit = WAVE). Die übergebene Variable daten verweist auf die eigentlichen Sampling-Daten, die zuvor bereitgestellt werden müssen:

```
private void init(int frequenz, int dauer_in_millis) {
  anzahlSamples     = SAMPLE_RATE * dauer_in_millis;
  daten             = new byte[2*anzahlSamples];
  double d          = (double) (1000 * SAMPLE_RATE * 1.0 /
                                 frequenz);

  int pos = 0;

  // als WAVE Format 16 Bit PCM erzeugen
  for(int i = 0; i < anzahlSamples; i++) {
    short wert      = (short) (32767 * Math.sin(PI_2 * i / d));
    daten[pos++]  = (byte) (wert & 0x00ff);
    daten[pos++]  = (byte) ((wert & 0xff00) >>> 8);
  }
}
```

Im obigen Listing wird der Datenpuffer `daten[]` mit den Sampling-Daten gefüllt, die in Abhängigkeit von der gewünschten Tonfrequenz und der Dauer in Millisekunden berechnet werden.

Auf der Buch-DVD finden Sie im zugehörigen Verzeichnis die vollständige Implementierung der Klasse `TonAusgabe` als Teil des Projekts *MultimediaDemo*.

14.5 Bilddateien anzeigen

Das Anzeigen einer Bilddatei ist eine der leichtesten Übungen überhaupt. Sie brauchen neben der Datei (unterstützte Formate sind JPG, PNG, BMP und GIF) ein `ImageView`-Objekt zur Anzeige, das wie üblich in der XML-Layoutdatei definiert wird. Die Bilddatei legen Sie als Ressource beispielsweise im Verzeichnis *res\drawable* ab.

> **Hinweis** Wie Sie Bildressourcen über XML-Attribute an View-Elemente zuweisen, lesen Sie in den Kapiteln 5.3.3 und 5.4.

Das Laden der Bilddateien geschieht dann z.B. in der `onCreate()`-Methode der Start-Activity (oder je nach App-Konzeption auch an anderer Stelle).

Sie können die Bilddatei durch Angabe der Ressourcen-ID direkt in ein passendes View-Element laden:

```
public void onCreate(Bundle savedInstanceState) {
    super.onCreate(savedInstanceState);
    setContentView(R.layout.main);

    ImageView imageView;
    imageView = (ImageView) findViewById(R.id.imageView1);
    imageView.setImageResource (R.drawable.abstrakte_kunst);
}
```

oder Sie laden die Bilddatei zuerst in ein `Bitmap`-Objekt, das Sie dann dem View-Element zuweisen:

```
public void onCreate(Bundle savedInstanceState) {
    super.onCreate(savedInstanceState);
    setContentView(R.layout.main);

    Bitmap bitmap;
    bitmap  = BitmapFactory.decodeResource(getResources(),
                                       R.drawable.abstrakte_kunst);
    ImageView imageView;
    imageView = (ImageView) findViewById(R.id.imageView1);
    imageView.setImageBitmap(bitmap);
}
```

Letztere Vorgehensweise hat den Vorteil, dass der Ladevorgang im Hintergrund abläuft und nicht den UI-Thread belastet. Außerdem können Sie auf diese Weise vorab mehrere `Bitmap`-Objekte für verschiedene Bilder erzeugen und diese dann später z.B. nacheinander an das View-Element zuweisen. (Die

Bitmap-Objekte sollten dann natürlich nicht wie hier in einer lokalen Variablen, sondern in Feldern der Klasse gespeichert werden.)

> **Hinweis** Die Bilddatei liegt als Datei vor? Auch kein Problem, dann verwenden Sie einfach die Methode BitmapFactory.decodeFile(String dateiPfad)!

14.6 Videos abspielen

Fast genauso einfach wie das Abspielen von Audiomaterial funktioniert die Wiedergabe von Videos (vorzugsweise MPEG-4/MP4; das weit verbreitete MPEG2 wird leider nicht unterstützt).

Wir brauchen hierzu eine besondere View namens VideoView, die zur Wiedergabe und Anzeige der Videodaten dient. Hinter den Kulissen werkelt wieder ein MediaPlayer-Objekt, aber das braucht uns hier nicht weiter zu interessieren.

Wie jede View können Sie das VideoView-Element zur Anzeige des Videos entweder programmtechnisch zur Laufzeit hinzufügen oder statisch in der XML-Layoutdatei definieren, z.B.

```
<VideoView android:id="@+id/videoView1"
            android:layout_width="wrap_content"
            android:layout_height="wrap_content">
</VideoView>
```

... und dann in der onCreate()-Methode der Activity initialisieren. Der folgende Code geht z.B. davon aus, dass ein Video von der SD-Karte abgespielt werden soll:

```
File sdCard = Environment.getExternalStorageDirectory();
VideoView videoView = (VideoView) findViewById(R.id.videoView1);

Uri uri = Uri.parse("file://" + sdCard.getAbsolutePath() +
                    "/video.mp4");
videoView.setVideoURI(uri);
videoView.setKeepScreenOn(true);


// optional: Buttons zur Steuerung
MediaController mc = new MediaController(this);
videoView.setMediaController(mc);
mc.setMediaPlayer(videoView);

videoView.start();
videoView.requestFocus(); // nur in Verbindung mit MediaController
```

Das VideoView-Objekt benötigt die Angabe, wo die abzuspielende Videodatei zu finden ist (typischerweise auf der SD-Karte oder eine Webadresse). Optional kann man noch Buttons anzeigen lassen (die ersten 3 Sekunden bei Videobeginn oder wenn der Anwender auf die VideoView tippt), um die üblichen Aktivitäten wie Pause, Vorspulen etc. zu erledigen. Hierzu dient die Klasse MediaController, die wie oben gezeigt mit der VideoView-Instanz verbunden werden muss.

Wie beim Abspielen von Audiodateien ist der `start()`-Aufruf nicht blockierend und stößt das Abspielen in einem Hintergrund-Thread an. Wenn Sie den Abspielvorgang vorzeitig beenden möchten, verwenden Sie dazu die `stopPlayback()`-Methode:

```
if(videoVideo.isPlaying() {
   videoView. stopPlayback ();
}
```

Hinweis Das Aufnehmen und Abspielen von Videodateien funktioniert erfahrungsgemäß nur auf wenigen PCs mit dem Emulator. Für das Entwickeln von Apps, die mit Videodaten arbeiten, ist ein echtes Android-Gerät zwingend erforderlich.

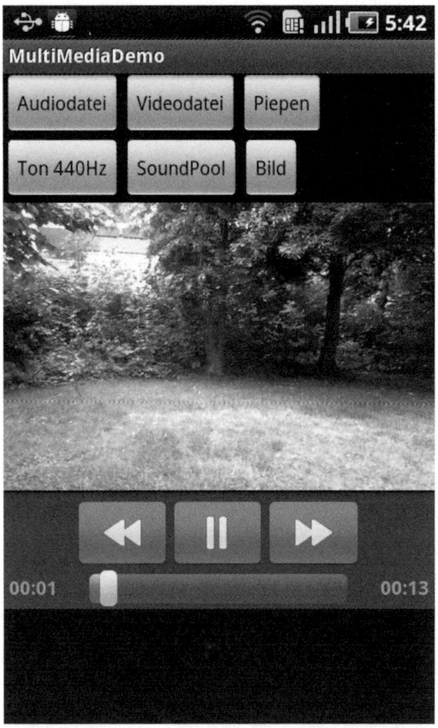

Abbildung 14.2: Abspielen einer Videodatei

Achtung Das *MultimediaDemo*-App aus der Beispielsammlung lädt die Videodatei wie oben gezeigt von der SD-Karte. Um Ihnen aber die Mühe zu ersparen, erst eine passende Videodatei auf die SD-Karte kopieren zu müssen, verfügt die App über eine Video-Ressource (abgelegt im Ordner *assets*), die beim Start der App auf die SD-Karte umkopiert wird.

14.7 Videos aufnehmen

Prinzipiell hat man zwei Möglichkeiten, um Videos aufzunehmen. Man kann über einen Intent die eingebaute Videokamera-App aktivieren. Dies ist die einfachste und auch übliche Methode. Oder man implementiert eine eigene Kamera-Aufnahme-App mithilfe der Klasse `MediaRecorder`, was natürlich deutlich aufwändiger ist und nur Sinn macht, wenn man besondere Video-Funktionalität benötigt, welche die vorhandene Standard-App nicht hat (dies dürfte aber selten sein).

Im Rahmen dieses Einsteigerbuches werden wir daher nur den ersten Ansatz besprechen. Für die Erstellung des notwendigen `Intent`-Objekts benötigen wir folgende Zutaten:

- Die Action `MediaStore.ACTION_VIDEO_CAPTURE` (zu finden im Paket `android.provider.MediaStore`).
- Die Angabe der Aufnahmequalität durch `MediaStore.EXTRA_VIDEO_QUALITY`. Der Wert 0 steht dabei für niedrige Qualität, 1 für normal (Voreinstellung).
- Videoaufnahmen werden standardmäßig im normalen Speicherbereich der Kamera abgelegt. Falls man einen anderen Ort wünscht, kann man dies mit `MediaStore.EXTRA_OUTPUT` festlegen (allerdings muss die zu verwendende Kamera-App dies unterstützen).
- Die maximale Aufnahmedauer in Sekunden kann auch festgelegt werden mithilfe von `MediaStore.EXTRA_DURATION_LIMIT`.

Das Starten der Video-Aufnahme aus einer eigenen Activity heraus sieht dann minimal so aus:

```
Intent intent = new Intent(MediaStore.ACTION_VIDEO_CAPTURE);
startActivity(intent);
```

14.8 Fotos aufnehmen und speichern

Was in der Anfangszeit der Mobilgeräte noch sündhaft teuer und nur Luxusmodellen vorbehalten war, ist mittlerweile Standard: eine mehr oder wenige gute Kamera zum Erstellen von Fotos. Unter Android haben Sie natürlich mithilfe der Klasse `Camera` (Paket `android.hardware`) Zugriff darauf.

Das Aufnehmen eines Fotos an sich ist recht einfach. Die Klasse `Camera` stellt hierfür die Methode `takePicture()` zur Verfügung. Leider ist noch einiges an Vorbereitungen notwendig, was die ganze Sache etwas kompliziert macht. Auf der Buch-DVD finden Sie ein komplettes Projekt *CameraDemo*, das Sie für Ihre ersten Versuche als Ausgangspunkt verwenden können. Hier im Text müssen wir uns auf einige wichtige Aspekte beschränken.

Zunächst einmal benötigt eine App, die Zugriff auf die Kamera möchte, die Berechtigung `android.permission.CAMERA`, und, da die Aufnahmen meist auch abgespeichert werden sollen, zusätzlich noch die Berechtigung `android.permission.WRITE_EXTERNAL_STORAGE`. Beide Berechtigungen werden wie üblich in *AndroidManifest.xml* deklariert:

```
<?xml version="1.0" encoding="utf-8"?>
<manifest xmlns:android="http://schemas.android.com/apk/res/android"
      package="de.carpelibrum.camera"
      android:versionCode="1"
      android:versionName="1.0">
```

```
    <uses-sdk android:minSdkVersion="8" />
    <uses-permission
        android:name="android.permission.CAMERA">
    </uses-permission>
    <uses-permission
       android:name="android.permission.WRITE_EXTERNAL_STORAGE">
    </uses-permission>
    <uses-feature android:name="android.hardware.camera"
               android:required="true"/>

    <application android:icon="@drawable/icon"
                          android:label="@string/app_name">
        <activity android:name=".CameraActivity"
                  android:label="@string/app_name"
                  android:screenOrientation="portrait">
            <intent-filter>
                <action android:name="android.intent.action.MAIN" />
                <category
                  android:name="android.intent.category.LAUNCHER" />
            </intent-filter>
        </activity>

    </application>
</manifest>
```

Listing 14.2: Manifestdatei der App CameraDemo

Im obigen Manifest ist ferner noch das Attribut `screenOrientation` auf einen festen Wert gesetzt, damit beim Drehen des Geräts nicht die Aufnahme kippt. Außerdem wird durch das Element `uses-feature` angezeigt, dass die App nur für Android-Geräte interessant ist, die über eine Kamera verfügen.

Ein `Camera`-Objekt benötigt immer eine View vom Typ `SurfaceView`, die zur Anzeige einer Voransicht dient und Voraussetzung für das Erstellen von Fotos ist. In der Layoutdatei der Start-Activity müssen wir daher ein entsprechendes Element anlegen:

```
<SurfaceView android:id="@+id/surfaceview1"
   android:layout_width="match_parent"
   android:layout_height="match_parent">
</SurfaceView>
```

Die SurfaceView muss nun mit dem `Camera`-Objekt initialisiert werden. Der übliche Ort hierfür ist die Activity-Methode `onResume()`. Als Pendant wird die Kamera in der Methode `onPause()` wieder für andere Apps freigegeben:

```
public class CameraActivity extends Activity
                           implements SurfaceHolder.Callback ,
                                      Camera.PictureCallback {
   private Camera camera;
   private Camera.PictureCallback cameraCallbackVorschau;
   private Camera.ShutterCallback cameraCallbackVerschluss;
   private SurfaceHolder cameraViewHolder;
```

```
    // ...

    protected void onPause() {
        super.onPause();

        if(camera != null) {
            camera.stopPreview();
            camera.release();
        }
    }

    protected void onResume() {
        super.onResume();

        SurfaceView cameraView    =
                        (SurfaceView) findViewById(R.id.surfaceview1);
        cameraViewHolder          = cameraView.getHolder();
        cameraViewHolder.addCallback(this);
        // setType() ist ab Android 4.x überflüssig und wird ignoriert
        cameraViewHolder.setType(
                              SurfaceHolder.SURFACE_TYPE_PUSH_BUFFERS);


        cameraCallbackVorschau = new Camera.PictureCallback() {
                public void onPictureTaken(byte[] data, Camera c) {
                }
        };

        cameraCallbackVerschluss = new Camera.ShutterCallback() {
                public void onShutter() {
                }
        };
    }
}
```

Der Einsatz der Kamera erfordert, dass wir spezielle *Rückruf*-Methoden (sogenannte »Callbacks«) definieren, die automatisch vor und während der Aufnahme ausgeführt werden.

Die `SurfaceView`-Instanz stellt hierfür ein spezielles Objekt vom Typ `SurfaceHolder` zur Verfügung, das mithilfe der Methode `getHolder()` abgerufen werden kann. Bei diesem `SurfaceHolder`-Objekt muss mittels `addCallback()` ein Objekt registriert werden, welches das Interface `SurfaceHolder.Callback` implementiert. Wir lassen der Einfachheit halber die Activity das Interface implementieren und übergeben an `addCallback()` folglich den `this`-Verweis.

Zusätzlich benötigen wir Objekte vom Typ `Camera.PictureCallback` und `Camera.ShutterCallback`, die wir als anonyme Objekte mit leeren Methodengerüsten erzeugen. (Man könnte hier Zusatzfunktionalität einbauen, die direkt nach der Aufnahme ausgeführt wird, was wir in unserem Beispiel jedoch nicht nutzen.)

Das Interface `SurfaceHolder.Callback` wird von der Activity folgendermaßen implementiert:

```
public void surfaceCreated(SurfaceHolder holder) {
   camera = Camera.open();
}

public void surfaceChanged(SurfaceHolder holder, int format,
                           int width, int height) {

        camera.stopPreview();
        camera.setDisplayOrientation(90);

        Camera.Parameters params = camera.getParameters();
        Camera.Size vorschauGroesse = params.getPreviewSize();
        params.setPreviewSize(vorschauGroesse.width,
                              vorschauGroesse.height);
        camera.setParameters(params);


        try {
            camera.setPreviewDisplay(holder);
        } catch (IOException e) {
            Log.d(TAG, e.getMessage());
        }

        camera.startPreview();
}
public void surfaceDestroyed(SurfaceHolder holder) {
}
```

Die Methode `surfaceCreated()` wird aufgerufen, sobald die Anzeige der SurfaceView von der Android-Laufzeitumgebung initialisiert ist. Hier öffnen wir daher die Kamera mit der statischen Methode `Camera.open()` und erhalten ein `Camera`-Objekt zurück, das wir nun nutzen können.

Die nächste Station im Lebenszyklus der SurfaceView ist die Methode `surfaceChanged()`, die wir dazu nutzen, die Kamera für den konkreten Einsatz vorzubereiten: Wir setzen die Größe und Breite für die Vorschau-Anzeige, setzen den übergebenen `SurfaceHolder` (das ist genau das Objekt, bei dem wir in `onResume()` die Activity als Callback registriert hatten) und rufen `startPreview()` auf. Ab diesem Moment wird das Kamerasignal auf dem Bildschirm zu sehen sein.

> **Achtung** Beachten Sie das Setzen einer Rotation um 90 mit dem Aufruf von `setDisplayOrientation(90)`. Dies ist bei einer App im *portrait*-Modus notwendig, damit die Vorschau richtig gedreht wird.

Das waren nun schon viele Vorbereitungen, aber wir kommen jetzt langsam zum Ziel. Unsere Beispiel-App ist so konzipiert, dass sie beim Berühren des Bildschirms ein Foto aufnimmt; wir überschreiben also die Methode `onTouchEvent()` und nehmen dort das Bild mithilfe der bereits erwähnten `takePicture()`-Methode auf. Als Argumente übergeben wir der Methode drei Callback-Objekte:

- unsere beiden oben erstellten Callback-Objekte sowie
- einen Verweis auf ein Objekt, das das Interface `Camera.PictureCallback` implementiert.

```
public boolean onTouchEvent(MotionEvent event) {

   if(event.getAction() == MotionEvent.ACTION_UP) {
      camera.takePicture(this.cameraCallbackVerschluss,
                         this.cameraCallbackVorschau, this);

      return true;
   }
   else {
      return super.onTouchEvent(event);
   }
}
```

Wie Sie sehen, übergeben wir als drittes Argument `this`, d.h. das Interface `Camera.PictureCallback` muss ebenfalls von unserer Activity implementiert werden.

```
public class CameraActivity extends Activity
                            implements SurfaceHolder.Callback ,
                                       Camera.PictureCallback {
   // ...

   public void onPictureTaken(byte[] data, Camera camera) {

      try {
        SimpleDateFormat df =
                    new SimpleDateFormat("yyyy_MM_dd_hh_mm_ss");
        String name    = "foto_" + df.format(new Date());
        ContentValues werte = new ContentValues();
        werte.put(MediaColumns.TITLE, name);
        werte.put(ImageColumns.DESCRIPTION,
                 "Aufgenommen mit CameraDemo");
        Uri uri =
        getContentResolver().insert(Media.EXTERNAL_CONTENT_URI, werte);

        OutputStream ausgabe = getContentResolver().openOutputStream(uri);
        ausgabe.write(data);
        ausgabe.close();
        camera.startPreview();

      } catch (Exception ex) {
           Log.d(TAG, ex.getMessage());
      }
   }
}
```

Die Methode onPictureTaken() wird nach dem Durchführen der Aufnahme aufgerufen und liefert ein byte-Array mit den Fotodaten. Wir können damit nun machen, was wir wollen, und sie beispielsweise in eine Datei abspeichern. Wir zeigen hier zur Abwechslung eine besondere Variante und speichern nicht direkt auf der SD-Karte (siehe Kapitel 12.3), sondern verwenden den *MediaStore* von Android, den man über die Methode getContentResolver() für den Typ Media.EXTERNAL_CONTENT_URI anfordern kann. Das Schreiben der Daten in den Ausgabestream sollte Ihnen dann wieder vertraut vorkommen.

Hinweis Das Speichern im *MediaStore* hat den Vorteil, dass die Bilder dadurch automatisch für andere Multimedia-Apps zugänglich werden (z.B. Foto-Galerie, Bildbearbeitungs-Apps, etc.).

14.9 Fragen und Antworten

1. Welches Aufnahmeformat wird eigentlich verwendet, wenn man ein Video via Intent und die installierte Kamera-App aufnimmt?

   Das ist abhängig von der aufgerufenen Kamera-App; in der Regel dürfte es MP4 sein.

2. Was macht diese erwähnte Methode Uri.encode() genau?

   Normale Buchstaben und Ziffern sowie einige Sonderzeichen wie z.B. Klammern und Unterstriche bleiben unverändert; alles andere wird durch besondere Bytefolgen kodiert, die jeweils mit % anfangen. Bei Aufruf von Uri.decode() wird es genau anders herum gemacht.

3. Warum braucht man das Uri-Encoding überhaupt?

   Der http-Standard sieht nur normale ASCII-Zeichen vor; wenn man also deutsche Umlaute oder Leerzeichen in einem String hat, der via http transportiert werden soll, dann braucht man dieses Encoding.

4. Die Kamera-App auf dem Emulator läuft zwar, zeichnet aber nichts auf?!

   Na ja, überlegen Sie mal: der Emulator hat keine echte Kamera, was soll er also aufzeichnen? Allerdings wäre es schon nett, wenn irgendwelche Dummy-Daten abgespeichert würden...

14.10 Übungen

1. Schreiben Sie eine App, die via Intent eine Videoaufnahme startet und nach deren Beendigung in einem kurzen Dialog (z.B. als Toast) den Pfad der Videodatei ausgibt! Tipp: Verwenden Sie die Methode startActivityForResult()!

2. Schreiben Sie eine App, bei der man über eine EditView eine PIN eingeben kann. Bei jeder eingetippten Ziffer ertönt ein kurzer Piep als Rückmeldung. Hinweis: Zum Reagieren auf die Eingabe einzelner Tasten müssen Sie einen Listener vom Typ android.view.View.OnKeyListener bei dem Eingabefeld registrieren.

SIE LERNEN IN DIESEM KAPITEL,

- WELCHE SENSOREN ANDROID ANSPRECHEN KANN UND
- WIE DIE WERTE EINES SENSORS AUSGELESEN UND VERARBEITET WERDEN.

15 Sensoren

Von der Größe einmal abgesehen unterscheiden sich Smartphones von konventionellen PCs und Notebooks vor allem dadurch, dass sie viel intensiver mit der Umgebung und auch mit dem Anwender interagieren. Dies liegt vor allem daran, dass sie diverse Sensoren besitzen, um Informationen aufzunehmen. Neben dem allseits bekannten GPS (siehe Kapitel 17) sind in fast allen Android-Geräten noch etliche weitere, zum Teil recht ausgefallene Sensoren vorhanden, die Ihnen als App-Programmierer phänomenale Möglichkeiten eröffnen.

15.1 Zugriff

Auf API-Ebene bietet Android im Paket `android.hardware` Unterstützung für eine Vielzahl von Sensoren an. Für jeden Sensortyp ist in der Klasse `Sensor` eine Konstante definiert. Die zurzeit unterstützten sind in Tabelle 15.1 aufgelistet.

Sensor-Typ	Beschreibung
`Sensor.TYPE_ACCELEROMETER`	Beschleunigung (inkl. Erdanziehung)
`Sensor.TYPE_LINEAR_ACCELERATION`	Lineare Beschleunigung (ohne Erdanziehung)
`Sensor.TYPE_GYROSCOPE`	Gyroskop
`Sensor.TYPE_RELATIVE_HUMIDITY`	Relative Luftfeuchtigkeit
`Sensor.TYPE_LIGHT`	Umgebungslicht
`Sensor.TYPE_MAGNETIC_FIELD`	Magnetfeld (Kompass)
`Sensor.TYPE_GRAVITY`	Schwerkraft
`Sensor.TYPE_ORIENTATION`	Lage
`Sensor.TYPE_PRESSURE`	Luftdruck
`Sensor.TYPE_PROXIMITY`	Annäherung
`Sensor.TYPE_ROTATION_VECTOR`	Rotationsvektor
`Sensor.TYPE_TEMPERATURE` (bis Android 3.x)	Interne Gerätetemperatur
`Sensor.TYPE_AMBIENT_TEMPERATURE` (ab Android 4.x)	Umgebungstemperatur
`Sensor.TYPE_ALL`	Alle Sensoren

Tabelle 15.1: Auswahl wichtiger Sensortyp-Konstanten

Hinweis Bevor Sie angesichts der Vielfalt an Sensoren in helle Aufregung geraten, gleich mal einen Dämpfer: Die meisten Android-Geräte besitzen nur einen Bruchteil dieser Sensoren; am meisten verbreitet scheinen zurzeit Beschleunigungssensor, Lagesensor und elektronischer Kompass zu sein.

15.1.1 Was Sie benötigen

Für den Zugriff auf einen Sensor benötigen Sie:

- eine Instanz der Klasse `SensorManager`, die den Zugriff auf die Sensoren ermöglicht,
- ein Objekt vom Typ `Sensor`, das den konkreten Sensor repräsentiert, und
- eine Implementierung des Interface `SensorEventListener`, um Messdaten (Typ `SensorEvent`) vom Sensor zu empfangen.

15.1.2 Welche Sensoren sind verfügbar?

Ein guter Einstieg ist, erst einmal herauszufinden, ob die Sensoren, die man benutzen möchte, von dem konkreten Gerät, auf dem eine App läuft, überhaupt unterstützt werden. Der folgende Code prüft z.B., ob der Beschleunigungs- und der Lichtsensor vorhanden sind.

```
SensorManager sm = (SensorManager)
                          getSystemService(Context.SENSOR_SERVICE);
List<Sensor> sensoren = sm.getSensorList(Sensor.TYPE_ALL);
Sensor accelerometer = null;
Sensor lichtSensor   = null;

for(Sensor s : sensoren) {
   switch(sensor.getType()) {
       case Sensor.TYPE_ACCELEROMETER: accelerometer = sensor;
                                       break;
       case Sensor.TYPE_LIGHT         : lichtSensor = sensor;
                                       break;
       default:
   }
}
```

Wir besorgen uns zunächst mithilfe der `Activity`-Methode `getSystemService()` eine `SensorManager`-Instanz. Von deren `getSensorList()`-Methode lassen wir uns eine `List`-Collection der verfügbaren Sensoren zurückliefern, die wir in einer nachgeschalteten `for`-Schleife durchlaufen.

In der Schleife prüfen wir mithilfe einer `switch`-Verzweigung, ob der aktuelle Sensor einem der von uns gesuchten Sensortypen angehört. Wenn ja, kopieren wir den Verweis auf den Sensor in eine Variable, die wir zu diesem Zweck bereits vorab definiert und mit `null` initialisiert haben. (Im obigen Code handelt es sich um die lokalen `Sensor`-Variablen `accelerometer` und `lichtSensor`; in einer App würden Sie wohl eher Felder definieren, die dann in der gesamten Klassendefinition verfügbar sind, siehe auch das App-Beispiel *SensorDemo* aus der Beispielsammlung.)

Nach Durchlaufen der `for`-Schleife können wir mit einem `if`-Vergleich gegen `null` bei Bedarf jederzeit feststellen, ob ein gewünschter Sensor vorhanden ist:

```
if (accelerometer != null)
{
   // Sensor vorhanden, kann verwendet werden
}
```

Wenn Sie nicht an der gesamten Liste an Sensoren interessiert sind, sondern nur einen bestimmten brauchen, können Sie auch so vorgehen:

```
List<Sensor> sensoren = sm.getSensorList(Sensor.TYPE_ACCELEROMETER);
```

Dies liefert alle Sensoren des gewünschten Typs (in der Regel wird es keinen oder einen geben). Alternativ können Sie auch die Methode `getDefaultSensor()` verwenden:

```
Sensor sensor = sm.getDefaultSensor(Sensor.TYPE_ACCELEROMETER);
```

Hinweis Vielleicht etwas überraschend braucht eine App keine besonderen Rechte, um auf die Sensoren zuzugreifen! Sie müssen also keine Berechtigungen (Permissions) in der Datei *AndroidManifest.xml* setzen.

DVD zum Buch Ausführliche Informationen zur Programmierung mit Java-Collections finden Sie im Exkurs »Collections« des Java-Tutoriums auf der Buch-DVD.

15.1.3 Anmeldung beim Sensor

Der nächste Schritt besteht nun darin, sich beim Sensor anzumelden und Interesse an seinen Messwerten zu bekunden. Hierzu definiert die Klasse `Sensor` die Methoden `register()` und `unregister()`.

Registrierbar sind allerdings nur Klassen, die das Interface `SensorEventListener` implementieren. Wenn Sie das Interface von Ihrer `Activity`-Klasse implementieren lassen, können Sie beim `SensorManager` für den gewünschten Sensortyp das `Activity`-Objekt (`this`) registrieren.

```
public class SensorActivity extends Activity
                              implements SensorEventListener {
private Sensor accelerometer        = null;
private Sensor lichtSensor          = null;
private SensorManager sensorManager = null;


public void onAccuracyChanged(Sensor sensor, int accuracy) {

  }
```

```
  public void onSensorChanged(SensorEvent event) {
    // hier Messwerte auslesen
  }
}
```

Das Interface ist überschaubar und hat nur zwei Methoden. Die Methode `onAccuracyChanged()` können Sie in der Regel unbeachtet lassen, denn sie wird nur aufgerufen, wenn die Messgenauigkeit des Sensors sich geändert hat (was in der Regel nie passiert).

Weit interessanter ist `onSensorChanged()`. Dies ist die Callback-Methode, über die der `SensorManager` alle registrierten Interessenten mit aktuellen Sensorwerten (Typ `SensorEvent`) informiert. Wie das genau geht, sehen wir im nachfolgenden Abschnitt »Sensordaten auslesen«.

Erinnern Sie sich noch an den Activity-Lebenszyklus? Wenn die Activity sichtbar und im Vordergrund ist, wird `onResume()` aufgerufen und, wenn sie den Vordergrund verlässt, entsprechend `onPause()`. Es bietet sich daher an, in diesen Methoden auch das An- und Abmelden der Sensoren zu erledigen.

```
protected void onPause() {
   super.onPause();

   sensorManager.unregisterListener(this);
}


protected void onResume() {
   super.onResume();

   if(accelerometer != null) {
      sensorManager.registerListener(this, accelerometer,
                                     SensorManager.SENSOR_DELAY_NORMAL);
   }

   if(lichtSensor != null) {
      sensorManager.registerListener(this, lichtSensor,
                                    SensorManager.SENSOR_DELAY_NORMAL);
   }
}
```

Bei der Registrierung übergibt man dem `SensorManager` eine Referenz des lauschenden Objekts (also in unserem Beispiel die Activity selbst = `this`), den gewünschten Sensor und eine Auslesefrequenz. Hierfür stehen mehrere Werte zur Verfügung (in aufsteigender Ausleserate `SENSOR_DELAY_UI`, `SENSOR_DELAY_NORMAL`, `SENSOR_DELAY_GAME`, `SENSOR_DELAY_FASTEST`).

> **Achtung** Das Abmelden von einem Sensor ist wichtig, da aktive Sensoren erheblich Strom aus dem Akku saugen können und daher nur so lange arbeiten sollten, wie unbedingt notwendig ist.

15.2 Sensordaten auslesen

Wenn sich eine Klasse – typischerweise eine Activity – für den Empfang von Sensordaten registriert hat, wird wie bereits erwähnt je nach eingestellter Häufigkeit die Callback-Methode `onSensorChanged()` aufgerufen. Bei jedem Aufruf wird der Methode dabei als Argument ein Objekt vom Typ `SensorEvent` übergeben, das die eigentliche Sensorinformation bereitstellt:

```
public void onSensorChanged(SensorEvent event) {
  if(event.sensor == accelerometer) {
    float[] werte    = event.values.clone();

    // Werte verarbeiten
    // ...
  }

}
```

> **Achtung** Beim Auslesen von Sensorwerten sollten Sie durch Aufruf der `clone()`-Methode eine Kopie des Werte-Arrays erzeugen und für die Weiterverarbeitung nutzen. Bei schneller Folge von Sensor-Ereignissen kann es unter Umständen passieren, dass Android das `SensorEvent`-Objekt für einen neuen `onSensorChanged()`-Aufruf wiederverwendet und dadurch alte und neue Daten gemischt bzw. überschrieben werden.

Das `SensorEvent`-Objekt enthält folgende Informationen:

- Einen Zeitstempel (`timestamp`-Feld), der die Anzahl an Nanosekunden seit dem letzten Android-Neustart angibt (*Uptime*).
- Einen Hinweis auf die Genauigkeit des Sensors (`accuracy`-Feld). Dieser Wert ist allerdings in der Praxis meist wertlos, da verschiedene Smartphones ganz unterschiedliche bis sinnlose Angaben liefern.
- Die Messwerte (`float[]`-Arrayfeld namens `values`). Die Größe dieses Arrays und die Bedeutung des Inhalts hängen vom jeweiligen Sensortyp ab, ebenso das verwendete Koordinatensystem (xyz-Achsen).

Sensor-Typ	Messwerte in SensorEvent.values
TYPE_ACCELEROMETER	values[0]: -1 * Beschleunigung in x-Richtung (in m/s²) values[1]: -1 * Beschleunigung in y-Richtung values[2]: -1 * Beschleunigung in z-Richtung Alle Werte verstehen sich inklusive Erdbeschleunigung.
TYPE_LINEAR_ACCELERATION	Wie TYPE_ACCELEROMETER, aber ohne Erdanziehung.

Sensor-Typ	Messwerte in SensorEvent.values
TYPE_GYROSCOPE	values[0] : Winkelgeschwindigkeit um x-Achse (in rad/s) values[1] : Winkelgeschwindigkeit um y-Achse values[2] : Winkelgeschwindigkeit um z-Achse
TYPE_LIGHT	values[0] : Lichtstärke in Lux
TYPE_MAGNETIC_FIELD	values[0] : Feldstärke x-Achse (in µT) values[1] : Feldstärke y-Achse values[2] : Feldstärke z-Achse
TYPE_GRAVITY	values[0]: -1 * Schwerkraft in x-Richtung (in m/s²) values[1]: -1 * Schwerkraft in y-Richtung values[2]: -1 * Schwerkraft in z-Richtung
TYPE_ORIENTATION	values[0] : Azimuth in Grad (Rotation um z-Achse) values[1] : Pitch (Rotation um x-Achse) values[2] : Roll (Rotation um y-Achse)
TYPE_PRESSURE	values[0] : Luftdruck in hPa
TYPE_PROXIMITY	values[0] : Entfernung in cm (bei manchen Typen nur ein Wert für nah, ein Wert für fern)
TYPE_RELATIVE_HUMIDITY	values[0] – rel. Luftfeuchtigkeit in Prozent
TYPE_ROTATION_VECTOR	θ (Rotationswinkel in rad/s) values[0]: x*sin(θ/2) values[1]: y*sin(θ/2) values[2]: z*sin(θ/2) values[3]: cos(θ/2)
TYPE_TEMPERATURE TYPE_AMBIENT_TEMPERATURE	values[0] : Grad Celsius

Tabelle 15.2: Messdaten der Sensortypen

Obwohl das eigentliche Auslesen von Sensorwerten sehr einfach ist, muss man dennoch manchmal ganz schön rackern, damit auch etwas Sinnvolles dabei herauskommt. Dies liegt daran, dass die eingebauten Sensoren natürlich qualitativ nicht mit industriellen Mess-Sensoren für den Profi-Bereich vergleichbar sind[1] und einen erhöhten Anteil an Rauschen und Störsignalen aufweisen, der für eine genaue Auswertung ziemlich hinderlich sein kann. Man muss dann geeignete Verfahren aus der Theorie der Signalverarbeitung einsetzen. Das würde aber den Rahmen dieses Buches deutlich sprengen. Wir beschränken uns im Folgenden daher auf zwei kleine Beispiele, um den Umgang mit Sensoren zu üben.

1 Diese Sensoren sind im Bereich unter € 5 angesiedelt, wohingegen professionelle Sensoren leicht € 1000 und mehr kosten!

Achtung Der Emulator unterstützt Sensoren praktisch gar nicht; der `SensorManager` liefert via `getSensorList()` lediglich ein `Sensor`-Objekt vom Typ `TYPE_ACCELEROMETER`. Sinnvolle Messdaten dürfen Sie natürlich auch nicht erwarten, sodass Sie unbedingt ein Android-Gerät zur Hand haben sollten.

15.2.1 Beschleunigungswerte ermitteln

Der Beschleunigungssensor liefert seine Messwerte in Bezug auf ein Koordinatensystem, das folgendermaßen definiert ist: Wenn Sie auf ein vor Ihnen liegendes Smartphone blicken, dann ist die x-Achse die Richtung nach rechts, die y-Achse nach vorne (von Ihnen weg) und die z-Achse steht senkrecht dazu und zeigt Richtung Himmel. Der Nullpunkt des Koordinatensystems liegt im Gerätemittelpunkt.

Diese Definition geht davon aus, dass ein Android-Gerät eine natürliche Ausrichtung hat: bei einem Smartphone das Hochformat (*portrait*), bei einem Tablet-PC das Querformat (*landscape*), siehe Abbildung 15.1.

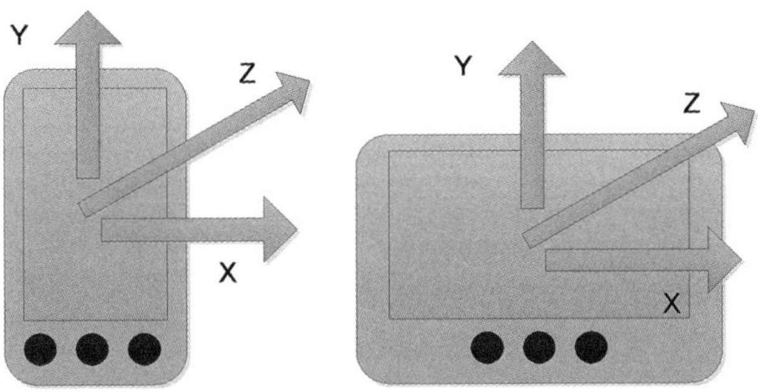

Abbildung 15.1: Koordinatensystem für Beschleunigungssensor

Der Sensor liefert die aktuell wirkende Beschleunigung inklusive der Erdanziehung (also nicht die reine Beschleunigung an sich). Die vom Sensor gelieferten Messwerte sind dabei immer ein Vielfaches bzw. ein Bruchteil der Erdbeschleunigung von 9,81 m/s², die in der Regel mit *g* abgekürzt wird.

Hinweis In der Android-API ist übrigens für *g* die Konstante `SensorManager.GRAVITY_EARTH`[1] definiert.

1 Lustigerweise gibt es auch eine Gravitationskonstante `GRAVITY_DEATH_STAR_1` für die Anziehungskraft auf dem ersten Todesstern aus dem Film *Krieg der Sterne*.

Ein Android-Gerät, das ruhig auf dem Tisch liegt, erfährt in x- und y-Richtung keine Beschleunigung, wird jedoch bzgl. der z-Achse (die wie oben gezeigt als »zum Himmel weisend« definiert ist) mit der normalen Erdanziehungskraft – also mit einem *g* – nach unten gezogen. Ein korrekt arbeitender Beschleunigungssensor liefert daher in diesem idealen Szenario das Werte-Tupel (0, 0, 9.81).

Die Praxis sieht natürlich, wie so oft, anders aus. Zunächst ist die Erdanziehungskraft überall auf der Erde verschieden: am Meer größer als im Gebirge und am Äquator geringer als an den Polen, sodass die Konstante *g* nur ein Mittelwert ist. Für die korrekte Bestimmung der Erdbeschleunigung müsste man also zunächst die genaue Position haben (das könnte Ihr Android-Gerät dank GPS) und dann mit speziellen Näherungsformeln (z.B. der Formel von Somigliana) die lokale Gravitation berechnen.

Die zweite Unsicherheit liegt im Sensor selbst, dessen Daten immer auch einen mehr oder weniger starken Anteil an Rauschen enthalten und somit die Werte verfälschen.

Drittens wird die `onSensorChanged()`-Methode nicht in garantiert gleichbleibenden Abständen aufgerufen, sodass die Zeitintervalle, in denen neue Sensorwerte geliefert werden, mehr oder weniger stark schwanken, was eine exakte Auswertung ebenfalls erschweren kann.

Um bessere Messdaten zu erhalten, gibt es verschiedene Filtertechniken aus dem Bereich der digitalen Signalverarbeitung, die Sie je nach Bedarf ausprobieren können, z.B. Tief- und Hochpassfilter oder fortgeschrittene statistische Methoden wie Kalman-Filter. Man muss dabei immer im Einzelfall abwägen und einen guten Kompromiss zwischen Implementierungsaufwand sowie CPU-Last und Speicherverbrauch finden. Probieren geht über Studieren!

Ein einfacher Ansatz für die ersten Gehversuche zur Bestimmung der aktuellen Beschleunigung könnte folgendermaßen aussehen:

```
// Felddefinitionen
float ax = 0;
float ay = 0;
float az = 0;

float gx = 0;
float gy = 0;
float gz = SensorManager.GRAVITY_EARTH;

float xAlt = 0;
float yAlt = 0;
float zAlt = 0;

// ...

public void onSensorChanged(SensorEvent event) {
   float[] werte    = event.values.clone();

   // einfacher Tiefpass-Filter, um den g-Anteil herauszufiltern
   float alpha = 0.9f;
   float beta  = 0.1f;  // beta = 1 - alpha

   // Gravitationsanteil mit Tiefpass-Filter herausfiltern
   gx = alpha * gx + beta  * werte[0];
   gy = alpha * gy + beta  * werte[1];
   gz = alpha * gz + beta  * werte[2];
```

```
    // reine Beschleunigung ohne g
    float xNeu = werte[0] - gx;
    float yNeu = werte[1] - gy;
    float zNeu = werte[2] - gz;

    // aktueller Beschleunigungsvektor
    ax = alpha * (ax + xNeu - xAlt);
    ay = alpha * (ay + yNeu - yAlt);
    az = alpha * (az + zNeu - zAlt);

    xAlt = xNeu; // für nächsten Durchgang merken
    yAlt = yNeu;
    zAlt = zNeu;

    // Betrag der Beschleunigung
    double betrag = Math.sqrt(ax * ax + ay * ay + az * az);

    // jetzt Beschleunigungsdaten verwenden
    // ...
}
```

Mit einem einfachen Tiefpass-Filter extrahieren wir den Einfluss der Schwerkraft, um weiter unten den Anteil der Schwerkraft aus den Messwerten herausrechnen zu können. Als Endergebnis erhalten wir die reine Beschleunigung ohne Erdanziehung (`xNeu`, `yNeu`, `zNeu`).

Hinweis Der Tiefpass-Filter wirkt ähnlich wie ein arithmetisches Mittel. Für jedes Messwerte-Tripel wird die Gravitation (festgehalten in `gx`, `gy`, `gz`) neu berechnet. Da man allerdings davon ausgeht, dass sich der Gravitationsanteil nur langsam ändert, werden die aktuellen Messwerte (Array `werte[]`) mit einem niedrigen `beta`-Faktor gewichtet. Das heißt, es fließt nur eine geringe Änderung in den neu berechneten Gravitationswert ein. Welche Werte für `alpha` und `beta` die besten Ergebnisse liefern, wird man für den konkreten Anwendungsfall ausprobieren müssen.

Da die Messdaten (Array `werte[]`), die in unsere Berechnung der reinen Beschleunigung einfließen, stark schwanken, verbessern wir die Daten noch vermittels eines Hochpass-Filters. Der Filter betrachtet die ermittelte Änderung in x/y/z-Richtung und lässt sie mit `alpha` gewichtet in den neuen Wert einfließen.

DVD zum Buch Auf der Buch-DVD finden Sie im Verzeichnis zu diesem Kapitel eine Beispiel-App *SensorDemo*, die nach dem obigen Ansatz die aktuelle Beschleunigung ermittelt und anzeigt. Auf Wunsch kann die Stärke der Beschleunigung auch durch einen Signalton simuliert werden (je stärker die Beschleunigung, desto höher der Ton).

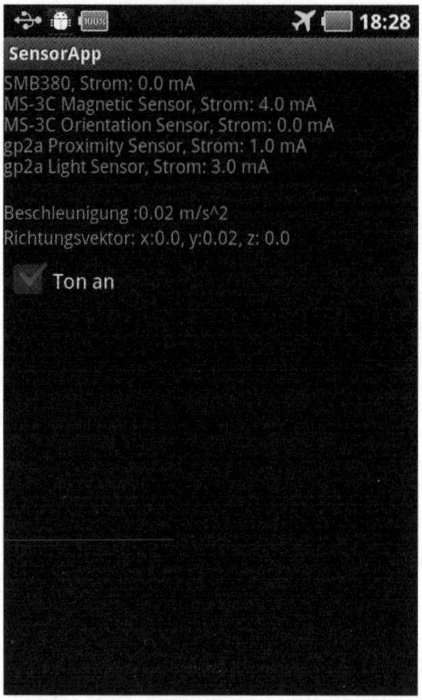

Abbildung 15.2: Anzeige der vorhandenen Sensoren und der aktuellen Beschleunigung

15.2.2 Lagedaten ermitteln

Die Bestimmung der aktuellen Lage eines Android-Geräts erfolgt mithilfe des Lagesensors, den mittlerweile fast jedes Gerät besitzt. Im Unterschied zum Beschleunigungssensor wird ein anderes Koordinatensystem verwendet, siehe Abbildung 15.3.

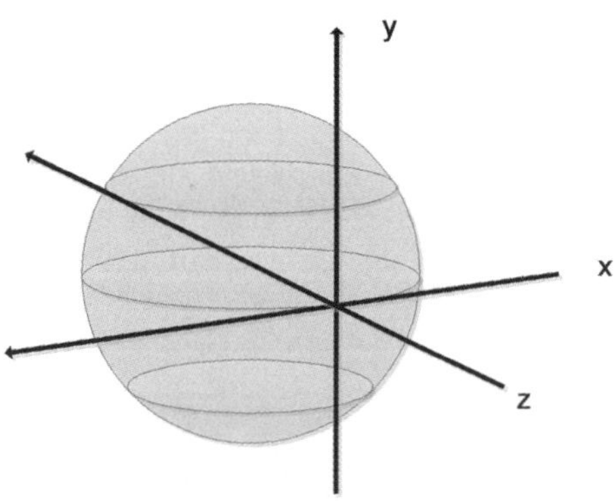

Abbildung 15.3: Koordinatensystem des Lagesensors

Die y-Achse ist die Tangentiale, welche die Erde an der aktuellen Position des Geräts berührt und ungefähr in Richtung Nordpol zeigt. Die z-Achse zeigt Richtung Erdmittelpunkt und steht senkrecht auf

y. Die x-Achse wiederum ist das Vektorprodukt aus y-Achse und z-Achse und steht somit senkrecht zu beiden und zeigt grob nach Westen.

Der Lagesensor liefert glücklicherweise wesentlich stabilere Werte als ein Bewegungssensor und die Werte können meist ohne aufwändige Aufbereitung verwendet werden, eventuell abgesehen von geringen Schwellwerten in Grenzbereichen.

Achtung Beim Lagesensor gab es im Laufe der Android-Versionen eine wichtige Änderung: `Sensor.TYPE_ORIENTATION` ist mittlerweile als veraltet (*deprecated*) gekennzeichnet und man soll stattdessen die Methode `SensorManager.getOrientation()` verwenden. Wir werden aber trotzdem zunächst den traditionellen Ansatz vorstellen, zumal er immer noch weit verbreitet ist, sich einfacher implementieren lässt als der neue vorgesehene Weg und problemlos funktioniert. Weiter unten wird kurz die neue (allerdings deutlich kompliziertere) Vorgehensweise gezeigt.

Das generelle Vorgehen entspricht der bereits gezeigten Verwendung des Beschleunigungssensors: Man registriert eine Klasse, die das Interface `SensorEventListener` und seine Methode `onSensorChanged()` implementiert.

Das `SensorEvent`-Objekt liefert für den Lagesensor folgende Messwerte:

- **`values[0]`**: der Winkel 0° – 359°, um den das Android-Gerät bezogen auf seine natürliche Ausrichtung (»portrait« bei Smartphones, »landscape« bei Tablet-PCs) von der Ausrichtung zum magnetischen Nordpol abweicht. Anders formuliert ist es die Drehung des Geräts um die oben definierte z-Achse (entgegen dem Uhrzeigersinn).
- **`values[1]`**: der Winkel von -180° bis +180° (entgegen dem Uhrzeigersinn), um den das Gerät um die x-Achse gedreht ist, d.h. wie stark hat der Anwender das Gerät zu sich hin bzw. von sich weg gekippt.
- **`values[2]`**: der Winkel von -90° bis +90° (entgegen dem Uhrzeigersinn), um den das Gerät um die y-Achse gedreht ist, d.h. wie stark ist das Gerät nach links oder rechts gekippt.

Hinweis Der Lagesensor liefert stabilere Werte als ein Bewegungssensor, d.h. die Werte schwanken nicht so stark und schnell. Dennoch sollten Sie sich bewusst sein, dass der absolute Fehler trotzdem sehr groß sein kann, insbesondere wenn künstliche elektromagnetische Felder in der Nähe sind. Selbst Musik, die über den integrierten Lautsprecher des Smartphones wiedergegeben wird, hat negative Einflüsse auf die Sensoren – was insbesondere bei Spielen ein Problem sein kann!

In der Beispielsammlung auf der Begleit-DVD finden Sie zu diesem Kapitel eine App, die eine einfache Wasserwaage simuliert. Die App verwendet eine selbst definierte Klasse `WasserWaageView`, die von `View` abgeleitet ist und in ihrer `onDraw()`-Methode nichts weiter macht, als in zwei gelbe Rechtecke zwei rote Kreise einzuzeichnen, die als Luftblase fungieren.

Die Position der Kreise wird dabei ausgehend von ihrer Nullposition (die Mittelpunkte der beiden Rechtecke) berechnet und in x- bzw. y-Achse um die vom Lagesensor gemeldete Neigung korrigiert.

```
protected void onDraw(Canvas canvas) {
   super.onDraw(canvas);

   float wert_y = wert1 * EINHEIT; // Umrechnung auf Pixel
   float wert_x = wert2 * EINHEIT;

   // Rechteck für y-Richtung (vorwärts/rückwärts-Neigung) zeichnen
   Rect r = new Rect(0,0,RECHTECK_BREITE,RECHTECK_LAENGE);
   canvas.drawRect(r, rechteckPaint);

   // Rechteck für x-Richtung (links-rechts-Neigung) zeichnen
   int rx = RECHTECK_BREITE + RECHTECK_ABSTAND;
   int ry = RECHTECK_LAENGE / 2 - RECHTECK_BREITE / 2;
   r = new Rect(rx, ry, rx + RECHTECK_LAENGE, ry + RECHTECK_BREITE);
   canvas.drawRect(r, rechteckPaint);

   // Null-Position für Kugel y-Richtung
   int nullPos1_x = RECHTECK_BREITE / 2;
   int nullPos1_y = RECHTECK_LAENGE / 2;

   // Null-Position für  Kugel x-Richtung
   int nullPos2_x = nullPos1_x + RECHTECK_BREITE / 2
                    + RECHTECK_ABSTAND + RECHTECK_LAENGE / 2;
   int nullPos2_y = nullPos1_y;

   // aktuelle Neigung hinzufügen
   nullPos1_y  += wert_y;
   nullPos2_x  += wert_x;

   // Sicherstellen, dass Rechtecke nicht verlassen werden
   int pos1_minY = 0 + KREIS_RADIUS;
   int pos1_maxY = RECHTECK_LAENGE - KREIS_RADIUS;
   nullPos1_y = (nullPos1_y < pos1_minY ? pos1_minY : nullPos1_y);
   nullPos1_y = (nullPos1_y > pos1_maxY ? pos1_maxY : nullPos1_y);

   int pos2_minX = RECHTECK_BREITE + RECHTECK_ABSTAND
                   + KREIS_RADIUS;
   int pos2_maxX = RECHTECK_BREITE + RECHTECK_ABSTAND
                   + RECHTECK_LAENGE - KREIS_RADIUS;
   nullPos2_x = (nullPos2_x < pos2_minX ? pos2_minX : nullPos2_x);
   nullPos2_x = (nullPos2_x > pos2_maxX ? pos2_maxX : nullPos2_x);

   // Kreise zeichnen
   canvas.drawCircle(nullPos1_x, nullPos1_y, KREIS_RADIUS, kreisPaint);
   canvas.drawCircle(nullPos2_x, nullPos2_y, KREIS_RADIUS, kreisPaint);
}
```

Listing 15.1: Zeichnen der Wasserwaage (aus WasserWaageView.java)

Die aktuelle Neigung erhält die View von der Start-Activity `WasserWaageActivity`, welche wie oben beschrieben das Interface `SensorEventListener` realisiert, sich für einen Sensor vom Typ `Sensor.TYPE_ORIENTATION` registriert und in der Methode `onSensorChanged()` die Sensormessdaten aus `SensorEvent.values[1]` und `SensorEvent.values[2]` an das `WasserWaageView`-Objekt weitergibt (`values[0]` interessiert uns für die Wasserwaage nicht). Zusätzlich geben wir noch mithilfe von zwei `TextView`-Objekten die konkreten Neigungsgrade als Textmeldung auf den Bildschirm aus.

```
public void onSensorChanged(SensorEvent event) {
   float[] werte = event.values;

   yTextView.setText("Neigung   vor/zurück: " + werte[1]);
   xTextView.setText("Neigung links/rechts: " + werte[2]);
   wasserWaageView.update(werte[1], werte[2]);
}
```

Listing 15.2: Übergabe der Sensorwerte (aus WasserWaageView.java)

Abbildung 15.4: Die Wasserwaage im Einsatz

Tipp Viele Android-Geräte mit Lagesensor bieten eine Kalibrierung des Sensors an, was Sie eventuell nutzen können, um bessere Messdaten zu erhalten (z.B. Samsung Galaxy S via EINSTELLUNGEN/ANZEIGE/HORIZONTALE KALIBRIERUNG).

Implementierung mit SensorManager.getOrientation()

Im obigen Beispiel hat sich die Activity für den Lagesensor direkt beim SensorManager registriert. Dieses Vorgehen ist bei neueren API-Versionen nicht mehr gewollt und von Google auf *deprecated* gesetzt worden.

Der neue Ansatz sprengt leider den Rahmen dieses Einsteigerbuches, aber falls Sie sich daran versuchen wollen oder müssen, dann gehen Sie folgendermaßen vor:

- Die Start-Activity muss sich für zwei Sensoren registrieren: `TYPE_MAGNETIC_FIELD` und `TYPE_ACCELEROMETER` (oder falls vom Gerät unterstützt noch besser: `TYPE_GRAVITY`)
- In der `onSensorChanged()`-Methode ermitteln Sie mithilfe der Sensordaten vom Beschleunigungssensor den Gravitationsvektor `beschleunigung[]` und mit dem digitalen Kompass den magnetischen Feldvektor `magnet[]`.
- Verwenden Sie den Aufruf `SensorManager.getRotationMatrix(rotMatrix, null, beschleunigung, magnet)`, um die Rotationsmatrix berechnen zu lassen. Die Methode speichert die Matrixwerte in dem Array-Argument `rotMatrix` (Typ `float[]`).
- Rufen Sie `SensorManager.getOrientation(rotMatrix, lageDaten)` auf, um die Lagedaten zu erhalten. Die Methode speichert die berechneten Daten in dem Array-Argument `lageDaten` (Typ `float[]`).
- Danach enthält die Array-Variable `lageDaten` die Informationen zur Lage des Geräts (analog zu den Messwerten, die direkt vom Lagesensor geliefert werden), allerdings in Radiant. Falls Sie Grad-Werte benötigen, können Sie die Werte mithilfe der Methode `Math.toDegrees()` umrechnen.

15.3 Fragen und Antworten

1. In welchem Wertebereich liegen die Daten der verschiedenen Sensoren? Wie sieht es mit der Auflösung aus?

   Hierzu lassen sich leider keine genauen Angaben machen. Es hängt völlig vom jeweiligen Gerät und seinen verbauten Sensoren ab.

2. Wieso gibt es in der Android-API überhaupt drei Sensortypen für Beschleunigung (`TYPE_ACCELEROMETER`, `TYPE_LINEAR_ACCELERATION`, `TYPE_GRAVITY`)?

   Das Android-Team hält Beschleunigung wohl für ein sehr interessantes Thema. Die Sensoren `TYPE_LINEAR_ACCELERATION` und `TYPE_GRAVITY` werden allerdings von sehr vielen Geräten nicht unterstützt, sodass man eigentlich doch nur einen Sensortyp für Beschleunigung hat, wenn man auf der sicheren Seite sein will.

3. Was hat es mit dem Wechsel von TYPE_TEMPERATURE (bis Android 3.x) zu TYPE_AMBIENT_TEMPERATURE (ab Android 4.x) auf sich?

   Es gab wohl diverse Verwirrungen bei Geräteherstellern und Entwicklern. Die Android-API schreibt bei TYPE_TEMPERATURE vor, dass es sich um die interne CPU-Temperatur handeln muss, aber bei den Anwendern und Programmierern dachte man natürlich mehr an die Raumtemperatur. Durch die Einführung von TYPE_AMBIENT_TEMPERATURE ist dies nun möglich.

4. Was passiert bzgl. GPS bei einem Konfigurationswechsel wie Drehen von Hoch- auf Querformat (Portrait ➤ Landscape)?

   Dies kann in der Tat ein Problem sein, da jedweder Konfigurationswechsel zu einem Neustart der Activity führt und somit der Strom an GPS-Koordinaten unterbrochen wird. Für die meisten GPS-Apps ist es am einfachsten, dies zu unterdrücken (in der Android-Manifest-Datei in der XML-Ansicht das Attribut screenOrientation setzen), z.B.

```
<application
    <activity
        android:name=".GPSMassbandActivity"
        android:label="@string/app_name"
        android:screenOrientation="portrait">
    >
  </activity>
</application>
```

15.4 Übungen

1. Die Wasserwaage-App verwendet noch die alte Vorgehensweise und greift auf den Sensor TYPE_ORIENTATION zu. Stellen Sie um auf den Einsatz von SensorManager.getOrientation(), wie oben skizziert. (Aber Achtung: eine überwältigende Genauigkeit dürfen Sie nicht erwarten!)

16 Einsatz der Datenbank SQLite

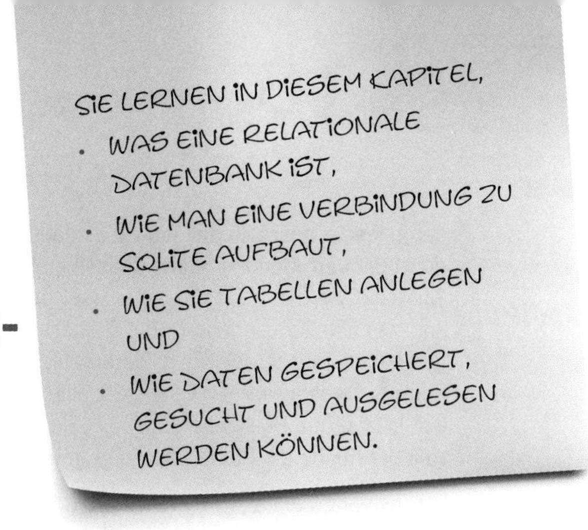

Android zeichnet sich durch eine ungewöhnliche Besonderheit aus, nämlich dass ein Datenbanksystem[1] namens *SQLite* fester Bestandteil der Laufzeitumgebung ist. Dadurch hat jede App die Möglichkeit, mit überschaubarem Aufwand Daten in einem richtigen Datenbanksystem zu speichern, zu suchen und wieder auszulesen. Der Einsatz von einer Datenbank anstelle simpler Dateien lohnt sich immer dann, wenn Sie sehr viele Daten abspeichern müssen, mit denen intensiv gearbeitet wird (suchen, verändern, löschen, auswerten).

16.1 Was ist eine relationale Datenbank?

Eine *relationale* Datenbank ist ein Konstrukt zum Ablegen von Daten. Die Organisation der Daten erfolgt dabei in Form von Tabellen, also Datenstrukturen mit Zeilen und Spalten. Die Daten in verschiedenen Tabellen können sich dabei gegenseitig referenzieren (über IDs, die man *Schlüssel* nennt) und dadurch Beziehungen (*Relationen*) aufweisen.

Kunden-Nr	Name	Straße	Stadt
345	Schimmel	Kaiserstr. 4	München
346	Meier	Am Beet 47	Stuttgart
445	Müller	Lindenstr. 52	Köln
449	Schmidt	Opelplatz 8	Berlin

Bestellung-Nr	Typ	Bearbeiter	Status	Kunden-Nr
5464711	Online	K12	offen	346
9855325	Standard	Z4	offen	345
9884576	Online	K12	in Arbeit	449
9982145	Standard	T44	offen	449

Abbildung 16.1: Tabellen mit Kundendaten

Im Beispiel aus Abbildung 16.1 haben wir es mit Kunden- und Bestelldaten zu tun, die in zwei Tabellen organisiert sind. Jede Zeile einer Tabelle bildet einen sogenannten *Datensatz* und setzt sich aus den Werten mehrerer Felder (Spalten) zusammen. Typisch ist, dass es in jeder Tabelle eine Spalte gibt,

1 Vielfach werden die Begriffe »Datenbanksystem« und »Datenbank« synonym verwendet. Streng genommen ist die Datenbank aber nur ein bestimmter, zusammengehörender Datenblock, während Datenbanksystem das Softwareprogramm meint, das die Datenbanken verwaltet und Zugriff darauf bietet.

deren Werte innerhalb der Tabelle eindeutig sind (d.h., es gibt in der Tabelle keine zweiten Datensätze, die in der betreffenden Spalte denselben Wert stehen haben). Diese Spalten (`Kunden-Nr` bzw. `Bestellung-Nr`) werden als *Primärschlüssel* bezeichnet. Wird eine solche Primärschlüssel-Spalte in einer anderen Tabelle verwendet (die Primärschlüssel-Spalte `Kunden-Nr` taucht z.B. auch in der darunter gelegenen Tabelle der Bestelldaten auf), spricht man von einem sogenannten *Fremdschlüssel*. Über Fremdschlüssel kann ein Datensatz eine Verbindung zu einem Datensatz einer anderen Tabelle herstellen. In unserem Beispiel ergänzt z.B. der Fremdschlüssel die Bestellinformationen um die Information, welcher Kunde die Bestellung aufgegeben hat.

Wie eingangs erwähnt, bietet Android das Datenbanksystem SQLite an, mit dessen Hilfe Sie von einer App aus Daten in Form einer Datenbank, d.h. einer definierten Menge von Tabellen, ablegen und auslesen können. Für die Kommunikation mit relationalen Datenbanken wie SQLite gibt es eine spezielle Kommandosprache namens *SQL*. Im Falle von SQLite können Sie via SQL folgende Operationen durchführen:

- Definition der Tabellenstruktur (Name der Tabelle, Anzahl Spalten, Datentyp pro Spalte)
- Anlegen und Löschen einer Tabelle
- Einfügen, Ändern, Löschen von Datensätzen (=Tabellenzeilen)
- Suchen von Daten aus einer oder mehreren Tabellen anhand von Suchkriterien

Die meisten dieser Operationen lassen sich aber auch ganz bequem ohne Rückgriff auf SQL ausführen.

Aufsteiger Wer sich schon einmal mit der Datenbankenprogrammierung mit Java beschäftigt hat, wird wissen, dass man dabei viel mit JDBC-Treibern und Datenbankverbindungen hantieren muss. Bei der Android-SQLite-Programmierung ist dies nicht nötig!

16.2 Datenbank anlegen/öffnen

Im Paket `android.database.sqlite` findet sich eine hilfreiche Klasse namens `SQLiteOpenHelper`, die Sie zum Anlegen oder Öffnen einer Datenbank verwenden können. Sie müssen dazu allerdings eine abgeleitete Klasse definieren:

```
public DBZugriff extends SQLiteOpenHelper {

   private SQLiteDatabase db;

   // Konstruktor
   public DBZugriff(Context activity, String dbName) {
      super(activity, dbName, null, 1);
      db = getWritableDatabase();
   }
```

```
  public void onCreate(SQLiteDatabase db) {
    try {
      // Tabelle anlegen
      String sql = "CREATE TABLE freunde "  +
                   "(id INTEGER PRIMARY KEY AUTOINCREMENT," +
                   "name VARCHAR(20) NOT NULL, " +
                   "vorname VARCHAR(20) NOT NULL, " +
                   "geburtsdatum DATE)";
      db.execSQL(sql);
    }
    catch(Exception ex) {
      Log.e("carpelibrum", ex.getMessage());
    }
  }

  public void onUpgrade(SQLiteDatabase db, int oldVersion,
                       int newVersion) {
     // auf Versionswechsel reagieren
  }
}
```

Der Konstruktor von `SQLiteOpenHelper` erwartet ein `Context`-Objekt (typischerweise die aktuelle Activity) und den Namen der Datenbank. Dies ist letztlich ein normaler Dateiname (ohne Pfad), den Sie beliebig festlegen können, z.B. *freunde.dat*. Mithilfe der geerbten Methode `getWritableDatabase()` erhält man dann eine Referenz auf das eigentliche Datenbank-Objekt vom Typ `SQLiteDatabase`. Dieses Objekt wird in der Folge benutzt, um Daten zu verändern oder auszulesen. (Wenn Sie nur Daten auslesen möchten, rufen Sie stattdessen die Methode `getReadableDatabase()` auf.)

Beim Aufruf von `getWritableDatabase()` bzw. `getReadableDatabase()` geschieht dann Folgendes: Wenn es eine Datenbank mit dem im Konstruktor übergebenen Namen bereits gibt, wird diese geöffnet, andernfalls wird zuvor eine neue Datenbank erstellt.

16.2.1 onCreate()

Im letzteren Fall, also wenn die Datenbank neu angelegt wird, wird die `SQLiteOpenHelper`-Methode `onCreate()` aufgerufen. Diese müssen wir folglich überschreiben und in ihr festlegen, wie die Tabellenstruktur aussehen soll. Dies erfolgt durch einen SQL-String, der angibt, wie die Tabelle heißt und welche Spalten (inklusive SQL-Datentyp) vorgesehen sind. Im obigen Beispiel lautet das SQL-Kommando:

```
CREATE TABLE freunde (id      INTEGER PRIMARY KEY AUTOINCREMENT,
                      name    VARCHAR(20) NOT NULL,
                      vorname VARCHAR(20) NOT NULL,
                      geburtsdatum DATE)
```

Dies sagt dem Datenbanksystem, dass

- eine Tabelle namens *freunde* angelegt werden soll,
- die Tabelle aus vier Spalten mit den Namen *id*, *name*, *vorname* und *geburtsdatum* besteht,

- die Spalten *id* für ganzzahlige Werte, *name* und *vorname* für Zeichenketten mit maximal 20 Zeichen und *geburtsdatum* für Datumsangaben gedacht sind,
- *id* als Primärschlüssel (`PRIMARY KEY`) fungiert und somit zur eindeutigen Referenzierung der Datensätze (Zeilen) in der Tabelle verwendet werden kann; `AUTOINCREMENT` gibt dabei an, dass SQLite automatisch die nächste verfügbare ID als Wert für *id* einsetzt,
- *name* und *vorname* in jedem Datensatz einen Wert (`NOT NULL`) enthalten müssen, *geburtsdatum* darf auch ungesetzt bleiben.

Das so definierte und in einen String verpackte SQL-Kommando übergeben wir via `execSql()` dem `SQLiteDatabase`-Objekt zur Ausführung, woraufhin die gewünschte Tabellenstruktur angelegt wird.

```
public void onCreate(SQLiteDatabase db) {
  try {
     // Tabelle anlegen
     String sql = "CREATE TABLE freunde "  +
                    "(id INTEGER PRIMARY KEY AUTOINCREMENT," +
                    "name VARCHAR(20) NOT NULL, " +
                    "vorname VARCHAR(20) NOT NULL, " +
                    "geburtsdatum DATE)";
     db.execSQL(sql);
  }
  catch(Exception ex) {
    Log.e("carpelibrum", ex.getMessage());
  }
}
```

Hinweis Die wichtigsten SQLite Datentypen sind `VARCHAR(n)` für Zeichenketten (der max. Länge `n`), `INTEGER` für ganzzahlige und `REAL` für Fließkommazahlen sowie `DATE` für Datumsangaben.

Achtung Einige Klassen aus der Android-API (z.B. `SimpleCursorAdapter`) erwarten zwingend, dass die Spalte mit dem Primärschlüssel (die eindeutige ID) den Namen *_id* hat. Berücksichtigen Sie dies bei der Tabellendefinition, wenn Sie mit `ListView`-Klassen arbeiten möchten, die von einer Datenbank ihre Daten beziehen sollen.

Hinweis Wenn Sie eine Datenbank mit mehreren Tabellen erstellen möchten, dann müssen Sie für jede Tabelle einen entsprechenden SQL-String erstellen und via `execSql()` der Reihe nach ausführen lassen.

Groß- und Kleinschreibung bei SQLite

In SQL-Kommandos spielt die Groß- und Kleinschreibung keine Rolle. Dies gilt aber nicht für die SQL-Behandlung auf Android-Seite. Schreiben Sie die Namen von Spalten genau so wie in der `CREATE TABLE`-Anweisung definiert! Eine weit verbreitete Konvention ist es übrigens, die SQL-Begriffe groß und die Namen von Tabellen und Spalten klein zu schreiben (oder auch umgekehrt).

16.2.2 onUpgrade()

Neben `onCreate()` muss noch die Methode `onUpgrade()` implementiert werden. Hier können Sie für den Einstieg einfach eine leere Hülle verwenden. SQLite versieht Datenbanken mit einer Versionsnummer (daher übergeben wir im Beispiel im Konstruktor eine 1 für die erste Version) und stellt einen Mechanismus bereit, falls sich eine Datenbankversion ändern soll. Dies werden wir im Rahmen dieser Einführung aber nicht weiter betrachten.

16.2.3 close()

Nicht zwingend erforderlich, aber ratsam ist es ferner, die Methode `onClose()` zu überschreiben, um sicherzustellen, dass das `SQLiteDatabase`-Objekt geschlossen wird, wenn der Datenbankzugriff nicht mehr benötigt wird:

```
public synchronized void close() {
   if(db != null) {
     db.close();
     db = null;
   }

   super.close();
}
```

Tipp Im Internet finden sich zahlreiche Einführungen zu SQL, z.B. *http://sqlzoo.net/de/*.

16.2.4 Datenbanken als Ressourcen mitgeben

SQLite legt alle Datenbanken, die in einer App erzeugt werden, im Verzeichnis */data/data/IHR_PAKET-NAME/databases/* ab, also z.B. */data/data/de.carpelibrum.sqlitedemo/databases/*.

Hinweis Eine SQLite-Datenbank ist nur für die App zugreifbar, die sie angelegt hat!

Diesen Umstand können Sie zum Beispiel dazu nutzen, Ihre App mit einer vordefinierten Datenbank auszuführen: Erstellen Sie während der Entwicklungsphase die SQLite-Datenbank (mit einer Android-Version, nicht mit anderen SQLite-Varianten) und fügen Sie sie dem Eclipse-Projekt im Verzeichnis *assets* hinzu. Ihre App muss dann während seiner Initialisierungsphase diese Datei als Eingabestream öffnen und in das oben genannte SQLite-Verzeichnis umkopieren[1], z.B.

```
// this == die aktuelle activity
InputStream input  = this.getAssets().open("meineDB.dat");
String dbName  = "/data/data/de.carpelibrum.sqlitedemo/databases/"
                 + "meineDB.dat";
FileOutputStream output = new FileOutputStream(dbName);

// umkopieren
byte[] puffer = new byte[1024];
int anzahl;

while ((anzahl = input.read(puffer))> 0){
   output.write(puffer, 0, anzahl);
}

output.flush();
input.close();
output.close();
```

16.3 Datenzugriffe

Bei der Arbeit mit Datenbanken gibt es vier Grundoperationen, die oft als CRUD zusammengefasst werden:

- **C**reate: neue Datensätze (Zeilen) in einer Tabelle anlegen
- **R**ead: Datensätze auslesen
- **U**pdate: Datensätze mit neuen Werten beschreiben
- **D**elete: Datensätze löschen

Für komplizierte CRUD-Kommandos kann man einen entsprechenden SQL-String definieren und dann mithilfe der Methode `execSql()` des `SQLiteDatabase`-Objekts ausführen lassen. Wir werden uns im Rahmen dieser Einführung auf einfache Operationen beschränken und zeigen daher, wie die Basiszugriffe mit den von `SQLiteDatabase` bereitgestellten Methoden ohne explizites SQL durchgeführt werden können.

1 Denken Sie daran, dass die App dann Zugriffsrechte auf die SD-Karte benötigt (`android.permission.WRITE_EXTERNAL_STORAGE` in *AndroidManifest.xml*).

Datensätze (Zeilen) einfügen

Der erste Schritt beim Einfügen neuer Datensätze besteht darin, ein Hilfsobjekt vom Typ `ContentValues` anzulegen, in dem die Daten als Schlüssel/Wert-Paare abgelegt werden. Die Schlüsselnamen sind die Spaltennamen, die Werte die zu schreibenden Daten:

```
ContentValues daten = new ContentValues();
daten.put("name", "Schmidt");
daten.put("vorname", "Günther");
```

Beachten Sie, dass hier nicht notwendigerweise für jede Spalte ein Wert festgelegt werden muss. Unsere Beispieltabelle besteht z.B. aus den Spalten *id*, *name*, *vorname* und *geburtsdatum*. Die Spalte *id* haben wir mit `autoincrement` gekennzeichnet, d.h., der Wert wird automatisch von SQLite gesetzt, weswegen wir für diese Spalte keinen Eintrag im `ContentValues`-Objekt vorsehen dürfen. Die Spalte *geburtsdatum* darf laut Definition auch `NULL` sein und wir dürfen, müssen aber keinen Wert setzen. Für die Spalten *name* und *vorname*, die mit `NOT NULL` definiert wurden, müssen wir Werte vorsehen!

Sind die zu schreibenden Daten derart vorbereitet, übergibt man das Ganze an die Methode `insert()` und fügt sie dadurch in die Tabelle ein:

```
// SQLiteDatabase db = …
long id = db.insert("freunde", null, daten);
```

Bei erfolgreichem Einfügen erhält man eine eindeutige ID für den erzeugten Datensatz zurück. Diese ID sollte man in einer geeigneten Variablen abspeichern, damit man später bei Bedarf direkt darauf zugreifen kann.

Datensätze im Code repräsentieren

Um nicht im Datenchaos zu versinken, ist es üblich, im App-Code eine eigene Klasse zu definieren, deren Objekte die Daten eines SQL-Datensatzes (Tabellenzeile) aufnehmen können, z.B.:

```
public class Freund {
   public long id;
   public String name;
   public String vorname;
   public Date geburtsdatum;

public Datensatz(String name, String vorname, Date geburtsdatum) {
  this.name          = name;
  this.vorname        = vorname;
  this.geburtsdatum   = geburtsdatum;

  id = -1; // wird erst beim Einfügen in die Datenbank erzeugt
  }
}
```

Datensätze lesen

Der wesentliche Vorteil einer Datenbank ist natürlich, dass man Suchanfragen (*Queries*) definieren kann.

Hierfür stellt die Klasse `SQLiteDatabase` die Methode `query()` zur Verfügung. Die Methode erwartet als Argumente den Namen der zu durchsuchenden Tabelle, die Namen der Spalten, die von der Suchanfrage zurückgeliefert werden sollen (oder `null` für alle Spalten), sowie einen String mit den Suchkriterien:

```
String suchStr  = "name = 'Vradi' AND vorname = 'Julia'";
String[] spalten = new String[]{ "id", "name", "vorname",
                                 "geburtsname" };
Cursor cursor = db.query("freunde", spalten, suchStr, null, null,
                         null, null);
```

Der String mit den Suchkriterien enthält die Namen der zu vergleichenden Spalten und testet mit den Operatoren `=`, `>`, `<`, `!=`, ob die Werte den gewünschten Daten entspricht. Mehrere Bedingungen können mit den booleschen Operationen AND und OR logisch verknüpft werden.

Beim Vergleich von Werten sind vor allem zwei wichtige Fälle hervorzuheben:

- Zeichenketten müssen in Hochkommata eingeschlossen sein, z.B. `name = 'Vradi'`
- Datumsangaben vom SQL-Typ `DATE` werden von SQLite intern als `long`-Wert gespeichert. Für effiziente Vergleiche sollten Sie daher ebenfalls `long`-Werte verwenden. Das heißt, ein zu suchendes Datum, das als `java.util.Date`-Objekt vorliegt, sollte man mithilfe der Methode `getTime()` in Millisekunden umrechnen:

  ```
  java.util.Date suchDatum = // ...
  String suchStr = "geburtsdatum = " + suchDatum.getTime();
  ```

Die Suchanfrage liefert als Ergebnis ein spezielles Datenzugriffsobjekt vom Typ `Cursor` zurück. Mit diesem Cursor können Sie die Datensätze im Suchergebnis durchlaufen und diese z.B. in Ihre eigenen Datenstrukturen überführen. Statt von einem Cursor spricht man hier auch häufig von einem »Datensatzzeiger« und dies veranschaulicht die Funktionsweise des Cursors ganz gut. Wenn Sie mit einem `Cursor`-Objekt arbeiten, dann zeigt es intern immer nur auf den gerade aktuellen Datensatz. Um zu einem anderen Datensatz zu navigieren, müssen Sie den Datensatzzeiger durch Aufruf einer der folgenden Methoden explizit verschieben:

```
boolean cursor.moveToFirst()            // erster Datensatz
boolean cursor.moveToLast()             // letzter
boolean cursor.moveToPrevious()         // voriger
boolean cursor.moveToNext()             // nächster
boolean cursor.moveToPosition(int pos); // zum Datensatz an
                                        // Position pos
```

Jede Methode liefert `true/false`, um anzuzeigen, ob die Operation erfolgreich durchgeführt worden ist.

Wie viele Datensätze im Suchergebnis enthalten und damit über den Cursor zugreifbar sind, lässt sich über die Methode `getCount()` ermitteln. Wie bei den Arrays sind die Datensätze im Suchergebnis nullindexiert, d.h., Datensatz Nummer 1 hat die Position 0. Ein typisches Vorgehen, um alle Datensätze mit allen Spalten über einen Cursor auszulesen, sieht so aus:

```
Cursor cursor = db.query("freunde", null, null,
                         null, null, null, null);
int anzahl = cursor.getCount();
cursor.moveToFirst();

for(int i = 0; i < anzahl; i++) {
   long id         = cursor.getLong(0);
   String name     = cursor.getString(1);
   String vorname  = cursor.getString(2);

   Date geburtsdatum;

   try { // Geburtsdatum kann null sein, was beim Zugriff
         // eine Exception werfen würde
     long geburtsdatum   = cursor.getLong(3);
     geburtsdatum        = new Date(geburtsdatum);
   }
   catch(Exception ex) {
     // Geburtsdatum ist nicht gesetzt
     geburtsdatum = null;
   }

   // gelesene Daten nun weiter verarbeiten
   // ...

   // nächster Datensatz
   cursor.moveToNext();
}
```

Hinweis Ein alternativer Ansatz zum Durchlaufen eines Cursors ist eine Endlosschleife, die abbricht, bis die `Cursor`-Methode `moveToNext()` den Wert `false` liefert (= keine weiteren Daten vorhanden).

Als Erstes setzen wir den Datensatzzeiger des von der `query()`-Abfrage zurückgelieferten `Cursor`-Objekts mit `moveToFirst()` auf den ersten Datensatz (Position 0).

Danach beginnen wir damit, die Daten in einer Schleife auszulesen. Die Klasse `Cursor` definiert zu diesem Zweck eine Reihe von get-Methoden, mit deren Hilfe die Spaltenwerte ausgelesen werden können: `getString()`, `getLong()`, `getInt()`, `getFloat()`. Als Argument übergeben Sie den Methoden den Index der Spalte, deren Wert ausgelesen werden soll. (Die Indizes der Spalten entsprechen der Reihenfolge, in der die Spalten beim Anlegen der Tabelle festgelegt wurden.)

Beachten Sie im obigen Beispiel das Auslesen der Spalte *geburtsdatum*. Gemäß der Definition unserer Tabelle *freunde* muss nicht jeder Datensatz für diese Spalte einen Wert vorsehen. Gibt es keinen Wert, führt unser Code zu einer Exception. Wir nutzen dies dazu, die zugehörige Variable gegebenenfalls auf `null` zu setzen.

Nachdem der Datensatz an der aktuellen Cursorposition gelesen und verarbeitet ist, rücken wir den Datensatzzeiger durch Aufruf von `moveToNext()` zum nächsten Datensatz vor.

Fortgeschrittene Suchanfragen

Mithilfe der `query()`-Methode lassen sich auch Suchanfragen absetzen, bei denen nur die Datensätze zurückgeliefert werden, die eine bestimmte Bedingung erfüllen. Oder Sie geben an, dass die Datensätze im Ergebnis nach einer bestimmten Spalte sortiert werden sollen.

```
SimpleDateFormat df = new SimpleDateFormat("dd.MM.yyyy");
Date datum          = df.parse("15.07.1990");

Cursor cursor = db.query("freunde", null, "geburtsdatum = " +
                    datum.getTime(), null, null, null, "name");
```

Diese Anfrage liefert alle Datensätze aus der Tabelle *freunde*, deren Spalte *geburtsdatum* den Wert 15.07.1990 hat. Die gefundenen Datensätze werden dann alphabetisch aufsteigend geordnet nach der Spalte *name*.

Datensätze aktualisieren

Das Ändern einer bestehenden Zeile erfolgt mithilfe der Methode `update()`. Sie erwartet die ID des zu ändernden Datensatzes und ein `ContentValues`-Objekt mit den neuen Spaltenwerten, z.B.

```
//java.util.Date geburtsdatum = ...
// long id = ...
ContentValues daten = new ContentValues();
daten.put("geburtsdatum", geburtsdatum.getTime());
db.update("freunde", "id=" + id, daten, null);
```

Beachten Sie bei diesem Beispiel, wie wir mit dem SQL-Datentyp `DATE`, der für die Spalte *geburtsdatum* gesetzt ist, umgehen. Wir können nicht direkt ein `java.util.Date`-Objekt übergeben, sondern verwenden die äquivalente Darstellung in Millisekunden seit dem 1.1.1970, die dann (vom Java-Compiler) beim Einfügen in das `ContentValues`-Objekt in ein `Long`-Objekt überführt wird.

Datensätze löschen

Das Löschen erfolgt ganz einfach mittels der Methode `delete()`, der Sie als Argumente die Tabelle und die ID der zu löschenden Zeilen übergeben:

```
// long id = …
db.delete("freunde", "id=" + id, null);
```

16.4 Datenbankinhalte mit ListView anzeigen

Das Zusammenspiel zwischen Datenbank und Benutzeroberfläche kann recht kompliziert sein und sprengt den Rahmen dieses Einsteigerbuches. Dennoch möchten wir ein wenig tiefer in das Thema einsteigen und zumindest die Vorgehensweise aufzeigen. Auf der Buch-DVD finden Sie zu diesem Kapitel das Beispielprojekt *SQLiteDemo*, das eine einfache Geburtstagsliste ermöglicht. Der Anwender kann Namen und Geburtstage seiner Freunde eingeben und per Knopfdruck anzeigen lassen, wer gerade heute Geburtstag hat.

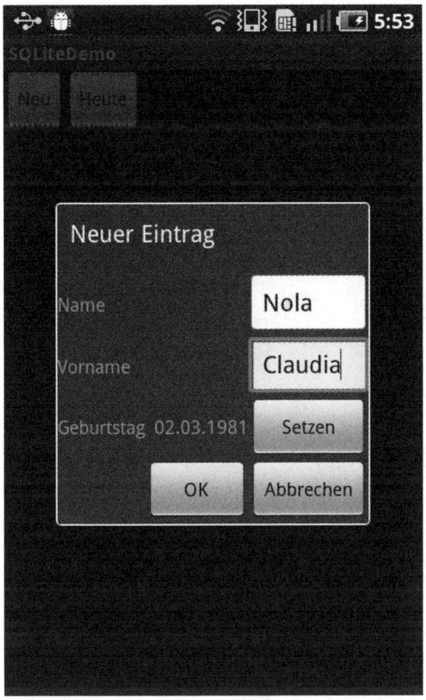

Abbildung 16.2: Dateneingabe

Die App reflektiert die oben geschilderte Vorgehensweise zum Anlegen einer SQLite-Datenbank und dem Datenzugriff und sollte daher für Sie ohne allzu große Probleme nachvollziehbar sein. Sie verwendet allerdings eine Besonderheit, die wir noch kurz beleuchten wollen.

Da die Daten in einer Datenbank bereits zeilenweise vorliegen, ist es oft naheliegend, zur Anzeige dieser Daten in der App eine Listendarstellung zu wählen. Für solche Aufgaben gibt es die Klasse `ListView`, die Sie mittels einer Hilfsklasse vom Typ `SimpleCursorAdapter` (Paket `android.widget`) an den Cursor aus einer Datenbankabfrage binden können. Die Liste zeigt dann direkt den Inhalt aus der Datenbank an. Um dies zu bewerkstelligen, gehen Sie folgendermaßen vor.

In der XML-Layoutdatei der App fügen Sie zunächst ein ListView-Element hinzu, z.B.:

```
<?xml version="1.0" encoding="utf-8"?>
<LinearLayout
   xmlns:android="http://schemas.android.com/apk/res/android"
   android:orientation="vertical"
```

```
    android:layout_width="match_parent"
    android:layout_height="match_parent">
    <LinearLayout
        android:layout_width="match_parent"
        android:layout_height="wrap_content"
        android:id="@+id/linearLayout1">
        <Button
            android:text="Neu"
            android:id="@+id/buttonNeu"
            android:layout_width="wrap_content"
            android:layout_height="wrap_content"></Button>
        <Button
            android:text="Heute"
            android:id="@+id/buttonHeute"
            android:layout_width="wrap_content"
            android:layout_height="wrap_content"></Button>
    </LinearLayout>
    <ListView
        android:layout_height="wrap_content"
        android:id="@+id/listView1"
        android:layout_width="match_parent"></ListView>
</LinearLayout>
```

Listing 16.1: Die Layoutdatei main.xml

Daneben brauchen wir noch eine separate Layoutdatei (z.B. *datensatz.xml*) für das Layout der einzelnen Listeneinträge, z.B.:

```
<?xml version="1.0" encoding="utf-8"?>
<LinearLayout
    xmlns:android="http://schemas.android.com/apk/res/android"
    android:layout_width="match_parent"
    android:layout_height="match_parent"
    android:orientation="horizontal">

    <TextView
        android:paddingLeft="5px"
        android:text=" "
        android:id="@+id/textViewName"
        android:layout_width="wrap_content"
        android:layout_height="wrap_content"></TextView>
    <TextView
        android:paddingLeft="10px"
        android:text=" "
        android:id="@+id/textViewVorname"
        android:layout_width="wrap_content"
        android:layout_height="wrap_content"></TextView>
```

```
  <TextView
     android:paddingLeft="10px"
     android:text=" "
     android:id="@+id/textViewGeburtstag"
     android:layout_width="wrap_content"
     android:layout_height="wrap_content"></TextView>
</LinearLayout>
```

Listing 16.2: Die Layoutdatei für die Listeneinträge (datensatz.xml)

Dieses Layout bestimmt, dass jeder Eintrag aus drei TextView-Elementen besteht, die zur Anzeige der Daten (Name, Vorname, Geburtsdatum) dienen werden.

Der nächste Schritt besteht nun darin, bei der Initialisierung der App in der onCreate()-Methode ihrer Start-Activity die definierte ListView mit der Datenbank zu verknüpfen. Hierbei kommt die bereits erwähnte Klasse SimpleCursorAdapter zum Einsatz, deren Konstruktor Sie ein Cursor-Objekt auf die anzuzeigenden Daten übergeben müssen. Betrachten wir zunächst den Code bis zur Erzeugung dieses Objekts:

```
// in der onCreate()-Methode der Start-Activity
String sql = "CREATE TABLE freunde " +
             " (_id INTEGER PRIMARY KEY AUTOINCREMENT, " +
             "name VARCHAR(20) NOT NULL, " +
             "vorname VARCHAR(20) NOT NULL, " +
             "geburtsdatum DATE)";

DBZugriff  dbZugriff  = new DBZugriff(this, "geburtstage.dat", sql);

SimpleDateFormat  datumFormat  = new SimpleDateFormat("dd.MM.yyyy");
Cursor cursor   = dbZugriff.erzeugeListViewCursor();
// ...
```

Die hier verwendete Klasse DBZugriff ist von SQLiteOpenHelper abgeleitet und stellt die Verbindung zur Datenbank her. Beachten Sie das SQL-Kommando zur Erzeugung der Tabelle: Die ID-Spalte trägt hier den Namen *_id*. Wir entsprechen damit dem Wunsch der Klasse SimpleCursorAdapter, die erwartet, dass die Spalte für den Primärschlüssel *_id* heißt.

Das Cursor-Objekt erzeugen wir in der Methode erzeugeListViewCursor() unserer selbst geschriebenen Klasse DBZugriff. Der Code besteht im Wesentlichen aus dem Aufruf der SQLiteDatabase-Methode query() und dürfte Ihnen mittlerweile vertraut sein:

```
public Cursor erzeugeListViewCursor() {
  String[] spalten = new String[]{"_id",
                                  "name",
                                  "vorname",
                                  "geburtsdatum"};

  return  db.query(tabelle, spalten, null,
                   null, null, null, "name");
}
```

Zurück in der `onCreate()`-Methode kann das `ListView`-Objekt initialisiert werden.

```
// in der onCreate()-Methode der Start-Activity
// ...
Cursor cursor   = dbZugriff.erzeugeListViewCursor();

ListView  anzeigeListe = (ListView) findViewById(R.id.listView1);
String[] anzeigeSpalten = new String[]{ "name", "vorname",
                                        "geburtsdatum"};
int[] anzeigeViews       = new int[] { R.id.textViewName,
                                       R.id.textViewVorname,
                                       R.id.textViewGeburtstag};
SimpleCursorAdapter adapter;
adapter  = new SimpleCursorAdapter(this, R.layout.datensatz, cursor,
                    anzeigeSpalten, anzeigeViews,
                    CursorAdapter.FLAG_REGISTER_CONTENT_OBSERVER);

adapter.setViewBinder(new SimpleCursorAdapter.ViewBinder() {
      public boolean setViewValue(View view, Cursor cursor,
                                  int columnIndex) {

           if (columnIndex == 3) {
              // Geburtsdatum umformatieren
              try {
               long datum = cursor.getLong(columnIndex);
                 if(datum != 0) {
                  String str = datumFormat.format(new Date(datum));
                  TextView anzeige = (TextView) view;
                  anzeige.setText(str);
                  return true;
                 }
              }
              catch(Exception ex) {}
           }

          return false; // keine Änderung
          }
  });

 anzeigeListe.setAdapter(adapter);
} // Ende von onCreate()
```

Neben dem Verweis auf die aktuelle Activity (1. Argument) und den Cursor (3. Argument) benötigt der Adapter noch die Angabe, welches Layout er zur Anzeige verwenden soll (2. Argument), und zwei Arrays, denen er entnehmen kann, welche Spalten aus der Datenbank-Abfrage durch welches View-Element repräsentiert werden (hier die Arrays `anzeigeSpalten` und `anzeigeViews`).

Ein letztes Problem stellt sich noch. Das Geburtsdatum, das der Cursor liefert, ist ein `long`-Wert und würde daher standardmäßig auch nur als Anzahl Millisekunden angezeigt – was natürlich recht unbefriedigend wäre.

Glücklicherweise gibt es jedoch die Möglichkeit, die Art der Darstellung zu beeinflussen. Dazu müssen Sie ein Objekt vom Typ `SimpleCursorAdapter.ViewBinder` erzeugen, in dessen Methode `setViewValue()` Sie festlegen können, wie der Wert jeder Spalte im Cursor für die Anzeige aufbereitet werden soll. Dieses Objekt übergeben Sie dann mithilfe der Methode `setViewBinder()` bei dem Adapter.

Abbildung 16.3: Anzeige der Cursordaten mit einer ListView

16.5 Fragen und Antworten

1. Wo kann ich denn mehr Informationen zu SQLite allgemein finden?

   Wie erwähnt ist SQLite nicht Android-spezifisch, sondern für verschiedene Plattformen verfügbar. Ein guter Startpunkt für die Vertiefung ist *www.sqlite.com*.

2. Kann man Datenbanken auch ohne die Klasse `SQLiteOpenHelper` erzeugen/öffnen?

   Ja, das geht, wenngleich es keinen wirklich zwingenden Grund dafür gibt. Die `Activity`-Klasse bietet hierfür die Methode `openOrCreateDatabase()`.

3. Gibt es eine Größenbeschränkung für die Menge an Daten, die ich in einer SQLite-Datenbank speichern kann?

   Nein, eine implizite Grenze ist lediglich der verfügbare Speicherplatz im internen Dateisystem.

4. Können andere Apps auf eine Datenbank, die meine App erzeugt hat, zugreifen?

   Nicht ohne weiteres: jede Datenbank ist nur für die erzeugende App nutzbar. Wenn andere zugreifen sollen, muss man einen sogenannten *Content Provider* realisieren (was leider den Rahmen dieses Buches sprengt).

16.6 Übungen

1. Datenbanken sind gut geeignet, um große Datenmengen zu sammeln und dann später auszuwerten. Simulieren Sie dies mal folgendermaßen durch eine App, die 1000 Fließkomma-Zufallszahlen gleichverteilt zwischen 0.0 und 1.0 erzeugt und in einer geeignet definierten Datenbanktabelle ablegt. Danach werden alle Zahlen wieder ausgelesen und der Mittelwert berechnet und angezeigt (welches Ergebnis erwarten Sie?). Hinweis: Zum Erzeugen von Zufallszahlen können Sie die statische Methode `Math.random()` verwenden.

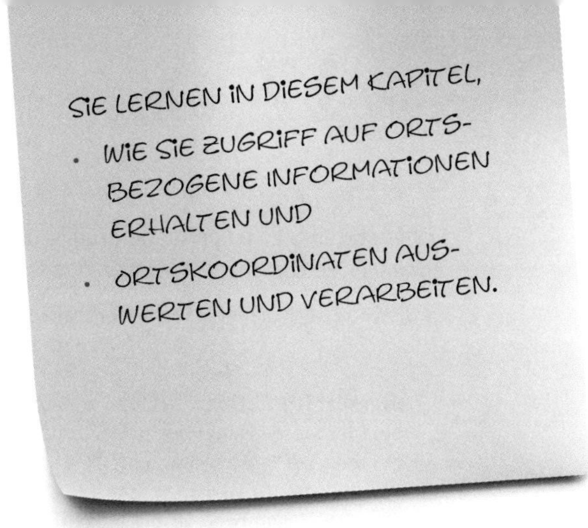

17 Geolokation

Kaum eine andere Funktion hat so viel Wirbel erzeugt, wie die Möglichkeit mittels GPS (Global Positioning System) den eigenen Standort zu bestimmen. Geräte ohne GPS-Empfänger sind daher heutzutage kaum noch marktfähig und höchstens in Modellen der Einstiegsklasse zu finden. Grund genug, zumindest einen einführenden Blick auf diese interessante Technologie zu werfen.

17.1 Zugriff

Android bietet dem App-Programmierer mehrere unterschiedlich genaue Möglichkeiten (*Provider* genannt), um die Position eines Geräts zu ermitteln:

- GPS – Die satellitengestützte Positionsbestimmung ist beliebt und genau, hat aber auch einige Nachteile:
  - in Gebäuden nicht möglich
  - kann relativ lange dauern, bis eine erste Anfrage beantwortet wird (*time to fix*)
  - verbraucht bei aktivem GPS-Sensor relativ viel Strom
- Netzwerk – Basierend auf Informationen des WLAN oder der Funkzellen des Mobilfunknetzes wird eine Position ermittelt, die natürlich wesentlich ungenauer als GPS ist (insbesondere auf dem flachen Land mit großen Funkzellen), dafür aber auch innerhalb von Gebäuden verfügbar ist, schnell antwortet und den Akku schont.

17.1.1 Verfügbarkeit feststellen

Ihr Zugang zur Geolokation ist die Klasse `LocationManager` (Paket `android.hardware`). Ein Objekt dieser Klasse können Sie in einer Activity als System-Service von der Android-Laufzeitumgebung anfordern:

```
LocationManager locationManager = (LocationManager)
                    this.getSystemService(Context.LOCATION_SERVICE);
```

In einem ordnungsgemäß laufenden Android-System werden Sie immer ein `LocationManager`-Objekt zurückbekommen. Das muss aber noch nicht heißen, dass Geolokation vom Gerät bzw. den aktuellen Einstellungen unterstützt wird.

Daher sollten Sie immer zuerst prüfen, ob der benötigte Provider verfügbar ist – und falls nicht, den Anwender entsprechend informieren, z.B.:

```
if ( !locationManager.isProviderEnabled(
                                LocationManager.GPS_PROVIDER ) ) {

    AlertDialog.Builder builder = new AlertDialog.Builder(this);
    builder.setMessage("Kein GPS Empfänger. Bitte aktivieren!");
    builder.setPositiveButton("OK",
            new DialogInterface.OnClickListener() {
              public void onClick(DialogInterface dialog, int id) {
                 dialog.dismiss();
                 finish(); // Activity beenden
              }
            });

    AlertDialog dialog = builder.create();
    dialog.show();
}
```

Zu diesem Zweck definiert die LocationManager-Klasse die Methode isProviderEnabled(), die für den gewünschten Providertyp (LocationManager.GPS_PROVIDER oder LocationManager.NETWORK_PROVIDER) die notwendige Auskunft erteilt. Lautet der boolesche Rückgabewert false, können Sie den Anwender informieren und die Activity gleich wieder beenden, falls ein Weitermachen ohne Geolokationsdaten sinnlos ist.

17.1.2 Daten empfangen

Wenn der gewünschte Provider vorhanden ist, müssen Sie dem LocationManager mitteilen, wer Positionsdaten empfangen soll (also typischerweise eine Activity). Hierzu brauchen wir eine Klasse, die das Interface LocationListener (aus dem Paket android.location) mit den folgenden Methoden implementiert:

- onLocationChanged(): Wird aufgerufen, wenn neue Positionsdaten vorhanden sind.
- onProviderEnabled(): Wird aufgerufen, wenn der Anwender den gewählten Provider aktiviert hat (z.B. GPS-Empfänger).
- onProviderDisabled(): Wird aufgerufen, wenn der Anwender den gewählten Lieferanten abgeschaltet hat.
- onStatusChanged(): Wird bei Zustandsänderungen aufgerufen; jeder Provider von Geolokationen kann sich in einem der folgenden Zustände befinden:
  - funktionsunfähig (OUT_OF_SERVICE)
  - zeitweise nicht verfügbar (TEMPORARILY_UNAVAILABLE)
  - verfügbar (AVAILABLE)

Eine Klasse, die dieses `LocationListener`-Interface implementiert, kann man verwenden, um sich beim `LocationManager` zum Empfang von Geodaten anzumelden. Wenn die aufrufende Klasse selbst die Methoden implementiert, sieht dies z.B. wie folgt aus:

```
// Registrieren für GPS-Updates (jede Minute)
locationManager.requestLocationUpdates(LocationManager.GPS_PROVIDER,
                                        60000, 0, this);

// Registrieren für Netzwerk-Updates (jede Minute und alle 10 m)
locationManager.requestLocationUpdates(
                LocationManager.NETWORK_PROVIDER, 60000, 10, this);
```

Die Methode `requestLocationUpdates()` erwartet neben dem Providertyp (`LocationManager.GPS_PROVIDER` oder `LocationManager.NETWORK_PROVIDER`) und dem zu benachrichtigenden Listener (im obigen Beispielen der `this`-Verweis) noch zwei Parameter, *minTime* und *minDistance*, die folgende Bedeutung haben:

- *minTime* > 0 zeigt an, nach wie vielen Millisekunden ein Update mit Positionsdaten gesendet werden soll; der Wert 0 bedeutet, dass Updates so schnell wie möglich geliefert werden sollen. Von Werten unter 60000 ist abzuraten.
- *minDistance* > 0 besagt, dass ein Update nur dann gesendet werden soll, wenn sich die Position seit dem letzten Update um mindestens die angegebene Distanz verändert hat; Wert 0 bedeutet, dass die Distanzänderung für die Häufigkeit keine Rolle spielt und nur *minTime* zählt.

Damit sind schon fast alle Vorbereitungen getroffen, um mit Geodaten arbeiten zu können. Es fehlt allerdings noch das Setzen der notwendigen Berechtigung `android.permission.ACCESS_FINE_LOCATION` (für GPS) bzw. `ACCESS_COARSE_LOCATION` (für Netzwerk)[1] in der Datei *AndroidManifest.xml*, z.B.

```
<manifest
   <uses-permission
           android:name="android.permission.ACCESS_FINE_LOCATION">
  </uses-permission>
</manifest>
```

Listing 17.1: Setzen der Berechtigung für GPS-Zugriff in AndroidManifest.xml

17.1.3 Empfänger abmelden

Eine Activity, die sich via `requestLocationUpdates()` beim LocationManager für den Empfang von Geolokationsdaten angemeldet hat, muss sich wieder abmelden, sobald kein Bedarf mehr besteht (analog zur Verwendung des Lage- oder Beschleunigungssensors, siehe Kapitel 15). Zum Abmelden rufen Sie die Methode `removeUpdates(LocationListener listener)` auf.

In der Regel sollten Sie – wie bei anderen Sensoren auch – die An- und Abmeldung für GPS-Daten an einer geeigneten Stelle im Lebenszyklus einer Activity platzieren, z.B. das Anmelden mit `requestLocationUpdates()` in der `onResume()`-Methode der Activity und das Abmelden in der `onPause()`-Methode.

1 Falls Sie sowohl Netzwerk als auch GPS verwenden, reicht die Berechtigung `FINE_LOCATION`.

17.2 Geokoordinaten

Wenden wir uns nun der Methode `onLocationChanged(Location loc)` aus dem Interface `LocationListener` zu. Die Methode definiert einen Parameter vom Typ `Location` – und Sie ahnen es schon: in diesem stecken die Positionsdaten!

17.2.1 Sexagesimale und dezimale Darstellung

Wie Sie hoffentlich wissen, besteht eine geographische Positionsangabe aus Längengrad (0° – 180° östlich (O) oder westlich (W) von Greenwich, England) und Breitengrad (0° – 90° nördlich (N) oder südlich (S) des Äquators). Die Grade sind weiter unterteilt in 60 Winkelminuten zu je 60 Winkelsekunden, abgekürzt mit einem bzw. zwei Apostrophen. Die *Golden Gate Bridge* aus San Francisco hat in diesem System die Koordinaten 37°49' N, 122°29' W. Dies ist die sogenannte *sexagesimale* Darstellung.

Für einen Computer ist eine Dezimalschreibweise natürlich viel praktischer und daher werden Längen- und Breitengrad im `Location`-Objekt in Form von `double`-Werten repräsentiert, für die *Golden Gate Bridge* z.B.:

Geographische Breite : 37,816667
Geographische Länge: -122.483333

Die Vorkommastellen sind die Grad, die Nachkommastellen repräsentieren die Minuten und Sekunden und das Vorzeichen gibt an, ob es sich um Norden oder Osten (positiv) bzw. Süden oder Westen (negativ) handelt.

17.2.2 Das Location-Objekt

Das `Location`-Objekt, das der LocationManager beim Update der Position liefert, speichert den Breiten- und Längengrad natürlich als Gleitkommawert (also in der dezimalen Form). Es enthält darüber hinaus aber noch einige weitere interessante Informationen.

Methode	Beschreibung
`double` **`getLatitude`**`()`	Breitengrad (Dezimaldarstellung)
`double` **`getLongitude`**`()`	Längengrad (Dezimaldarstellung)
`long` **`getTime`**`()`	Zeitstempel (Anzahl Millisekunden seit 01.01.1970)
`float` **`getSpeed`**`()`	Geschwindigkeit in m/s
`double` **`getAltitude`**`()`	Höhe (m über Meereshöhe)
`double` **`getBearing`**`()`	Peilung (Winkel in Grad zwischen Bewegungsrichtung und Norden)

Tabelle 17.1: Von der Location-Klasse bereitgestellte Informationen

Per se verlässlich sind allerdings nur die Daten zu Breitengrad, Längengrad und Zeitstempel. Ob auch für die anderen Informationen sinnvolle Werte zurückgeliefert werden, hängt von den Fähigkeiten des jeweiligen GPS-Empfängers und der Android-Software ab.

Tipp Die App-Entwicklung für GPS lässt sich auch ohne echtes Android-Gerät mithilfe des Emulators und Eclipse recht gut durchführen. In der DDMS-Perspektive können Sie GPS-Koordinaten an die App senden und dadurch genau testen, wie sich Ihr Programm verhält (mehr dazu im Anhang C).

Methode	Beschreibung
`static double` **`convert`**`(String str)`	Konvertiert eine sexagesimale Darstellung in die Dezimaldarstellung. `str` muss im Format [+-]DDD:MM:SS.SSSS vorliegen (D = Grad, M = Minuten, S = Sekunden)
`static String` **`convert`**`(double coord, int typ)`	Konvertiert eine Dezimaldarstellung in sexagesimale Darstellung. Das gewünschte Format wird über das `typ`-Argument vorgegeben. Mögliche Werte sind: `Location.FORMAT_DEGREES` (nur Grad), `FORMAT_MINUTES` (Grad und Minuten) `FORMAT_SECONDS` (Grad, Minuten, Sekunden)
`static void` **`distanceBetween`**`(double sb, double sl, double eb, double el, float[] ergebnis)`	Abstand zwischen zwei Positionen in Metern. `sb` ist der Start-Breitengrad, `sl` der Start-Längengrad, `eb` der End-Breitengrad, `el` der End-Längengrad. Die errechnete Distanz wird in `ergebnis[0]` zurückgeliefert.
`public float` **`distanceTo`**`(Location ziel)`	Abstand in Metern zwischen der Position des aufrufenden `Location`-Objekts und `ziel`.

Tabelle 17.2: Nützliche Hilfsmethoden der Klasse Location

17.3 Die Demo-App

In der Beispielsammlung zu diesem Buch finden Sie das Projekt *GPSTrackerDemo*, das den Zugriff auf den GPS-Empfänger demonstriert und nun auszugsweise erläutert wird.

Die Demo-App besteht aus der Activity `GPSTracker`, die drei Buttons zum Starten, Stoppen und Speichern anbietet. Damit kann der Anwender die laufenden Aufzeichnung der GPS-Positionsdaten beginnen, beenden oder die zurückgelegte Route abspeichern.

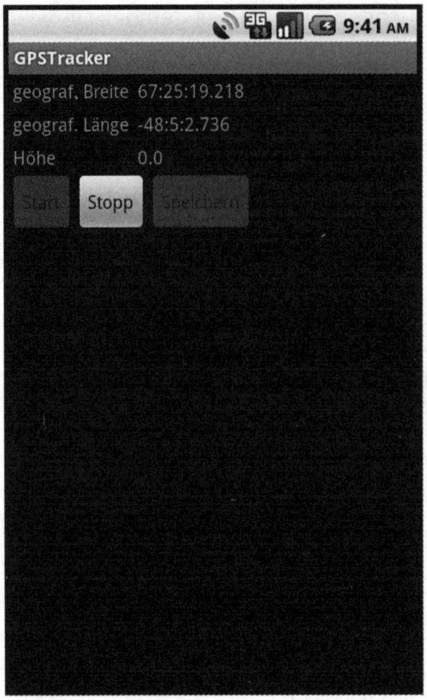

Abbildung 17.1: GPSTrackerDemo

In der `onCreate()`-Methode der Activity besorgen wir uns zunächst den LocationManager und prüfen, ob GPS überhaupt aktiviert ist; falls nicht, wird der Anwender über einen Standarddialog vom Typ `AlertDialog` darauf hingewiesen, dass er GPS aktivieren soll, und die Activity und somit die App beendet sich.

```
public class GPSTracker extends Activity
                        implements LocationListener, OnClickListener {

  public void onCreate(Bundle savedInstanceState) {
    super.onCreate(savedInstanceState);
    setContentView(R.layout.main);

    locationManager = (LocationManager)
                this.getSystemService(Context.LOCATION_SERVICE);

    // Testen, ob GPS verfügbar
    if ( !locationManager.isProviderEnabled(
                              LocationManager.GPS_PROVIDER ) ) {
        warnungUndBeenden();
    }

    // ...
  }
  // ...
}
```

Listing 17.2: Beschaffung eines LocationManagers (aus GPSTracker.java)

Für den Empfang der GPS-Sensordaten muss die Activity das Interface `LocationListener` implementieren und sich registrieren bzw. wieder abmelden; Letzteres geschieht in den Methoden `onResume()` und `onPause()`:

```
public class GPSTracker extends Activity
                        implements LocationListener, OnClickListener {
  // ...

  protected void onPause() {
    super.onPause();
    locationManager.removeUpdates(this);  // abmelden
  }

  protected void onResume() {
    super.onResume();

    locationManager.requestLocationUpdates(
                                 LocationManager.GPS_PROVIDER, 0, 0, this);
  }
  // ...
}
```

Listing 17.3: Registrierung und Abmeldung (aus GPSTracker.java)

Um das Interface `LocationListener` ordnungsgemäß zu implementieren, muss die Activity die Methoden `onLocationChanged()`, `onProviderDisabled()`, `onProviderEnabled()` und `onStatusChanged()` definieren, von denen wir in unserer Beispiel-App allerdings nur die Methode `onLocationChanged()` mit Code füllen.

Wir nutzen die Methode `onLocationChanged()` dazu, die aktuellen Geolokationsdaten in passenden TextView-Elementen anzuzeigen. Dabei verwenden wir die `Location.convert()`-Methode, um das dezimale Format in die für Menschen besser verständliche sexagesimale Form umzurechnen.

Zusätzlich merken wir uns das aktuelle `Location`-Objekt in einer Liste (Feld `positionen` vom Typ `java.util.ArrayList`), vorausgesetzt, der Anwender hat über den Start-Button die Aufzeichnung aktiviert und das boolesche Feld `datenSammeln` dadurch auf `true` gesetzt.

```
public void onLocationChanged(Location loc) {

  double laenge = loc.getLongitude();
  double breite = loc.getLatitude();

  anzeigeBreite.setText(Location.convert(breite,
                        Location.FORMAT_SECONDS));

  anzeigeLaenge.setText(Location.convert(laenge,
                        Location.FORMAT_SECONDS));

  if(loc.hasAltitude()) {
    anzeigeHoehe.setText(String.valueOf(loc.getAltitude()));
  }
```

```
    if(datenSammeln) {
      positionen.add(loc);
    }
  }

  public void onProviderDisabled(String provider) {
     // TODO Auto-generated method stub
  }

  public void onProviderEnabled(String provider) {
     // TODO Auto-generated method stub
  }

  public void onStatusChanged(String provider, int status,
                              Bundle extras) {
     // TODO Auto-generated method stub
  }
```

Listing 17.4: Implementierung der LocationListener-Methoden (aus GPSTracker.java)

Wenn der Anwender die Aufzeichnung beendet hat, wird der SPEICHERN-Button aktiv und man kann auf Wunsch die Daten auf der SD-Karte in Form einer GPX-XML-Datei abspeichern. Falls keine SD-Karte vorhanden ist, wird als Notlösung der interne Speicher verwendet. (Je nachdem, wie Ihr Android-Gerät den internen Speicher verwaltet, müssen Sie dann allerdings für den Zugriff auf die Datei die App erweitern, beispielsweise um eine Leseroutine.)

Hinweis GPX ist ein weit verbreitetes Format zur Speicherung von GPS-Routeninformationen. Mehr Informationen hierzu finden Sie beispielsweise unter *http://de.wikipedia.org/wiki/GPS_Exchange_Format*.

Nachdem der Anwender über einen Dialog den gewünschten Dateinamen eingegeben hat, werden die gesammelten Daten im GPX-Format in die Datei geschrieben.

```
private void positionenSchreiben(String dateiName) throws Exception {
    File sdKarte  = Environment.getExternalStorageDirectory();
    boolean sdKarteVorhanden = ( sdKarte.exists()
                                 && sdKarte.canWrite() );
    File datei;
    FileOutputStream ausgabeDatei;

    if(sdKarteVorhanden) {
         datei = new File(sdKarte.getAbsolutePath() + File.separator
                          + dateiName);
    }
    else {
          datei = new File(getFilesDir() + File.separator +
                          dateiName);;
    }
```

```
    BufferedWriter writer = new BufferedWriter(new
                                           FileWriter(datei));

    // Dateikopf schreiben
    writer.write("<?xml version=\"1.0\" encoding=\"UTF-8\" "
             + " standalone=\"no\" ?>");
    writer.newLine();
    writer.write("<gpx xmlns=\"http://www.topografix.com/GPX/1/1\" "
             + "version=\"1.1\" ");'
    writer.write("creator=\"carpelibrum\" "
     + "xmlns:xsi= \"http://www.w3.org/2001/XMLSchema-instance\" ");
    writer.write("xsi:schemaLocation"
            + "=\"http://www.topografix.com/GPX/1/1/gpx.xsd\"");
    writer.newLine();

    // Daten schreiben
    for(Location loc : positionen) {
        lokationSpeichern(loc, writer);
    }

    // Dateiende schreiben
    writer.write("</gpx>");

    writer.close();
}

private void lokationSpeichern(Location loc, BufferedWriter writer)
                              throws IOException {
   writer.write("<wpt lat=\"" + loc.getLatitude() + "\" lon=\"" +
             loc.getLongitude() + "\">");
   writer.newLine();
   writer.write("<ele>" + loc.getAltitude() + "</ele>");
   writer.newLine();

   String zeit = gpxZeitFormat.format(new Date(loc.getTime()));
   writer.write("<time>" + zeit + "</time>");
   writer.newLine();
   writer.write("</wpt>");
   writer.newLine();

}
```

Listing 17.5: Geolokationsdaten in Datei schreiben (aus GPSTracker.java)

Achtung Das gezeigte Beispiel ist stark vereinfacht und keineswegs reif für den Ernstfall! Es erfolgt beispielsweise keine Prüfung, ob noch hinreichend Hauptspeicher beim Sammeln der `Location`-Objekte verfügbar ist oder ob gegebenenfalls auf SD-Karte zwischengespeichert werden muss. Ebenso sollte man beim Speichern auf SD-Karte vor dem Schreiben prüfen, ob noch hinreichend Platz vorhanden ist.

17.4 Fragen und Antworten

1. Warum dauert die erste Ortsbestimmung bei GPS oft ziemlich lange?

   GPS ist hinter den Kulissen ziemlich kompliziert und Sie sollten eher erstaunt sein, dass es überhaupt klappt! Der GPS-Empfänger muss Kontakt zu mindestens 4 Satelliten finden und dies auf der Grundlage von sehr schwachen und verrauschten Funksignalen.

2. Ich lese bei Smartphones oft etwas von *A-GPS*. Was ist das?

   A-GPS = Assisted GPS. Hierbei werden Zusatzinformationen über die nächstgelegenen Satelliten via Mobilfunk bezogen, sodass die Ortsbestimmung schneller ablaufen kann.

3. Wie genau ist GPS?

   Das hängt von vielen Faktoren ab, u.a. von der Güte des Empfängers und den verfügbaren Satellitensignalen. Im Schnitt kann man mit ca. 4-5 Metern rechnen. Die `Location`-Klasse bietet die Methode `hasAccuracy()` an. Falls sie `true` liefert, kann man via `getAccuracy()` die Genauigkeit in Metern herausfinden.

17.5 Übungen

1. Erstellen Sie eine App, die ein elektronisches Maßband realisiert. Der Nutzer kann per Klick einen Ausgangspunkt definieren und die App zeigt dann fortlaufend die Entfernung in Metern von der aktuellen Position zur Ausgangsposition.

18 Brettspiel-Apps (TicTacToe)

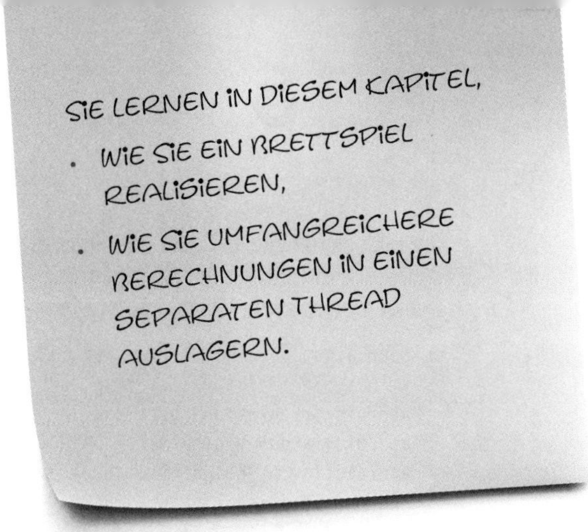

Wir werden in diesem Kapitel eine vollständige App besprechen, die ein kleines Spiel für den Zeitvertreib zwischendurch realisiert: das vertraute TicTacToe. Dabei werden wir nicht alle, aber doch sehr viele Details besprechen, damit Sie ein besseres Gefühl bekommen, welche Aspekte Sie bei einem typischen Brettspiel berücksichtigen sollten.

18.1 Aufbau und Benutzeroberfläche

Unsere TicTacToe-App basiert auf den bekannten Spielregeln: Abwechselnd setzen Spieler und Android eine Spielmarke innerhalb eines Spielfelds der Größe 3 x 3. Wer zuerst drei Marken in einer horizontalen, vertikalen oder diagonalen Reihe hat, ist der Gewinner.

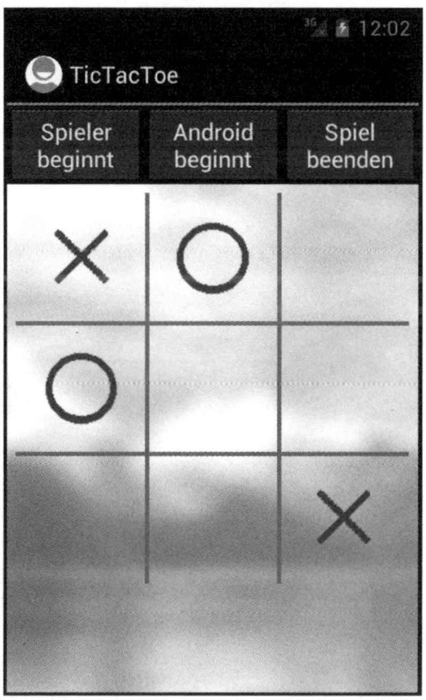

Abbildung 18.1: Die TicTacToe-Oberfläche

Die Bildschirmseite der App besteht aus zwei Buttons zur Auswahl, wer den ersten Zug machen soll, sowie einem Button zum Beenden der App. Diese Elemente werden in der XML-Layoutdatei mittels zweier LinearLayout-Views angeordnet:

```
<LinearLayout
   xmlns:android="http://schemas.android.com/apk/res/android"
   android:orientation="vertical"
   android:layout_width="match_parent"
   android:layout_height="match_parent"
   android:id="@+id/linearLayout0">

   <LinearLayout
       android:id="@+id/linearLayout1"
       android:layout_width="match_parent"
       android:layout_height="wrap_content" >

       <Button
           android:id="@+id/button1"
           android:layout_width="0dp"
           android:layout_height="wrap_content"
           android:layout_weight="1"
           android:text="@string/spielerZuerst" >
       </Button>

       <Button
           android:id="@+id/button2"
           android:layout_width="0dp"
           android:layout_height="wrap_content"
           android:layout_weight="1"
           android:text="@string/androidZuerst" >
       </Button>

       <Button
           android:id="@+id/button3"
           android:layout_width="0dp"
           android:layout_height="wrap_content"
           android:layout_weight="1"
           android:text="@string/ende" >
       </Button>
   </LinearLayout>

</LinearLayout>
```

Listing 18.1: Aufbau der Bildschirmseite (main.xml)

Die eigentliche Spielfläche ist durch eine selbst definierte View namens `TicTacToeView` realisiert, die von der Basisklasse `android.view.View` abgeleitet ist. Unsere App besteht somit aus zwei JAVA-Dateien:

- *TicTacToeActivity.java*: die Start-Activity
- *TicTacToeView.java*: eine View-Implementierung zum Zeichnen des aktuellen Spielfelds und der Umsetzung der Spiellogik

18.2 Die Start-Activity (TicTacToeActivity)

Unsere Start-Activity bildet das Rückgrat der App, da sie von der Android-Laufzeitumgebung beim App-Start erzeugt und initialisiert wird. Wie schon erwähnt, bietet sie dem Spieler Buttons zum Starten und Beenden des Spiels an. Ferner legt sie in ihrer `onCreate()`-Methode eine Instanz von `TicTacToeView` an und fügt sie dynamisch (also zur Laufzeit) zu dem in der XML-Layoutdatei statisch definierten Grundgerüst hinzu. Schließlich wird für die definierten Buttons eine entsprechende Klick-Behandlung definiert: Starten des Spiels mit Angabe, ob der Spieler oder ob Android mit dem ersten Zug beginnt, sowie für den Ende-Button die Auflösung der Activity via der `finish()`-Methode. Da die App nur aus einer Activity besteht, bedeutet dies auch das komplette Ende der App.

```
public class TicTacToeActivity extends Activity
                                implements OnClickListener {

  private TicTacToeView ticTacToeView;

  @Override
  public void onCreate(Bundle savedInstanceState) {
     super.onCreate(savedInstanceState);
     setContentView(R.layout.main);

     // Oberfläche vervollständigen
     ticTacToeView = new TicTacToeView(this);
     LinearLayout layout = (LinearLayout)
                           findViewById(R.id.linearLayout0);
     layout.addView(ticTacToeView);

     Button button = (Button) findViewById(R.id.button1);
     button.setOnClickListener(this);
     button = (Button) findViewById(R.id.button2);
     button.setOnClickListener(this);
     button = (Button) findViewById(R.id.button3);
     button.setOnClickListener(this);
  }
```

```
  @Override
  public void onClick(View v) {
    switch(v.getId()) {
      case R.id.button1 : ticTacToeView.starteSpiel(true);// Spieler
                                                          // beginnt
                          break;

      case R.id.button2 : ticTacToeView.starteSpiel(false);//Android
                                                           //beginnt
                          break;
      case R.id.button3 : // Spiel beenden
                          finish();
                          break;
    }
  }
}
```

Listing 18.2: Die Start-Activity des Spiels

18.3 Spielfeld und Logik (TicTacToeView)

Das Spielfeld besteht aus einem Bild für den Hintergrund und einem 3x3-Gitter. Außerdem benötigen wir kleine Symbole, die als Spielmarken dienen und die belegten Felder markieren. Hintergrund, Gitter und Marken bereiten wir im Konstruktor von `TicTacToeView` vor:

18.3.1 Vorbereitungen

```
public class TicTacToeView  extends View  {

  private enum ZellenZustand {ANDROID, SPIELER, LEER};

  private final int ABSTAND_RAND      = 10;
  private int zellGroesse;
  private Paint liniePaint;

  private ZellenZustand[][] spielFeld;
  private Bitmap androidIcon;
  private Bitmap spielerIcon;
  private Paint iconPaint;
  private Paint siegMarkierungPaint;
  private Random zufallszahlenGenerator;
  private Spielergebnis gewinnerInfo;


 public TicTacToeView(Context context) {
   super(context);

   Resources res = getResources()
   Drawable hintergrund = res.getDrawable(R.drawable.carpelibrum2);
   setBackgroundDrawable(hintergrund);
```

```
    zellGroesse = (Math.min(getWidth(), getHeight())
                  - 2 * ABSTAND_RAND) / 3;

    // Symbole laden für die Spielermarken
    androidIcon = BitmapFactory.decodeResource(res,
                                R.drawable.cross);  // Android
    spielerIcon = BitmapFactory.decodeResource(res,
                                R.drawable.circle); // Spieler

     // Zeichenstil für das Gitter
    liniePaint = new Paint();
    liniePaint.setColor(Color.RED);
    liniePaint.setStrokeWidth(5);
    liniePaint.setStyle(Style.STROKE);

    // Zeichenstil für Sieglinie
    siegMarkierungPaint = new Paint();
    siegMarkierungPaint.setColor(Color.YELLOW);
    siegMarkierungPaint.setStrokeWidth(5);
    siegMarkierungPaint.setStyle(Style.STROKE);

    // zum Malen der Spielermarken
    iconPaint = new Paint(Paint.ANTI_ALIAS_FLAG);

    zufallszahlenGenerator = new Random(System.currentTimeMillis());


    // das logische Spielfeld
    spielFeld = new ZellenZustand[3][3];

    datenZuruecksetzen();
  }
}
```

Listing 18.3: Vorbereitungen im Konstruktor von TicTacToeView

Die Bilddateien für den Hintergrund und die Spielmarken haben wir mit einem Grafikprogramm erstellt und im PNG-Format im Verzeichnis *res\drawable* abgelegt, sodass sie dem Eclipse-Projekt als Ressource zur Verfügung stehen. Mithilfe der Methode `BitmapFactory.decodeResource()` werden sie dann in Bitmap-Objekte eingelesen.

Zum Zeichnen des roten Gitters und der Siegmarkierung (eine gelbe Linie zur Anzeige der Reihe) definieren wir passende `Paint`-Objekte, die wir später zum Zeichnen der Elemente verwenden.

Die Organisation der grafischen Darstellung des Spielfelds ist nur die eine Seite. Daneben benötigen wir noch eine interne logische Repräsentation, damit die App weiß, welche Felder von wem belegt sind. Hierzu definieren wir uns einen Aufzählungstyp (`enum Zellenzustand`) mit den drei Werten `ANDROID`, `SPIELER`, `LEER` und zur logischen Repräsentation des Spielfelds ein zweidimensionales Array `spielFeld`, dessen Elemente von unserem selbst definierten `enum`-Typ sind. Das Array besteht aus drei Unterarrays mit je 3 Elementen, repräsentiert also letzten Endes eine 3x3-Matrix. In der Methode `datenZurücksetzen()` werden alle Felder des Arrays zunächst auf `LEER` gesetzt.

18.3.2 Spielfeld zeichnen

Das Zeichnen erfolgt immer in der onDraw()-Methode einer View, sodass wir diese Methode überschreiben müssen.

```
protected void onDraw(Canvas canvas) {
  super.onDraw(canvas);

  // Gitter zeichnen
  float posMax = ABSTAND_RAND + 3 * zellGroesse;
  float start;

  for(int i = 1; i <= 2; i++) {
    start = ABSTAND_RAND + i * zellGroesse;
    canvas.drawLine(start, ABSTAND_RAND, start, posMax, liniePaint);
    canvas.drawLine(ABSTAND_RAND, start, posMax, start, liniePaint);
  }

  int zellGroesse_Halbe = zellGroesse / 2;

  // Spielermarken zeichnen
  for(int i = 0; i < 3; i++) {
    for(int j = 0; j < 3; j++) {
      float xPos = ABSTAND_RAND + i * zellGroesse;
      float yPos = ABSTAND_RAND + j * zellGroesse;
      float mitteX = xPos + zellGroesse_Halbe;
      float mitteY = yPos + zellGroesse_Halbe;
      Bitmap spielMarke;

      switch(spielFeld[i][j]) {
        case ANDROID: spielMarke = androidIcon;
                      break;
        case SPIELER: spielMarke = spielerIcon;
                      break;
        default     : spielMarke = null;
      }

      if(spielMarke != null) {
        int iconBreiteHalbe = spielMarke.getWidth() / 2;
        canvas.drawBitmap(spielMarke,  mitteX - iconBreiteHalbe ,
                          mitteY - iconBreiteHalbe, iconPaint);
      }
    }
  }

  // siegreiche Linie zeichnen
  if(gewinnerInfo != null) {
     int startX = ABSTAND_RAND + zellGroesse_Halbe +
                  gewinnerInfo.leseStartX() * zellGroesse;
```

```
      int startY = ABSTAND_RAND + zellGroesse_Halbe +
                   gewinnerInfo.leseStartY() * zellGroesse;
      int endX   = ABSTAND_RAND + zellGroesse_Halbe +
                   gewinnerInfo.leseEndX()   * zellGroesse;
      int endY   = ABSTAND_RAND + zellGroesse_Halbe +
                   gewinnerInfo.leseEndY()   * zellGroesse;
      canvas.drawLine(startX, startY, endX, endY,
                      siegMarkierungPaint);
   }
}
```

***Listing 18.4:** Zeichnen des Spielfelds*

Die erste Anweisung ist das Aufrufen von `super.onDraw()`. Dadurch wird das Hintergrundbild gezeichnet, das wir im Konstruktor gesetzt haben, und wir müssen uns hier nicht mehr darum kümmern. Als Nächstes werden das Gitter und dann die Spielmarken mit entsprechenden `drawLine()`- und `drawBitmap()`-Aufrufen gezeichnet. Hierfür lesen wir die Informationen aus unserem logischen Spielfeld-Array `spielFeld[][]` aus und zeichnen je nach Zellenzustand die zugehörige Marke. Mit etwas Rechnerei wird dabei sichergestellt, dass die Marke exakt in der Mitte jeder Gittezelle positioniert wird.

Zum Schluss wird die globale Variable `gewinnerInfo` ausgewertet. Falls ein Gewinner feststeht, enthält sie die Information, wer eine komplette Reihe mit seinen Marken voll hat und von wo bis wo diese Reihe verläuft (als Gitterkoordinaten: Startzelle und Endzelle). Diese Reihe wird dann durch eine Sieglinie dargestellt.

18.3.3 Spielerzug durchführen

Der menschliche Spieler macht seinen Zug durch Tippen auf ein Gitterfeld.

Wir implementieren daher die `onTouchEvent()`-Methode der View. Eine Berührung löst immer zwei `MotionEvent`-Ereignisse aus: Anfang und Ende der Berührung. Wir brauchen hier nur eine und reagieren daher nur auf `MotionEvent.ACTION_UP` (man könnte es natürlich auch anders herum machen).

Wir ermitteln zunächst die genaue x,y-Position, wo die Berührung stattfindet. Von der Position, die wir aus dem Methodenparameter `event` auslesen, ziehen wir noch einen Randbereich `ABSTAND_RAND` ab, weil wir das Gitter um diesen Betrag vom Rand der View abgesetzt gezeichnet haben. Dann müssen wir nur noch durch die Größe einer Gitterzelle teilen und erhalten so die Indizes der berührten Spalte (`yZelle`) und Zeile (`xZelle`).

```
public boolean onTouchEvent(MotionEvent event) {

  int action = event.getAction();

  if(action == MotionEvent.ACTION_DOWN) {
     return true;
   }
  else if(action == MotionEvent.ACTION_UP) {
    // Spieler hat losgelassen -> Eingabe verarbeiten
    float xPos = event.getX() - ABSTAND_RAND;
    float yPos = event.getY() - ABSTAND_RAND;
```

```
// auf Zeile/Spalte umrechnen
int xZelle  = (int) (xPos / zellGroesse);
int yZelle  = (int) (yPos / zellGroesse);

if(spielFeld[xZelle][yZelle] == ZellenZustand.LEER) {
   // noch frei -> besetzen
   spielFeld[xZelle][yZelle] = ZellenZustand.SPIELER;
   invalidate();

   Spielergebnis current = bestimmeGewinner();

   if(current.leseZustand() == ZellenZustand.SPIELER) {
        // Spieler hat gewonnen
     zeigeErgebnis(current);
     }
   else {
     // direkt den Android-Zug machen
     macheAndroidZug();
    }
  }
  return true; // Event wurde verarbeitet
 }

 return super.onTouchEvent(event);
}
```

Listing 18.5: Durchführen eines Spielerzugs

Mit den Indizes können wir nun in unserem logischen Spielfeld (Array `spielFeld`) nachschauen, ob die gewählte Zelle noch frei ist. Falls ja, dann markieren wir sie entsprechend und rufen `bestimmeGewinner()` auf, um herauszufinden, ob durch den neuen Zustand eine komplette Reihe entstanden ist und somit der Spieler gewonnen hat. Ist dies der Fall, wird mithilfe eines kleinen Dialogs, der in der Methode `zeigeErgebnis()` aufgebaut wird, das Ergebnis angezeigt, andernfalls ist der Spielerzug beendet und wir rufen `macheAndroidZug()` auf, d.h., der Computerzug wird durchgeführt.

18.3.4 Computerzug mit AsyncTask durchführen

Die Methode `macheAndroidZug()` verwendet einen Mechanismus, den wir bisher noch nicht eingesetzt haben und jetzt näher beleuchten wollen: die Hintergrundausführung mit `AsyncTask`.

Der Trick dabei ist, die im Hintergrund auszuführende Aufgabe in eine Instanz einer selbst definierten Klasse zu verpacken, die von `AsyncTask` abgeleitet ist. In der Methode `macheAndroidZug()` lassen wir die `AsyncTask`-Aufgabe dann ausführen:

```
private void macheAndroidZug() {
   AndroidSpielzugTask androidZug = new AndroidSpielzugTask();
   androidZug.execute();
}
```

Die Methode erzeugt zunächst eine Instanz unserer selbst definierten Klasse AndroidSpielzugTask, dann startet sie die durch die Instanz repräsentierte Aufgabe durch Aufruf von execute(). Das Besondere dabei ist, dass die Methode execute() direkt wieder zurückkehrt, d.h., der Programmfluss wird nicht angehalten (der Hauptthread wird sofort wieder weiter ausgeführt), während die in AndroidSpielzugTask implementierte Aufgabe als eigener Thread im Hintergrund parallel ausgeführt wird.

Schauen wir uns nun die Klasse AndroidSpielzugTask an.

```
private class AndroidSpielzugTask extends AsyncTask<Void, Void,
                                                   Spielergebnis> {
   // wird im Hintergrund ausgeführt
   protected Spielergebnis doInBackground(Void ... args) {
      // ...
   }

  // wird nach doInBackground() ausgeführt
  protected void onPostExecute(Spielergebnis ergebnis) {
       // ...
     }

}
```

AndroidSpielzugTask ist von der Klasse AsyncTask aus dem Paket android.os abgeleitet. AsyncTask dient zur Durchführung von länger andauernden Aktivitäten, die nicht im Hauptthread der App laufen sollen. Der Hauptthread, der auch für die Reaktion auf Benutzereingaben zuständig ist, würde sich sonst zwischenzeitlich ganz auf die besagte Aktivität konzentrieren und die App würde vorübergehend nicht mehr auf Benutzereingaben reagieren. Dies kann sogar zur Ausgabe einer ANR-Meldung (*Application not responding*) führen.

Dies gilt es zu verhindern und daher sollte alles, was nicht innerhalb von wenigen Millisekunden innerhalb des Hauptthreads erledigt werden kann, in einen separaten Thread ausgelagert werden. AsyncTask läuft als eigener Thread und hat einige vordefinierte Eigenschaften, welche den Einsatz einfacher machen, als eine eigene Thread-Klasse zu implementieren.

AsyncTask selbst ist mit Java Generics definiert, weswegen wir beim Ableiten von AsyncTask in spitzen Klammern diverse Datentypen angeben müssen: die Typen der beiden Objekte, die als Parameter zu übergeben sind, und den Typ des zurückgelieferten Ergebnisses. Da wir keine Parameter benötigen, übergeben wir für deren Typen Void. Für das Ergebnis übergeben wir den Typ Spielergebnis.

```
private class AndroidSpielzugTask
                  extends AsyncTask<Void, Void, Spielergebnis> {
```

DVD zum Buch Ausführlichere Erläuterungen zur Programmierung mit Java Generics finden Sie im Exkurs »Java Generics« aus dem Java-Tutorium.

Der nächste Schritt besteht darin, die Methode doInBackground() zu überschreiben und in ihr den Code einzufügen, der im Hintergrund ausgeführt werden soll.

Für unser Spiel soll Android erst mal ein bisschen warten und dann ein freies Spielfeld aussuchen und belegen. Dazu gehen wir so vor, dass wir so lange zufällig eine Gitterzelle auswürfeln, bis eine freie Zelle gefunden ist. Das Würfeln kann man mit der Klasse java.util.Random durchführen. Die Methode nextInt(3) liefert eine zufällige Zahl zwischen 0 und 3[1].

```
private class AndroidSpielzugTask
                  extends AsyncTask<Void, Void, Spielergebnis> {

  protected Spielergebnis doInBackground(Void ... args) {
    int anzahlFreieFelder  = bestimmeAnzahlFreieFelder();

    if(anzahlFreieFelder > 0) {
      // ein bisschen warten, damit der Spieler
      // nicht überrumpelt wird
      try {
        Thread.sleep(1000); // 1 sec.
      }
      catch(Exception ex) { }

      while(true) {
        int x = zufallszahlenGenerator.nextInt(3);
        int y = zufallszahlenGenerator.nextInt(3);

        if(spielFeld[x][y] == ZellenZustand.LEER) {
          // leeres Feld gefunden: jetzt als besetzt markieren
          anzahlFreieFelder--;
          spielFeld[x][y] = ZellenZustand.ANDROID;
          break;
        }
      }
    }

    Spielergebnis winnerInfo = bestimmeGewinner();
    return winnerInfo;
}
```

Zum Schluss wird geprüft, ob durch den neuen Android-Zug eine komplette Reihe entstanden ist. Das Ergebnis der Prüfung ist der Rückgabewert der Methode.

Jetzt fehlt nur noch die Aktualisierung der Spielfeldanzeige (eine neue Marke wurde ja gesetzt). Da doInBackground() nicht innerhalb des Hauptthreads läuft, können wir weder direkt in die View zeichnen noch deren Neuzeichnen auf direktem Weg veranlassen. Für diese Aufgabe müssen wir den Umweg über die AsyncTask-Methode onPostExecute() gehen, die wir zu diesem Zweck ebenfalls überschreiben:

1 Genauer gesagt, aus dem Intervall [0;3), also ohne die 3.

```
// Zug und gegebenenfalls Ergebnis anzeigen
protected void onPostExecute(Spielergebnis ergebnis) {
   invalidate();

   int anzahlFrei = bestimmeAnzahlFreieFelder();

   if(ergebnis.leseZustand() != ZellenZustand.LEER
      || anzahlFrei == 0) {

      zeigeErgebnis(null);
   }
}
```

Das Besondere an der Methode `onPostExecute()` ist, dass sie vom Android-Laufzeitsystem aus dem Hauptthread heraus aufgerufen wird (mit dem Ergebnis-Objekt der `doInBackground()`-Methode als Argument). Mit anderen Worten: Der Code von `onPostExecute()` wird vom Hauptthread ausgeführt, weswegen wir hier jetzt das Neuzeichnen der View durch Aufruf der Methode `invalidate()` anstoßen können (führt indirekt zum Aufruf von `onDraw()`). Wir nutzen außerdem die Gelegenheit, um den Spielstand auszuwerten und gegebenenfalls den Gewinner anzuzeigen (Aufruf der `TicTacToeView`-Methode `zeigeErgebnis()`).

18.4 Verbesserungen

Der Code dieses Brettspiels ist bewusst einfach gehalten, damit Sie leicht den grundsätzlichen Aufbau und die Spiellogik verstehen können. Dies lässt natürlich Raum für zahlreiche Verbesserungen.

Aufwändigere grafische Darstellung

Die jetzige Darstellung sieht schon ganz nett aus, aber wie Sie vielleicht aus anderen Android-Apps wissen, geht da noch wesentlich mehr: 2D- und 3D-Effekte für Linien und Spielmarken, Schatten oder kleine Animationen nach jedem Zug sind nur einige Ideen, die in der Umsetzung allerdings ziemlich aufwändig sein können.

Künstliche Intelligenz

Die Intelligenz der Spielzüge für den Android-Spieler ist sehr einfach, da er einfach nur ein freies Feld auswählt, ohne die Informationen auszuwerten, wie bzw. wo die anderen Marken positioniert sind und ob es eine Möglichkeit gibt, eine Siegreihe zu erzeugen bzw. eine drohende Siegreihe des Gegners zu verhindern. Kurz gesagt: Der Android-Spieler hat weder Strategie noch Taktik und dies sollte verbessert werden.

Erweiterung der Spielidee

TicTacToe wird auf einem 3x3-Feld gespielt, aber das ist ja nicht gesetzlich vorgeschrieben! Wie wäre es mit einer Variante 5x5? Oder noch besser: der Spieler kann zu Beginn die Größe selbst auswählen. Dies erfordert dann allerdings eine aufwändigere Erstellung des Spielfelds, da die Größe der Zellen und der Marken entsprechend dynamisch bestimmt werden muss.

18.5 Fragen und Antworten

1. Darf ich Ihr Quiz als Ausgangspunkt für ein eigenes Quiz-Spiel verwenden?

   Aber gerne! Nur ändern Sie vielleicht das Design ein wenig ab, damit es nicht demnächst unzählige gleich aussehende Quiz-Spiele für Android gibt.

18.6 Übungen

1. Machen Sie den Android-Spieler schlauer, sodass er bei der Wahl seines nächsten Zugs berücksichtigt, wo Gefahr droht (dass der menschliche Gegner eine Reihe komplettieren kann) bzw. wo er selbst eine Reihe voll machen kann.

Sie lernen in diesem Kapitel,

- was Fragmente sind,
- wie Sie mit Fragmenten eine Benutzeroberfläche gestalten, die dynamisch zur Laufzeit angepasst wird,
- wie Sie Dialoge mit der speziellen Klasse DialogFragment anzeigen.

19 Tablet-Unterstützung mit Fragmenten

Mit der zunehmenden Beliebtheit des Android-Betriebssystems kam aus Entwicklersicht auch ein neues Problem hinzu: Auf immer unterschiedlicheren Geräten sollen die programmierten Apps fehlerfrei und möglichst benutzerfreundlich und intuitiv funktionieren.

Einer der wichtigsten Aspekte ist hierbei die Frage, was man als App-Entwickler mit dem vielen Platz machen soll, den beispielsweise ein 10-Zoll-Tablet-PC im Vergleich zu einem normalen 3,5 oder 4-Zoll Smartphone anbietet. Als Antwort wurde ab Android 3.0 das Konzept der *Fragmente* entwickelt.

Achtung: Die Fragment-Programmierung erfordert Min SDK 11.

19.1 Was ist ein Fragment?

Ein Fragment ist ein in sich abgeschlossenes »Stück« Benutzeroberfläche, das man flexibel wiederverwenden kann und an verschiedenen Stellen in einer oder mehreren Activities einer App einsetzen darf. Man kann sich ein Fragment vereinfacht als eine Mini-Activity vorstellen, die allerdings immer einer richtigen Activity zugeordnet sein muss.

Analog zur Activity hat ein Fragment ebenfalls einen Lebenszyklus und eine Benutzeroberfläche, die durch eine entsprechende Layoutdatei definiert ist und auch zur Laufzeit wie bei der Activity geändert werden kann. Es ist außerdem möglich, dass ein Fragment am Back-Stack teilnimmt und die Navigation via ZURÜCK-Taste beeinflusst.

Ein Fragment muss immer von der Klasse `android.app.Fragment` abgeleitet werden und erbt von ihr etliche Lebenszyklus-Methoden. Die wichtigsten für den Umgang mit Fragmenten sind:

- `onAttach()`: Wird aufgerufen, wenn ein Fragment einer Activity zugeordnet wurde.
- `onCreate()`: Dient zur initialen Vorbereitung des Fragments.
- `onCreateView()`: Hier wird die eigentliche Benutzeroberfläche vorbereitet, in der Regel durch das Laden einer xml-Layout-Ressource.
- `onStart()`: Ab jetzt ist das Fragment sichtbar.
- `onResume()`: Das Fragment ist im Vordergrund und bereit für die Interaktion mit dem Benutzer.

Natürlich gibt es eine Reihe von spiegelbildlichen Methoden für die entgegengesetzte Richtung: `onPause()` ➤ `onStop()` ➤ `onDestroyView()` ➤ `onDestroy()` ➤ `onDetach()`.

Wie bereits erwähnt hat ein Fragment ein Layout, das man wie von der Activity gewohnt in einer XML-Datei im Ordner *res\layout* bzw. einem geeigneten Unterordner definieren kann. Es gibt hierbei keine Unterschiede zu einem Layout für eine Activity und alles bisher Erwähnte bleibt gültig.

19.2 Ein Fragment erzeugen

Um ein eigenes Fragment zu erzeugen, muss man zunächst eine Klasse erstellen, die von `android.app.Fragment` abgeleitet ist, und je nach Bedarf die geerbten Lebenszyklus-Methoden überschreiben.

> **Hinweis** Zur Erleichterung existieren bereits einige vordefinierte Fragment-Klassen, die das eigene Erstellen vereinfachen:
>
> - `ListFragment` für die Darstellung einer Liste von Einträgen
> - `DialogFragment` für die Dialoganzeige
> - `WebViewFragment` für die Anzeige von Webseiten

Die wichtigste Methode ist hierbei `onCreateView()`, wo man die gewünschte View aufbaut, meist durch Laden einer XML-Layoutdatei:

```
public class MeinFragment extends Fragment {

   public View onCreateView(LayoutInflater inflater, ViewGroup
                            container, Bundle savedInstanceState) {
      return inflater.inflate(R.layout.MeinLayout, container, false);
   }
}
```

Der übergebene `ViewGroup`-Container ist dabei diejenige View in der umgebenden Activity, wo das Fragment eingeklinkt werden soll und dort als Kind auftauchen wird.

19.3 Fragment zur Activity hinzufügen

Wenn man eine geeignete `Fragment`-Klasse hat, kann man daran gehen, sie einer Activity zuzuweisen. Hierbei gibt es zwei Möglichkeiten:

- **Statische Zuweisung** durch Angabe des Fragments in der Layout-Ressourcendatei, welche die Activity verwendet; dies erfolgt mit dem Tag `<fragment>`, z.B.

```
<LinearLayout>
 <fragment
  android:name="de.carpelibrum.fragdemo.MeinFragment"
             android:id="@+id/mein_fragment"
             android:layout_width="match_parent"
             android:layout_height="match_parent"
             android:layout_weight="1"
    />
</LinearLayout>
```

- **Dynamische Zuweisung** zur Laufzeit mithilfe einer besonderen Manager-Klasse, dem `FragmentManager`. Jede Activity hat einen eigenen FragmentManager, der nicht weiter überraschend mit `getFragmentManager()` zugänglich ist.

Ein wesentlicher Vorteil von Fragmenten ist ihre Flexibilität, die man bei einer statischen Zuweisung natürlich teilweise aufgibt. Empfehlenswert ist daher in der Regel die dynamische Verknüpfung von Activity und Fragmenten, worauf wir uns im folgenden konzentrieren werden.

Mithilfe des FragmentManagers kann man recht einfach Instanzen von Fragmenten hinzufügen, entfernen oder vorhandene ersetzen. Haben wir beispielsweise eine eigene Fragment-Klasse `MeinFragment` definiert, wird sie folgendermaßen einer Activity hinzugefügt:

```
MeinFragment fragment = new MeinFragment();
FragmentManager fm    = getFragmentManager();

FragmentTransaction transaction = fm.beginTransaction();
transaction.add(R.id.links, fragment, "MeinFrag_1");
transaction.commit();
```

Alle Änderungen (Hinzufügen, Entfernen) von Fragmenten müssen in einer logischen Einheit – einer Transaktion – erfolgen. Daher muss man immer zuerst mit `beginTransaction()` eine neue Transaktion (vom Typ `FragmentTransaction`) beginnen und kann dann wie oben gezeigt mit `add()` ein neues Fragment hinzufügen bzw. analog mit den Methoden `remove()` und `replace()` entfernen oder austauschen. Abschluss und Aktivierung der Änderung erfolgt dann durch den Aufruf von `commit()`.

> **Hinweis** Die Methoden `add()`, `replace()`, `remove()` in `FragmentTransaction` liefern als Rückgabewert eine Referenz auf das jeweilige `FragmentTransaction`-Objekt zurück, sodass man bequem mehrfache Aufrufe verketten kann, z.B.:
>
> ```
> transaction.add(R.id.links, fragment, "MeinFrag_1").commit();
> ```

Im obigen Codeschnipsel erwartet die `add()`-Methode neben dem Fragment noch zwei weitere Angaben:

- die ID der Container-View, wo das Fragment im Layout der Activity als Kind eingehängt werden soll
- das *Tag* – ein frei wählbarer String zur Identifikation. Damit kann man später bei Bedarf durch Einsatz der `FragmentManager`-Methode `findFragmentByTag()` das jeweilige Fragment wiederfinden.

Beim Einsatz eines Fragments sollte man sich auch überlegen, ob das Fragment am Back-Stack teilnehmen soll, d.h., macht es Sinn, dass beim Drücken der ZURÜCK-Taste ggf. nur das Fragment ersetzt wird anstelle der gesamten umgebenden Activity. Falls das Fragment für den Back-Stack relevant ist, kann man dies in der `FragmentTransaction` durch Aufruf von `addToBackStack(null)` entsprechend einrichten.

Damit haben wir schon fast alles Wissenswerte zum Thema Fragment erkundet. Dennoch dürfte es Ihnen recht schwer fallen, auf Anhieb eine funktionierende Fragment-basierte App zu erstellen. Aber keine Sorge, im nächsten Abschnitt gehen wir dies gemeinsam an.

19.4 Ein Fragment-Beispiel

Der Einsatz von Fragmenten erhöht die Komplexität aus Entwicklersicht deutlich; den Vorteil hat der App-Nutzer, der von einer besseren Benutzeroberfläche profitieren kann.

Um das Zusammenwirken von Activity und Fragmenten zu üben und zu festigen, stellen wir uns folgende Aufgabe, die ein geradezu klassisches Fragment-Szenario beinhaltet: Wir erstellen eine App, die in einer Liste Einträge anzeigt; der Anwender kann auf einen Listeneintrag tippen und die zugehörige Detailansicht wird geöffnet (in unserem Beispiel wird ein zugeordnetes Foto angezeigt).

Hierbei wollen wir zwei Szenarien unterstützen:

- **Smartphone**: Die App wird auf einem Gerät mit kleinem Bildschirm eingesetzt. Hier soll in einer Ansicht die Liste erscheinen; bei Auswahl eines Eintrags wird ein neuer Bildschirm angezeigt, der das Foto präsentiert.
- **Tablet-PC**: Die App läuft auf einem großen Bildschirm. Hier soll der reichliche Platz so verwendet werden, dass in der linken Hälfte die Liste der Einträge angezeigt wird und in der rechten Hälfte das aktuell ausgewählte Foto.

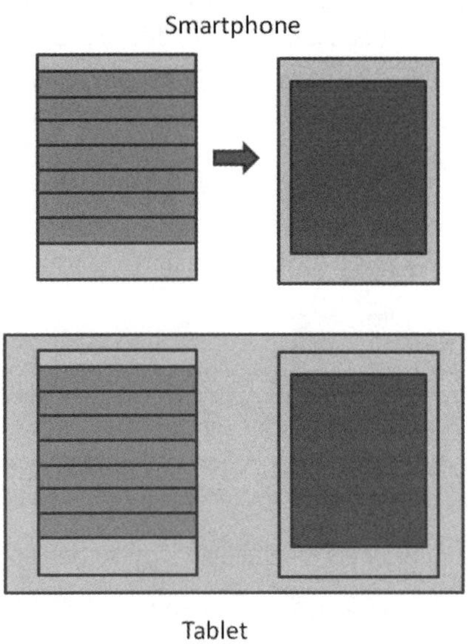

Abbildung 19.1: Darstellungsarten Listenansicht – Detailansicht

Für die Umsetzung mit Fragmenten gehen wir so vor, dass wir eine Activity `HauptActivity` erstellen, die wir mit Fragmenten ausstatten:

- Im Smartphone-Szenario schaltet die Activity zwischen zwei Fragmenten (nennen wir die entsprechenden Klassen mal `FragmentListe` und `FragmentDetail`) hin und her, um die Liste mit den Einträgen bzw. das selektierte Foto anzuzeigen.

- Im Tablet-Szenario besitzt die Activity zwei Fragmente gleichzeitig (wieder `FragmentListe` und `FragmentDetail`) und sorgt lediglich dafür, dass eine Änderung in der Listenansicht (was ist gerade selektiert?) auch dem anderen Fragment bekannt gemacht wird, sodass dort die Anzeige aktualisiert werden kann.

19.4.1 Das Layout der Activity

Zunächst legen wir das Layout unserer Activity fest. Da sich die App auf Geräten mit normaler Bildschirmgröße anders verhalten soll als auf großen Bildschirmen, benötigen wir zwei Varianten der Layoutdatei *layout.xml*, eine für das Standardverhalten im Ordner *res\layout*, die andere in einem Ordner *res\layout-large-land*.

Das Standard-Layout der Activity ist ganz einfach: ein Wurzelelement vom Typ `LinearLayout` mit einem Kindelement vom Typ `FrameLayout`. Hier werden die Fragmente zur Anzeige der Liste oder des ausgewählten Fotos eingehängt.

```
<LinearLayout xmlns:android="http://schemas.android.com/apk/res/android"
    android:layout_width="match_parent"
    android:layout_height="match_parent"
    android:orientation="horizontal"
    android:id="@+id/linearLayout_default"
    >

    <FrameLayout xmlns:android="http://schemas.android.com/apk/res/android"
        android:id="@+id/frame_links"
        android:layout_width="match_parent"
        android:layout_height="match_parent"
         />
</LinearLayout>
```

Listing 19.1: Datei res\layout\layout.xml

Das Layout der Activity für den Fall großer Bildschirme mit Querformat/Landscape (Datei *res\layout-large-land\layout.xml*) ist fast identisch. Hier definieren wir ein `LinearLayout` mit zwei Kindern vom Typ `FrameLayout`, die als ID aussagekräftige Namen *frame_links* und *frame_rechts* erhalten. Sie sind die Container, wo zur Laufzeit die beiden Fragmente eingehängt werden und gleichzeitig sichtbar sind.

```
<LinearLayout xmlns:android="http://schemas.android.com/apk/res/android"
    android:layout_width="match_parent"
    android:layout_height="match_parent"
    android:orientation="horizontal"
    android:id="@+id/linearLayout_large_land"
    >

    <FrameLayout
    xmlns:android="http://schemas.android.com/apk/res/android"
        android:id="@+id/frame_links"
        android:layout_width="match_parent"
        android:layout_height="match_parent"
        android:layout_weight="2"
         />
```

```
    <FrameLayout
    xmlns:android="http://schemas.android.com/apk/res/android"
       android:id="@+id/frame_rechts"
       android:layout_width="match_parent"
       android:layout_height="match_parent"
       android:layout_weight="1"
    />
</LinearLayout>
```

Listing 19.2: Datei res\layout-large-land\layout.xml

Beachten Sie außerdem, dass wir in den beiden Layoutdateien verschiedene IDs für das Wurzelelement vom Typ `LinearLayout` vergeben: *linearLayout_default* bzw. *linearLayout_large_land*. Dadurch können wir später in der Activity leichter feststellen, in welchem Szenario wir uns befinden.

19.4.2 Definition der Fragment-Klassen

Wir benötigen zwei Fragment-Klassen:

- `FragmentListe` zeigt eine Liste von Namen. Für diesen typischen Fall gibt es bereits die Klasse `ListFragment`, von der wir ableiten können.
- `FragmentDetail` zeigt das selektierte Foto.

Beginnen wir mit `FragmentListe`. Die Klasse erbt von `android.app.ListFragment` und in ihrer `onCreate()` Methode definieren wir einen Adapter, der die anzuzeigenden Bezeichnungen bereitstellt. Dies sollte Ihnen schon von dem Beispiel aus Kapitel 16.4 vertraut sein (dort war die Quelle eine Datenbank anstatt wie hier eine fest vorgegebene Liste von Strings).

> **Hinweis** Fragmente sind eigentlich erst ab Android 3.0 möglich. Um sie auf älteren Android-Versionen zu verwenden, werden eine Zusatzbibliothek und einige Code-Anpassungen benötigt. Mehr dazu am Ende des Kapitels im Fragen-und-Antworten-Teil.

Wenn der Anwender in der Liste etwas selektiert hat, müssen wir die übergeordnete Activity informieren (damit diese wiederum das andere Fragment zur Anzeige des korrespondierenden Fotos benachrichtigen kann). Dies erfolgt über einen Callback-Mechanismus: `FragmentListe` deklariert hierzu ein geeignetes Interface (mit Namen `ListeSelektiertCallback`), das von der Activity implementiert werden muss. In der Methode `onListItemClick()` wird dann die Activity informiert.

```
public class FragmentListe extends ListFragment {
   public static String TAG = "FragmentListe";
   private String[] bildTitel;

   public FragmentListe() {
      bildTitel = new String[] {"Museum", "Straße", "Drache", "Tal",
                                "See", "Seilbahn", "Kirche", "Landschaft"};
   }
```

```
   public void onCreate(Bundle savedInstanceState) {
      super.onCreate(savedInstanceState);
      ArrayAdapter<String> adapter =
                    new  ArrayAdapter<String>(getActivity(),
                      android.R.layout.simple_list_item_activated_1,
                      bildTitel);
      this.setListAdapter(adapter);
   }

   public void onStart() {
     super.onStart();
     getListView().setChoiceMode(AbsListView.CHOICE_MODE_SINGLE);
   }


   public void onListItemClick(ListView l, View v, int position,
                               long id) {
     // activity benachrichtigen
     getListView().setSelection(position);
     ListeSelektiertCallback callback = (ListeSelektiertCallback)
                                                   getActivity();
     callback.selektiert (position);
   }

   // Callback für die Container Activity
   public interface ListeSelektiertCallback {
        public void selektiert(int index);
    }
}
```

Listing 19.3: Die Klasse `FragmentListe`

Für die Anzeige der Fotos definieren wir die Klasse `FragmentDetail`, die von der Basisklasse aller Fragmente `android.app.Fragment` abgeleitet wird. Die Bilddaten werden über einen selbstdefinierten Adapter (Typ `BildAdapter`) bereitgestellt.

Entscheidend für die Funktionalität des Fragments ist die Methode `aktualisieren()`. Diese Methode wird von der übergeordneten Activity aufgerufen, wenn die Auswahl eines Fotos in der Liste geändert wurde und das `FragmentDetail`-Objekt entsprechend nachziehen soll. Hierzu erzeugt das Objekt aus den entsprechenden Bilddaten eine neue View, die es in sein Layout einhängt.

```
public class FragmentDetail extends Fragment {

   public static String TAG = "FragmentAnzeige";
   private BildAdapter adapter;
   private int bildIndex = -1;

   public FragmentDetail() {
     adapter = new BildAdapter();
   }
```

```
  public void setzeBildIndex(int index) {
     bildIndex = index;
  }

  public void onResume() {
    if(bildIndex >= 0) {
       aktualisieren(bildIndex);
    }
    super.onResume();
  }

  public void onAttach(Activity activity) {
    adapter.setContent(activity);
    super.onAttach(activity);
  }

  public View onCreateView(LayoutInflater inflater, ViewGroup
                           container,
                           Bundle savedInstanceState) {
    return inflater.inflate(R.layout.layout_bildanzeige_view,
                            container, false);
  }

  public void aktualisieren(int index) {
    bildIndex = index;
    Activity activity = getActivity();
    FrameLayout containerView = (FrameLayout)
      (activity.findViewById(R.id.fragment_container_bildanzeige));

    View v = adapter.getView(bildIndex, null, containerView);
    containerView.addView(v);
  }
}
```

Listing 19.4: Die Klasse `FragmentDetail`

Beide Fragment-Klassen haben natürlich ein eigenes Layout, definiert in den Dateien *res\layout\layout_bildanzeige_view.xml* und *res\layout\layout_liste_view.xml*. Für unser Beispiel ist es aber sehr simpel und besteht nur aus einem einzigen `FrameLayout`-Element, sodass wir hier nicht näher darauf eingehen müssen.

19.4.3 Die Activity

Zu guter Letzt fehlt uns noch die übergeordnete Activity, die das Ganze zusammenhält und koordiniert. Sie hat im Wesentlichen zwei Aufgaben:

- Erzeugen der Fragmente und Einhängen in das Layout der Activity (je nach Bedarf).
- Benachrichtigung des Fragments vom Typ `FragmentDetail`, wenn in der Liste eine Auswahl getroffen worden ist.

In ihrer `onCreate()`-Methode werden die Fragmente erzeugt und im Rahmen einer Transaktion in das Layout der Activity eingefügt. Zuerst wird ein `FragmentListe`-Fragment angelegt. Dies brauchen wir sowohl im Standardfall als auch im Tablet-Szenario.

Um zu entscheiden, ob wir einen Tablet-PC vorliegen haben, verwenden wir einen `findViewById()` Aufruf, um zu testen, ob das Element mit der ID *linearLayout_large_land* vorhanden ist. Falls ja, dann wissen wir, dass die App auf einem Tablet-PC läuft und fügen ein Fragment vom Typ `FragmentDetail` hinzu.

Beachten Sie, dass unsere Activity das Interface `ListeSelektiertCallback` aus dem Fragment `FragmentListe` implementiert. In der `selektiert()`-Methode wird zuerst wieder geprüft, in welchem Szenario die App arbeitet. Falls es der Tablet-Landscape-Fall ist, dann wissen wir, dass ein `FragmentDetail`-Objekt bereits angezeigt wird und wir müssen es lediglich darüber informieren, was es jetzt anzeigen soll.

Wenn die App auf einem normalen Smartphone läuft, tauschen wir das aktuelle Fragment vom Typ `FragmentListe` durch ein neues vom Typ `FragmentDetail` aus. Mithilfe des Aufrufs `setzeBildIndex()` geben wir dem Fragment dabei die Information mit, welches Bild angezeigt werden soll.

Beachten Sie auch, dass wir hier das neue Fragment zum Back-Stack hinzufügen. Denn wenn der Anwender in der Liste etwas ausgewählt hat und die Anzeige nun das Foto präsentiert, dann wird er sehr wahrscheinlich erwarten, durch Drücken der BACK-Taste wieder zur Liste zurück zu kommen. Dies erreichen wir durch die Aufnahme der Transaktion mit der `FragmentDetail`-Instanz mittels des Aufrufs `addToBackStack()`.

```
public class HauptActivity extends Activity
            implements FragmentListe.ListeSelektiertCallback {

   public void onCreate(Bundle savedInstanceState) {
       super.onCreate(savedInstanceState);
       setContentView(R.layout.layout);
       Log.d("carpelibrum", "onCreate");

       if(savedInstanceState == null) {
          FragmentListe fragmentListe = new FragmentListe();

          FragmentManager fm              = getFragmentManager();
          FragmentTransaction transaction = fm.beginTransaction();
          transaction.add(R.id.frame_links, fragmentListe,
                                            FragmentListe.TAG);

          View v = this.findViewById(R.id.linearLayout_large_land);

          if(v != null) {
            // tablet und landscape -> FragmentDetail hinzufügen
            FragmentDetail fragmentAnzeige = new FragmentDetail();
            transaction.add(R.id.frame_rechts, fragmentAnzeige,
                            FragmentDetail.TAG);
          }
```

```
            transaction.commit();
        }
    }

    public void selektiert(int index) {
      // in FragmentList wurde ein Listeneintrag ausgewählt

      View v = this.findViewById(R.id.linearLayout_large_land);

      if(v != null) { // tablet-landscape Modus
        FragmentManager fm = getFragmentManager();
        FragmentDetail fragment = (FragmentDetail)
                          fm.findFragmentByTag(FragmentDetail.TAG);
        // das Fragment mit der Fotoansicht aktualisieren
        fragment.aktualisieren(index);
      }
      else {
        // wir haben das 1-Bildschirm-Szenario (smartphone)
        fragment = new FragmentDetail();
        fragment.setzeBildIndex(index);
        FragmentManager fm = getFragmentManager();
        FragmentTransaction transaction = fm.beginTransaction();
        transaction.replace(R.id.frame_links, fragment);
        transaction.addToBackStack(null);
        transaction.commit();
      }
    }
}
```

Listing 19.5: Die Klasse `HauptActivity`

Abbildung 19.2: Die App im Tablet-Landscape-Modus

Das vollständige Projekt *FragmentDemo* finden Sie natürlich auf der Buch-DVD. Stöbern Sie darin etwas herum, um die vielen Details im Umgang mit Fragmenten zu beleuchten, die wir hier aus Platzgründen nur kurz anreißen konnten.

19.5 Fragmente für Dialoge

Mit Einführung des Fragment-Konzepts wurde von Google auch bestimmt, dass der bevorzugte Weg zum Erstellen von Dialogen ab nun über Fragmente laufen soll. Zu diesem Zweck gibt es eine von der Basisklasse `Fragment` abgeleitete Klasse `android.app.DialogFragment`.

Der Einsatz von `DialogFragment` ersetzt den bisherigen Weg über die Implementierung der `Activity`-Methoden `onCreateDialog()` und `onPrepareDialog()` (siehe Kapitel 10.2). Stattdessen muss man ein geeignetes Fragment erzeugen und hinzufügen. Das Erzeugen des Dialogs selbst erfolgt im Fragment über zwei mögliche Arten:

Entweder durch Laden einer Layoutdatei in der Methode `onCreateView()`, z.B.

```
public class AuswahlDialogFragment extends DialogFragment {

   public View onCreateView(LayoutInflater inflater,
                            ViewGroup container,
                            Bundle bundle) {

        return inflater.inflate(R.layout.fragment_dialog,
                                container, false);

   }
}
```

Oder durch geeignete Implementierung von `onCreateDialog()`, z.B.

```
public class AuswahlDialogFragment extends DialogFragment {

  public Dialog onCreateDialog(Bundle b) {
    AlertDialog.Builder builder =
                            new AlertDialog.Builder(getActivity());
    builder.setTitle("Wagentyp wählen");
    final String[] typen = {"Kleinwagen", "Golf-Klasse",
                            "Van", "Cabrio"};
    builder.setItems(typen,
             new DialogInterface.OnClickListener() {
                   public void onClick(DialogInterface dialog,
                                       int item) {
                          dialog.dismiss();
                          // ... was mit item machen
                          //
                   }
             });

    return builder.create();
  }
}
```

Das Anzeigen der `DialogFragment`-Instanz erfolgt dann wie jedes andere Fragment auch im Rahmen einer `FragmentTransaction` in der Activity, z.B.

```
// Dialog anzeigen
AuswahlDialogFragment fragment = new AuswahlDialogFragment();

FragmentManager fm             = getFragmentManager();
FragmentTransaction transaktion = fm.beginTransaction();
transaktion.add(fragment, "AuswahlWagenKlasse");
transaktion.commit();
```

Tipp Es gibt in der Klasse `DialogFragment` die Methode `show()`, welche das Hinzufügen und das Commit zusammenfasst, sodass man geringfügig Tipparbeit spart:

```
fragment.show(transaktion, "AuswahlWagenKlasse");
```

19.6 Fragen und Antworten

1. Können Fragmente direkt miteinander kommunizieren? Warum gehen wir den Umweg über die Activity?

   Das könnte man technisch gesehen so implementieren, gilt aber als schlechter Stil. Ein wesentlicher Aspekt von Fragmenten soll ihre Flexibilität und Wiederverwendbarkeit sein; mit einer direkten Kopplung von Fragmenten geht dies natürlich verloren.

2. Wie kann ich Fragmente auf älteren Android-Versionen nutzen?

   Fragmente können auf allen Android-Versionen (bis einschließlich Version 1.6) genutzt werden, wenn man die Android-Support-Library verwendet (in Eclipse im Package Explorer das Projekt selektieren und im Kontextmenu folgendes auswählen: ANDROID-TOOLS/ADD SUPPORT LIBRARY) und folgende Code-Unterschiede beachten:

   – In den `import`-Anweisungen für die Fragment-relevanten Klassen müssen Sie überall die Version mit `support.v4` verwenden, z.B. `import android.support.v4.app.Fragment;`

   – Die Activity-Klasse, von der man seine eigene Activity ableitet, muss `android.support.v4.app.FragmentActivity` sein.

   – Der Aufruf der `FragmentManager`-Instanz erfolgt über die Methode `getSupportFragmentManager()`.

   Falls Sie wie in diesem Kapitel ein Liste-Detail-Muster verwenden wollen, können Sie sich in Eclipse beim Anlegen des Projekts ein Grundgerüst erstellen lassen (FILE/NEW/ANDROID APPLICATION PROJECT, bei CREATEACTIVITY die Option MASTER-DETAIL-FLOW auswählen), auf dem Sie dann aufbauen können.

3. Wann soll ich ein Fragment zum Back-Stack hinzufügen, wann besser nicht?

   Pauschal lässt sich dies nicht sagen. Stellen Sie sich immer die Frage, was Sie selbst erwarten würden, wenn Sie die Back-Taste gedrückt haben. Soll die aktuelle Activity bleiben und nur die Ansicht auf einen vorigen Zustand wechseln? Dann sollte das Fragment bzw. die Fragment-Transaktion in den Back-Stack aufgenommen werden.

4. Was wird gezeigt, wenn meine von `DialogFragment` abgeleitete Klasse sowohl `onCreateView()` als auch `onCreateDialog()` implementiert?

   Nichts! Sie müssen sich entscheiden und nur eine der beiden Methoden unterstützen.

5. Muss man nicht bei mehrfachem Anzeigen des gleichen Dialogs (via `DialogFragment`) die vorher mal hinzugefügte Fragment-Instanz erst wieder entfernen?

   Nein. Beim Schließen des Dialogs wird das Fragment automatisch wieder aus dem Fragment-Manager entfernt.

19.7 Übungen

1. Stellen Sie das Beispiel dieses Kapitels um auf die Verwendung der Android-Support-Bibliothek, damit es auch auf Android-Versionen ab 1.6 läuft.

20 Tipps und Tricks

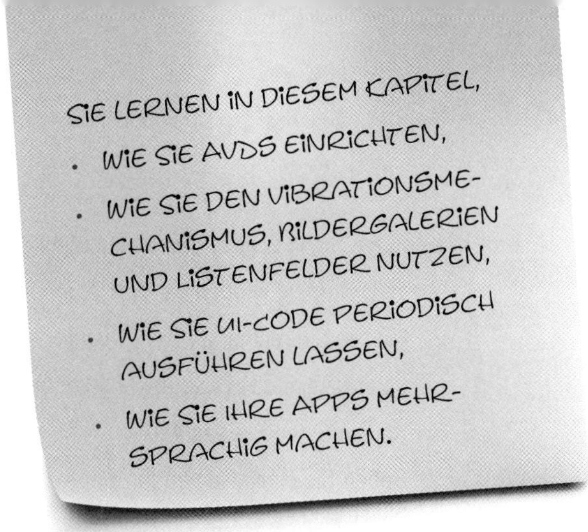

Fast sind wir schon am Ende dieses Buches angelangt und dabei könnte man doch noch so vieles über die App-Programmierung und die Möglichkeiten des Android-Systems erzählen. Nun, wir werden nicht umhin kommen, die weitere Erforschung dieser Welt Ihrer eigenen Neugier, der einschlägigen Fortgeschrittenenliteratur und dem Internet als nie versiegende Informationsquelle zu überlassen. Ein paar kleine Tipps und Tricks, die Ihnen bei dem einen oder anderen App-Projekt von Nutzen sein können, haben wir allerdings noch für Sie.

20.1 Mehrere AVDs und Emulator-Konfigurationen einrichten

In Kapitel 2.6 haben wir Ihnen gezeigt, wie Sie einen Emulator zum Testen Ihrer Apps einrichten. Für den Einstieg genügt es in der Regel, den Emulator mit nur einer Konfiguration – für die von Ihnen anvisierte Zielplattform (in diesem Buch vornehmlich Android 4.0.3) und mit einer typischen Auflösung (z.B. WVGA800) – auszuführen. Sobald Sie aber daran denken, Ihre Apps an Freunde oder Kunden weiterzugeben oder auch nur auf verschiedenen eigenen Android-Geräten zu installieren, empfiehlt es sich, mehrere Emulatorkonfigurationen einzurichten, um Ihre Apps bequem für unterschiedliche Plattformen und Auflösungen testen zu können.

Neues AVD einrichten

AVDs sind die virtuellen Geräte, die der Emulator simulieren soll.

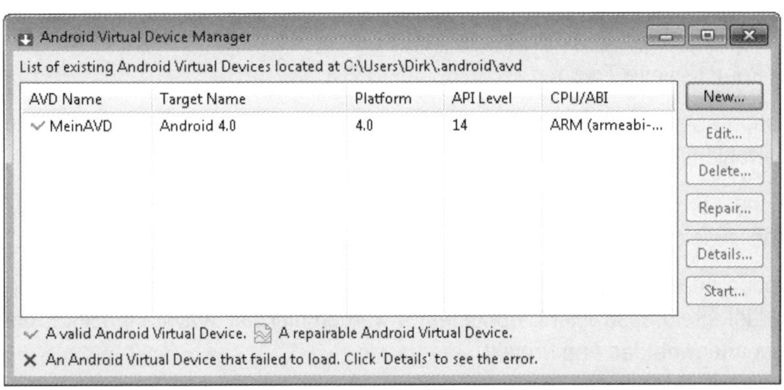

Abbildung 20.1: Neues AVD einrichten

1. Rufen Sie in Eclipse den Menübefehl WINDOW/AVD MANAGER auf.

   Im Dialogfeld werden die bereits installierten AVDs angezeigt.

2. Klicken Sie rechts auf die Schaltfläche NEW.

   Es erscheint das Dialogfeld CREATE NEW ANDROID VIRTUAL DEVICE.

3. Konfigurieren Sie das AVD.

   Geben Sie einen Namen für das AVD ein und wählen Sie zumindest eine Target-Plattform und eine Skin (Auflösung) aus.

4. Klicken Sie auf CREATE AVD.

5. Schließen Sie den AVD-Manager.

> **Tipp** Wenn Sie mit mehreren AVDs arbeiten, empfiehlt es sich, Plattformnummer und Auflösung in den Namen des AVD aufzunehmen, damit Sie später an dem Namen direkt ablesen können, was für ein Gerät der Emulator repräsentiert – z.B. *avd_233_qvga* für ein AVD für die Plattform Android 2.3.3 und eine QVGA-Auflösung.

AVD für Ausführung einer App manuell auswählen

1. Wählen Sie im Package Explorer das auszuführende Projekt aus.

2. Rufen Sie den Befehl RUN/RUN CONFIGURATIONS auf.

3. Wählen Sie im Dialogfeld links unter der Kategorie ANDROID APPLICATION die Launch-Konfiguration aus oder legen Sie eine neue Konfiguration an.

   Wenn Sie die App schon einmal ausgeführt haben, wurde bereits eine Konfiguration angelegt, die in diesem Falle den Namen der App trägt.

   Gibt es keine Konfiguration, legen Sie eine neue an, indem Sie entweder die App vorab einmal ausführen und dann wieder in diesen Dialog zurückkehren oder indem Sie links oben in der Symbolleiste auf die Schaltfläche NEW LAUNCH CONFIGURATION klicken. Die neue Konfiguration trägt dann den Namen NEW_CONFIGURATION und muss komplett eingerichtet werden (siehe Anhang B).

4. Wechseln Sie rechts zur Registerseite TARGET.

   – Aktivieren Sie die Option ALWAYS PROMPT TO PICK DEVICE, wenn Sie bei jeder Ausführung der App in einem Dialogfeld auswählen möchten, welches AVD verwendet werden soll.

     Auf diesem Weg können Sie auch ein AVD starten, dessen API-Version ungleich des Build/Target-SDK (aber größer gleich dem Min SDK) ist.

   – Aktivieren Sie die Option AUTOMATICALLY PICK ..., wenn stets ein bestimmtes AVD verwendet werden soll (das Sie im Listenfeld auswählen). Achtung! Es werden hier nur AVDs angezeigt, die dasselbe Target verwenden wie das App-Projekt.

   – Klicken Sie auf APPLY und CLOSE.

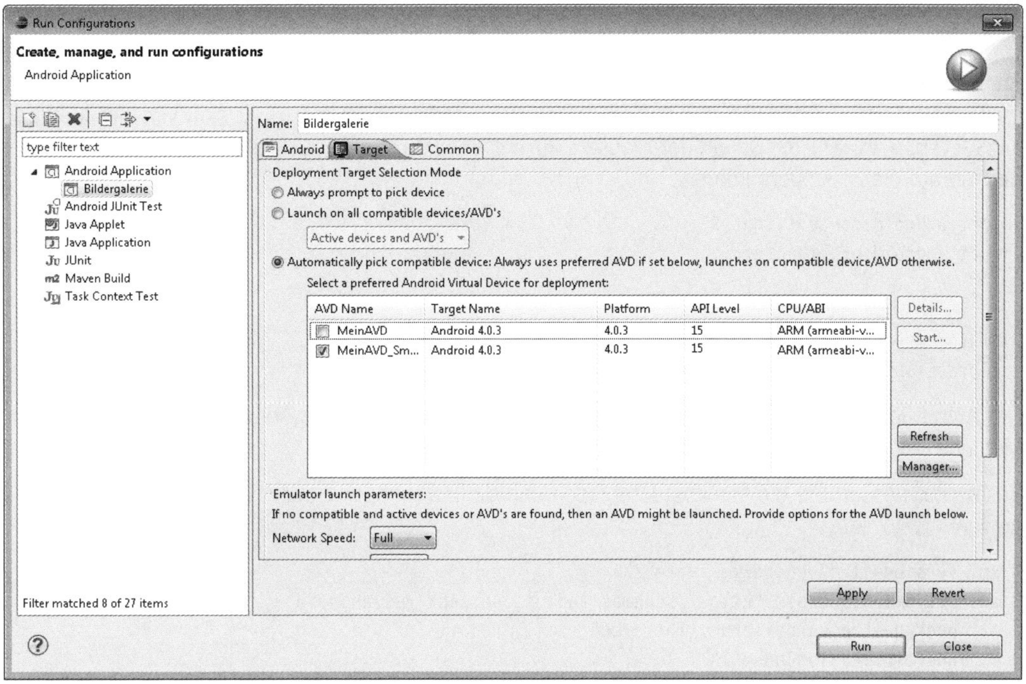

Abbildung 20.2: Launch-Konfiguration mit automatischer Emulator-Auswahl

> **Hinweis** Wenn Sie die Option LAUNCH ON ALL COMPATIBLE DEVICES/AVDS aktivieren, wird die App gleichzeitig auf allen angeschlossenen Geräten und laufenden AVDs ausgeführt.

Mehrere Launch-Konfigurationen für unterschiedliche AVDs

Anstatt das AVD bei jedem Programmstart manuell auszuwählen, können Sie auch mehrere Launch-Konfigurationen erstellen (siehe Anhang B) und jede dieser Konfigurationen mit einem bestimmten AVD verbinden (Einstellung AUTOMATICALLY PICK ... im Dialogfeld RUN CONFIGURATIONS, siehe oben).

Um Ihre App danach mit einer bestimmten Launch-Konfiguration zu starten, gehen Sie wie folgt vor:

1. Rufen Sie den Befehl RUN/RUN CONFIGURATIONS auf.
2. Wählen Sie im Dialogfeld links unter der Kategorie ANDROID APPLICATION die gewünschte Launch-Konfiguration aus.
3. Klicken Sie auf RUN.

> **Hinweis** Der Menübefehl RUN/RUN verwendet die jeweils zuletzt verwendete Launch-Konfiguration.

20.2 Das Smartphone vibrieren lassen

Zur Schonung der Umwelt verfügen Smartphones, wie praktisch alle Mobiltelefone, über eine Vibrieren-Funktion. Wenn Sie diese in einer App verwenden möchten, müssen Sie sich von der Methode `getSystemService()` ein Objekt der Klasse `android.os.Vibrator` zurückliefern lassen, über das Sie den Vibratordienst steuern können:

```
import android.content.Context;
import android.os.Vibrator;

// ...
Vibrator v = (Vibrator) getSystemService(Context.VIBRATOR_SERVICE);
v.vibrate(500);
```

Der Aufruf der Methode `vibrate()` lässt das Smartphone vibrieren. Als Argument übergeben Sie der Methode die gewünschte Dauer in Millisekunden.

Zusätzlich müssen Sie die Manifestdatei laden und die Berechtigung `android.permission.VIBRATE` setzen:

```
<?xml version="1.0" encoding="utf-8"?>
<manifest xmlns:android="http://schemas.android.com/apk/res/android"
      package="de.carpelibrum.vibrieren"
      android:versionCode="1"
      android:versionName="1.0">
    <uses-sdk android:minSdkVersion="8"
            android:targetSdkVersion="15"/>
    <uses-permission
        android:name="android.permission.VIBRATE">
    </uses-permission>

    <application android:icon="@drawable/icon" ...    </application>
</manifest>
```

Hinweis Um das Smartphone in bestimmten Abständen wiederholt vibrieren zu lassen, können Sie der Methode auch ein Vibriermuster und die Anzahl der gewünschten Wiederholungen übergeben. Das Vibriermuster besteht dabei aus einem einfachen `long`-Array mit den alternierenden Zeitangaben für die Phasen, in denen das Vibrieren an- bzw. ausgeschaltet sein soll.

20.3 UI-Code periodisch ausführen lassen

In Kapitel 4 haben Sie bereits ein Beispiel dafür gesehen, wie man mithilfe der Java-Klasse `TimerTask` Code periodisch ausführen lassen kann.

Der Rückgriff auf `TimerTask` hat den positiven Nebeneffekt, dass der betreffende Code automatisch in einem eigenen Thread ausgeführt wird – somit also keine Gefahr besteht, dass der Code, gleichgültig wie lange er zur Ausführung braucht, die Activity lahmlegt und einen ANR-Fehler[1] produziert.

Es gibt aber auch einen Nachteil: Der Code darf nicht auf die UI-Elemente der Activity zugreifen. (Tut er es doch – rein technisch gesehen lässt sich ein solcher Zugriff ja durchaus einrichten –, kann dies zum Absturz der App führen.)

Merksatz Nur der Activity-Thread darf auf die UI der Activity zugreifen!

Stellt sich also die Frage, wie man vorgehen soll, wenn man Aufgaben periodisch ausführen möchte, die auf die UI-Elemente der Benutzeroberfläche zugreifen oder diese gar aktualisieren.

Eine Möglichkeit dies zu tun, besteht in der Einrichtung eines `Handler`-Objekts. `Handler`-Objekte besitzen eine interessante Eigenschaft: Sie können sich selbst Meldungen (engl. »messages«) senden. Und wenn wir uns die Mühe machen, eine eigene `Handler`-Klasse zu schreiben, können wir festlegen, was geschehen soll, wenn das `Handler`-Objekt eine solche Botschaft empfängt – durch Überschreiben der Methode `handleMessage()`.

In dem folgenden Beispiel verwenden wir ein `Handler`-Objekt, um den in einer TextView angezeigten Titel Wort für Wort zu erweitern, bis ein ganzer Satz zu lesen ist.

Sehen wir uns zuerst den Code der Activity an und wie diese das `Handler`-Objekt verwendet.

```
package de.carpelibrum.handlerdemo;

import android.app.Activity;
import android.os.Bundle;
import android.os.Handler;
import android.os.Message;
import android.widget.TextView;

public class HandlerDemoActivity extends Activity {
   private MeinHandler mh;       // Feld für das Handler-Objekt

   @Override
   public void onCreate(Bundle savedInstanceState) {
      super.onCreate(savedInstanceState);
      setContentView(R.layout.main);
```

1 ANR steht für »Application Not responding«

```
        TextView tv = (TextView) this.findViewById(R.id.hello);
        tv.setText("");

        mh = new MeinHandler();
        mh.sendMessage(new Message());
    }
}
```

Listing 20.1: Verwendung eines Handler-Objekts in der Activity

Um das `Handler`-Objekt bei Bedarf von verschiedenen Codestellen der Activity aus aufrufen zu können, legen wir für das `Handler`-Objekt ein eigenes Feld an. Beachten Sie, dass der Typ des Felds `MeinHandler` und nicht etwa `Handler` lautet. Dies liegt daran, dass wir ja noch eine eigene `Handler`-Klasse definieren müssen, in der wir `handleMessage()` überschreiben. Diese Klasse werden wir dann `MeinHandler` nennen.

Aufsteiger Grundsätzlich wäre es natürlich auch möglich, das später erzeugte `MeinHandler`-Objekt in einem Feld des Typs `Handler` zu speichern oder gleich eine anonyme Klassendefinition aufzusetzen. Wir halten den Code aber so für übersichtlicher.

In der Methode `onCreate()` erzeugen wir dann das `Handler`-Objekt und rufen sogleich dessen `sendMessage()`-Methode auf, um dem Objekt eine erste Meldung zu schicken.

Aufsteiger In der Realität geht die Meldung nicht direkt an das `Handler`-Objekt, sondern wird über das interne Android-Meldungssystem in die Meldungsschleife desjenigen Threads gestellt, der das `Handler`-Objekt erzeugt hat (in diesem Beispiel der Haupt- und UI-Thread der Activity; die App besteht hier nur aus diesem einen Thread).

Sobald das `Handler`-Objekt die Meldung empfangen hat, wird die `handleMessage()`-Methode des Objekts ausgeführt. Unsere zweite Aufgabe besteht daher darin, eine passende `Handler`-Klasse zu definieren und in dieser die `handleMessage()`-Methode nach unseren Vorstellungen zu überschreiben.

Um in der Definition der `Handler`-Klasse ohne große syntaktische Verrenkungen direkt mit den Elementen der Activity-Klasse arbeiten zu können (namentlich der Methode `findViewById()`, die wir für den Zugriff auf die UI-Elemente benötigen), definieren wir die `Handler`-Klasse als innere Klasse der Activity:

```
public class HandlerDemoActivity extends Activity {
   class MeinHandler extends Handler {
      String[] woerter = { "Hallo", "von", "der", "App", "!" };
      int pos = 0;
```

```
        @Override
        public void handleMessage(Message msg) {
            super.handleMessage(msg);
            TextView tv = (TextView) findViewById(R.id.hello);

            String s = (String) tv.getText();
            s += woerter[pos] + " ";
            tv.setText(s);

            if (pos < woerter.length - 1) {
                ++pos;
                sendMessageDelayed(new Message(), 2 * 1000);
            }
        }
    }

    private MeinHandler mh;

    // ...
}
```

In der `handleMessage()`-Methode besorgen wir uns zuerst einen Verweis auf das TextView-Element der Activity und speichern diesen in der lokalen Variablen `tv`.

Dann lesen wir den Text in dem TextView-Element aus, hängen das nächste Wort aus dem String-Array `woerter` an und schreiben den erweiterten String zurück in das TextView-Element.

Sofern das Ende der Wörterliste noch nicht erreicht wurde, setzen wir den Positionsindex für das nächste anzuhängende Wort um eins herauf und senden mithilfe der Methode `sendMessageDelayed()` uns selbst (also dem `Handler`-Objekt) mit einer Verzögerung von 2 Sekunden eine weitere Meldung.

Abbildung 20.3: Die App beim Start und nach ca. 8 Sekunden

Aufsteiger Über das `Message`-Objekt, das den `sendMessage`-Methoden übergeben wird, können Sie bei Bedarf Daten vom Auslöser der Meldung an das `Handler`-Objekt übertragen. In unserem Beispiel ist dies allerdings nicht nötig, zumal Auslöser und Empfänger – von der ersten Meldung einmal abgesehen – identisch sind.

Handler-Objekte zur Kommunikation zwischen Threads

Sie können `Handler`-Objekte auch wie Brieftauben verwenden, die Informationen zwischen Threads, üblicherweise dem UI-Thread und einem Arbeitsthread, überbringen.

Stellen Sie sich vor, Sie lebten im Mittelalter, wären stolzer Besitzer einer Burg und sehr eitel – weswegen es Ihnen wichtig ist, sich immer nach der neuesten Mode zu kleiden. Also schicken Sie einen Ihrer Vasallen nach Paris, wo er sich über die dort herrschende Mode informieren soll. Damit der Vasall Sie umgehend benachrichtigen kann, wenn sich die Mode wieder ändert, geben Sie ihm mehrere Brieftauben mit. Zeichnet sich ein neuer Modetrend ab, beschreibt der Vasall den Trend auf einem Zettel, heftet diesen an eine der Brieftauben an und schickt diese los. Die Brieftaube fliegt zu Ihnen zurück, Sie lesen den Zettel und kleiden sich entsprechend der Pariser Mode neu ein.

Ihre Kleidung steht natürlich für das Erscheinungsbild der Benutzeroberfläche, der Vasall ist der Arbeitsthread, den Sie starten, um eine bestimmte länger andauernde Aufgabe zu erledigen, und die Brieftauben repräsentieren das `Handler`-Objekt[1], das Sie dem Arbeitsthread mitgeben, damit dieser den UI-Thread bei Bedarf darüber informieren kann, welche Änderungen an den UI-Elementen vorzunehmen sind.

---

1 Während man eine einzelne Brieftaube nur einmal nach Hause zurückschicken kann, kann ein Arbeitsthread über ein `Handler`-Objekt mehrere Nachrichten nach Hause (d.h. zum UI-Thread) senden.

20.4 Bildergalerien mit GridView und BaseAdapter

Mithilfe der Klasse `GridView` können Sie in drei Schritten wunderbare Bildergalerien erstellen:

1. Sie speichern die anzuzeigenden Bilder als Ressourcen.
2. Sie schreiben eine Adapter-Klasse, welche die Bildressourcen in `ImageView`-Objekte lädt.
3. Sie erzeugen eine GridView-Galerie und füllen diese mithilfe Ihres Adapters.

20.4.1 Die Bildressourcen

Zunächst müssen Sie die Bilder für die Verwendung in Ihrer App vorbereiten. Dazu gehört insbesondere, dass

- die Bilder ein von Android unterstütztes Grafikformat aufweisen (z.B. PNG, JPG oder GIF),
- der Dateiname nur Kleinbuchstaben und Ziffern enthält,
- die Bilder nicht größer sind als nötig.

Wenn Sie die Bilder z.B. nur als Thumbnails in der Bildergalerie anzeigen, sollten die Bilder die gleiche Größe haben wie die `ImageView`-Objekte, die Sie später in der Bildergalerie anzeigen (abzüglich etwaiger Padding-Werte).

Anders liegt der Fall natürlich, wenn der Anwender auf die Thumbnails drücken kann, um das zugehörige Bild bildschirmfüllend anzeigen zu lassen. Dann wäre die maximale Größe grundsätzlich die höchste Bildschirmauflösung, die Sie unterstützen möchten[1].

Die fertigen Bilder speichern Sie im Ordner *res/drawable*, den Sie zuvor noch anlegen müssen. Sie können auch unterschiedliche Auflösungen für Android-Geräte mit unterschiedlichen Bildschirmdichten vorsehen und diese auf die Ordner *drawable-ldpi*, *drawable-mdpi* und *drawable-hdpi* verteilen.

Zum guten Schluss klicken Sie im Package Explorer von Eclipse mit der rechten Maustaste auf den Projektknoten und rufen den Befehl REFRESH auf.

Danach sollte die Bilddatei im Ordner *res/drawable* aufgeführt werden.

20.4.2 Die Adapter-Klasse

Um Bilder in eine GridView einzulesen, benötigen wir eine Adapter-Klasse, die von `BaseAdapter` abzuleiten ist und die Methoden `getCount()`, `getItem()`, `getItemId()` und `getView()` überschreibt.

Das klingt nach viel Arbeit, ist aber nicht so. Die einzige Methode, deren Implementierung etwas aufwändiger wird, ist `getView()`. Und bei den Formalien der Überschreibung lassen wir uns am besten von Eclipse helfen.

1. Tippen Sie dazu über der Definition der Activity-Klasse das folgende Grundgerüst ein.

   ```
   class BildAdapter extends BaseAdapter {

   }
   ```

2. Bewegen Sie den Mauszeiger über die Basisklasse `BaseAdapter` und lassen Sie von QuickFix die erforderliche `import`-Anweisung hinzufügen.
3. Bewegen Sie den Mauszeiger über den Bezeichner `BildAdapter` und lassen Sie von QuickFix die Definitionen für die nicht implementierten Methoden hinzufügen (ADD UNIMPLEMENTED METHODS).

```
package de.carpelibrum.bildergalerie;

import android.app.Activity;
import android.os.Bundle;
import android.view.View;
import android.view.ViewGroup;
import android.widget.BaseAdapter;

class BildAdapter extends BaseAdapter {

   @Override
   public int getCount() {
      return 0;
   }
```

1 Wobei dies natürlich die Gefahr birgt, dass der Speicher des Smartphones irgendwann erschöpft ist. Sicherer ist es daher, kleine Thumbnails zu wählen und die großen Bilder nur nach Bedarf zu laden. Da dieses Verfahren die Komplexität des Beispiels allerdings noch weiter erhöhen würde, haben wir uns für den einfacheren, wenn auch unsicheren Weg entschieden.

```
   @Override
   public Object getItem(int position) {
      return null;
   }

   @Override
   public long getItemId(int position) {
      return 0;
   }

   @Override
   public View getView(int position, View convertView,
                       ViewGroup parent) {
      return null;
   }

}

public class BildergalerieActivity extends Activity {
...
```

Der nächste Schritt ist natürlich, die Methodendefinitionen mit sinnvollem Code zu füllen. Doch zuvor erlauben Sie mir noch eine Anmerkung zum Adapter.

Aus Sicht der GridView-Bildergalerie besteht seine Aufgabe darin, die anzuzeigenden Bildressourcen zu verwalten und der Bildergalerie auf Anfrage (d.h. Aufruf der `getView()`-Methode) für jedes Bild ein fertiges `ImageView`-Element zurückzuliefern.

Konzeptionell ist der Adapter eine Klasse, welche Daten verwaltet (in unserem Fall werden dies die Ressourcen-IDs der Bilder sein) und auf Anfrage

- die Anzahl der Daten (`getCount()`),
- das Objekt oder die Zeile des n-ten Datenelements (`getItem()` bzw. `getItemId()`) und
- ein View-Element für das n-te Datenelement (`getView()`)

zurückliefert.

Um dies für unseren Bildadapter zu gewährleisten, verwalten wir die Ressourcen-IDs der anzuzeigenden Bilder als Array im Adapter und liefern in `getCount()` die Anzahl der Elemente im Array und in `getItem()` die Ressourcen-ID an der übergebenen Indexposition zurück:

```
class BildAdapter extends BaseAdapter {
   private Integer[] bilderIDs = {
            R.drawable.norwegen01, R.drawable.norwegen02,
            R.drawable.norwegen03, R.drawable.norwegen04,
            R.drawable.norwegen05, R.drawable.norwegen06,
            R.drawable.norwegen07, R.drawable.norwegen08
    };
```

```
   // Anzahl der Daten
   public int getCount() { return bilderIDs.length; }

   // Die Ressourcen-ID mit dem Index position
   public Object getItem(int position) {return bilderIDs[position];}

   // wird von uns nicht benötigt, wir liefern einfach 0 zurück
   public long getItemId(int position) { return 0; }
```

Bleibt noch die Methode getView(), die ein View-Element für das Datenobjekt an der als Argument übergebenen Position position zurückliefern soll.

```
class BildAdapter extends BaseAdapter {
   private Context context;
   private Integer[] bilderIDs = { ... };

   public BildAdapter(Context c) {
        context = c;
   }

   public int getCount() { return bilderIDs.length; }
   public Object getItem(int position) {return bilderIDs[position];}
   public long getItemId(int position) { return 0; }

   public View getView(int position, View cv, ViewGroup parent) {
        ImageView iv;
        if (convertView == null) {
            iv = new ImageView(context);
            iv.setLayoutParams(new GridView.LayoutParams(150, 150));
            iv.setPadding(5, 5, 5, 5);
            iv.setScaleType(ImageView.ScaleType.CENTER_CROP);
        } else {
            iv = (ImageView) convertView;
        }

        iv.setImageResource(bilderIDs[position]);
        return iv;
   }
}
```

Für unsere Bildergalerie soll getView() eine ImageView zurückliefern, die das Bild anzeigt, deren Ressourcen-ID im Array bilderIDs an der übergebenen Indexposition position steht.

Zu diesem Zweck erzeugen wir ein ImageView-Objekt (mitsamt Context), setzen die von uns gewünschte Breite und Höhe und geben an, wie das Bild für die Anzeige in der ImageView skaliert werden soll.

Zum Schluss laden wir das Bild mithilfe der Methode setImageResource() und liefern das ImageView-Objekt zurück.

20.4.3 Die GridView

Für die GridView überarbeiten wir zunächst den XML-Code der Layoutdatei. Auf ein LinearLayout verzichten wir, stattdessen verwenden wir GridView als Wurzelelement.

```
<?xml version="1.0" encoding="utf-8"?>
<GridView xmlns:android="http://schemas.android.com/apk/res/android"
    android:id="@+id/gridview"
    android:layout_width="match_parent"
    android:layout_height="match_parent"
    android:columnWidth="100dp"
    android:numColumns="auto_fit"
    android:verticalSpacing="10dp"
    android:horizontalSpacing="10dp"
    android:stretchMode="columnWidth"
    android:gravity="center"
/>
```

Listing 20.2: main.xml

In der `onCreate()`-Methode der Start-Activity laden wir zuerst das Layout. Dann greifen wir auf das GridView-Element zu, instanziieren den Bildadapter und übergeben diesen dem GridView-Element, damit dieses automatisch die Bilder aus dem Bildadapter lädt und anzeigt.

```
public class BildergalerieActivity extends Activity {
   BildAdapter adapter;

   @Override
   public void onCreate(Bundle savedInstanceState) {
      super.onCreate(savedInstanceState);
      setContentView(R.layout.main);

      GridView galerie = (GridView) findViewById(R.id.gridview);
      adapter = new BildAdapter(this);
      galerie.setAdapter(adapter);
   }
}
```

20.4.4 Angeklickte Bilder als Vollbild anzeigen

Zu guter Letzt möchten wir Ihnen noch zeigen, wie Sie auf das Anklicken eines der Elemente in der GridView reagieren können. Da es sich in unserem Beispiel um Bilder-Thumbnails handelt, bietet es sich an, das ausgewählte Bild in einer zweiten Activity als Vollbild zu laden.

Dazu benötigen wir zunächst eine zweite Activity:

```
<?xml version="1.0" encoding="utf-8"?>
<LinearLayout
   xmlns:android="http://schemas.android.com/apk/res/android"
   android:layout_height="match_parent"
   android:layout_width="match_parent"
   android:orientation="vertical">
```

```
   <ImageView
      android:id="@+id/imageView1"
      android:layout_height="match_parent"
      android:layout_width="match_parent">
      <requestFocus></requestFocus>
   </ImageView>
</LinearLayout>
```

Listing 20.3: Die Layoutdatei einzelbild.xml zur Anzeige des Vollbildes

```
package de.carpelibrum.bildergalerie;

import android.app.Activity;
import android.os.Bundle;
import android.widget.ImageView;

public class EinzelbildActivity extends Activity  {
    @Override
    public void onCreate(Bundle savedInstanceState) {
        super.onCreate(savedInstanceState);
        setContentView(R.layout.einzelbild);
    }
}
```

Listing 20.4: Die Quelldatei der Activity für die Vollbildanzeige

Tippt nun der Anwender eines der Thumbnails in der Bildergalerie an, soll die `EinzelbildActivity` gestartet und darin das angetippte Bild angezeigt werden.

Die Klasse `GridView` erlaubt zu diesem Zweck die Registrierung eines `OnItemClickListener`, dessen `onItemClick()`-Methode automatisch aufgerufen wird, wenn ein Element in der GridView angetippt wird. Wir lassen also unsere Activity das Interface `OnItemClickListener` implementieren und registrieren die Activity dann als Ereignishandler bei unserem `GridView`-Objekt.

```
public class BildergalerieActivity extends Activity
                                  implements OnItemClickListener {
   BildAdapter adapter;

   @Override
   public void onCreate(Bundle savedInstanceState) {
      super.onCreate(savedInstanceState);
      setContentView(R.layout.main);

      GridView galerie = (GridView) findViewById(R.id.gridview);
      adapter = new BildAdapter(this);
      galerie.setAdapter(adapter);

      galerie.setOnItemClickListener(this);
   }
```

```
    @Override
    public void onItemClick(AdapterView<?> parent, View v, int pos, long id) {
       int resid = (Integer) adapter.getItem(pos);

       Intent intent = new Intent(this, EinzelbildActivity.class);
       intent.putExtra("resId", resid);
       startActivity(intent);
    }
}
```

In der `onItemClick()`-Methode starten wir über den Intent-Mechanismus die Aktivität `EinzelbildActivity`. Damit diese beim Start auch das richtige Bild lädt, übergeben wir zusammen mit dem Intent die Ressourcen-ID des zu ladenden Bildes (welche uns die Adapter-Methode `getItem()` zurückliefert).

Fehlt nur noch der Code, der bei Erzeugung der `EinzelbildActivity`-Activity das gewünschte Bild lädt:

```
public class EinzelbildActivity extends Activity {
    @Override
    public void onCreate(Bundle savedInstanceState) {
        super.onCreate(savedInstanceState);
        setContentView(R.layout.einzelbild);

        if (getIntent() != null) {
           Bundle daten = getIntent().getExtras();
           if (daten != null) {
              int resid = daten.getInt("resId");

              ImageView bild = (ImageView) findViewById(R.id.imageView1);
              bild.setImageResource(resid);
           }
        }
    }
}
```

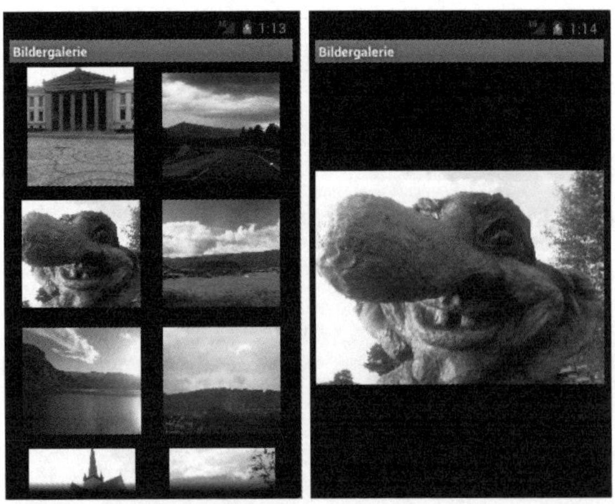

Abbildung 20.4: Die Bildergalerie-App

20.5 Spinner verwenden (Listenfelder)

Der Spinner ist ein dem Listenfeld verwandtes Widget. Wird es »aufgeklappt«, erscheint ein Listendialog zur Auswahl des gewünschten Elements.

Zur Konfiguration des Spinners gibt es eigentlich nicht viel mehr zu sagen, als dass

- Sie dem Spinner ein TextView-Element als Beschriftung zur Seite stellen sollten, damit der Anwender weiß, wozu der Spinner dient,
- dem Attribut `prompt` einen Text oder eine String-Ressource zuweisen sollten, der/die den Titel für den aufspringenden Dialog angibt.

```
<?xml version="1.0" encoding="utf-8"?>
<LinearLayout
   xmlns:android="http://schemas.android.com/apk/res/android"
   android:orientation="vertical"
   android:layout_width="match_parent"
   android:layout_height="match_parent">
   <RelativeLayout
      android:layout_width="match_parent"
      android:layout_height="wrap_content">
      <TextView
         android:id="@+id/textview1"
         android:layout_width="wrap_content"
         android:layout_height="wrap_content"
         android:text="@string/spinner_titel"
         android:textSize="20sp"
         android:paddingTop="10dp" />
      <Spinner
         android:id="@+id/spinner1"
         android:layout_height="wrap_content"
         android:layout_width="match_parent"
         android:layout_below="@id/spinner1"
         android:layout_alignParentRight="true"
         android:prompt="@string/spinner_titel"></Spinner>
   </RelativeLayout>
</LinearLayout>
```

20.5.1 Den Spinner mit Daten füllen

Um den Spinner mit Strings als Daten zu füllen, legen Sie eine String-Array-Ressource an. Die Elemente im String-Array sind die Titel, die im Spinner-Dialog später angezeigt werden.

Für das Demo-Beispiel zum Spinner haben wir eine eigene Ressourcendatei *monster.xml* angelegt, in der der String für das `prompt`-Attribut und das String-Array definiert sind.

```
<?xml version="1.0" encoding="utf-8"?>
<resources>
   <string name="spinner_titel">Ihr Lieblingsmonster:</string>
   <string-array name="spinner_daten">
      <item>Medusa</item>
      <item>Vampir</item>
      <item>Hydra</item>
      <item>Golem</item>
      <item>Showmaster</item>
      <item>TV-Juror</item>
   </string-array>
</resources>
```

Listing 20.5: monster.xml

Zum Einlesen der Strings in den Spinner verwenden wir einen ArrayAdapter:

```
package de.carpelibrum.spinnerdemo;

import android.app.Activity;
import android.os.Bundle;
import android.view.View;
import android.widget.ArrayAdapter;
import android.widget.Spinner;

public class SpinnerDemoActivity extends Activity {
    @Override
    public void onCreate(Bundle savedInstanceState) {
        super.onCreate(savedInstanceState);
        setContentView(R.layout.main);

        Spinner spinner = (Spinner) findViewById(R.id.spinner1);
        ArrayAdapter<CharSequence> adapter =
               ArrayAdapter.createFromResource(this,
                     R.array.spinner_daten,
                     android.R.layout.simple_spinner_item);
        adapter.setDropDownViewResource(
                     android.R.layout.simple_spinner_dropdown_item);
        spinner.setAdapter(adapter);
        spinner.setSelection(0);
    }
}
```

Dieser kryptisch wirkende Code macht nichts anderes, als die Strings aus unserem String-Array `R.array.spinner_daten` in den Adapter zu laden und mithilfe der von Android vordefinierten Layouts `android.R.layout.simple_spinner_item` und `android.R.layout.simple_spinner_dropdown_item` passend für den Spinner aufzubereiten.

Zum Schluss wird der Adapter durch Aufruf der Methode `setAdapter()` mit dem Spinner verbunden und gegebenenfalls das anfangs im Spinner angezeigte Element mit der Methode `setSelection()` ausgewählt.

20.5.2 Ereignisbehandlung

Um auf die Auswahl eines der Elemente im Spinner reagieren zu können, müssen Sie beim Spinner einen Ereignishandler vom Typ `OnItemSelectedListener` registrieren. Wir wählen hier den Ansatz, dass wir das Interface `OnItemSelectedListener` mit seinen beiden Methoden `onItemSelected()` und `onNothingSelected()` direkt von der Activity implementieren lassen.

```
package de.carpelibrum.spinnerdemo;

import android.app.Activity;
import android.os.Bundle;
import android.view.View;
import android.widget.AdapterView;
import android.widget.AdapterView.OnItemSelectedListener;
import android.widget.ArrayAdapter;
import android.widget.Spinner;
import android.widget.Toast;

public class SpinnerDemoActivity extends Activity
                                 implements OnItemSelectedListener {
    @Override
    public void onCreate(Bundle savedInstanceState) {
        super.onCreate(savedInstanceState);
        setContentView(R.layout.main);

        Spinner spinner = (Spinner) findViewById(R.id.spinner1);
        ArrayAdapter<CharSequence> adapter =
               ArrayAdapter.createFromResource(this,
                     R.array.spinner_daten,
                     android.R.layout.simple_spinner_item);
        adapter.setDropDownViewResource(
                     android.R.layout.simple_spinner_dropdown_item);
        spinner.setAdapter(adapter);

        spinner.setOnItemSelectedListener(this);
    }

    public void onItemSelected(AdapterView<?> parent,
                               View view, int pos, long id) {
        Toast.makeText(parent.getContext(),
                      "Ihr Lieblingsmonster: "
                      + parent.getItemAtPosition(pos).toString(),
                      Toast.LENGTH_LONG).show();
    }

   public void onNothingSelected(AdapterView<?> parent) {
      // Nichts zu tun.
   }
}
```

Der `pos`-Parameter der `onItemSelected()`-Methode gibt Ihnen an, welches Element im Spinner-Dialog ausgewählt wurde.

Über den `parent`-Parameter der `onItemSelected()`-Methode können Sie auf den Adapter zugreifen – beispielsweise um sich das Element zurückliefern zu lassen, das der Anwender im Spinner ausgewählt hat.

20.6 Mehrsprachige Apps

Apps, die Sie auf Google Play anbieten, können von Anwendern überall auf der Welt heruntergeladen werden. Den wenigsten dieser Anwender wird es allerdings gefallen, wenn die Texte Ihrer App auf Deutsch sind. Umgekehrt wird es so manchem deutschen Anwender sauer aufstoßen, wenn er mit englischen Titeln und Erläuterungen konfrontiert wird.

Glücklicherweise erlaubt das Android-Ressourcenkonzept das Schreiben von Apps, die sich automatisch an die Sprache der Anwender (genauer gesagt die auf den Android-Endgeräten eingestellte Lokale) anpassen.

Sie müssen lediglich von den XML-Dateien mit Ihren String-Ressourcen mehrere Kopien anlegen.

1. Einen Satz Kopien legen Sie im Verzeichnis *res/values* ab. Dieser Satz bildet den Standard-Satz, der immer dann verwendet werden soll, wenn sich kein Satz findet, der besser zur Lokale des Endgeräts passt.
   - Für Apps, die Sie vor allem im Bekanntenkreis weitergeben, wird dies der einzige Satz sein und die darin enthaltenen Strings werden natürlich in Deutsch verfasst sein.
   - Für Apps, die Sie einem internationalen Publikum verfügbar machen möchten, wird dies vermutlich ein Satz mit englischen Strings sein.

Für jede weitere Sprache, die Sie unterstützen möchten, legen Sie einen weiteren Satz Kopien an, übersetzen die darin enthaltenen Strings und speichern die XML-Dateien in einem Verzeichnis, dessen Name mit der Kennung für die betreffende Sprache (Lokale) endet, also beispielsweise *res/values-de* für Deutsch oder *res/values-fr* für Französisch.

Lokale

Als *Lokale* bezeichnet man die Gebietsschemaparameter, d.h. die Gesamtheit der nationalen und regionalen Eigenheiten eines Computersystems.

Um zum Beispiel das Spinner-Demobeispiel aus dem vorangehenden Abschnitt in Englisch und Deutsch anzubieten, würden Sie folgende *values*-Dateien aufsetzen:

```
<?xml version="1.0" encoding="utf-8"?>
<resources>
    <string name="app_name">SpinnerDemo</string>
</resources>
```

Listing 20.6: res/values/strings.xml

```
<?xml version="1.0" encoding="utf-8"?>
<resources>
   <string name="spinner_titel">Your favourite monster:</string>
   <string-array name="spinner_daten">
      <item>Medusa</item>
      <item>Vampire</item>
      <item>Hydra</item>
      <item>Golem</item>
      <item>Showmaster</item>
      <item>TV-Juror</item>
   </string-array>
</resources>
```

Listing 20.7: res/values/monster.xml

```
<?xml version="1.0" encoding="utf-8"?>
<resources>
    <string name="app_name">SpinnerDemo</string>
</resources>
```

Listing 20.8: res/values-de/strings.xml (identisch zu res/values/strings.xml, da der String im Englischen und Deutschen gleich ist)

```
<?xml version="1.0" encoding="utf-8"?>
<resources>
   <string name="spinner_titel">Ihr Lieblingsmonster:</string>
   <string-array name="spinner_daten">
      <item>Medusa</item>
      <item>Vampir</item>
      <item>Hydra</item>
      <item>Golem</item>
      <item>Showmaster</item>
      <item>TV-Juror</item>
   </string-array>
</resources>
```

Listing 20.9: res/values-de/monster.xml (Beachten Sie den geänderten Titel und den zweiten Eintrag)

> **Tipp** Sie können zum Testen des *SpinnerDemo*-Beispiels die Lokale des Emulators ändern. Wechseln Sie dazu in die Home-Ansicht des emulierten Geräts (Klick auf das Haus-Symbol) und dann zur App-Übersicht. Klicken Sie auf CUSTOM LOCALE und führen Sie einen langen Klick auf den Eintrag für die die einzustellende Lokale aus. Klicken Sie anschließend auf APPLY und verlassen Sie die App.

Achtung Beachten Sie, dass das hier vorgestellte Konzept natürlich nur dann reibungslos funktioniert, wenn Sie alle Texte, die auf der Benutzeroberfläche zu sehen sind, aus String-Ressourcen laden. Strings, die im Code definiert sind – wie z.B. der Toast-Text der *SpinnerDemo*-App, bleiben unberührt!

Achten Sie darauf, möglichst keine fixen Größen für UI-Elemente mit Titeln festzulegen, damit sich Ihr Layout bei einem Sprachwechsel automatisch an länger oder kürzer werdende Titel anpassen kann.

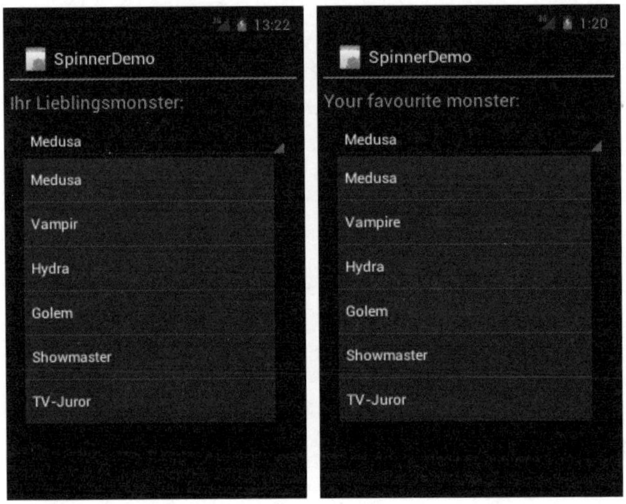

***Abbildung 20.5:** Eine App – zwei unterstützte Sprachen*

20.7 Fragen und Antworten

1. Sie haben Feuer gefangen? Dann interessiert es Sie sicher, wie und wo Sie sich weiterbilden können.

   Der beste Weg sich weiterzubilden: viel, viel programmieren und eigene Erfahrungen sammeln.

   Und wenn Sie Hilfe benötigen, dann schlagen Sie in der Android-Dokumentation nach, lesen Sie die Tutorien im Android Developers Guide (*http://developer.android.com/guide/components/index.html*), tauschen Sie sich mit anderen Android-Entwicklern aus oder ziehen Sie die eingängige Fachliteratur zurate. Vielleicht käme ja auch unser Android-Standardwerk bei Addison-Wesley für Sie zur Weiterbildung und als zuverlässige Begleitreferenz in Frage? Wir jedenfalls würden uns freuen, wenn Sie uns weiter Ihr Vertrauen schenkten.

20.8 Übungen

1. Schwimmen Sie sich frei und schreiben Sie Ihre ersten eigenen Apps – beispielsweise eine Signallampe, eine App zum Messen von Laufstrecken, einen Rechentrainer für Kids, ein Dame-Spiel, einen Vokabeltrainer oder was auch immer.

Anhang A: Apps veröffentlichen oder weitergeben

Sie haben eine fantastische App, die Sie dem Rest der Welt zur Nutzung anbieten möchten? Dann können Sie Ihre App über *Google Play* (früherer Name: *Android Market*) publizieren. Wie dies geht und was dabei zu beachten ist, werden wir hier näher beleuchten.

Und für den Fall, dass Sie Ihre App nur im privaten Kreis an Freunde weitergeben möchten, finden Sie im letzten Abschnitt hierzu ebenfalls eine kurze Anleitung.

A.1 Die App vorbereiten

Zunächst sollten Sie sich noch einmal Gedanken darüber machen, welche Android-Version Sie mit Ihrer App anvisieren (Attribut `android:targetSdkVersion`) und welche Android-Version mindestens erforderlich ist, damit Ihre App ausgeführt werden kann (Attribut `android:minSdkVersion`). Beide Werte müssen Sie in der Manifestdatei *AndroidManifest.xml* festlegen.

Hinsichtlich des Werts für `minSdkVersion` gilt: Je kleiner der Wert ist, desto größer wird der potenzielle Nutzerkreis und umgekehrt. Erfahrungsgemäß können Sie SDK-Versionen < 3 (d.h. älter als Android 1.5) guten Gewissens ignorieren; der weitaus größte Anteil an Android-Geräten läuft auf Versionen ab 1.6 (API Version 4) aufwärts.

> **Tipp** Die aktuelle Verteilung der verschiedenen Android-Versionen können Sie hier nachschauen: *http://developer.android.com/resources/dashboard/platform-versions.html.*

Wenn es also keine technischen Features aus neueren Versionen (z.B. Bluetooth ab Android 2.0) gibt, die Ihre App benötigt, dann sollten Sie als `minSdkVersion` den Wert 8 anstreben und entsprechend setzen. Testen Sie aber auf jeden Fall Ihre App gründlich im Emulator mit einem AVD, das mit der gewählten SDK-Version konfiguriert ist.

Falls Sie Ihre App nicht schon beim Anlegen des Projekts mit einem individuellen Launcher-Symbol ausgestattet haben, ist nun der Zeitpunkt gekommen, dies nachzuholen (siehe Kapitel 5.7). Ferner sollten Sie darauf achten, dass die App einen Titel (Attribut `android:label`) hat und das `Debuggable`-Flag auf `false` gesetzt ist.

Stellen Sie außerdem sicher, dass die Attribute `versionCode` und `versionName` richtig gesetzt sind. Für das Veröffentlichen der ersten App-Version können Sie die voreingestellten Werte übernehmen.

Wenn Sie ein Update der App veröffentlichen, sollten Sie `versionCode` im Falle von kleineren Fehlerbehebungen und Verbesserungen entsprechend hochzählen. Wenn Sie den Funktionsumfang der App ändern oder das Aussehen und die Struktur stärker ändern, ist es üblich, dass man `versionName` anpasst (und diese neue Version wieder bei `versionCode=1` starten lässt).

> **Achtung** Den Paketnamen Ihrer App können Sie nach dem Veröffentlichen (im Rahmen eines Updates) nicht mehr ändern! Stellen Sie daher sicher, dass er eindeutig ist und Sie mit dem Paketnamen zufrieden sind.

```
<manifest xmlns:android="http://schemas.android.com/apk/res/android"
      package="de.carpelibrum.demo"
      android:versionCode="1"
      android:versionName="1.0">

    <uses-sdk android:minSdkVersion="4"
              android:targetSdkVersion="15" />

    <application android:icon="@drawable/ic_launcher"
                 android:label="@string/app_name"
                 android:theme="@style/AppTheme"
                 android:debuggable="false">
       <activity android:name=".DemoStartActivity"
                 android:label="@string/app_name">
            <intent-filter>
                <action android:name="android.intent.action.MAIN" />
                <category
                  android:name="android.intent.category.LAUNCHER" />
            </intent-filter>
        </activity>

    </application>
</manifest>
```

Listing A.1: Konfiguration einer App für die Veröffentlichung (AndroidManifest.xml)

A.2 Digitales Signieren

Das Android-System verlangt für jede App, die installiert wird, dass sie *digital signiert* ist.

Digital signiert heißt, dass sie mit einem besonderen Mechanismus verschlüsselt ist:

- Der App-Entwickler hat einen sogenannten privaten Schlüssel (letztlich ein geheimes Passwort), mit dem er seine App signiert, d.h., es wird aus dem Inhalt der App eine besondere Zeichenkette (nennen wir sie der Einfachheit halber einmal *MD*[1]) generiert und dann mit dem privaten Schlüssel verschlüsselt.

1 Die korrekte Bezeichnung für diese besondere Zeichenkette lautet »*message digest*«.

- Ferner gibt es einen öffentlichen Schlüssel, mit dem man prüfen kann, ob *MD* tatsächlich zu der App und dem geheimen Schlüssel aus dem vorigen Schritt gehört (ohne den privaten Schlüssel kennen zu müssen!).

Als App-Entwickler müssen Sie daher ein Schlüsselpaar (privater und öffentlicher Schlüssel) und diese Zeichenkette *MD* erzeugen und der App hinzufügen. Ferner brauchen wir einen Behälter zur Weitergabe des öffentlichen Schlüssels, der sich *digitales Zertifikat* nennt.

Hinweis Jede installierte App ist digital signiert, auch wenn Sie Ihre App aus Eclipse heraus im Emulator starten lassen. In diesen Fällen hat Eclipse einen standardmäßig definierten Debug-Schlüssel verwendet, der natürlich immer gleich ist und daher nicht für Apps verwendet werden darf, die im App Market veröffentlicht werden sollen.

Digitale Zertifikate und die notwendigen privaten und öffentlichen Schlüssel können Sie mit den Java-Tools *keystore* und *jarsigner* (zu finden in Ihrem Java-JDK-Installationsverzeichnis) erzeugen oder aber gleich während des Exports aus Eclipse heraus durchführen, wie im nächsten Abschnitt gezeigt wird.

A.3 Die App exportieren und signieren

1. Rufen Sie in Eclipse den Menübefehl File/Export auf.

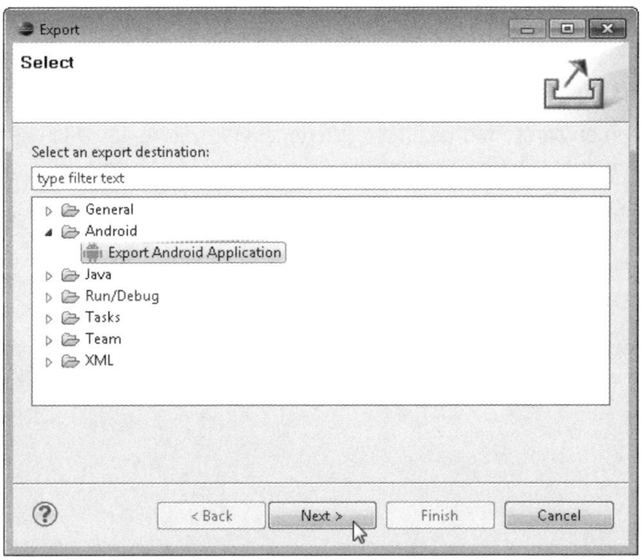

Abbildung A.1: Export-Typ wählen

2. Wählen Sie im Dialog Export als Exporttyp die Option Android/Export Android Application aus und klicken Sie auf Next.
3. Wählen Sie im Dialog Export Android Application auf der Seite Project Checks das zu exportierende Projekt aus und klicken Sie auf Next.

Als Nächstes muss die App digital signiert werden. Falls Sie noch keinen Schlüssel haben, können Sie dies nun erledigen.

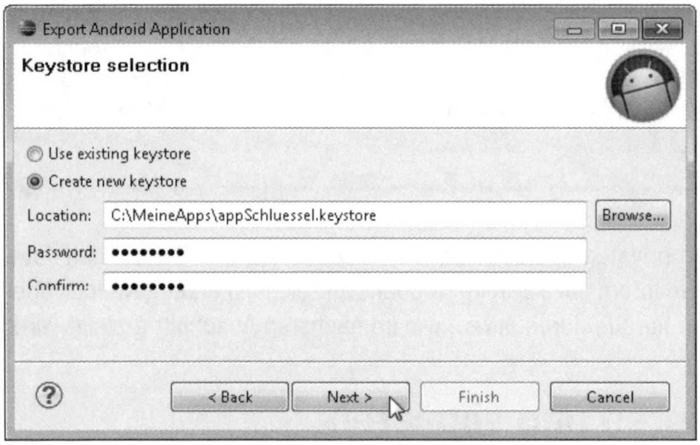

Abbildung A.2: Anlegen eines Schlüssel-Speicherorts

4. Erzeugen Sie auf der Seite Keystore selection einen Speicherplatz für Ihren Schlüssel.

   Aktivieren Sie die Option Create new keystore. (Wenn Sie später weitere Schlüssel erstellen, können Sie diesen Speicherplatz wiederverwenden, Option Use existing keystore.)

   Geben Sie als Location einen Dateinamen samt Pfad und mit der Extension *keystore* an. Wenn die Datei noch nicht existiert, wird sie automatisch für Sie angelegt.

   Tippen Sie ein Passwort mit mindestens sechs Stellen für den Zugriff auf die Datei ein und wiederholen Sie es im Feld Confirm.

   Klicken Sie auf Next.

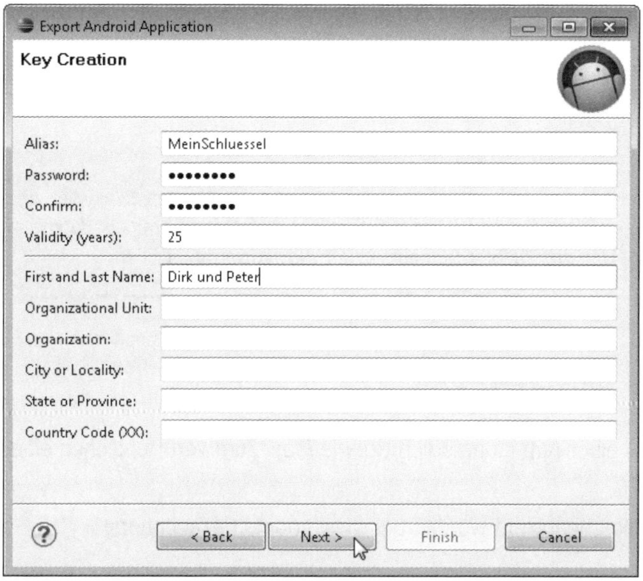

Abbildung A.3: Anlegen eines Schlüssels

5. Erzeugen Sie auf der Seite Key Creation einen Schlüssel.

   Geben Sie einen Namen (Alias) für den Schlüssel an.

   Tippen Sie ein Passwort mit mindestens sechs Stellen für den Zugriff auf den Schlüssel ein und wiederholen Sie es im Feld Confirm.

   Legen Sie fest, wie lange die Signierung gültig sein soll. Der empfohlene Wert ist 25.

   Füllen Sie mindestens eines der nach unten folgenden Felder aus und klicken Sie dann auf Next.

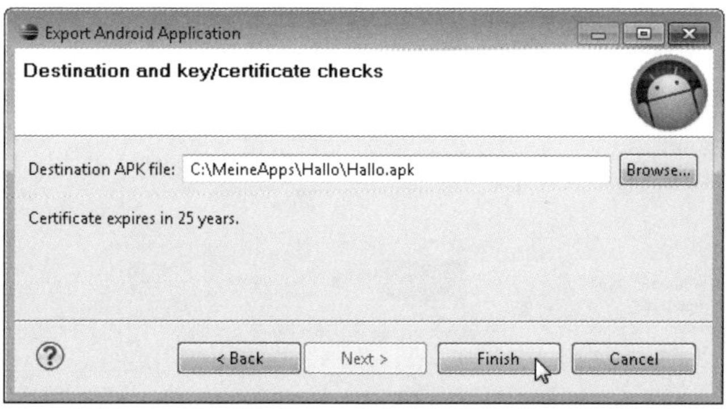

Abbildung A.4: Die APK-Datei wird erzeugt.

6. Legen Sie fest, wo die durch den Export erzeugte APK-Datei gespeichert werden soll, und klicken Sie auf FINISH.
7. Kontrollieren Sie im Windows Explorer, ob die APK-Datei erzeugt wurde.

Achtung Merken Sie sich die Passwörter gut und erstellen Sie eine Sicherheitskopie des Schlüsselspeichers auf einem anderen Datenträger. Wenn Sie an die Passwörter nicht mehr herankommen, dann werden Sie nicht mehr in der Lage sein, Updates zu Ihrer App auf Google Play zu veröffentlichen.

A.4 Bei Google Play registrieren

Der wichtigste Kanal für das Publizieren einer App ist natürlich *Google Play*. Zum Veröffentlichen einer App benötigen Sie dabei zwei Accounts:

- Einen Google Account (kann kostenlos beantragt werden bei *www.google.de/accounts*)
- Ein Android-Entwickler-Profil: *https://play.google.com/apps/publish/signup*

  Die Registrierung kostet zurzeit US$ 25 und Sie benötigen zwingend eine Kreditkarte zur Zahlung.

Abbildung A.5: Anmelden als Entwickler zum App-Veröffentlichen

Hinweis Neben dem Veröffentlichen über Google Play stehen Ihnen aber auch eine Reihe von anderen Möglichkeiten offen, um Ihre Apps unter die Leute zu bringen:

- Bieten Sie die signierte App (als APK-Datei) zum Herunterladen von Ihrer Internetpräsenz an. Um Aspekte wie Bezahlung etc. müssen Sie sich dann natürlich selbst kümmern.
- Melden Sie sich bei anderen App-Stores an, beispielsweise:
- SlideME (*http://slideme.org/*)
- AndroidPIT (*https://www.androidpit.de/de/android-market*)
- GetJar (*http://www.getjar.com*)
- Amazon Appstore *www.amazon.com* (zurzeit nur mit US-Wohnsitz)

A.4.1 Steuerliche Aspekte bei App-Verkauf

Wenn Sie Ihre App nicht kostenlos verteilen, sondern damit Geld verdienen wollen, müssen Sie einige Aspekte und ihre Konsequenzen berücksichtigen. Die nachfolgenden Hinweise sollen Ihnen erste Informationen zu diesem Thema geben; für ausführlichere Beratungen sollten Sie sich an einen Steuerberater oder die Industrie- und Handelskammer wenden. Beachten Sie überdies, dass die beschriebenen Regelungen für Deutschland gelten (falls Sie in Österreich oder der Schweiz leben, gelten für Sie vermutlich recht ähnliche Regelungen).

Durch den Verkauf von Apps werden Sie Gewerbetreibender, d.h., Sie üben nach deutschem Recht ein Gewerbe aus. Dies bedeutet unter anderem, dass

- Sie mindestens 18 Jahre alt sind,
- einen Gewerbeschein (Kosten ca. 50 €) beim zuständigen Gewerbeamt beantragen müssen,
- Mitglied der lokalen Industrie- und Handelskammer (IHK) werden und
- eine Umsatzsteuer-Identifikationsnummer beim Finanzamt beantragen müssen.

Bei *Google Play* müssen Sie bei kommerzieller Nutzung die Option VERKÄUFERKONTO EINRICHTEN wählen. Einen entsprechenden Link finden Sie nach erfolgreicher Registrierung auf der Seite *https://play.google.com/apps/publish/Home* am unteren Rand. Umsätze, die über den Verkauf der Apps erzielt werden, werden Ihnen erst dann ausbezahlt (abzüglich 30 % Provision, die Google einbehält), wenn Google eine Kopie Ihres Gewerbescheins vorliegt.

A.5 App hochladen

Der letzte Schritt ist das Hochladen Ihrer App. Loggen Sie sich dazu bei Google Play ein (*https://play.google.com/apps/publish*) und laden Sie auf der Entwickler-Homepage die APK-Datei hoch.

Abbildung A.6: Hochladen einer APK-Datei

Danach werden Sie gebeten, diverse Zusatzinformationen und Beschreibungen der App auszufüllen. Wichtig sind vor allem die Screenshots, die Sie von Ihrer App bereitstellen sollten, da dies erfahrungsgemäß die Neigung zur Installation einer App deutlich erhöht (Screenshots können Sie in Eclipse mit dem DDMS erstellen, siehe Anhang C zu Emulator&DDMS).

Zuletzt müssen Sie entscheiden, ob Sie die App zuerst nur speichern oder wirklich freischalten und veröffentlichen möchten.

Viel Erfolg!

A.6 Weitergabe an Bekannte

Wenn Sie eine App privat an Freunde weitergeben möchten, müssen Sie die App dazu nicht auf Google Play veröffentlichen. Am einfachsten ist es natürlich, Ihre Bekannten kommen mit ihrem Smartphone oder Tablet-PC bei Ihnen vorbei und Sie übertragen die App via Eclipse (siehe Kapitel 2.7).

Falls dies nicht möglich oder zu unbequem ist, gehen Sie wie folgt vor:

1. Fragen Sie Ihren Bekannten, welche Android-Version er oder sie verwenden. Lässt sich die Version nicht ermitteln, gehen Sie von einer niedrigen Version, wie z.B. 2.3.3 oder 2.2 aus.
2. Setzen Sie in der *AndroidManifest.xml*-Datei den Wert für die Min-SDK-Version auf den zugehörigen API-Wert (z.B. 8 für Android 2.2).
3. Achten Sie darauf, dass auch die TARGET SDK VERSION gesetzt ist.
4. Speichern Sie und exportieren Sie dann das Projekt wie oben im Abschnitt 21.3 beschrieben.
5. Schicken Sie Ihrem Bekannten die APK-Datei.

Ihr Bekannter muss dann »nur« noch die APK-Datei über einen USB-Anschluss in das Dateisystem seines Smartphones übertragen. Wie er oder sie dazu im Detail vorgehen muss, lässt sich üblicherweise im Benutzerhandbuch des Smartphones oder Tablet-PCs nachlesen.

Leider sind manche Benutzerhandbücher mit Hilfestellungen zu eher technischen Fragen oder fortgeschrittenen Anwendungsmöglichkeiten wie dieser etwas sparsam. Ohne ein wenig Ausprobieren oder Recherchieren in passenden Online-Foren wird es dann wohl nicht gehen. Hier noch ein paar Tipps:

1. Falls Sie die App zum Testen auf Ihr eigenes Smartphone übertragen möchten, welches Sie zuvor noch zum Testen von Eclipse aus verwendet haben, schalten Sie das USB-Debugging aus.
2. Achten Sie darauf, dass unter Einstellungen/Sicherheit im Abschnitt Geräteverwaltung die Option Unbekannte Herkunft aktiviert ist.
3. Nachdem Sie das Smartphone mit einem USB-Anschluss Ihres Rechners verbunden haben, sollte es Ihnen möglich sein, vom Rechner aus auf das interne Dateisystem des Smartphones zuzugreifen.
4. Legen Sie dann unter dem Verzeichnis *Android/data* ein Verzeichnis für Ihre App an, z.B. *de.IhrName*, und kopieren Sie die APK-Datei in dieses Verzeichnis.
5. Trennen Sie Smartphone und Rechner.
6. Wechseln Sie in das App-Verzeichnis mit der APK-Datei (möglicherweise benötigen Sie dazu eine passende App).
7. Klicken Sie auf die APK-Datei der App und lassen Sie die App installieren.

Anhang B: Eclipse

Wegen der Komplexität und der rein englischen Benutzeroberfläche von Eclipse haben wir die wichtigsten Aktionen in diesem Anhang noch einmal kurz für Sie zusammengefasst.

Hinweis Die nachfolgenden Hinweise beziehen sich auf Eclipse Juno und das Android-Plugin 20. Beachten Sie, dass Namen und Anordnung der beschriebenen Befehle und Optionen abweichen können, wenn Sie mit einer anderen Eclipse- oder Plugin-Version arbeiten.

B.1 Android-Projekt anlegen

1. Rufen Sie im Menü FILE den Befehl NEW/PROJECT auf.

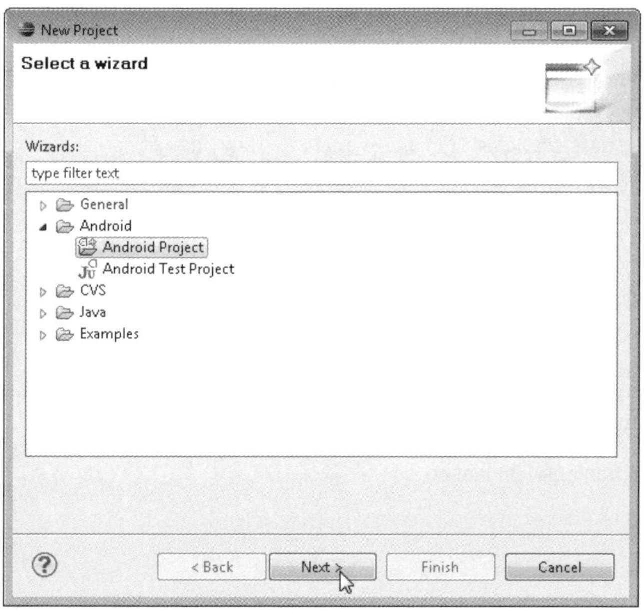

Abbildung 20.6: Ein neues Android-Projekt beginnen

2. Wählen Sie im Dialogfeld New Project unter dem Ordner Android den Eintrag Android Application Project und klicken Sie auf Next.

   Es erscheint das Dialogfeld New Android App.

3. Füllen Sie das Dialogfeld mit den Daten für Ihr Projekt.

Feld	Bedeutung
Application Name	Unter diesem Namen wird Ihre App später auf dem Smartphone oder dem Android Play Store geführt.
Project name	Unter diesem Namen wird Ihr Projekt fortan in Eclipse aufgeführt. Verwenden Sie für den Projektnamen keine Sonderzeichen und möglichst auch keine Umlaute oder Leerzeichen.
Package Name	Pakete sind ein Element der Sprache Java, das zur Organisation des Codes genutzt wird. Die Angabe ist für App-Projekte zwingend erforderlich und muss eindeutig sein, um sicherzustellen, dass es auf einem Android-System keine zwei Apps mit gleichem Paketnamen gibt. Typisch ist daher die Verwendung von Domainnamen in umgekehrter Reihenfolge mit angehängtem App-Namen (also z.B. `de.meinewebsite.hallo`).
Build SDK	Das Build SDK gibt an, für welche Android-Version (Target) Eclipse Ihr Projekt später erstellen (Build) soll. Welche Build SDKs im Dialogfeld aufgelistet werden, hängt übrigens davon ab, welche Plattformen Sie mit dem SDK-Manager heruntergeladen haben.
Minimum Required SDK	Die Mindestversion des SDK, die auf einem Gerät vorhanden sein muss, damit Ihre App auf diesem Gerät ausführbar ist. Achtung: Sie müssen hier die Nummer der Android-API angeben, nicht die Android-Betriebsversionsnummer (für Android 4.0 also z.B. 14).
Weitere Einstellungen	Deaktivieren Sie die Option *Create custom launcher icon*, wenn Sie den Dialog zur Gestaltung des App-Symbols überspringen möchten. Achten Sie darauf, dass die Option *Mark this project as a library* deaktiviert ist – es sei denn, Sie möchten tatsächlich ein Bibliotheksmodul statt einer eigenständigen App erzeugen. Achten Sie darauf, dass die Option *Create new project in workspace* aktiviert ist, damit Eclipse ein neues Projektverzeichnis unter dem Verzeichnis des aktuellen Workspace anlegt.

Tabelle B.1: Einstellungen für das New Android App-Dialogfeld

4. Auf den nächsten Seiten konfigurieren Sie das App-Symbol (sofern Sie die Option *Create custom launcher icon* aktiviert gelassen haben) und die Activity.

5. Klicken Sie auf Finish, um das Projekt anlegen zu lassen.

B.2 Projekte erstellen

Wenn im Menü PROJECT der Befehl BUILD AUTOMATICALLY aktiviert ist, wird Ihre App im Hintergrund bei Bedarf automatisch neu kompiliert, sodass die kompilierten Dateien stets auf dem aktuellen Stand sind. Dies ist bequem, kann aber auch manchmal nerven, vor allem, wenn ungewiss bleibt, ob es mit der Erstellung geklappt hat oder nicht. Wir empfehlen daher, diese Option zu deaktivieren und das Projekt bei Bedarf selbst zu erstellen.

Aktuelles Projekt erstellen

1. Speichern Sie das Projekt mit dem Menübefehl FILE/SAVE ALL (oder durch Klick auf die entsprechende Symbolschaltfläche).
2. Rufen Sie den Menübefehl PROJECT/BUILD PROJECT auf.

   Alternativ können Sie im Package Explorer mit der rechten Maustaste auf den Projektknoten klicken und im Kontextmenü den Befehl BUILD PROJECT aufrufen.

Tipp Alternativ können Sie nacheinander auch die Tastenkombinationen [Strg]+[⇧]+[S] und [Alt]+[P]+[B] drücken.

Aktuelles Projekt erstellen und ausführen

1. Speichern Sie das Projekt mit dem Menübefehl FILE/SAVE ALL (oder durch Klick auf die entsprechende Symbolschaltfläche).
2. Rufen Sie den Menübefehl RUN/RUN auf.

Tipp Alternativ können Sie auch die Tastenkombination [Strg]+[F11] drücken.

Wenn Sie das Projekt das erste Mal auf diese Weise ausführen, erscheint das Dialogfeld RUN AS, in dem Sie ANDROID APPLICATION als Startmodus auswählen müssen. Eclipse erstellt daraufhin eine passende Launch-Konfiguration und benutzt diese fortan automatisch.

Hinweis Zur Arbeit mit Launch-Konfigurationen siehe Abschnitt B.7.

Fehlerbehandlung

Gibt es Fehler im Projekt, markiert Eclipse die betroffenen Stellen im Editor (rote Wellenlinie und Lampensymbol mit rotem Kästchen in Randleiste). Darüber hinaus werden die Fehler im Fenster PROBLEMS (Aufruf über Menübefehl WINDOW/SHOW VIEW/PROBLEMS) aufgelistet.

Probleme

Wenn Sie den Eindruck haben, dass die ausgeführte App nicht auf dem aktuellen Stand ist,

- kontrollieren Sie, ob im Fenster PROBLEMS Fehler angezeigt wurden,
- schließen Sie den Emulator, damit dieser bei der nächsten Testausführung neu gestartet wird,
- erstellen Sie das Projekt komplett neu, indem Sie zuerst den Befehl PROJECT/CLEAN aufrufen und danach erst PROJECT/BUILD PROJECT.

B.3 Projekte deaktivieren

Eclipse verwaltet Projekte immer in sogenannten Workspaces (Arbeitsbereichen). Standardmäßig wird der zu verwendende Workspace beim Start von Eclipse abgefragt – es sei denn, der Anwender entschließt sich, diese Abfrage zu deaktivieren und immer mit demselben Workspace zu arbeiten (wie wir es dem Leser für den Einstieg empfohlen haben).

Solange Sie den Workspace nicht wechseln, werden alle neu angelegten Projekte in den aktuellen Workspace eingetragen – und werden z.B. bei Aufruf des Befehls PROJECT/BUILD ALL alle kompiliert und erstellt.

Um ältere Projekte vorübergehend zu inaktivieren (und z.B. von der Projekterstellung mit BUILD ALL auszuschließen), schließen Sie zuerst im Editor alle Dateien. Klicken Sie dann im Package Explorer mit der rechten Maustaste auf den Projektknoten und wählen Sie im Kontextmenü den Befehl CLOSE PROJECT. Der Projektknoten wird daraufhin zugeklappt und das Symbol zeigt eine geschlossene Aktenmappe.

Hinweis Geschlossene Projekte können Sie analog über den Befehl OPEN PROJECT wieder aktivieren.

B.4 Projekte löschen

1. Klicken Sie im Fenster des Package Explorers mit der rechten Maustaste auf den Projektknoten und wählen Sie im aufspringenden Kontextmenü den Befehl DELETE aus.

   Es erscheint das Dialogfeld DELETE RESOURCES.

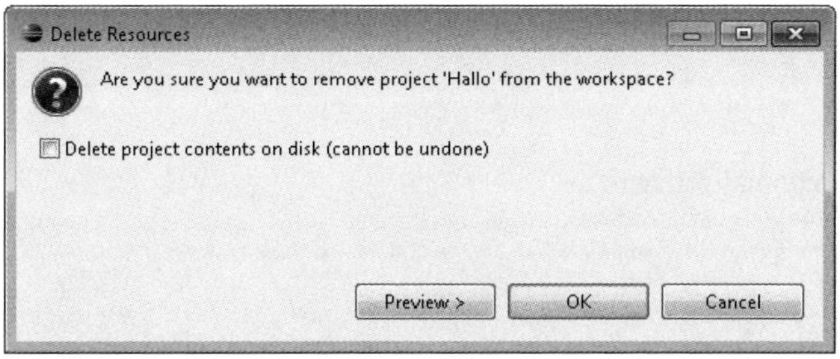

Abbildung B.1: Projekt löschen

2. Bestätigen Sie das Löschen des Projekts.

   Wenn Sie das Projekt nur aus dem aktuellen Workspace entfernen, die Dateien auf der Festplatte aber behalten möchten, klicken Sie auf OK. (Sie können das Projekt dann später jederzeit wieder in einen Workspace aufnehmen.)

   Wenn Sie das Projekt mit allen Dateien auch von der Festplatte löschen möchten, aktivieren Sie zuerst die Option DELETE PROJECT CONTENTS ON DISK und klicken Sie dann auf OK.

B.5 Neuen Workspace einrichten

Um mit einem neuen Workspace zu arbeiten (beispielsweise um eine bestimmte Gruppe von Projekten unter einem eigenen Verzeichnis und möglicherweise mit anderen Eclipse-Einstellungen zu verwalten), müssen Sie

- einen neuen Workspace einrichten und
- den Installationsort des Android SDK neu angeben.

Neuen Workspace einrichten

1. Rufen Sie den Befehl FILE/SWITCH WORKSPACE/OTHER auf.
2. Wählen Sie im Dialogfeld WORKSPACE LAUNCHER das Verzeichnis aus, unter dem die Projekte des neuen Workspace angelegt werden sollen.

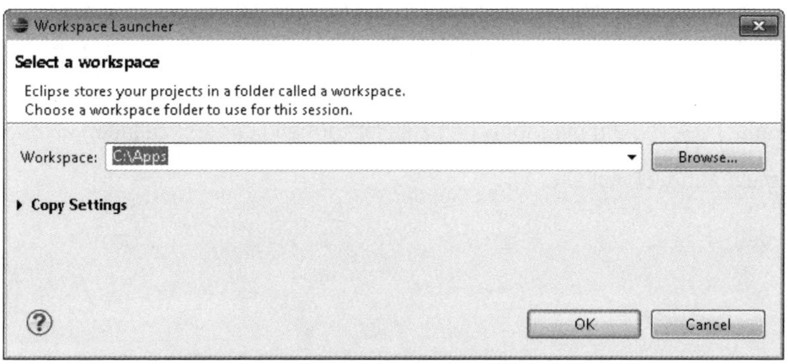

Abbildung B.2: Angabe des Workspace-Verzeichnisses

3. Klicken Sie auf COPY SETTINGS und aktivieren Sie die beiden Kontrollkästchen WORKBENCH LAYOUT und WORKING SETS.
4. Klicken Sie auf OK.

Eclipse verschwindet und startet sich automatisch neu.

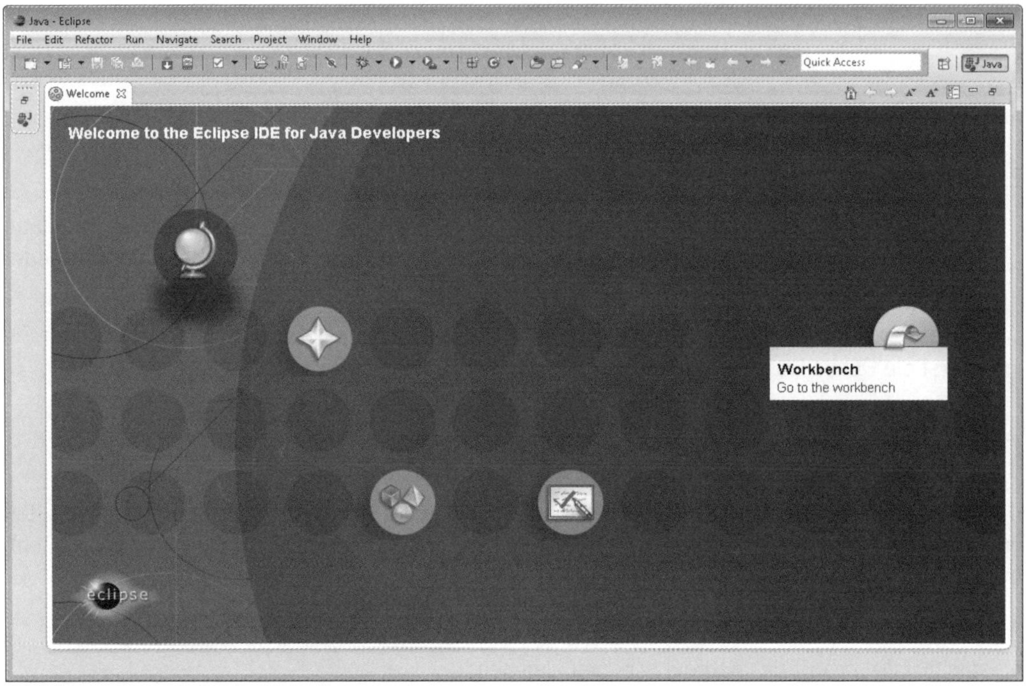

Abbildung B.3: Eclipse wurde neu gestartet.

5. Klicken Sie im neu geöffneten Eclipse-Fenster auf den GO TO THE WORKBENCH-Button.

Verbindung zu Android SDK herstellen

6. Rufen Sie den Befehl WINDOW/PREFERENCES auf. Klicken Sie links auf ANDROID und wählen Sie über den BROWSE-Schalter rechts neben dem SDK LOCATION-Eingabefeld das Installationsverzeichnis des Android-SDK aus, z.B. *C:\INSTALLATIONSVERZEICHNIS\Android\android-sdk* (sofern es nicht bereits vorgegeben ist).
7. Klicken Sie auf die Schaltfläche APPLY, um die möglichen Zielplattformen (Targets) zu laden.
8. Verlassen Sie das Dialogfeld mit Klick auf OK.

B.6 Bestehendes Projekt in Workspace aufnehmen (Import)

Um ein Projekt auf der Festplatte in den aktuellen Workspace aufzunehmen, gehen Sie wie folgt vor:

1. Rufen Sie im Menü FILE den Befehl IMPORT auf.
2. Wählen Sie im Dialogfeld IMPORT den Eintrag GENERAL/EXISTING PROJECTS INTO WORKSPACE aus und klicken Sie auf NEXT.
3. Klicken Sie auf der zweiten Seite des Dialogfelds IMPORT auf die Schaltfläche BROWSE und wählen Sie das Projektverzeichnis des Projekts aus.

   Im Bereich PROJECTS des Dialogfelds sollten daraufhin die in dem Verzeichnis vorhandenen Projekte angezeigt werden.
4. Wählen Sie falls nötig den Eintrag für das Projekt aus.

   Befindet sich das Verzeichnis des Projekts sowieso schon im Verzeichnis des aktuellen Workspace (wie es z.B. der Fall ist bei Projekten, die in diesem Workspace ursprünglich angelegt, dann aber aus dem Workspace entfernt wurden), sollten Sie noch darauf achten, dass die Option COPY PROJECTS INTO WORKSPACE deaktiviert ist.
5. Klicken Sie auf FINISH.

Hinweis Manchmal kommt es beim Erstellen eines importierten Projekts zu einer Fehlermeldung bezüglich der Eigenschaftendatei *project.properties*. In solchen Fällen schließen Sie das Projekt in Eclipse (CLOSE PROJECT-Befehl in Kontextmenü des Projektknotens), löschen Sie das Projekt aus dem Workspace (DELETE-Befehl in Kontextmenü des Projektknotens, inklusive Löschen von Festplatte) und importieren Sie das Projekt neu.

Achtung Wenn das importierte Projekt mit einer Android-API erstellt wurde, die auf Ihrem System nicht vorhanden ist, gibt Eclipse eine Fehlermeldung aus. Öffnen Sie dann im Package Explorer das Kontextmenü zu dem Projektknoten, rufen Sie den Befehl PROPERTIES auf und wählen Sie unter der Kategorie ANDROID ein passendes Target aus – beispielsweise Android 4.0.3. Kontrollieren Sie am besten auch gleich, ob unter der Kategorie JAVA COMPILER die Kompatibilität zu Java 1.5 oder 1.6 eingestellt ist.

B.7 Launch-Konfigurationen anpassen oder einrichten

Eclipse verwaltet die Einstellungen, die zum Ausführen eines Projekts aus der Eclipse-IDE heraus benötigt werden, in sogenannten Launch-Konfigurationen. Diese werden grundsätzlich automatisch angelegt, wenn Sie ein Projekt mithilfe des Menübefehls RUN/RUN oder auch RUN AS ausführen. Sie können diese Launch-Konfigurationen anpassen oder auch eigene Launch-Konfigurationen manuell erstellen.

Welche Launch-Konfigurationen sind verfügbar?

1. Rufen Sie den Menübefehl Run/Run Configurations auf.
2. Klappen Sie falls nötig den Knoten Android Application auf.

   Darunter werden die verfügbaren Launch-Konfigurationen aufgezeigt.

> **Achtung** Es werden alle Launch-Konfigurationen zu allen geöffneten Projekten des aktuellen Workspace aufgeführt.

Launch-Konfigurationen anpassen

1. Rufen Sie den Menübefehl Run/Run Configurations auf.
2. Wählen Sie unter dem Knoten Android Application die zu bearbeitende Launch-Konfiguration aus.
3. Konfigurieren Sie die Launch-Konfiguration auf den Registerseiten Android, Target und Common.
4. Klicken Sie abschließend auf Apply und dann auf Close.

Launch-Konfigurationen manuell einrichten

1. Rufen Sie den Menübefehl Run/Run Configurations auf.
2. Klicken Sie unter dem Knoten Android Application mit der rechten Maustaste auf eine bestehende Launch-Konfiguration, die Sie als Vorlage für die neue Konfiguration verwenden möchten, und wählen Sie im Kontextmenü den Befehl Duplicate aus.
3. Tippen Sie rechts oben über den Registerseiten den Namen für die neue Konfiguration ein.
4. Konfigurieren Sie die Launch-Konfiguration auf den Registerseiten Android, Target und Common.
5. Klicken Sie abschließend auf Apply und dann auf Close.

B.8 Properties-Fenster anzeigen

Das Properties-Fenster ist vor allem für die Bearbeitung von Benutzeroberflächen im Designer interessant.

1. Rufen Sie den Befehl Window/Show View/Other auf.
2. Wählen Sie im Dialogfeld Show View den Eintrag General/Properties aus.

Wenn Sie danach eine XML-Layoutdatei laden und im Designer (Registerseite Graphical Layout) auf eines der eingebetteten UI-Elemente klicken, sollten die Eigenschaften des UI-Elements im Properties-Fenster angezeigt werden, wo sie bearbeitet werden können.

Leider klappt dies nicht immer. Klicken Sie dann irgendwo ins PROPERTIES-Fenster, wählen Sie das UI-Element erneut im Designer aus und kehren Sie zurück ins PROPERTIES-Fenster. Jetzt sollten die Eigenschaften des UI-Elements im PROPERTIES-Fenster angezeigt werden.

Tipp Achten Sie darauf, dass die Anzeige der Eigenschaften im PROPERTIES-Fenster nach Kategorien geordnet ist (erstes Symbol in der Symbolleiste). Sie können dann am Titel der obersten Kategorie immer ablesen, auf welches UI-Element sich das Fenster gerade bezieht.

B.9 Formatierung von XML-Layoutdateien

Wenn Sie viel direkt im XML-Code arbeiten, kann es schnell passieren, dass dieser mit der Zeit immer unordentlicher formatiert ist. Um solchen Code effizient wieder ins Reine zu bringen, gehen Sie am besten wie folgt vor:

1. Rufen Sie im Kontextmenü des Editors den Befehl PREFERENCES auf.
2. Aktivieren Sie auf der Seite XML/XML FILES/EDITOR die Option SPLIT MULTIPLE ATTRIBUTES EACH ON A NEW LINE.
3. Klicken Sie auf OK.

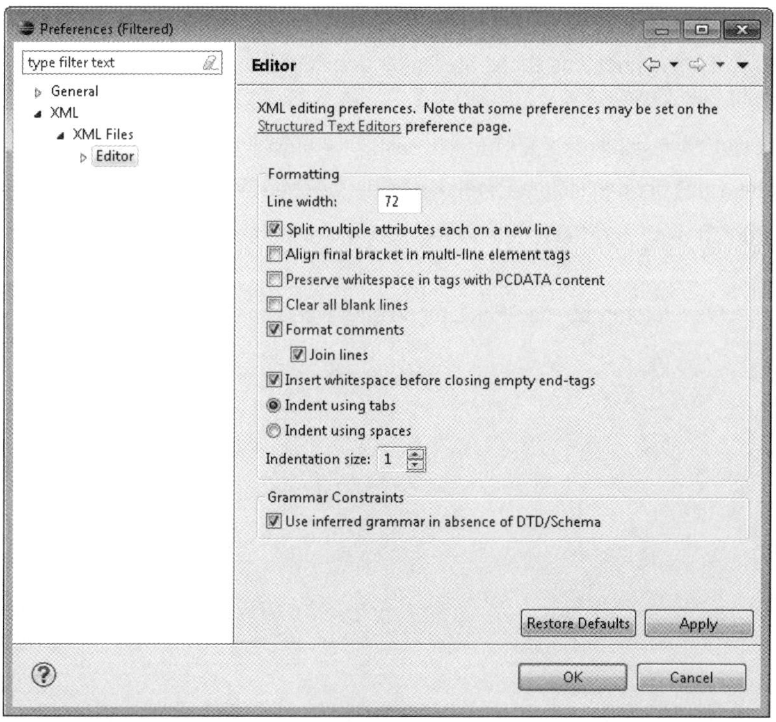

Abbildung B.4: Konfiguration des XML-Editors

Dies erledigt, brauchen Sie zum Umformatieren eines XML-Codes nur noch im Kontextmenü des Editors den Befehl SOURCE/FORMAT aufzurufen (Tastenkombination [Strg]+[⇧]+[F]).

B.10 Apps exportieren

Bevor Sie mit dem Export einer App beginnen, sollten Sie kontrollieren, dass in der Manifestdatei eine Target-SDK-Version angegeben ist. (Laden Sie dazu die Manifestdatei, wechseln Sie ggf. zur Registerseite MANIFEST und klicken Sie im Bereich MANIFEST EXTRAS auf den Eintrag USES SDK.)

1. Rufen Sie den Menübefehl FILE/EXPORT auf.
2. Wählen Sie im Dialog EXPORT als Exporttyp die Option ANDROID/EXPORT ANDROID APPLICATION aus und klicken Sie auf NEXT.
3. Wählen Sie im Dialog EXPORT ANDROID APPLICATION auf der Seite PROJECT CHECKS das zu exportierende Projekt aus und klicken Sie auf NEXT.
4. Wählen Sie auf der der Seite KEYSTORE SELECTION eine KEYSTORE-Datei mit Signierschlüsseln aus oder erzeugen Sie eine solche.
5. Wenn Sie eine bestehende KEYSTORE-Datei verwenden, können Sie auf der Seite KEY ALIAS SELECTION einen Schlüssel auswählen und das Passwort zu dem Schlüssel eingeben oder Sie erstellen einen neuen Schlüssel. Wenn Sie eine neue KEYSTORE-Datei angelegt haben, müssen Sie jetzt einen neuen Schlüssel erzeugen:
   - Geben Sie einen Namen (ALIAS) für den Schlüssel an.
   - Tippen Sie ein Passwort mit mindestens sechs Stellen für den Zugriff auf den Schlüssel ein und wiederholen Sie es im Feld CONFIRM.
   - Legen Sie fest, wie lange die Signierung gültig sein soll. Der empfohlene Wert ist 25.
   - Füllen Sie mindestens eines der nach unten folgenden Felder aus und klicken Sie dann auf NEXT.
6. Legen Sie fest, wo die durch den Export erzeugte APK-Datei gespeichert werden soll, und klicken Sie auf FINISH.
7. Kontrollieren Sie im Windows Explorer, ob die APK-Datei erzeugt wurde.

B.11 Kleines Eclipse-Wörterbuch

Englischer Begriff	Deutscher Begriff
build	erstellen (Programme aus Quelldateien)
debug	wörtliche Übersetzung: »entwanzen« Taucht in Befehlen zum Ausführen von Projekten im Debugger (Werkzeug zur Fehlersuche) auf.
folding	wörtliche Übersetzung: »falten« Bezeichnet die Codegliederungsfunktion des Editors.
key	Schlüssel Wird in Eclipse zur Signierung von Apps benötigt.
keystore	wörtliche Übersetzung: »Schlüsselspeicher« Eine Datei mit der Extension *.keystore*, in der Signierschlüssel gespeichert werden.
launch	Start
location	Lokation, Speicherort
package	Paket
preferences	wörtliche Übersetzung: »Präferenzen« In Eclipse Menübefehl und Dialogfeld zur Konfiguration der Eclipse-IDE.
properties	Eigenschaften
repository	wörtliche Übersetzung: »Lager«, »Fundgrube« Der Begriff taucht im Zusammenhang mit der Installation von Plugin-Software auf.
run	wörtliche Übersetzung: »laufen«, »ausführen« Taucht in Befehlen zum Starten und Ausführen von Projekten auf.
target	Ziel eines Build-Vorgangs (Art der Anwendung, die erstellt werden soll)
template	Vorlage
view	wörtliche Übersetzung: »Ansicht« Taucht in den Namen von UI-Elementen auf.
wizard	wörtliche Übersetzung: »Zauberer« In Eclipse Juno taucht der Begriff im Dialogfeld NEW PROJECT auf und bezeichnet einen Dialog-Assistenten, der die Informationen einsammelt, die für das Anlegen eines neuen Projekts nötig sind. Je nachdem, welche Art von Projekt Sie beginnen möchten, müssen Sie den passenden Assistenten auswählen.
workspace	Arbeitsbereich mit eigenem Verzeichnis auf der Festplatte, in dem mehrere Projekte verwaltet werden können.

Anhang C: Emulator, DDMS & Debugger

Unersetzliches Handwerkszeug für die Entwicklung von Apps sind der Emulator, das DDMS und der Debugger, die im Laufe des Buches mehrfach erwähnt werden. Dieses Kapitel soll Ihnen eine kurze Einführung in die Benutzung dieser Werkzeuge geben und gleichzeitig noch einige hilfreiche Tipps und Tricks aufzeigen.

C.1 Der Emulator

Der Android-Emulator ist ein Programm, das ein Smartphone mit Android-Betriebssystem auf Ihrem PC nachahmt (»emuliert«). Der Emulator erlaubt es Ihnen, Ihre entwickelten Apps zu testen bzw. Fehler zu suchen, ohne ein echtes Android-Smartphone zur Hand zu haben.

Abbildung C.1: Android-Emulator (Android 4.0.3)

Obwohl Sie sehr wahrscheinlich eines besitzen und daher im ersten Moment denken mögen, dass Sie einen Emulator nicht brauchen, gibt es dennoch einen sehr guten Grund, den Emulator zu benutzen: Vielfalt!

Jedes reale Smartphone hat eine festgelegte Hardware, die nicht geändert werden kann, sodass Sie Ihre Apps auch nur in eng begrenzten Konfigurationen (beispielsweise Bildschirmauflösung, verfügbarer Speicher, Netzwerkgeschwindigkeit) testen können. Wenn Sie als Zielgerät nur das eigene Gerät ins Auge fassen, ist dies natürlich nicht weiter schlimm, aber in der Regel möchte man doch Apps für ein möglichst großes Spektrum an Geräten entwickeln, sei es, weil man sie kommerziell verkaufen oder aber auch an seine Freunde weitergeben will, die wohl nicht alle dasselbe Modell haben werden.

AVD-Dateien

Der Emulator benötigt natürlich eine Beschreibung des Geräts, das er emulieren soll. Dies erfolgt durch ein *AVD = Android Virtual Device*. Dies ist im Prinzip einfach eine Datei, welche die Fähigkeiten eines virtuellen Smartphones definiert, z.B. welche Android-Version installiert ist, die Bildschirmauflösung, Größe des Hauptspeichers und der SD-Karte, etc.

Das Anlegen und Bearbeiten eines AVD erledigen Sie mit dem Programm *SDK Manager.exe* oder gleich aus Eclipse heraus über den Menübefehl WINDOW/ANDROID AVD MANAGER. Zum Anlegen wählen Sie die Schaltfläche NEW und erstellen ein AVD mit der gewünschten Android-API-Version und weiteren Einstellungen.

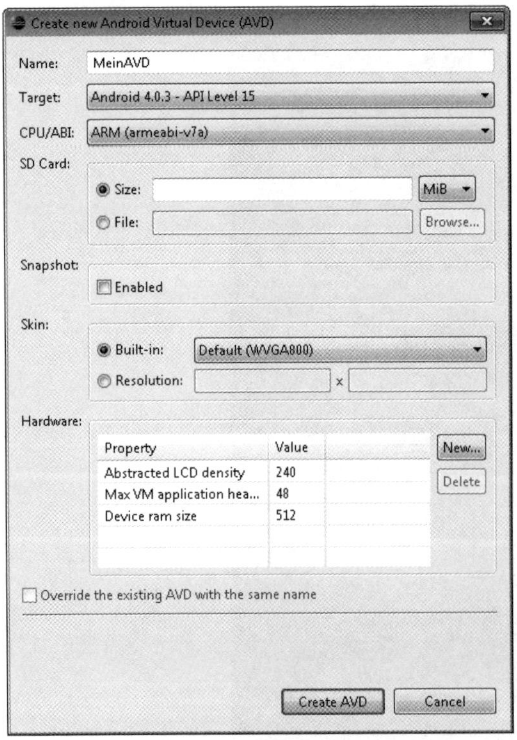

Abbildung C.2: Anlegen eines AVD

Während der Emulator läuft, schreibt er Daten und sonstige Änderungen in spezielle Dateien, die als *Emulator Disk Images* bezeichnet werden. Ein solches Image enthält die Daten, die bei einem echten Android-Gerät im Hauptspeicher oder auf einem internen oder externen Flash-Speicher (SD-Karte) abgelegt wären. Wenn Sie beispielsweise Ihre App auf den Emulator transferieren und installieren, dann landet die zugehörige APK-Datei in dem sogenannten *user-data image*. Daneben kann es (sofern eingerichtet) ein *external data image* geben, welches die Daten einer emulierten SD-Karte enthält.

Hinweis Wenn Sie ein AVD für ein Tablet-Format erstellen wollen, wählen Sie bei TARGET einen Eintrag mit API-Level >=11 und bei SKIN den Eintrag BUILT-IN WXGA800 (für 10 Zoll Geräte) oder WXGA800-7IN (für 7 Zoll).

Tipp Nehmen Sie in den Namen des AVD immer die Nummer der Android-API auf, ansonsten werden Sie im Laufe der Zeit im Chaos versinken!

C.1.1 Emulator starten

Der Emulator bietet zahlreiche Optionen, die man als Parameter beim Starten mitgeben kann. Die wichtigsten für den Einstieg sind:

Option	Beschreibung	Bemerkung/Beispiel
`-help`	Gibt Hilfe zu den verfügbaren Optionen aus.	Es werden nur die Informationen zum Gebrauch der verschiedenen Optionen ausgegeben; der Emulator wird nicht gestartet.
`-avd <avd_name>`	Gibt an, welches AVD der Emulator benutzen soll.	`-avd testavd`
`-wipe-data`	Löscht alle Veränderungen (von früheren Emulatorläufen) in den *Emulator Disk Images*.	
`-memory <n>`	Legt die Größe des emulierten Hauptspeichers in Mbyte fest.	`-memory 128`
`-sdcard <dateiname>`	Imagedatei, die als SD-Karte verwendet werden soll. Wenn dieser Parameter nicht angegeben ist, wird die bei Erstellung des AVD generierte SD-Imagedatei (falls diese Option aktiviert war) verwendet.	`-sdcard c:\daten\sdcard.img`
`-partition-size <n>`	Legt die max. Größe der internen Partitionsgröße in Mbyte fest.	`-partition-size 128` Setzen Sie diesen undokumentierten Parameter, falls Sie beim Installieren von APKs die Meldung `INSTALL_FAILED_INSUFFICIENT_STORAGE` erhalten.

Tabelle C.1: Emulator-Startoptionen

Die unbedingt anzugebende Option ist *-avd <avd_name>*, da ansonsten der Emulator ja nicht weiß, welches Gerät er emulieren soll!

Es gibt zwei Möglichkeiten, um den Emulator zu starten:

- Automatisch durch die Eclipse-Entwicklungsumgebung beim Ausführen einer App (Menübefehle RUN/RUN bzw. RUN/DEBUG)
- Manuell durch Aufruf des Programms *emulator.exe* (zu finden im Android-Installationsverzeichnis unter *\android-sdk\tools*) – vorzugsweise von einem Konsolenfenster aus

Da Eclipse auch nichts anderes macht, als die Datei *emulator.exe* zu starten, sind die beiden Wege letztlich identisch.

Eclipse wählt übrigens beim Anlegen eines Projekts automatisch, mit welchen Optionen der Emulator gestartet werden soll. Falls Sie dies ändern möchten, müssen Sie sich zu einem etwas versteckten Dialog vorarbeiten:

1. Markieren Sie im Package Explorer das gewünschte Projekt.
2. Rufen Sie via rechtem Mausklick das Kontextmenü zum Projektknoten auf und wählen Sie den Befehl PROPERTIES.
3. Wechseln Sie zur Seite RUN/DEBUG SETTINGS.
4. Wählen Sie nun eine Launch-Konfiguration and klicken Sie auf den EDIT-Button.

Die wichtigste Einstellung ist natürlich das zu verwendende *AVD = Android Virtual Device*. Hier können Sie

- mittels ALWAYS PROMPT angeben, dass Eclipse Sie bei jedem Emulatorlauf nach dem zu verwendenden AVD fragen soll,
- mit LAUNCH ON ALL COMPATIBLE DEVICES festlegen, dass die App automatisch auf allen kompatiblen AVDs gestartet wird, oder
- via AUTOMATICALLY PICK COMPATIBLE DEVICE das bevorzugte AVD zur Ausführung festlegen.

Die manuelle Auswahl mit ALWAYS PROMPT ist ratsam, wenn Sie parallel auch mit einem physischen Android-Gerät entwickeln wollen. Falls das Gerät via USB verbunden ist und im USB-Debugging-Modus arbeitet, dann wird es von Eclipse zur Auswahl angeboten.

Daneben können Sie noch einige mehr oder weniger wichtige Optionen wie z.B. WIPE USER DATA (das oben erwähnte Löschen von Daten aus früheren Emulatorläufen aus dem *user data image*) oder die Netzwerkgeschwindigkeit aktivieren. Als Android-Anfänger brauchen Sie wahrscheinlich hier erstmal nichts zu ändern.

Alle weiteren vom Emulator unterstützten Optionen müssen Sie bei Bedarf als Kommandozeilenparameter im Textfeld ADDITIONAL EMULATOR COMMAND LINE OPTIONS eingeben.

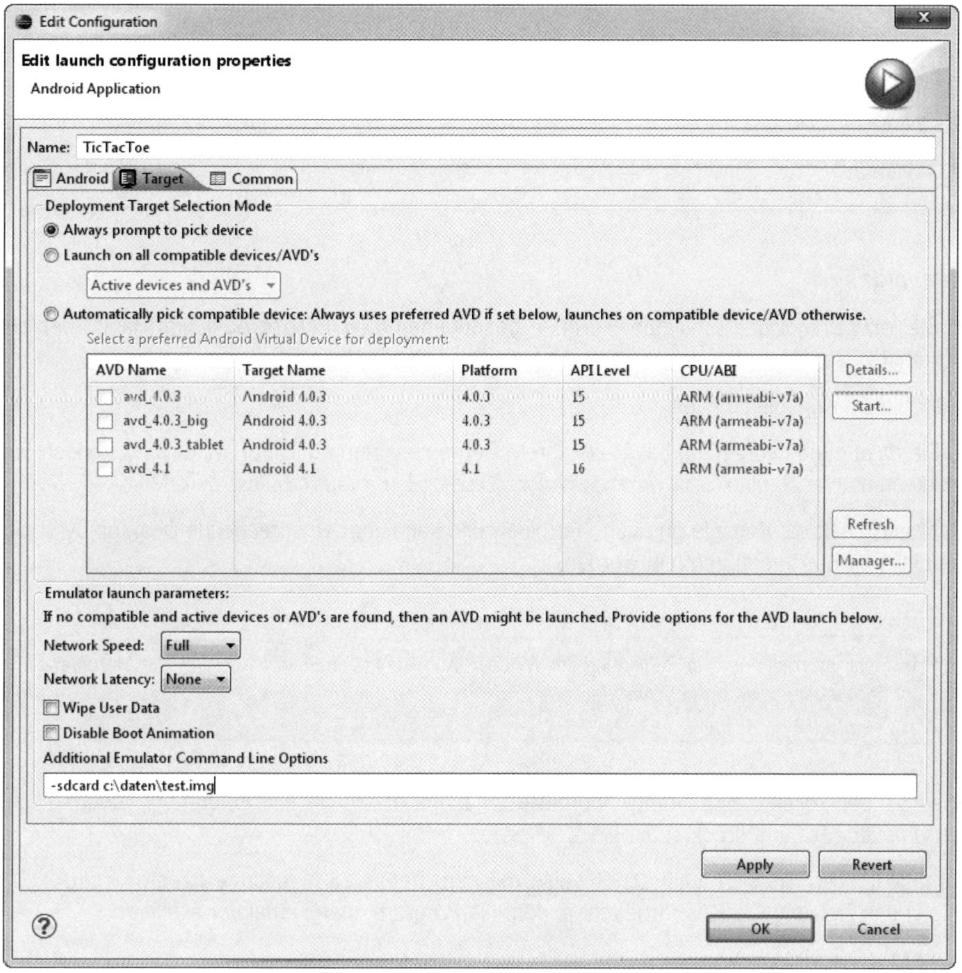

Abbildung C.3: Einstellen der Emulator-Startoptionen unter Eclipse

Simulation einer SD-Karte

Wenn Sie im Emulator eine SD-Karte simulieren möchten, müssen Sie

- entweder beim Anlegen eines AVD für die Option SD CARD eine Größenangabe (mindestens 10 Mbyte) vorsehen (alternativ können Sie auch eine bereits existierende SD-Karte-Emulationsdatei auswählen)
- oder im Eclipse-Fenster EDIT LAUNCH CONFIGURATION PROPERTIES im Feld ADDITIONAL EMULATOR COMMAND LINE OPTIONS die Option *-sdcard <dateiname>* eintragen.

> **Tipp** Zum Erzeugen einer virtuellen SD-Karten-Datei können Sie das Konsolenprogramm *mksdcard.exe* aus dem Android-SDK-Verzeichnis *\android-sdk\tools* verwenden. Z.B. erzeugt
>
> *mksdcard.exe 100M test.img*
>
> eine virtuelle SD-Karten-Datei namens *test.img* und der Größe 100 Mbytes.

Der Startvorgang

Starten Sie jetzt einmal den Emulator wie oben beschrieben über Eclipse oder von Hand über ein Konsolenfenster. Zur Demonstration wählen wir hier die manuelle Variante:

1. Öffnen Sie ein Konsolenfenster.

   Wie Sie dazu genau vorgehen, hängt von Ihrem Betriebssystem ab. Unter Windows 7 können Sie Konsolenfenster z.B. über START/ALLE PROGRAMME/ZUBEHÖR/EINGABEAUFFORDERUNG aufrufen.

   Unter Linux heißt die Konsole oft auch »Terminal« und kann über entsprechende Desktop-Symbole oder Links im Startmenü geöffnet werden.

> **Hinweis** Mehr Informationen zur Bedienung der Windows-Konsole finden Sie als Tutorium zum Herunterladen auf der Website *www.carpelibrum.de*.

2. Geben Sie den vollen Pfad zu Ihrem Android-Installationsverzeichnis ein, gefolgt von *\android-sdk\tools\emulator.exe* und drücken Sie die [↵]-Taste.

   Alternativ können Sie sich auch schrittweise mit dem Befehl `cd` (= change directory) plus [↵]-Taste in das Zielverzeichnis vorarbeiten, in dem die Programmdatei *emulator.exe* liegt.

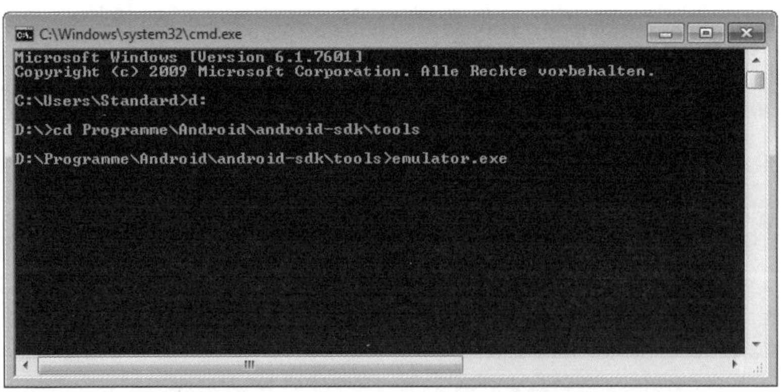

Abbildung C.4: Starten des Emulators über die Kommandozeile

Der Emulator ist zwar eine tolle Sache, hat aber leider einen großen Nachteil: Er ist unglaublich langsam! Selbst wenn Sie einen modernen und leistungsfähigen PC besitzen, kann es mehrere Minuten dauern, bis der Emulator vollständig gestartet ist. Seien Sie also geduldig.

Nach dem Starten des Emulators erscheint relativ schnell ein Fenster, aber dies heißt noch lange nicht, dass der Emulator mit der Initialisierung fertig ist. Warten Sie tapfer weiter, bis sich die Anzeige geändert hat und Sie den Startbildschirm sehen (Achtung: das genaue Aussehen des Startschirms hängt von der emulierten Android-Version ab).

Wird der Emulator komplett neu gestartet, müssen Sie manchmal noch das Display entsperren oder den MENU-Button drücken.

Problembehandlung

- Wenn Sie nach dem Emulator-Start in der Bildschirmseite mit der Uhrzeit rechts oben statt »Android« den Text »no Service« lesen, starten Sie den Emulator neu.
- Wenn die App wie erhofft im Emulator startet, Sie aber das Gefühl haben, die App würde Ihre letzten Änderungen nicht berücksichtigen, schließen Sie den Emulator, speichern Sie gegebenenfalls noch einmal alle Dateien im Eclipse-Editor, lassen Sie das App-Projekt bereinigen und neu erstellen (Befehl PROJECT/CLEAN) und starten Sie die App anschließend neu (Befehl RUN/RUN).
- Eine weitere Möglichkeit bei diversen Problemen (insbesondere wenn im LOGCAT Fenster eine Meldung der Art *emulator disconnected* erscheint) ist das Zurücksetzen der ADB (Android Debug-Bridge). Wechseln Sie in Eclipse in die DDMS-Perspektive (z.B. mit WINDOW/OPEN PERSPECTIVE/OTHER/ DDMS) und im Teilfenster DEVICES klicken Sie in der Icon-Leiste am rechten Ende das Menü auf (das nach unten zeigende Dreieck anklicken) und wählen dann RESET ADB.

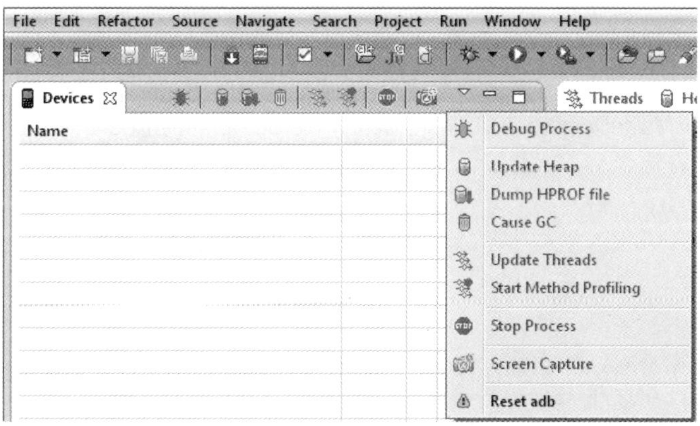

Abbildung C.5: Zurücksetzen der Eclipse-Emulator-Verbindung (ADB)

C.1.2 Die Emulator-Bedienung

Die Oberfläche des Emulators ist reich ausgestattet und verfügt neben dem Anzeigefeld auch über eine Tastatur, ein DPAD und zahlreiche Funktionstasten. Fingerberührungen werden durch einfache Mausklicks erzeugt.

Daneben gibt es diverse Tastaturbefehle, mit denen Sie bestimmte Smartphone-Aktionen simulieren und testen können.

Tastaturbefehl	Beschreibung
Strg + F11	Drehen des Emulators (z.B. von Hoch- in Querformat)
Alt + ↵	Wechsel zwischen Vollbildschirm und Fensterdarstellung
F2	Optionen-Menü der App
Esc	ZURÜCK-Taste (Back)

Tabelle C.2: Wichtige Tastaturbefehle (eine vollständige Liste finden Sie unter http://developer.android.com/guide/developing/tools/emulator.html)

C.1.3 Apps installieren und deinstallieren

Normalerweise werden Sie Ihre Apps automatisch durch Eclipse installieren lassen, wenn Sie einen Testlauf starten. Sie können zur Installation aber auch das Hilfsprogramm *adb* verwenden.

Öffnen Sie hierzu (bei laufendem Emulator) ein Konsolenfenster, wechseln Sie zu dem Android-Installationsverzeichnis und dann in das Unterverzeichnis *platform-tools*. Mit den Kommandos

adb install <pkname>

adb uninstall <paketname>

können Sie danach Apps installieren bzw. deinstallieren. Für eine App mit dem Paketnamen `de.carpelibrum.demo`, die als Datei *MeineDemo.apk* vorliegt, sähen die betreffenden Befehle z.B. wie folgt aus:

adb install c:\MeineApps\MeineDemo.apk

adb uninstall de.carpelibrum.demo

> **Tipp** Manchmal scheint sich das Android-Plugin in Eclipse zu verschlucken, wenn Apps via *adb* manuell deinstalliert worden sind. Starten Sie dann Eclipse neu, machen Sie eine kleine Änderung im Quellcode (z.B. eine Leerzeile einfügen), speichern Sie und rufen Sie dann PROJECT/CLEAN auf. Meistens hilft dies!

C.2 Das DDMS

Neben dem Emulator ist die zweite wichtige Säule das DDMS (Dalvik Debug Monitor System). Es stellt (mithilfe eines weiteren Tools namens Android Debug Bridge = ADB) das Bindeglied dar zwischen Eclipse und den auszuführenden Apps im Emulator bzw. einem physischen Android-Gerät.

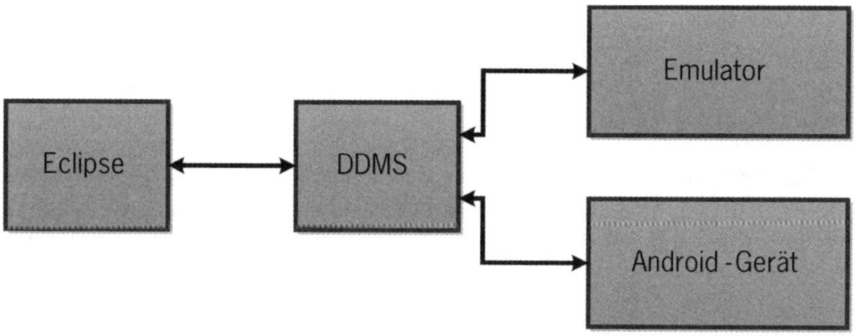

Abbildung C.6: Zusammenarbeit Eclipse-DDMS-Emulator

Wenn Sie genauer mitverfolgen möchten, was bei Ausführung einer App geschieht, schalten Sie Eclipse nach dem Start der App in die DDMS-Perspektive (Menübefehl Window/Open Perspective/Other/DDMS oder Window/Open Perspective/DDMS).

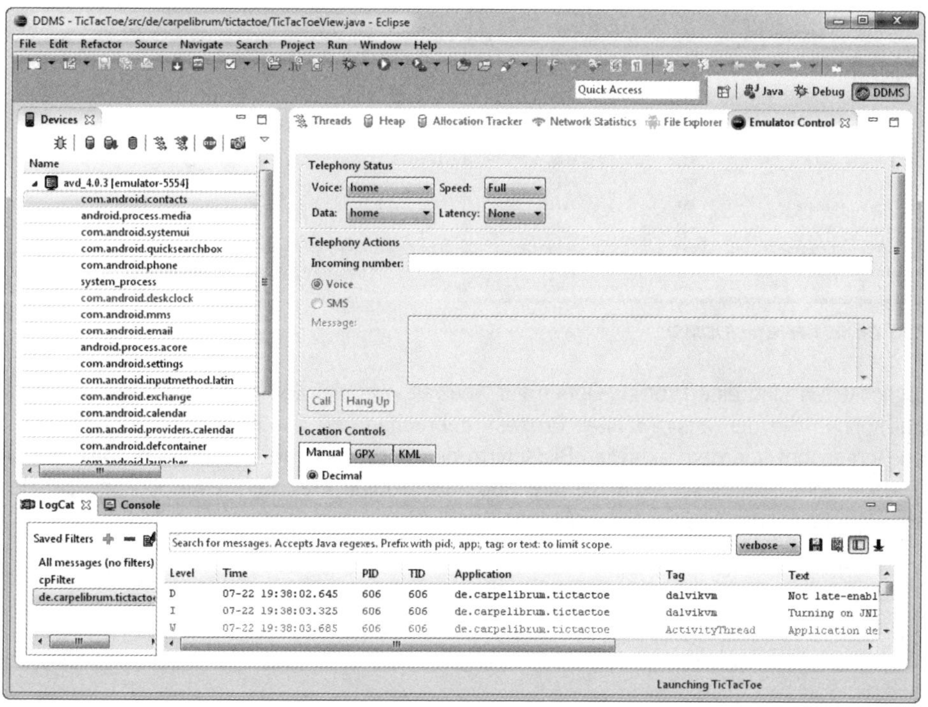

Abbildung C.7: Dalvik Debug Monitor System

> **Hinweis** Zum schnellen Umschalten zwischen Perspektiven blendet Eclipse rechts oben passende Schaltflächen ein.

Devices

Im Teilfenster Devices können Sie festlegen, mit welchem verbundenen Gerät (inklusive Emulator) Sie arbeiten möchten. Falls mehrere Geräte gleichzeitig verbunden sind, kann natürlich beliebig hin- und hergewechselt werden.

Für jedes Gerät können Sie durch Anklicken mit der Maus den Prozess auswählen, den Sie näher untersuchen möchten. Den Prozess Ihrer App erkennen Sie am Paketnamen. Für Apps, die nicht im Debug-Modus von Eclipse gestartet wurden, können Sie hier übrigens auch nachträglich in den Debug-Modus wechseln.

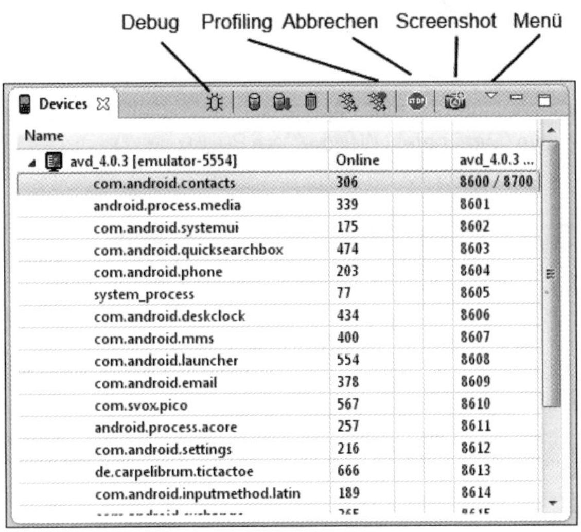

Abbildung C.8: Devices-Fenster (DDMS)

Weitere Möglichkeiten sind eine Profiling-Option zur Analyse, wie viel Zeit verbraucht wird. Mit dem Stop-Symbol können Sie den ausgewählten Prozess abbrechen und das Kamera-Symbol gestattet Ihnen, einen Screenshot von dem aktuellen Bildschirm des Android-Geräts zu erstellen. Dies ist beispielsweise dann ganz praktisch, wenn Sie Ihre Apps auf Google Play veröffentlichen und auf der Begleitseite einige Bilder der App präsentieren möchten.

LogCat

Logging-Ausgaben können im Fenster LogCat beobachtet werden. Zu sehen sind alle Nachrichten, die Android oder Ihre App mithilfe der Klasse `Log` und der Methoden `Log.d()`, `Log.e()` etc. ausgibt. Auch Ausgaben mit `System.out.println()` würden hier erscheinen.

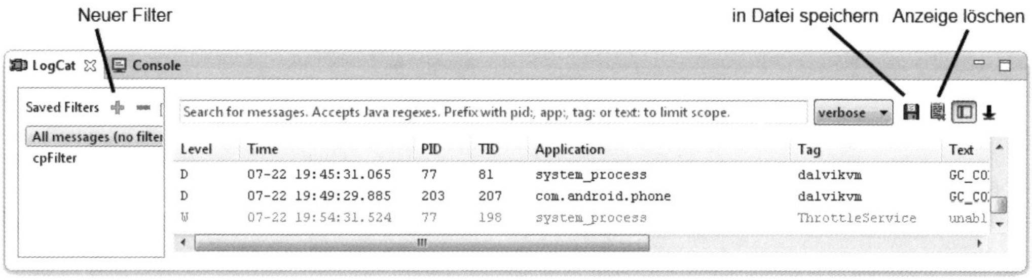

Abbildung C.9: LogCat-Fenster

Da eine Vielzahl von Logausgaben von der Android-Laufzeitumgebung sowie etwaigen anderen aktiven Apps ausgegeben werden, kann man leicht die Übersicht verlieren. Sie sollten daher Filter definieren.

Für jeden Filter wird eine eigene Registerlasche angelegt, auf deren Seite nur die Ausgaben mit den gewählten Kriterien (typischerweise dem Namens-Tag oder dem Log-Level) angezeigt werden.

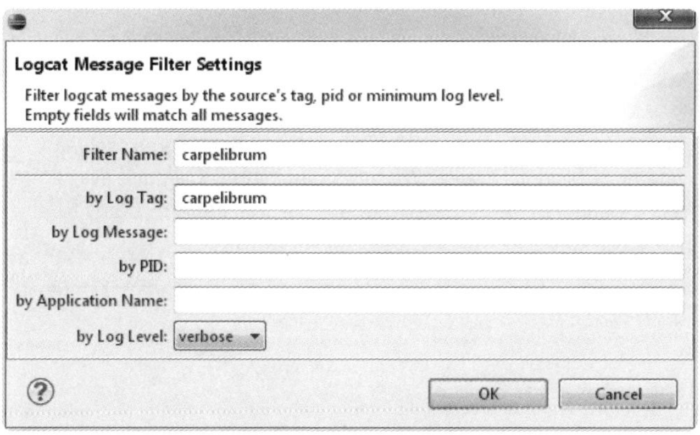

Abbildung C.10: Definition eines LogCat-Filters

File Explorer

Im File Explorer haben Sie Zugriff auf das Dateisystem des Emulators bzw. Android-Geräts und können beispielsweise prüfen, welche Dateien vorhanden sind. Es ist auch möglich, Dateien zwischen dem Dateisystem des PC und dem Android-Dateisystem zu transferieren.

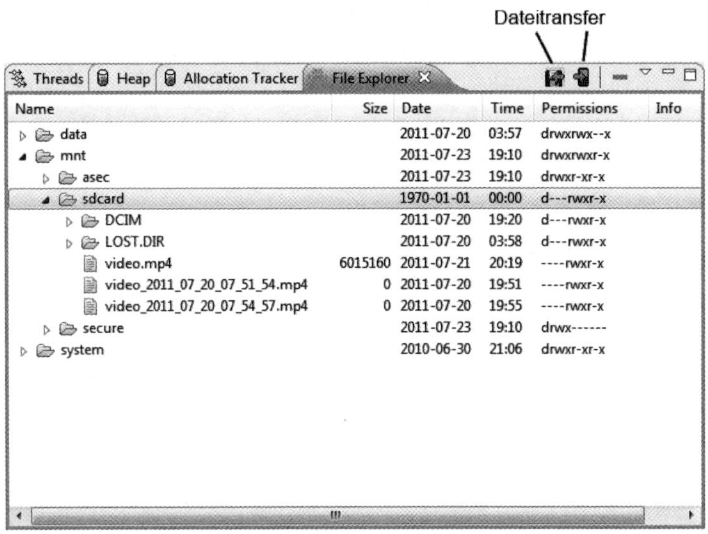

Abbildung C.11: Der File Explorer

Achtung Wenn Sie Dateien aus dem Android-Dateisystem in Ihr PC-Dateisystem transferieren, sollten Sie der eingeblendeten Fortschrittsanzeige nicht blind vertrauen. Warten Sie auf jeden Fall noch einige Sekunden, nachdem der Transfer angeblich beendet wurde, bevor Sie auf die transferierte Datei zugreifen.

Emulator Control

Das Fenster EMULATOR CONTROL bietet die Möglichkeit, eingehende Telefonanrufe bzw. SMS-Nachrichten zu simulieren. Sie können eine fiktive Nummer des Gesprächspartners und den SMS-Text festlegen.

Zum Testen von Apps, die mit GPS arbeiten, ist es außerdem möglich, explizite Geokoordinaten zu senden und zwar sowohl Einzelkoordinaten als auch ganze Datensätze aus einer entsprechenden Datei.

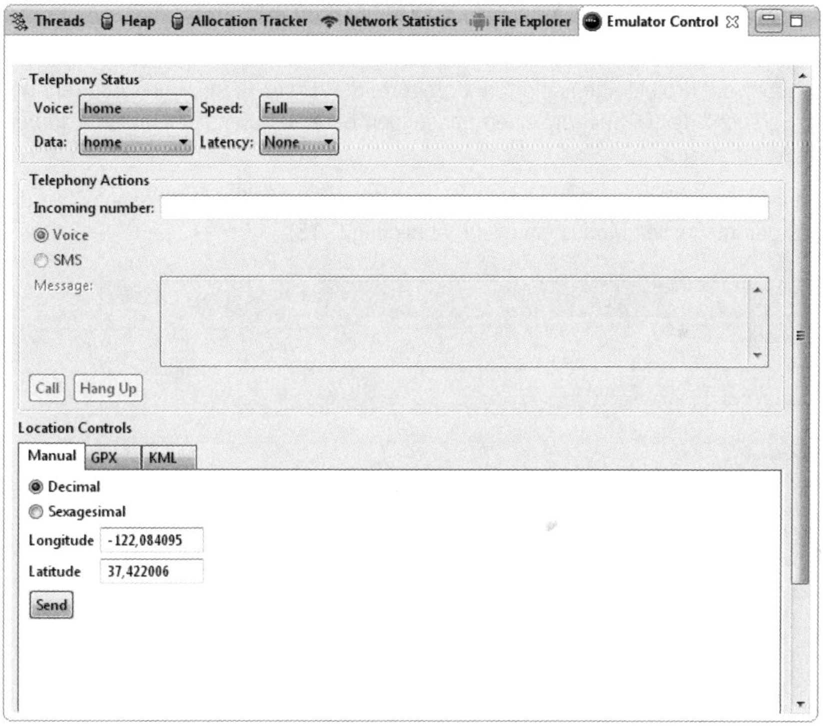

Abbildung C.12: Emulator Control-Fenster

Achtung Es scheint öfters vorzukommen, dass die letzten Nachkommastellen von GPS-Koordinaten leicht verfälscht im Emulator ankommen!

C.3 Der Debugger

Der Eclipse-Debugger ist ein Werkzeug zur Fehlersuche: Wenn Ihre App abstürzt oder einfach nicht das macht, was Sie eigentlich erwarten, dann hilft Ihnen der Debugger, die Gründe hierfür zu finden.

C.3.1 Debug-Lauf starten

Zum Starten einer Debug-Sitzung wählen Sie in Eclipse in der Java-Perspektive den Menübefehl RUN/DEBUG (Taste F11) oder klicken auf das graue Wanzensymbol in der Symbolleiste.

Wenn Sie zur Ausführung der App eine Launch-Konfiguration verwenden, für die Sie den automatischen Modus aktiviert haben (über die Projekteigenschaften, Kategorie RUN/DEBUG SETTINGS und Auswahl der Launch-Konfiguration), versucht der Debugger, einen passenden bereits laufenden Emulator zu verwenden bzw. einen neuen zu starten.

Falls Sie die App auf einem realen Android-Gerät debuggen möchten, stellen Sie stattdessen über die Properties des Projekts den manuellen Modus ein (siehe Abbildung C.13).

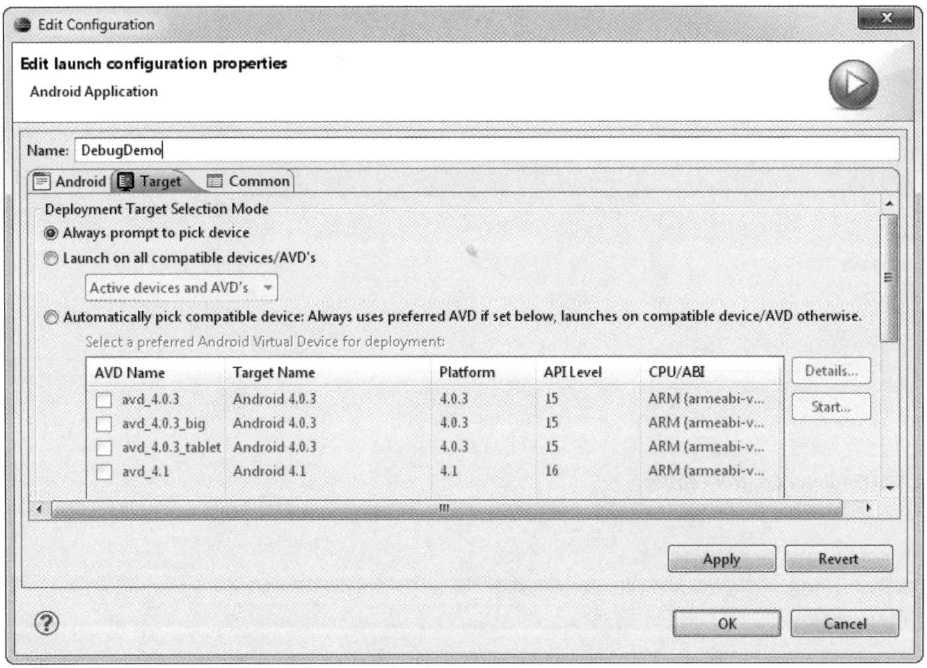

Abbildung C.13: Umschalten auf manuelle Auswahl des Zielgeräts

Wenn das Android-Gerät im USB-Debugging-Modus[1] arbeitet und über USB verbunden ist, dann wird Eclipse Sie in einem Dialogfeld fragen, welches Gerät verwendet werden soll.

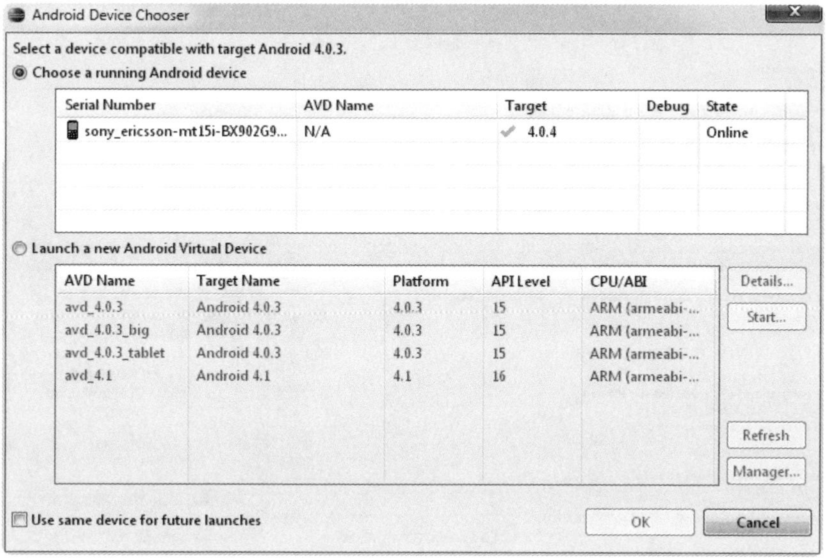

Abbildung C.14: Auswahl des Zielgeräts

Je nachdem, wie Eclipse konfiguriert ist, wird Eclipse zum Debuggen automatisch in die Debug-Perspektive wechseln bzw. Sie danach fragen – was Sie bejahen sollten.

> **Hinweis** Falls kein Wechsel erfolgt, rufen Sie den Menübefehl WINDOW/OPEN PERSPECTIVE/DEBUG auf.

Die Eclipse-Ansicht ändert sich daraufhin und blendet diverse Debug-Fenster ein, in denen Sie z.B. verfolgen können, welche Quelltextstelle dem aktuellen Ausführungsstatus der App entspricht, welche lokalen Variablen aktuell existieren oder welche Log-Ausgaben aufgezeichnet wurden.

1 Auf dem Smartphone/Tablet-PC finden Sie diese Einstellung meistens unter einem Punkt wie EINSTELLUNGEN/ANWENDUNGEN/ENTWICKLUNG oder EINSTELLUNGEN/SYSTEM/ENTWICKLEROPTIONEN.

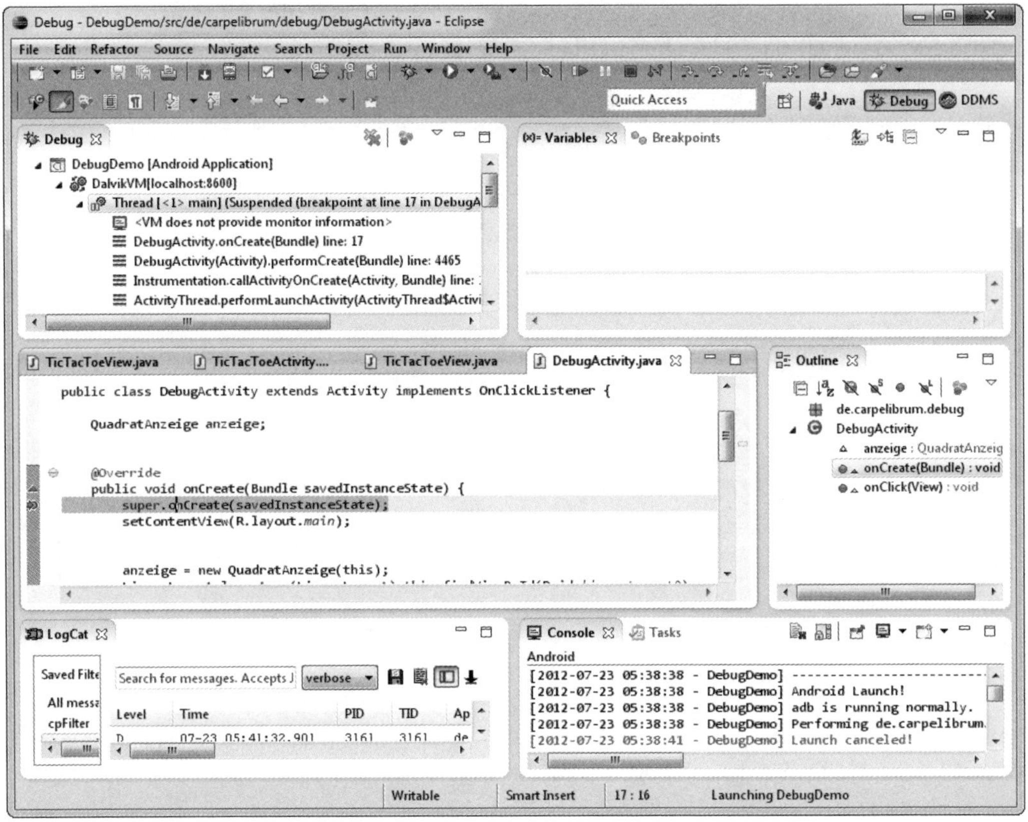

Abbildung C.15: Die Debug-Perspektive von Eclipse

C.3.2 Debug-Möglichkeiten

Debuggen besteht im Wesentlichen aus drei Aktionen:

- Zeilenweises Abarbeiten des Quelltextes (*stepping*)
- Durchlaufen bis zum Erreichen des nächsten definierten Haltepunkts (*Breakpoint*)
- Ansehen von Variableninhalten

Nachdem der Debugger gestartet wurde, beginnt er die Ausführung der App und arbeitet den Programmcode so lange ab, bis er entweder auf einen Fehler (Exception) stößt oder einen definierten Haltepunkt – *Breakpoint* – antrifft.

Trifft er auf einen Haltepunkt, stoppt er die Ausführung und Sie haben Gelegenheit, den Zustand der App an diesem Punkt genauer zu betrachten (Werte der Variablen, aufgerufene Methoden etc.). Anschließend können Sie den Code schrittweise oder bis zum nächsten Haltepunkt weiter ausführen.

Haltepunkte setzen

Vor dem Starten eines Debug-Laufs ist es daher üblich, an den Stellen im App-Quelltext, von denen Sie vermuten, dass dort bzw. kurz danach etwas schiefläuft, Haltepunkte zu setzen Wenn Sie gar keine Ahnung haben, dann setzen Sie einfach einen Haltepunkt in der ersten Zeile der `onCreate()` Methode der Start-Activity.

Das Setzen eines Haltepunkts erfolgt im Editor-Fenster. Doppelklicken Sie einfach in den linken Rand neben der betreffenden Codezeile. Eclipse markiert die Zeile mit einem blauen Punkt.

Um einen Haltepunkt wieder zu entfernen, müssen Sie ihn nur doppelt anklicken.

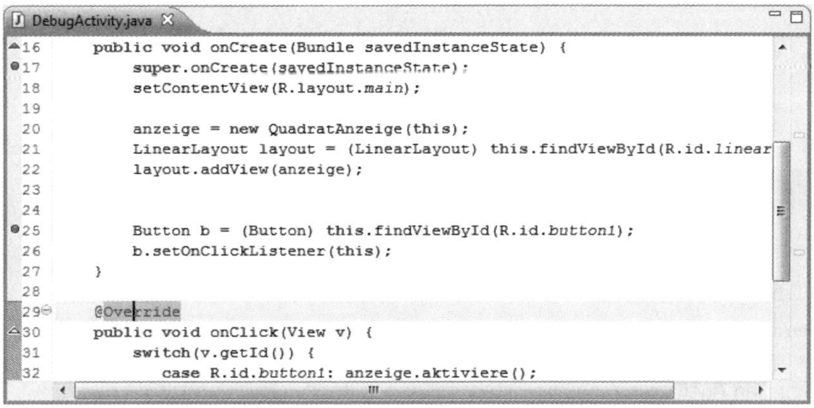

Abbildung C.16: Zwei Haltepunkte in onCreate(): Zeile 17 und Zeile 25

Trifft der Debugger auf einen Haltepunkt, unterbricht er an der betreffenden Stelle die App-Ausführung. Die betreffende Zeile wird im Editor daraufhin grün unterlegt, um anzuzeigen, dass hier die aktuelle Ausführungsposition ist.

> **Achtung** Die Ausführung stoppt immer **vor** der Zeile mit dem Haltepunkt, d.h., die grün markierte Zeile ist die Zeile, die als Nächstes ausgeführt wird.

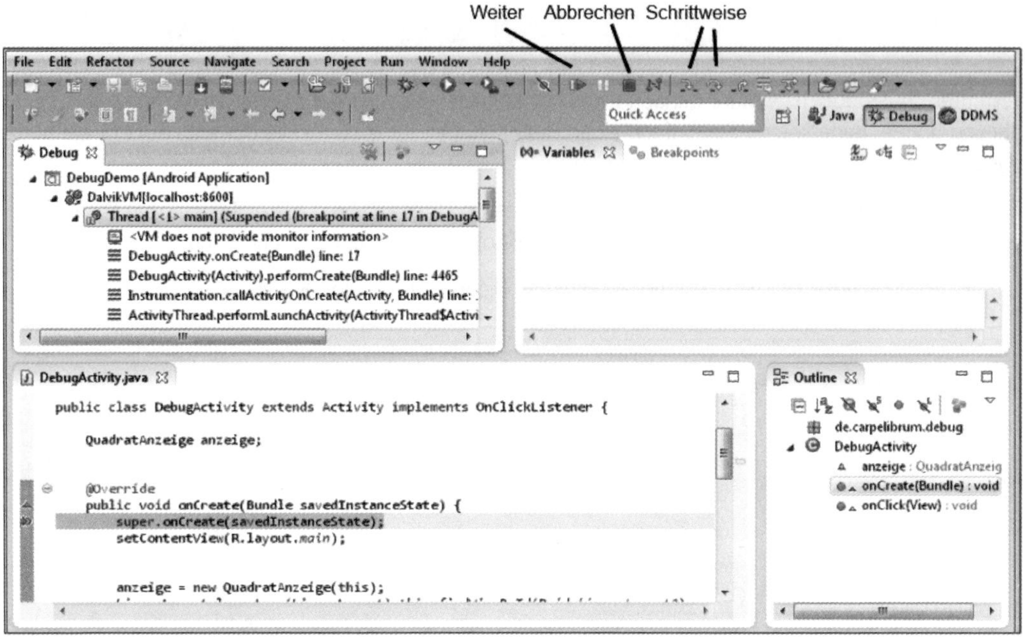

Abbildung C.17: Erreichen eines Haltepunkts

Ausgehend von der aktuellen Ausführungsposition stehen Ihnen folgende Optionen zur Verfügung:

- Weiterlaufen bis zum nächsten Haltepunkt (Befehl RUN/RESUME oder Taste [F8])
- Debug-Lauf abbrechen (Befehl RUN/TERMINATE oder Taste [Strg]+[F2])
- Schrittweise weiter mit:
- RUN/STEP INTO (Taste [F5]): Enthält die aktuelle Zeile einen Methodenaufruf, wird in deren Code verzweigt und die Programmausführung stoppt dort.
- RUN/STEP OVER (Taste [F6]): Die aktuelle Zeile wird abgearbeitet, danach stoppt die Programmausführung. Enthält die aktuelle Zeile einen Methodenaufruf, wird dieser in einem Schritt komplett ausgeführt.
- RUN/STEP RETURN (Taste [F7]): Die aktuelle Methode wird zu Ende abgearbeitet (inklusive aller darin vorkommenden Methodenaufrufe).

> **Hinweis** Das schrittweise Debuggen in Methodenaufrufe hinein (*Step-in*) ist nur möglich, wenn der Quelltext dieser Methode Teil des Eclipse-Projekts ist. Dies ist standardmäßig nur der selbst erstellte Quelltext Ihrer App; Sie können also nicht in Methoden verzweigen, die beispielsweise zur Android-API gehören, es sei denn, Sie haben sich den Android-Quellcode mit der passenden Versionsnummer als JAR-Datei besorgt und dem Projekt hinzugefügt.

Variablenwerte prüfen

Ruht die Programmausführung an einem Haltepunkt, können Sie sich in den verschiedenen Debug-Fenstern über den aktuellen Zustand der App informieren. Prüfen Sie vor allem die Variableninhalte, um festzustellen, ob etwas falsch berechnet oder eine Variable falsch gesetzt wurde.

Zur schnellen Überprüfung einer Variablen brauchen Sie den Mauszeiger einfach nur für eine Weile über dem Namen einer Variablen im Quelltext stehen zu lassen. Der Eclipse-Debugger blendet Ihnen den Wert dann in einem Info-Fenster ein.

Variablen, deren Wert Sie öfters kontrollieren möchten, tragen Sie am besten in das Fenster VARIABLES ein. Hier sehen Sie standardmäßig alle beim Haltepunkt gültigen und sichtbaren Variablen.

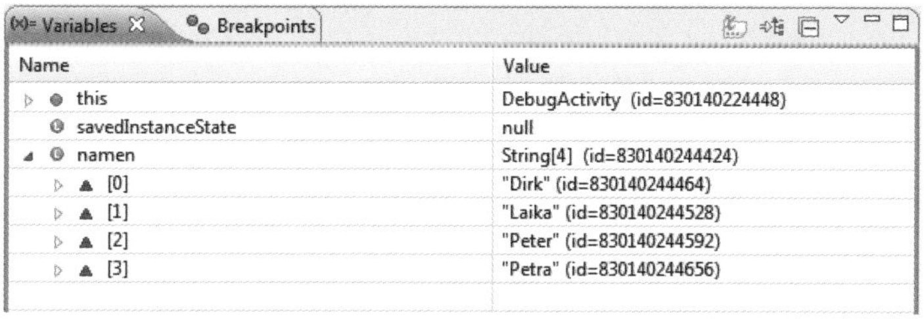

Abbildung C.18: Ansehen von Variableninhalten

C.4 Debugging-Beispiel

Falls Sie sich noch nicht sicher fühlen, wie Sie beim Debuggen vorgehen sollen, dann vollziehen Sie doch den folgenden Abschnitt nach. Auf der Buch-DVD finden Sie im zugehörigen Verzeichnis das Eclipse-Projekt *DebugDemo*. Importieren Sie es in Eclipse und starten Sie es mit dem Menübefehl RUN/RUN.

Die App ist relativ überschaubar. Sie besteht aus einem Button und einer dynamisch ins Layout eingefügten View. Drückt der Anwender den ZEICHNEN-Button, wird ein großes, rotes X in die View gezeichnet.

Wenn Sie die App ausführen, werden Sie aber zunächst nur eine Fehlermeldung zu sehen bekommen (siehe Abbildung C.19).

1. Führen Sie die App aus.

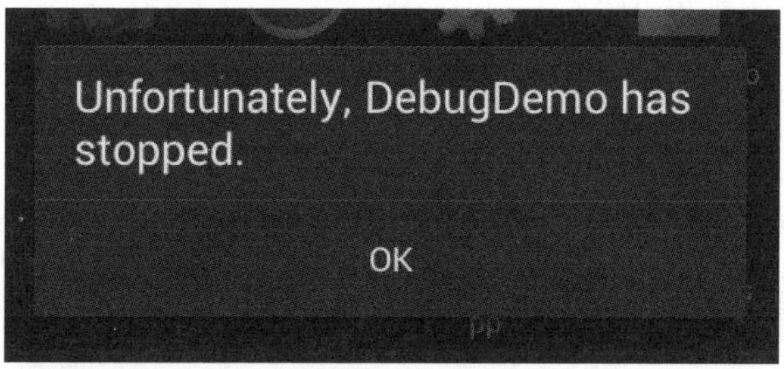

Abbildung C.19: Die App hat ein Problem ...

Anscheinend hat der Programmstart eine interne Exception ausgelöst, also einen schwerwiegenden Fehler. Wie gehen wir nun am besten vor, um herauszufinden, was schiefläuft?

2. Prüfen wir zunächst einmal die LogCat-Ausgabe.

   Wechseln Sie dazu in die DDMS-Perspektive (Befehl Window/Open Perspective/Other/DDMS) und wählen Sie im Devices-Fenster den Emulator oder das Gerät aus, in dem die App ausgeführt wird.

   Wechseln Sie zum LogCat-Fenster, klicken Sie auf den Error-Filter (Option error in dem Listenfeld in der Symbolleiste) und scrollen Sie die roten Fehlermeldungen. Irgendwo weiter unten werden Sie die Zeilen aus Abbildung C.20 entdecken.

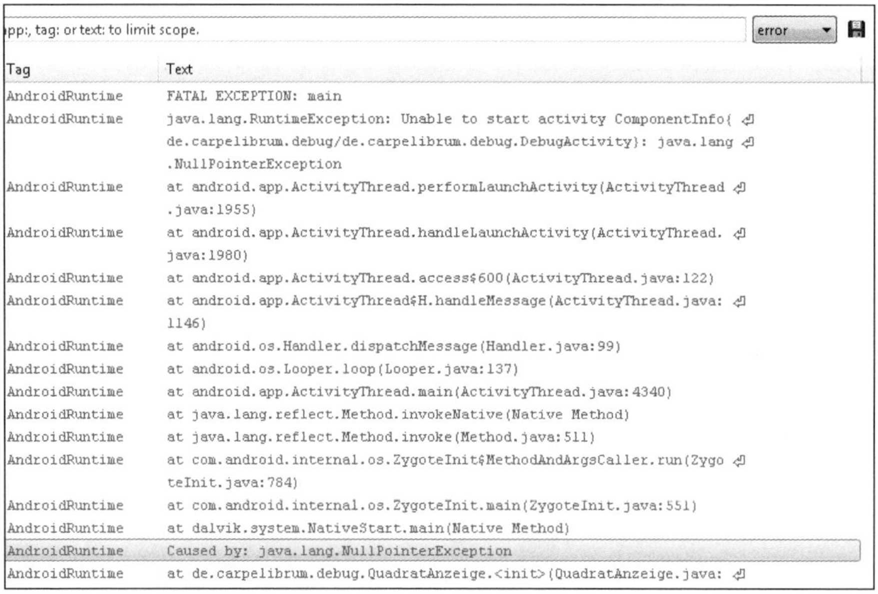

Abbildung C.20: Fehlermeldungen im LogCat-Fenster

Entscheidende Hinweise gibt die Zeile mit der Meldung »Caused by: java.lang.NullPointerException«. Dies besagt, dass versucht wurde, über eine Objektvariable, die den Wert `null` enthält, auf ein Objekt zuzugreifen – was natürlich nicht funktioniert.

Direkt darunter steht auch, wo dies passiert ist: in der Datei *QuadratAnzeige.java* in Zeile 21.

3. Doppelklicken Sie auf die Fehlermeldung, um die betreffende Stelle in den Eclipse-Editor zu laden.
4. Setzen Sie einen Haltepunkt in die Zeile (21).
5. Starten Sie die App erneut, diesmal über den Menübefehl Run/Debug (Taste F11).

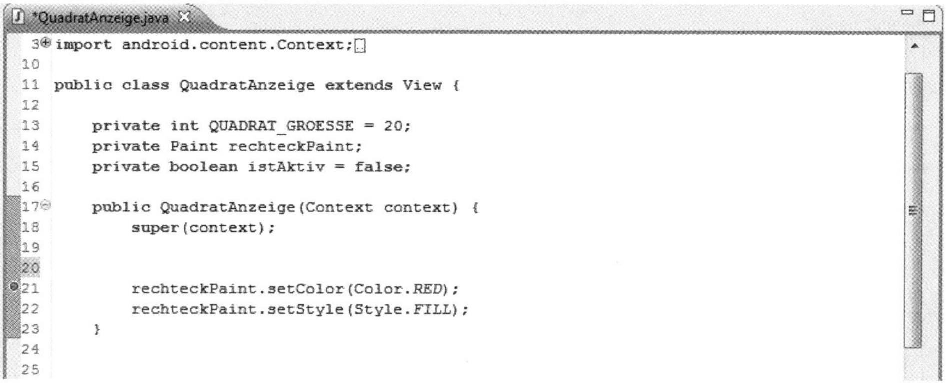

Abbildung C.21: Die fehlerhafte Stelle im Quelltext von QuadratAnzeige.java

Die Programmausführung wird nun in Zeile 21 (d.h. vor dem Ausführen dieser Zeile) gestoppt.

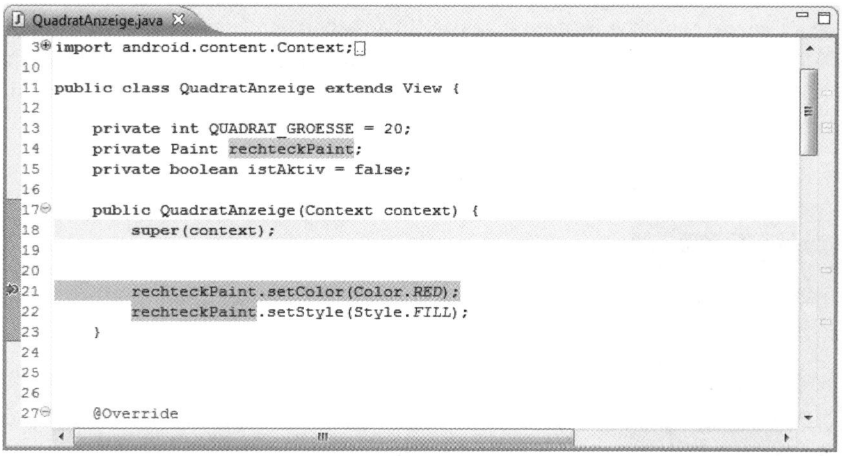

Abbildung C.22: Debugger hält am Haltepunkt in Zeile 21.

6. Platzieren Sie nun den Cursor über dem Variablennamen `rechteckPaint` und Sie werden sehen, dass die Variable den Wert `null` enthält!

Genaueres Betrachten des Quellcodes ergibt, dass vergessen wurde, ein `Paint`-Objekt anzulegen und der Variablen zuzuweisen. Wir können also unseren Debug-Lauf erst einmal abbrechen.

7. Beenden Sie den aktuellen Debug-Lauf mit dem Befehl RUN/TERMINATE.

8. Korrigieren Sie den Fehler, indem Sie in Zeile 20 folgenden Code einfügen:

```
rechteckPaint = new Paint();
```

9. Führen Sie die App erneut im Debug-Modus bis zum Haltepunkt aus.

Führen Sie die nächsten Zeilen schrittweise aus (Befehl STEP OVER oder Taste F6) und sehen Sie, ob die kritische Stelle erfolgreich gemeistert wird.

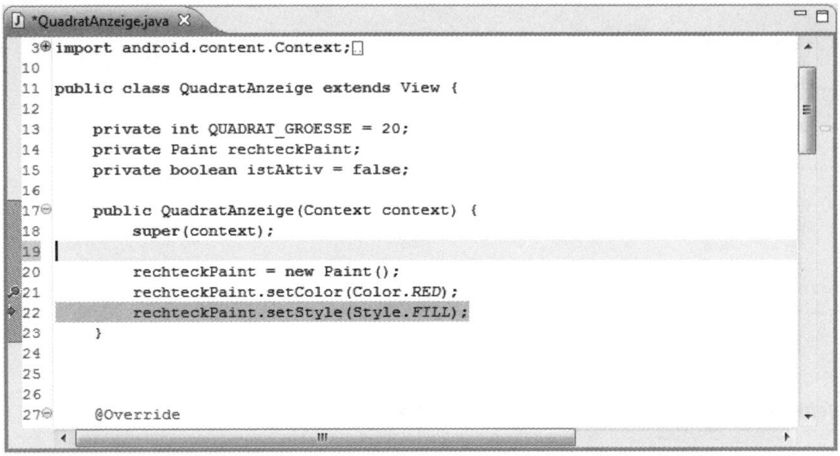

Abbildung C.23: Nach schrittweisem Weitergehen

Tatsächlich, die Zeile 21 wurde nun ohne Probleme passiert. Wir haben den Fehler erfolgreich gefunden und behoben. Nun können wir den Rest des Codes in einem Rutsch ablaufen lassen (Menübefehl RUN/RESUME). Wenn keine weiteren Fehler auftauchen, haben wir es geschafft, andernfalls müssen wir uns von Problem zu Problem hangeln.

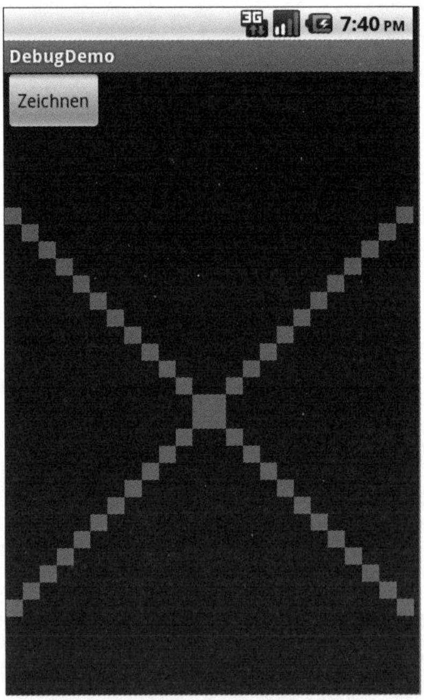

Abbildung C.24: Hurra, die App funktioniert!

Anhang D: Die DVD zum Buch

Auf der Buch-DVD finden Sie

- /Beispiele

  Die in diesem Buch besprochenen App-Beispiele

- /PDFs

  Ein Glossar

  Eine ausführliche Installationsanleitung

  Das Java-Tutorium für Umsteiger von anderen Programmiersprachen

  Eine Kurzeinführung in XML

- /Software

  Installationsdateien für das JDK und die Entwicklungsumgebung Eclipse SDK (zur Installation siehe Kapitel 1)

Ausführung der Beispiele

Um eines der Beispielprojekte in Eclipse zu laden, einzusehen und auszuführen, gehen Sie wie folgt vor:

1. Legen Sie die Buch-DVD ein.
2. Starten Sie Eclipse mit dem Workspace, in den Sie das Beispielprojekt aufnehmen möchten.

   Wenn Sie Eclipse nach der Anleitung in Kapitel 1 installiert und eingerichtet haben, brauchen Sie Eclipse nur zu starten. Eclipse ist dann so eingerichtet, dass es automatisch den Workspace *MeineApps* verwendet.

   Mehr Informationen zur Arbeit mit Workspaces finden Sie in Kapitel 1.4.3 und in Anhang B.
3. Rufen Sie im Menü FILE den Befehl IMPORT auf.
4. Wählen Sie im Dialogfeld IMPORT den Eintrag GENERAL/EXISTING PROJECTS INTO WORKSPACE aus und klicken Sie auf NEXT.
5. Klicken Sie auf der zweiten Seite des Dialogfelds IMPORT auf die Schaltfläche BROWSE und wählen Sie das Projektverzeichnis des Projekts auf der Buch-DVD aus.

Im Bereich PROJECTS des Dialogfelds sollte daraufhin das in dem Verzeichnis liegende Projekt angezeigt werden.

6. Wählen Sie falls nötig den Eintrag für das Projekt aus.
7. Achten Sie darauf, dass die Option COPY PROJECTS INTO WORKSPACE aktiviert ist.
8. Klicken Sie auf FINISH.

Das Projekt sollte nur im Package Explorer angezeigt werden. Sie können nun den Projektknoten aufklappen, einzelne Dateien zur Begutachtung oder Bearbeitung per Doppelklick in den Editor laden oder das Projekt mit dem Menübefehl RUN/RUN erstellen und ausführen (siehe auch Erläuterungen zur Erstellung und Ausführung von Programmen in Kapitel 1.4 und Anhang B).

Hinweis Für Besonderheiten, die bei der Erstellung und Ausführung einzelner App-Projekte zu beachten sind, siehe die im Projektverzeichnis stehende *Readme.txt*-Datei.

Alle Beispiele auf einmal importieren

Um alle Beispiele in einem Schritt in Eclipse zu laden, gehen Sie wie folgt vor:

1. Legen Sie einen neuen Workspace für die Beispiele an.

   Rufen Sie den Befehl FILE/SWITCH WORKSPACE/OTHER auf.

   Wählen Sie im Dialogfeld WORKSPACE LAUNCHER das Verzeichnis aus, unter dem die Projekte des neuen Workspace angelegt werden sollen.

   Klicken Sie auf COPY SETTINGS und aktivieren Sie die beiden Kontrollkästchen WORKBENCH LAYOUT und WORKING SETS.

   Klicken Sie auf OK.

   Klicken Sie im neu gestarteten Eclipse-Fenster auf den GO TO THE WORKBENCH-Button.

2. Tragen Sie den Pfad zum Android-SDK ein.

   Rufen Sie den Befehl WINDOW/PREFERENCES auf.

   Klicken Sie links auf ANDROID und wählen Sie über den BROWSE-Schalter rechts neben dem SDK LOCATION-Eingabefeld das Installationsverzeichnis des Android-SDK aus, z.B. *C:\INSTALLATIONSVERZEICHNIS\Android\android-sdk*.

3. Importieren Sie die Beispielprojekte.

   Rufen Sie im Menü FILE den Befehl IMPORT auf.

   Wählen Sie im Dialogfeld IMPORT den Eintrag GENERAL/EXISTING PROJECTS INTO WORKSPACE aus und klicken Sie auf NEXT.

   Klicken Sie auf der zweiten Seite des Dialogfelds IMPORT auf die Schaltfläche BROWSE und wählen Sie das **übergeordnete** Verzeichnis auf der Buch-DVD, unter dem sich die Verzeichnisse mit den App-

Projekten befinden. Im Bereich PROJECTS des Dialogfelds sollten daraufhin die Projekte aufgelistet werden.

Aktivieren Sie die Option COPY PROJECTS INTO WORKSPACE.

Klicken Sie auf FINISH.

Hinweis Für Besonderheiten, die bei der Erstellung und Ausführung einzelner App-Projekte zu beachten sind, siehe die im Projektverzeichnis stehende *Readme.txt*-Datei.

Probleme beim Importieren

Unsere Beispielprojekte wurden alle für Android 4.0.3 erstellt. Sollte das SDK zu Android 4.0.3 nicht auf Ihrem System installiert sein, können Sie die Projekte so nicht ausführen. Sie müssen dann entweder das SDK für Android 4.0.3 mithilfe des SDK-Managers nachinstallieren (siehe Kapitel 1.3) oder ein anderes Target-SDK für das Projekt auswählen. (Öffnen Sie dazu im Package Explorer das Kontextmenü zu dem Projektknoten, rufen Sie den Befehl PROPERTIES auf und wählen Sie unter der Kategorie ANDROID ein passendes Target aus.)

Kontrollieren Sie im PROPERTIES-Fenster am besten auch gleich, ob unter der Kategorie JAVA COMPILER die Kompatibilität zu Java 1.5 oder 1.6 eingestellt ist.

Manchmal kommt es beim Erstellen eines importierten Projekts zu einer Fehlermeldung bezüglich der Eigenschaftendatei *project.properties*. In solchen Fällen schließen Sie das Projekt in Eclipse (CLOSE PROJECT-Befehl in Kontextmenü des Projektknotens), löschen das Projekt aus dem Workspace (DELETE-Befehl in Kontextmenü des Projektknotens, inklusive Löschen von Festplatte) und importieren das Projekt neu.

Anhang E: Lösungen

Die vollständigen Eclipse-Projekte zu den Übungen (soweit App-Projekte verlangt waren) finden Sie auf den Websites zum Buch: *www.mut.de/24818* und *www.carpelibrum.de*.

Kapitel 1

1. Zu dieser Übung gibt es keine Lösung.

Kapitel 2

1. Die Lösung dieser Übung wurde praktisch schon in der Aufgabenstellung und dem Fragen-und-Antworten-Teil gegeben. Bei Problemen können Sie Ihre Lösung mit unserer Lösung aus der Beispielsammlung vergleichen.
2. Wie ein Blick in die XML-Layoutdatei verrät, liest das TextView-Steuerelement den String für seinen Titel aus der String-Ressource `string/hello_world`. Um diesen String zu ändern, öffnen Sie im Package Explorer den Knoten RES/VALUES und doppelklicken auf STRINGS.XML, um die Datei zu laden. Wählen Sie dann links die Ressource `hello_world` aus, geben Sie rechts den neuen Wert (VALUE) ein, speichern Sie und erstellen Sie das Projekt neu.

Kapitel 3

1. Ihre Tabelle könnte wie folgt aussehen. Beachten Sie aber, dass die tatsächliche Zuordnung auch von dem verwendeten Android-Plugin abhängt.

Projektvorgabe App-Wizard	Code	Eclipse	Emulator/App
APPLICATION NAME	`@string/app_name` (in *strings.xml*)	Titelleiste der Activity in Designer	In der internen App-Verwaltung des Emulators (aufrufbar über die MENÜ-Taste)
PROJECT NAME	–	Projektknoten in Package Explorer	–

Projektvorgabe App-Wizard	Code	Eclipse	Emulator/App
Activity Name	`<activity android:name` (in *AndroidManifest.xml*)	Name der Java-Quelldatei in Package Explorer	–
Title	`@string/title_...` (in *strings.xml*)	–	Steht in der App-Liste unter dem Startsymbol der App (sofern die Activity die Start-Activity der App ist). Steht bei Ausführung der App in der Titelleiste der Activity.[1]

Kapitel 4

1. Zu dieser Übung gibt es keine Lösung.

Kapitel 5

1. Eine mögliche Lösung für die vorgegebene GUI wäre:

```
<LinearLayout ...
    android:id="@+id/LinearLayout1"
    android:layout_width="match_parent"
    android:layout_height="match_parent"
    android:layout_margin="20dp"
    android:gravity="center_horizontal" >

    <Button
        android:id="@+id/button1"
        android:layout_width="wrap_content"
        android:layout_height="wrap_content"
        android:text="Ja" />

    <ProgressBar
        android:id="@+id/progressBar1"
        style="?android:attr/progressBarStyleHorizontal"
        android:layout_width="0dp"
        android:layout_height="59dp"
        android:layout_weight="1.01"
        android:max="20"
        android:progress="10" />

    <Button
        android:id="@+id/button2"
        android:layout_width="wrap_content"
        android:layout_height="wrap_content"
        android:text="Nein" />

</LinearLayout>
```

1 Grundsätzlich steht bei der Ausführung in der Titelleiste der Activity der Text, der in der Manifestdatei über das Attribut `label` für die Activity vorgesehen wurde.

Kapitel 6

1. Die grundsätzliche Vorgehensweise besteht aus fünf Schritten:

   - Sie legen das Bild für den Button an (optional in unterschiedlichen Auflösungen).
   - Sie speichern das Bild im Ordner *res/drawable* (wenn Sie das Bild in mehreren Varianten angelegt haben, speichern Sie die einzelnen Auflösungen in passenden *drawable*-Ordnern).
   - Sie lassen das Projekt im Package Explorer aktualisieren (Befehl REFRESH im Kontextmenü des Projektknotens).
   - Sie lassen das Projekt erstellen, um eine ID zu erzeugen (Befehl BUILD PROJECT im Kontextmenü des Projektknotens).
   - Sie ziehen ein ImageButton Element in die Bildschirmseite und wählen im aufspringenden RESOURCE CHOOSER-Dialog die Ressource aus. Die Ressource wird dann automatisch der SRC-Eigenschaft zugewiesen.

   Eine etwas einfachere Variante sieht wie folgt aus:

   - Sie ziehen ein ImageButton-Element in die Bildschirmseite und klicken im aufspringenden RESOURCE CHOOSER-Dialog auf die Schaltfläche CREATE NEW ICON.
   - Geben Sie auf der nächsten Dialogseite einen Namen für die Ressource ein.
   - Wenn Sie anschließend auf NEXT drücken, gelangen Sie zu dem gleichen Dialog, der auch für die Erstellung des Startsymbols angeboten wird.

2. Um das voreingestellte Theme zu bearbeiten, können Sie wie folgt vorgehen:

   - Doppelklicken Sie im Package Explorer auf die Datei *styles.xml* aus dem Ordner RES/VALUES, um die Stildefinitionen zu laden.
   - Tauschen Sie ggf. das geerbte Parent-Theme. (Um sich einen Eindruck davon zu verschaffen, wie die vordefinierten Themes aussehen, wechseln Sie am besten in den Designer (für Ihre Bildschirmseite) und variieren Sie die Themes über das zugehörige Listenfeld in der oberen Symbolleiste.)
   - Erweitern Sie das Theme ggf. um eigene `<item>`-Einträge.

Kapitel 7

1. Die Ereignisbehandlung für die beiden Schaltflächen zum Setzen der Fortschrittsanzeige könnte beispielsweise wie folgt aussehen:

```
// ...
import android.view.View;
import android.view.View.OnClickListener;
import android.widget.Button;
import android.widget.ProgressBar;
```

```
public class ZweiSchalterActivity extends Activity {

    @Override
    public void onCreate(Bundle savedInstanceState) {
        super.onCreate(savedInstanceState);
        setContentView(R.layout.activity_zwei_schalter);

        Button btn1 = (Button) findViewById(R.id.button1);
        btn1.setOnClickListener(new OnClickListener() {
            public void onClick(View v) {
               int stand;
               ProgressBar pb1 = (ProgressBar)
                                 findViewById(R.id.progressBar1);
               stand = pb1.getProgress();
               if (stand > 0)
                  pb1.setProgress(stand-1);
            }
        });

        Button btn2 = (Button) findViewById(R.id.button2);
        btn2.setOnClickListener(new OnClickListener() {
            public void onClick(View v) {
               int stand;
               ProgressBar pb1 = (ProgressBar)
                                 findViewById(R.id.progressBar1);
               stand = pb1.getProgress();
               if (stand < pb1.getMax())
                  pb1.setProgress(stand+1);
            }
        });

    }
}
```

2. Damit das Abspielen der Tuschfolge bereits beim Antippen mit dem Finger (Mausklick in Emulator) beendet wird, müssen Sie lediglich die `onTouchEvent()`-Methode der Activity überschreiben:

```
public class TuschstaffelActivity extends Activity {
    Timer t;

    @Override
    public void onCreate(Bundle savedInstanceState) {
        // wie gehabt
    }

    @Override
    public boolean onKeyDown(int keyCode, KeyEvent event) {
        // wie gehabt
    }
```

```
    @Override
    public boolean onTouchEvent(MotionEvent event) {
        t.cancel();
        return super.onTouchEvent(event);
    }
}
```

Kapitel 8

1. Erweitern Sie die Activity um folgende Überschreibungen:

```
@Override
protected void onRestoreInstanceState(Bundle bundle) {
   Log.d(DEBUG_TAG, getLocalClassName() +
           ".onRestoreInstanceState() aufgerufen");
   super.onRestoreInstanceState(bundle);
}

@Override
public void onSaveInstanceState(Bundle bundle) {
   Log.d(DEBUG_TAG, getLocalClassName() +
             ".onSaveInstanceState() aufgerufen");
   super.onSaveInstanceState(bundle);
}
```

Bei der Ausführung (und Hin- und Herwechseln zu anderen Apps) werden Sie feststellen, dass `onSaveInstanceState()` nach `onResume()` ausgeführt wird. Die Methode `onRestoreInstance-State()` wird nach `onStart()` durchlaufen, allerdings nur, wenn ein relevanter Zustand vorher mit `onSaveInstanceState()` gesichert worden war.

Kapitel 9

1. Die Methode `onTouchEvent()` muss die entsprechenden MotionEvents überprüfen und dann die x/y-Koordinaten in geeigneter Weise anpassen

```
// in UFOView
private int touchX;
private int touchY;

@Override
public boolean onTouchEvent(MotionEvent event) {
    int aktion = event.getAction();
    int touchX = ;
    int touchY;

    if(aktion == MotionEvent.ACTION_DOWN) {
        touchX = (int) event.getX();
        touchY = (int) event.getY();
    }
```

```
        if(aktion == MotionEvent.ACTION_UP) {
            int tx = (int) event.getX();
            int ty = (int) event.getY();

            if( (touchX - tx) > 20) {
                xpos -= 25;
            } else if ((touchX - tx) <= -20){
                xpos += 25;
            }

            if( (touchY - ty) > 20) {
                ypos -= 25;
            } else if( (touchY - ty) <= -20) {
                ypos += 25;
            }
        }

        invalidate();

        return true;
    }
```

2. In der `onDraw()`-Methode Ihrer View müssen Sie Koordinatenachsen zeichnen und dann in einer Schleife die Wertepaare berechnen und zeichnen. Achten Sie hierbei auf eine geeignete Skalierung auf die verfügbare Zeichenfläche und dass in Android das Koordinatensystem seinen Nullpunkt eigentlich oben links hat.

```
@Override
protected void onDraw(Canvas canvas) {
   super.onDraw(canvas);

   // Paint-Objekt für Gelb und
   // Linienbreite von 1 Pixeln erzeugen
   Paint pinselGelb = new Paint();
   pinselGelb.setColor(Color.YELLOW);
   pinselGelb.setStrokeWidth(1);

   // Paint-Objekt für Rot und
   // Linienbreite von 2 Pixeln erzeugen
   Paint pinselRot = new Paint();
   pinselRot.setColor(Color.RED);
   pinselRot.setStrokeWidth(2);

   int breite = getWidth();
   int hoehe = getHeight();
```

```
    // Koordinatenachsen zeichnen (0-Punkt =
    // Bildschirmmitte)
    canvas.drawLine(0, hoehe/2, breite, hoehe/2,
                    pinselRot);
    canvas.drawLine(breite/2, 0, breite/2, hoehe,
                    pinselRot);

    // 0-Punkt in die Mitte legen
    canvas.translate(breite/2, hoehe/2);

    // Werte zeichnen
    float skalier_x = breite / 10;
    float skalier_y = hoehe / 10;

    for(float x = -5; x <= 5; x+= 0.01) {
      double y = Math.sin(x); // x * x;

      int xpos = (int) (x * skalier_x);
      int ypos = -1 * (int) (y * skalier_y);
      canvas.drawPoint(xpos, ypos, pinselGelb);
    }
}
```

Kapitel 10

1. Zur Eingabe der PIN können Sie eine View vom Typ `EditText` nehmen und durch Einsatz von `setInputType()` sicherstellen, dass man nur Zahlen eingeben kann:

   ```
   EditText edit = (EditText) this.findViewById(R.id.editText1);
   edit.setInputType(InputType.TYPE_CLASS_NUMBER);
   ```

   Zum Auslesen der eingegebenen PIN gehen Sie so vor:

   ```
   String text = edit.getText().toString();
   int pin     = Integer.valueOf(text);
   ```

   Das Knacken der PIN und die Anzeige der verbrauchten Zeit via Toast:

   ```
   final long start = System.currentTimeMillis();
   int test = 0;

   while(true) {
      if(pin == test) {
         break;
      }
      else {
         test++;
      }
   }
   ```

```
final long ende = System.currentTimeMillis();

handler.post(new Runnable() {
   public void run() {
      String text = "Zeitbedarf: " + (ende - start) + " ms";
      Toast toast = Toast.makeText(MainActivity.this, text,
                                   Toast.LENGTH_LONG);
      toast.setGravity(Gavity.CENTER|Gravity.LEFT, 0, 0);
      toast.show();
   }
});
```

2. Für den Menüeintrag FARBEN in der Action-Bar muss man eine entsprechende Menü-Ressource anlegen und darauf achten, dass das Attribut SHOW AS ACTION gesetzt ist. Dann ein Item vom Typ `Sub-Menu` anlegen und in diesem mehrere Items für die verschiedenen Farben, erzeugen z.B.

```
<menu xmlns:android="http://schemas.android.com/apk/res/android" >
    <item android:id="@+id/item1" android:title="Farben"
          android:showAsAction="ifRoom">
        <menu>
           <item android:id="@+id/item1_1" android:title="Gelb"/>
           <item android:id="@+id/item1_2" android:title="Weiß"/>
           <item android:id="@+id/item1_3" android:title="Schwarz"/>
        </menu>
    </item>
</menu>
```

In der Activity muss nun nur noch in `onCreateOptionsMenu()` die Menüressource geladen werden und den einzelnen Untereinträgen ein `onClick`-Listener zugewiesen werden:

```
public boolean onCreateOptionsMenu(Menu menu) {
    getMenuInflater().inflate(R.menu.menu, menu);

    MenuItem farben = menu.getItem(0);

    SubMenu subMenu = farben.getSubMenu();

    for(int i = 0; i < subMenu.size(); i++) {
       MenuItem item = subMenu.getItem(i);
       item.setOnMenuItemClickListener(this);
    }

    return true;
}
```

In der Behandlung der Klicks wird je nach gewähltem Eintrag die Hintergrundfarbe der Uhr gesetzt:

```
public boolean onMenuItemClick(MenuItem item) {
   int id = item.getItemId();

   View view = this.findViewById(R.id.analogClock1);
```

```
    boolean behandelt = false;

    switch(id) {
       case R.id.item1_1: view.setBackgroundColor(Color.YELLOW);
                          behandelt = true;
                          break;
       case R.id.item1_2: view.setBackgroundColor(Color.WHITE);
                          behandelt = true;
                          break;
       case R.id.item1_3: view.setBackgroundColor(Color.BLACK);
                          behandelt = true;
                          break;
       default: // nix
    }

    return behandelt;
}
```

Kapitel 11

1. Die Eingabe des Benutzers wird aus dem Eingabefeld ausgelesen und falls notwendig um den Präfix http:// ergänzt, damit Android die passende App – also den Browser – zuordnen kann. Dann wird ein Intent erzeugt und mit `startActivity()` verschickt.

```
EditText editText = (EditText) this.findViewById(R.id.editText1);
String url = editText.getText().toString().trim();

If(!url.startsWith("" || !url.startsWith("")) {
   url = "http:// " + url;
}

Intent intent = new Intent(Intent.ACTION_VIEW, Uri.parse(url));
startActivity(intent);
```

Kapitel 12

1. In `ReaktionstestView.ergebnisAnzeigen()` lesen wir die bisherige Bestzeit aus und vergleichen sie mit der aktuellen Reaktionszeit. Falls sie besser ist, dann wird die Ausgabe entsprechend angepasst und außerdem die neue Bestzeit gespeichert (wofür eine neue String-Ressource namens `bestZeit` angelegt wurde).

```
private void ergebnisAnzeigen() {
   int reaktionszeit = (int) (System.currentTimeMillis()
                       - this.letzterZeitPunktDraw);

   AlertDialog alertDialog =
            new AlertDialog.Builder(this.getContext()).create();
   Resources resources = getResources();
```

```
   // bisherige Bestzeit auslesen
   int bestZeit  = einstellungen.getInt(Reaktionstester.BESTZEIT,
                                        Integer.MAX_VALUE);

   CharSequence text;

   if(reaktionszeit < bestZeit) {
     Editor editor = einstellungen.edit();
     editor.putInt(Reaktionstester.BESTZEIT, reaktionszeit);
     editor.commit();   // neue bestzeit merken
     text =  resources.getText(R.string.bestZeit);
   }
   else {
     text = resources.getText(R.string.reaktionsZeit);
   }

   String nachricht    = text + ": " + reaktionszeit + " ms";

   alertDialog.setTitle(resources.getText(R.string.ergebnis));
   alertDialog.setMessage(nachricht);
   CharSequence okMsg          = resources.getText(R.string.ok);
   android.os.Handler handler =  new Handler(new MyHandler());
   Message dummy              = Message.obtain(handler, 0);
   alertDialog.setButton(DialogInterface.BUTTON_POSITIVE,
                         okMsg, dummy);

   alertDialog.show();
 }
```

2. Wir besorgen uns das Wurzelverzeichnis der SD-Karte und sammeln dann mithilfe der Methode `sammleDateiNamen()` alle Datei- bzw. Verzeichnisnamen auf. Diese Methode arbeitet rekursiv, d.h. sie ruft sich selbst ggf. mehrfach wieder auf.

```
private List<String> lese_SD_DateiListe() {
  List<String> dateiListe = new ArrayList<String>();
  File sdKarte = Environment.getExternalStorageDirectory();

if(sdKarte.exists() && sdKarte.canRead()) {
  return sammleDateiNamen(0, sdKarte);
}

return dateiListe;
}

private List<String> sammleDateiNamen(int einrueckTiefe,
                                      File verzeichnis) {
  List<String> dateiListe = new ArrayList<String>();
  File[] dateien = verzeichnis.listFiles();
```

```
    if(dateien == null) {
      return dateiListe;
    }

    for(File f : dateien) {
      try {
        String name = f.getName();

        if(f.isDirectory()) {
          name += " <DIR>";
          dateiListe.add(name);
          dateiListe.addAll(sammleDateiNamen(einrueckTiefe+1, f));
        }
        else {
          dateiListe.add(name);
        }
      }
      catch(Exception ex) {
        Log.d("carpelibrum", ex.getMessage());
      }
    }
    return dateiListe;
  }
```

Kapitel 13

1. Ändern Sie den Konstruktor der Klasse `Spiellogik`, sodass ein Parameter vom Typ `Context` übergeben wird und wir dadurch in `QuizActivity` die Klasse `Spiellogik` durch `new Spiellogik(this)` erzeugen können.

   Dann öffnen wir einen Eingabestream zur Ressourcendatei und lesen sie zeilenweise ein mithilfe der Klasse `BufferedReader` und ihrer `readLine()`-Methode. Jede gelesene Zeile wird in ihre durch # getrennten Teile zerlegt und daraus können wir dann ein `Frage`-Objekt befüllen. Die abschließende Umwandlung in ein Array dient zur Kompatibilität mit der ursprünglichen Version mit hartkodierten Fragen. Man könnte natürlich auch den Rest anpassen und immer mit dem `List`-Objekt arbeiten.

```
import java.util.*;
import java.io.*;
import android.content.Context;
import android.util.Log;
// ...

class Spiellogik {
  int ANZAHL_FRAGEN ;

  Frage[] fragen  = null;
  int     aktFrage = 0;
  int gewinnstufe = 0;
```

```
Spiellogik(Context context) {
  // Fragen erzeugen

  List<Frage>  fragenListe = new ArrayList<Frage>();

  try {
    InputStream is ;
    is = context.getResources().openRawResource(R.raw.fragen);
    BufferedReader br = new BufferedReader(
                        new InputStreamReader(is, "ISO-8859-1"));

    while(true) {
      String str = br.readLine();

      if(str == null) {
        break; // Ende erreicht
      }
      else {
        StringTokenizer st = new StringTokenizer(str, "#");
        String frage = st.nextToken().trim();
        String antwort1 = st.nextToken().trim();
        String antwort2 = st.nextToken().trim();
        String antwort3 = st.nextToken().trim();
        String antwort4 = st.nextToken().trim();
        String loesung  = st.nextToken().trim();
        int loesungNum  = Integer.valueOf(loesung);

        Frage f = new Frage(frage, antwort1, antwort2, antwort3,
                            antwort4, loesungNum);
        fragenListe.add(f);
      }
    }
  }
  catch(Exception ex) {
    Log.d("carpelibrum", ex.getMessage());
  }

  fragen = fragenListe.toArray(new Frage[fragenListe.size()]);
  ANZAHL_FRAGEN = fragen.length;
}

// ... weiter wie bisher
}
```

Kapitel 14

1. Zum Starten der Videoaufnahme verwenden Sie wie schon in der Aufgabe angedeutet startActivityForResult():

```
Intent intent = new Intent(MediaStore.ACTION_VIDEO_CAPTURE);
startActivityForResult(intent, 0);
```

Wenn der Benutzer die Videoaufnahme beendet hat, wird unsere Activity durch Aufruf der Methode onActivityResult() benachrichtigt, wo wir dann aus dem übergebenen Intent-Objekt den Datenpfad extrahieren und via Toast anzeigen:

```
protected void onActivityResult(int requestCode,
                                int resultCode, Intent data) {
  // falls die Kamera-App die Orientierung geändert hat,
  // wieder zurücksetzen
  setRequestedOrientation(ActivityInfo.SCREEN_ORIENTATION_PORTRAIT);

  if(requestCode == 0 && data.getData() != null) {
     String url =  data.getData().toString();
     Toast toast = Toast.makeText(this, "Aufnahme in: " + url,
                                  Toast.LENGTH_LONG);
     toast.setGravity(Gravity.CENTER, 0 , 0);
     toast.show();
  }
}
```

2. Zur Eingabe der PIN verwenden Sie am besten ein EditView-Objekt mit dem Eingabetyp numberPassword (im Layout-Designer gibt es hierzu unter Text Fields den Eintrag 1**2**3). In der Activity weisen wir diesem Objekt einen OnKeyListener zu, nämlich die Activity selbst (this). Bei jedem Loslassen einer Taste (KeyEvent.ACTION_UP) erzeugen wir dann einen kurzen Piep.

```
private ToneGenerator tg;

@Override
public void onCreate(Bundle savedInstanceState) {
    super.onCreate(savedInstanceState);
    setContentView(R.layout.layout);

    EditText e = (EditText) this.findViewById(R.id.editText1);
    e.setOnKeyListener(this);

    tg = new ToneGenerator(AudioManager.STREAM_SYSTEM, 100);
}

public boolean onKey(View view, int keyCode, KeyEvent keyEvent) {
    if(keyEvent.getAction() == KeyEvent.ACTION_UP) {
      tg.startTone(ToneGenerator.TONE_CDMA_DIAL_TONE_LITE, 100);
    }

    return false;
}
```

Kapitel 15

3. Der Zugriff auf die benötigten Sensoren dürfte kein Problem für Sie sein. Der kritische Teil ist die Methode `onSensorChanged()`. Der Einfachheit halber werden beide Sensoren durch denselben Listener (die Activity) abgehandelt und daher müssen wir beim übergebenen SensorEvent prüfen, was gerade ankommt, und uns die Werte merken. Wenn beide Sensoren etwas gemeldet haben, können wir dann wie beschrieben die Werte berechnen und das Ergebnis visualisieren. Zum Schluss werden die Werte-Arrays wieder auf `null` gesetzt für einen neuen Zyklus.

```
float[] magnet;
float[] beschleunigung;

public void onSensorChanged(SensorEvent event) {
     if(event.sensor.getType() == Sensor.TYPE_MAGNETIC_FIELD) {
        magnet = event.values;
     }
     if(event.sensor.getType() == Sensor.TYPE_ACCELEROMETER) {
       beschleunigung = event.values;
     }

     if(magnet != null && beschleunigung != null) {
        float[] rotMatrix = new float[9]; // 3x3 rotations-matrix
        float[] lageDaten  = new float[3];
        SensorManager.getRotationMatrix(rotMatrix, null, beschleunigung, magnet);
        SensorManager.getOrientation(rotMatrix, lageDaten);
        // uns interessieren nur zwei Dimensionen davon
        lageDaten[1] = (float) Math.toDegrees(lageDaten[1]);
        lageDaten[2] = (float) Math.toDegrees(lageDaten[2]);

        yTextView.setText("Neigung vor/zurück: " + lageDaten [1]);
        xTextView.setText("Neigung links/rechts: " + lageDaten [2]);
        wasserwaageView.update(lageDaten[1], lageDaten[2]);
        magnet = null;
        beschleunigung = null;
    }
```

Kapitel 16

4. In der `onClick()`-Methode für einen geeignet definierten Start-Button starten wir einen Hintergrund-Thread (da das Schreiben und Auslesen länger als wenige Sekunden dauert, müssen wir dies tun) und deaktivieren außerdem noch den Button, damit der Benutzer weiß, dass er warten muss und erst mal nichts klicken kann:

```
public void onClick(View arg0) {
  Button b = (Button) this.findViewById(R.id.button1);
  b.setEnabled(false);

  Thread t = new Thread(this);
  t.start(); // als Hintergrundprozess starten
}
```

Die run()-Methode des Threads erzeugt dann in einer Schleife die Zufallszahlen, speichert sie in einer SQLite-Datenbank ab, liest sie wieder aus und gibt eine Meldung mit dem Mittelwert aus:

```
public void run() {

  // Daten erzeugen und speichern
  for(int i = 0; i < 1000; i++) {
    double zufallszahl = Math.random();
    dbZugriff.zahlSpeichern(zufallszahl);
  }

  // jetzt Daten wieder auslesen und Mittelwert bilden
  double summe = 0;
  Cursor cursor = null;

  try {
    cursor = dbZugriff.erzeugeCursor();
    cursor.moveToFirst();

    boolean weiter = true;

    while(weiter) {// Mittelwert berechnen
      summe += cursor.getDouble(1);
      weiter = cursor.moveToNext();
    }

    cursor.close();

    final double mittelwert = summe / 1000;

    handler.post(new Runnable() {
      public void run() {
        String text = "Mittelwert: " + mittelwert;
        Toast toast = Toast.makeText(ZufallsZahlenActivity.this,
                                     text, Toast.LENGTH_LONG);
        toast.setGravity(Gravity.CENTER, 0, 0);
        toast.show();

        Button b = (Button)
              ZufallsZahlenActivity.this.findViewById(R.id.button1);
        b.setEnabled(true); // Button wieder klickbar machen
      }
    });
  }
  // ...
}
```

Der Datenbank-Zugriff erfolgt mit einer von `SQLiteOpenHelper` abgeleiteten Klasse `DBZugriff`, die in ihren diversen Methoden Folgendes macht:

- Eine Tabelle anlegen zum Abspeichern einer Fließkomma-Zahl:

```
// SQLiteDatabase db = ...
String sql = "CREATE TABLE daten (_id INTEGER PRIMARY KEY  " +
             " AUTOINCREMENT, zufallszahl REAL NOT NULL)";
db.execSQL(sql);
```

- Eine Methode definieren zum Schreiben einer übergebenen Zahl in die Tabelle:

```
public boolean zahlSpeichern(double zahl) {
   ContentValues daten = new ContentValues();
   daten.put("zufallszahl", zahl);
   db.insert("daten", null, daten);
   return true;
}
```

- Und schließlich das Erzeugen einer `Cursor`-Instanz, um den Tabelleninhalt wieder auszulesen:

```
public Cursor erzeugeCursor() {
  return db.query("daten",  null, null, null, null, null, null);
}
```

Kapitel 17

1. Im wesentlichen besteht die Realisierung aus dem Einsatz der Methode `distanceTo()` der Klasse `Location`. Dazu muss sich die App bei Drücken eines Start-Buttons die nächste erhaltene Position in einer Variablen `startPos` merken und bei jeder Positionsänderung den Abstand dazu ausrechnen und in einer TextView anzeigen.

```
public void onLocationChanged(Location location) {
  if( !gpsTracking) {
    return;
  }

  if(startPos == null) {
    startPos = location;
  }

  float entfernung = location.distanceTo(startPos);
  String str = String.valueOf(entfernung);
  entfernungAnzeige.setText(str);
}
```

Kapitel 18

1. Wir überarbeiten die Methode `AndroidSpielzugTask.doInBackground()`, indem wir vor dem bisherigen Würfeln eine Analysephase einfügen, die alle horizontalen und vertikalen Reihen sowie die Diagonalen darauf testet, ob zwei eigene oder gegnerische Marken und ein freies Feld vorhanden

sind. Falls ja, wird auf das freie Feld eine Marke gesetzt. Andernfalls wird wie bisher eine beliebige freie Stelle genommen.

```
protected Spielergebnis doInBackground(Void ... args) {
   int anzahlFreieFelder   = bestimmeAnzahlFreieFelder();

   if(anzahlFreieFelder > 0) {
     // ein bisschen warten, damit der Spieler nicht
     // überrumpelt wird
     try {
        Thread.sleep(1000); // 1 sec.
     } catch(Exception ex) { }

     boolean  gezogen = macheZugInDiagonale(true);//diagonale 1

     if(!gezogen) {
       gezogen = macheZugInDiagonale(false);// diagonale 2
     }
     if(!gezogen) {
       gezogen =  macheZugInReihe(true);//horizontal
     }
     if(!gezogen) {
       gezogen = macheZugInReihe(false);//vertikal
     }

     // keine Reihe
     while(!gezogen) {
       // zufälliges freies Feld nehmen
       // ...
     }
    // ...
}
```

Das Testen einer Reihe besteht im Zählen der vorhandenen Marken und falls es genau zwei Android/Spieler Marken sind, wird gezogen, z.B. der Test der Diagonalen:

```
private boolean macheZugInDiagonale(boolean
                            links_oben_nach_rechts_unten) {
  boolean gezogen = false;

  int anzahlSpielerMarkerProReihe  = 0;
  int anzahlFreieFelderProReihe    = 0;
  int anzahlAndroidMarkerProReihe  = 0;
  int leer_x = -1;
  int leer_y = -1;
  int startIndex    = (links_oben_nach_rechts_unten ? 0 : 2);
  int inkrement     = (links_oben_nach_rechts_unten ? 1 : -1);
  int i = 0;
  int j = startIndex;
```

```
  while(true) {
    switch(spielFeld[i][j]) {
        case ANDROID: anzahlAndroidMarkerProReihe++;
                      break;
        case SPIELER: anzahlSpielerMarkerProReihe++;
                      break;
        case LEER   : anzahlFreieFelderProReihe++;
                      leer_x = i;
                      leer_y = j;
                      break;
        default:
    }

    // nächste Zelle
    i++;
    j = j + inkrement;

    if(i == 3) {
      break;
          }
        }

    if(anzahlFreieFelderProReihe == 1 &&
             (anzahlSpielerMarkerProReihe == 2 ||
              anzahlAndroidMarkerProReihe == 2) ) {
      // wir haben eine Reihe mit einer freien Stelle und zwei
      // gegnerischen oder zwei eigenen Marken
      // -> Marke setzen für eigenen Sieg oder um gegnerischen
      // Erfolg zu verhindern
      spielFeld[leer_x][leer_y] = ZellenZustand.ANDROID;
      gezogen = true;
    }

  return gezogen;
}
```

Kapitel 19

1. Fügen Sie wie im Abschnitt *Fragen und Antworten* erläutert die Support-Library hinzu und ergänzen Sie im Code alle `import`-Anweisungen durch `support.v4`.

   Bei der Klasse `HauptActivity` müssen Sie darüber hinaus noch die Basisklasse zu `FragmentActivity` und alle Aufrufe von `getFragmentManager()` in `getSupportFragmentManager()` ändern.

Kapitel 20

1. Zu dieser Übung gibt es keine Lösung.

Stichwortverzeichnis

Symbole

@Override 58

A

AbsoluteLayout 139
ActionBar 232, 235
Action-Item 236
Action-Menü 232
Activities 47, 50, 57, 76
– beenden 266
– Ergebnisse zurücksenden 266, 276
– Lebenszyklus 205
– Manifestdatei 265
– on-Ereignismethoden überschreiben 199
– Start-Activity 86
– starten 260
– Titel 448
Activity
– fileList() 273
– findViewById() 155
– finish() 208, 266
– getFilesDir() 272
– getIntent() 262
– getResources() 164
– getSystemService() 312
– onContextItemSelected() 242
– onCreate() 58
– onCreateContextMenu() 238
– onCreateDialog() 244
– onCreateOptionsMenu() 236
– onOptionsItemSelected() 242
– onPause() 306
– onPrepareDialog() 245
– onResume() 306
– openFileInput() 271
– openFileOutput() 270
– registerForContextMenu() 239
– setContentView() 58, 60, 153
– showDialog() 245
– startActivity() 262
– startActivityForResult() 276
Activity-Menü 231
Adapter 137
– ArrayAdapter 394
– BaseAdapter 387
– Bilddaten 371
– SimpleCursorAdapter 337
AdapterContextMenuInfo 242
adb 428
addView() (ViewGroup) 219
AlertDialog 246
android
– alpha 122
– background 122, 139
– checkedButton (RadioGroup) 145
– checked (CheckBox) 144
– checked (RadioButton) 145
– checked (Switch) 146
– checked (ToggleButton) 146
– columnCount (GridLayout) 136
– contentDescription 117
– contentDescription (ImageButton) 144
– contentDescription (ImageView) 145
– focusable 117
– gravity (LinearLayout) 131
– id 122
– inputType (EditText) 144
– layout_above (RelativeLayout) 134
– layout_align... (RelativeLayout) 134
– layout_below (RelativeLayout) 134
– layout_center... (RelativeLayout) 134
– layout_columnWidth (GridView) 138
– layout_gravity (GridView) 138
– layout_gravity (LinearLayout) 132
– layout_height 129
– layout_horizontalSpacing (GridView) 138
– layout_marginBottom 130
– layout_marginLeft 130
– layout_marginRight 130
– layout_marginTop 130
– layout_numColumns (GridView) 138
layout_stretchMode (GridView) 138
– layout_toLeftOf (RelativeLayout) 134
– layout_toRightOf (RelativeLayout) 134
– layout_verticalSpacing (GridView) 138
– layout_weight (LinearLayout) 132
– layout_width 129
– max (ProgressBar) 145
– minLines (EditText) 144
– onItemSelected (Spinner) 146
– orientation (LinearLayout) 131
– orientation (RadioGroup) 145
– padding 122
– password (EditText) 144
– progress (ProgressBar) 145
– prompt (Spinner) 146
– rotationX 122
– rowCount (GridLayout) 136
– scaleType (ImageView) 145
– src (ImageButton) 144
– src (ImageView) 145
– style (ProgressBar) 145

- text (Button) 144
- text (CheckBox) 144
- text (EditText) 144
- textOff (Switch) 146
- textOff (ToggleButton) 146
- textOn (Switch) 146
- textOn (ToggleButton) 146
- text (RadioButton) 145
- textSize (TextView) 146
- textStyle (TextView) 146
- text (Switch) 146
- text (TextView) 146
- typeface (TextView) 146
- visibility 122

Android
- ausführliche Installationsbeschreibung 23
- Google Play 399, 430
- Hilfsmittel 23
- Market Place 399
- mit Java 7 verwenden 73
- Plattformen 30
- Referenz der API 32
- SDK 27
- Versionsnummern 41

Android-Architektur 201

Android-Bibliothek 80, 83
- API-Dokumentation 96
- API-Version einer Klasse 73
- Info in Editor 98
- nachträglich ändern 74

android.permission.ACCESS_COARSE_LOCATION 345

android.permission.ACCESS_FINE_LOCATION 345

android.permission.CAMERA 305

android.permission.INTERNET 100, 295

android.permission.READ_EXTERNAL_STORAGE 274

android.permission.VIBRATE 382

android.permission.WRITE_EXTERNAL_STORAGE 274, 305

Android-Plugin 37

Android-SDK
- Dokumentation 32
- Installation 28
- Komponenten herunterladen 28
- Unterverzeichnisse 31

API 30
- Bezug zu Android-Version 41
- Dokumentation 96
- einer Klasse 73
- Referenz 32

APK-Datei 87, 203

»Application Not Responding«-Meldung 80

Apps
- Activities 47, 50, 57, 76
- Android-Bibliothek 56, 83
- an Gerätekonfiguration anpassen 178
- Anwendungsname 46
- APK-Datei 87
- Application Not Responding-Meldung 80
- beenden (finish()) 208
- beenden (Zurück-Taste) 69
- Benutzeroberfläche 115
- Bildschirmseiten 76
- deinstallieren 428
- Ereignisse 183
- erstellen (Build) 63
- exportieren 401, 418
- Galerien 137
- Grundgerüst 54
- Hoch- und Querformat 151
- Intents 76
- Komponenten 79
- Layout 59
- Layoutdatei 60
- Manifestdatei 84
- mehrsprachige 396
- Min-SDK 84
- Paket 46, 56, 81
- Präferenzen 269
- Projekt anlegen 44
- Projektname 46
- Properties-Datei 86
- Ressourcen 61, 157
- Ressourcendateien 84, 158
- R.java 82, 160, 163
- R-Klasse 60
- Screenshots für die Veröffentlichung 430
- SDK-Version 46, 50
- signieren 401
- Startsymbol 153
- Strings 61
- strings.xml 61
- Target-SDK 46, 84
- testen, auf Smartphone 69
- testen, im Emulator 65
- Views 78
- weitergeben 399
- zeitraubende Operationen 80
- Zugriff auf Dateisystem 270
- Zugriff auf SD-Karte 274

AppTheme 177

Arbeitsthread 251

ArrayAdapter 394

AsyncTask 360
- doInBackground() 362
- execute() 361

Attribute 121. *Siehe* android
- allgemeine 122
- Layoutparameter 128
- Namespace 121
- style 174

Audio
- Formate 294
- MediaPlayer 294
- Ressourcen 291
- SoundPool 292
- Töne abspielen 300

AudioTrack 301

Außenabstand (Margin) 130

AVD 422
- einrichten 65, 379
- mehrere 379

B
Back-Stack 203
- Fragments 367
Barrierefreiheit 161
BaseAdapter 387
- getCount() 388
- getItem() 388
- getView() 387
Beispiele
- auf der Buch-DVD 443
- Bildergalerie 386
- Geolokation 343
  Quiz App 283
- Reaktions-App 276
- Sensoren 311
- TicTacToe-App 353
- UFO-App 224
Benutzeroberflächen
- Design 115
- erleichterte Bedienbarkeit 117
- Hoch- und Querformat 151
- Layout-Views 127
- Widgets (Steuerelemente) 143
Berechtigungen
- android.permission.ACCESS_COARSE_LOCATION 345
- android.permission.ACCESS_FINE_LOCATION 345
- android.permission.CAMERA 305
- android.permission.INTERNET 100, 295
- android.permission.VIBRATE 382
- android.permission.WRITE_EXTERNAL_STORAGE 274, 305
Beschleunigungssensor 317
Bibliotheken 84
Bilder 171, 302
- App-Symbol 153
- Bildergalerien 386
- Formate 172
- Größe 172
- Hintergrundbilder 140
- per Code laden 302
- Thumbnails 387
- zeichnen 224
Bildergalerien 386
Bildschirmdichten 153
Bildschirmseiten 76
- Design 115
- Hierarchie 126
- Hoch- und Querformat 151
- im Designer 124
- Layout tauschen 120
- Layout-Views 127
- View-Elemente 78
- View-Hierarchie 120
- Widgets (Steuerelemente) 143
- Wurzelelement 120
- XML-Code 119
Bitmap 302
BitmapFactory 302
- decodeResource() 302
Broadcast 267
Broadcast Intents 77, 267
Broadcast Receiver 78
Buch-DVD 24
- Beispiele 443
- Eclipse 34
- Java-Tutorium 443
- JDK für Java SE 25
- XML-Einführung 443
Buch-Website 39
Build (Erstellen) 63
Build SDK
- Bedeutung 74
- eines Projekts 46
- nachträglich ändern 73
Bundle 261, 262
Button 144
- onClick 144
- text 144

C
Calendar 248
Callback 247
Camera 305
Canvas 215
- drawBitmap() 221, 227
- drawCircle() 222
- drawColor() 221
- drawLine() 222
- drawLines() 222
- drawOval() 222
- drawPoints() 222
- drawRect() 222
- drawRGB() 221
- drawRoundRect() 222
- drawText() 222
- fill...() 222
- translate() 222
CheckBox 144
- checked 144
- isChecked() 144
- text 144
Class-Literal 262
close() (SQLiteDatabase) 331
Color 223
Console-Fenster 68
Content Provider 78, 341
ContentValues 333
convert() (Location) 347
create() (MediaPlayer) 294
Cursor 334
- getCount() 334
- getInt() 335
- getString() 335
- moveToFirst() 335

D

Dalvik Virtual Machine 202
Dateien 270
- auf SD-Karte 274
- lesen 271
- Ressourcen 274
- schreiben 270
- Textdateien 272
Daten
- als Preferences speichern 269
- Persistenz 269
Datenbanken
- als Ressourcen 331
- anlegen 328
- Datensatz 327
- Datensätze aktualisieren 336
- Datensätze einfügen 333
- Datensätze lesen 334
- Datensätze löschen 336
- Fremdschlüssel 328
- Groß- und Kleinschreibung 331
- öffnen 328
- Primärschlüssel 328, 330
- relationale 327
- schließen 331
- SQL 328
- Treiber 328
DatePickerDialog 247
Datum, Auswahl über Dialog 247
DDMS 210, 429
- Devices-Fenster 430
- Emulator Control-Fenster 433
- File Explorer-Fenster 432
- LogCat-Fenster 431
- LogCat-Filter anlegen 210, 431
- starten 429
Debugging
- DDMS 429
- Debugger 434
- Haltepunkte 437
- Logausgabe 208
- starten 434
- Variablen inspizieren 439
Debug-Monitor 210
decodeResource() (BitmapFactory) 302
delete() (SQLiteDatabase) 336
deprecated 245
Designer 124
- Arbeitsschritte 124
- Endgeräte simulieren 127
- UI-Elemente ausrichten 124
- UI-Elemente konfigurieren 126
- UI-Hierarchie 126
Dialog 244
- dismiss() 245
- setCancelable() 245
- setOwnerActivity() 256
- show() 256
Dialoge 244
- AlertDialog 246
- anzeigen 245
- anzeigen (ab Android 3.0) 375
- eigene 252
- erzeugen 244
DialogFragment 366, 375
dismiss() (Dialog) 245
distanceBetween() (Location) 347
distanceTo() (Location) 347
doInBackground() (AsyncTask) 362
DPAD 199
Drawable 216
drawBitmap() (Canvas) 221
drawCircle() (Canvas) 222
drawColor() (Canvas) 221, 227
drawLine() (Canvas) 222
drawLines() (Canvas) 222
drawOval() (Canvas) 222
drawPoints() (Canvas) 222
drawRect() (Canvas) 222
drawRGB() (Canvas) 221
drawRoundRect() (Canvas) 222
drawText() (Canvas) 222
drawTextOnPath () (Canvas) 229
DVD, zum Buch 24, 443

E

Eclipse 34
- Android-Plugin installieren 37
- Apps erstellen 63
- Apps exportieren 418
- Code Assist 103
- Desktop-Verknüpfung 37
- Dialogfeld New Android App 45
- Emulator-Startoptionen 424
- erster Start 35
- Exception-Behandlung ergänzen 99
- Folding 92
- Formatierung von XML-Layoutdateien 417
- Hilfe zu Methodenargumenten 99
- import-Anweisungen ergänzen lassen 97
- Installation 35
- Java-Kompatibilität einstellen 73
- Klammernpaare identifizieren 101
- Klassenelemente hinzufügen 104
- Launch-Konfigurationen 415
- Layout-Designer 124
- Liste der Klassenelemente 98
- Outline-Ansicht 126
- Package Explorer 51
- Package Explorer aktualisieren 159
- Probleme mit der App-Erstellung 412
- Projekte anlegen 44, 409
- Projekte ausführen 411
- Projekte deaktivieren 412
- Projekte erstellen (Build) 411
- Projekte importieren 415
- Projekte löschen 412
- Properties-Fenster 416
- Quelldateien hinzufügen 111

- Quelldateien laden 81
- QuickFix 94
- QuickInfo 98
- Refactoring 106
- Syntaxhervorhebung 92
- Verbindung zu Android SDK 414
- Vorkommen markieren 102
- Warnsymbole 94
- Workspaces 35, 36, 53, 412, 413
- Wörterbuch 419
- Zeilennummern 102
- zu Definition wechseln 103
EditText 144
- getText() 144
- inputType 144
- minLines 144
- password 144
- text 144
Eingabeaufforderung 27
Emulator 65, 421
- AVD bei App-Ausführung auswählen 380
- AVD einrichten 65
- AVD-Gerät 422
- einrichten 379
- Hoch- und Querformat 152
- konfigurieren 380
- Launch-Konfigurationen 381
- SD-Karte 423, 425
- Startoptionen 423
- zurücksetzen 423, 424
- Zurück-Taste 69
encode() (Uri) 295
Environment 275
Erdanziehung 317
Ereignisse 183
- Activity-Klasse 192
- anonyme Listener-Klassen 190
- anonyme Listener-Objekte 191
- Behandlungscode einrichten 184
- Klickereignisse 185
- Listener-Interfaces 185, 188
- Listener-Methoden implementieren 185
- Listener-Objekt registrieren 186
- Menüs 241
- OnClickListener 185, 187
- OnDragListener 187
- on-Ereignismethoden überschreiben 199
- OnFocusChangeListener 188
- OnKeyListener 188
- OnLongClickListener 188
- OnTouchListener 188, 194
- Sender ermitteln 193
- Spinner 395
- Tastaturereignisse 197, 228
- Tippereignisse 194
- View-Parameter 193
- Wischereignisse 196
Erstellen 63
execSql() (SQLiteDatabase) 330
execute() (AsyncTask) 361
Exportieren
- Apps 418

F
Farben 139, 166, 223
Fehlermeldungen
- analysieren 94
- beheben 64, 94
- R-Fehler 94
- verschwinden nicht 64
- Warnungen 64, 95
- Warnungen unterdrücken 74
FileInputStream 271
fileList() (Activity) 273
FileOutputStream 270
fill...() (Canvas) 222
fill_parent 129
Filter 318
- Hochpass 319
- Tiefpass 319
findViewById() (Activity) 155
finish() (Activity) 208, 266
Fokus
- Tastatureingaben 198
- Views 117
Folding 92
Fotos 305
Fragment 366
FragmentActivity 376
FragmentManager 367
Fragments 79, 365
- Back-Stack 367
FragmentTransaction 367
FrameLayout 138

G
Gebietsschema 396
Geokoordinaten
- dezimal 346
- sexagesimal 346
Geolokation
- Daten empfangen 344
- Empfänger abmelden 345
- GPS 343
- Netzwerk 343
- Provider 343
- Verfügbarkeit 343
getAccuracy() (Location) 352
getAction() (MotionEvent) 195
getAltitude() (Location) 346
getBearing() (Location) 346
getCount() (BaseAdapter) 388
getCount() (Cursor) 334
getExternalStorageDirectory() (Environment) 275
getFilesDir() (Activity) 272
getInt() (Cursor) 335
getIntent() (Activity) 262
getItem() (BaseAdapter) 388
getItemId() (MenuItem) 242
getLatitude() (Location) 346

getLongitude() (Location) 346
getMenuInfo() (MenuItem) 242
getReadableDatabase() (SQLiteOpenHelper) 329
getResources() (Activity) 164
getSensorList() (SensorManager) 312
getSpeed() (Location) 346
getString() (Cursor) 335
getSystemService() (Activity) 312
getText() (EditText) 144
getTime() (Location) 346
getView() (BaseAdapter) 387
getWritableDatabase() (SQLiteOpenHelper) 329
getX() (MotionEvent) 197
getY() (MotionEvent) 197
Gliederung 92
Google Play 399
GPS 343
GPX 350
Gradientenfüllung 229
Grafik 215
- Bilder zeichnen 224
- Canvas 215
- Farben 223
- Füllung 223
- Koordinaten 223
- onDraw() 215, 219
- Sprites 224
- Umrisse 223
- Zeichenwerkzeuge 216
- zeichnen 220
Gravitation
- Somigliana 318
- Vektor ermitteln 324
GridLayout 136
- columnCount 136
- rowCount 136
GridView 137, 386
- layout_columnWidth 138
- layout_gravity 138
- layout_horizontalSpacing 138
- layout_numColumns 138
- layout_stretchMode 138
- layout_verticalSpacing 138
Größenangaben 130, 165
Groß- und Kleinschreibung
- Datenbanken 331
- Klassennamen 57, 82
GUI. *Siehe* Benutzeroberflächen

H
Haltepunkte 437
Handler 254, 383
- handleMessage() 385
- sendMessage() 384
- sendMessageDelayed() 385
hasAccuracy() (Location) 352
Hierarchy Viewer 142
Hintergrund 139
Hintergrundbilder 140
Hochpass 319

I
Icon-Menü 231
ID 60
ImageButton 144
- contentDescription 144
- onClick() 144
- src 144
ImageView 145
- contentDescription 145
- scaleType 145
- setImageBitmap() 302
- setImageResource() 302
- src 145
import 56
Importieren
- Klassen 56
- Projekte 415
Innenabstand (Padding) 122
insert() (SQLiteDatabase) 333
Installation
- Android-Plugin 37
- Android-SDK 28
- ausführliche Beschreibung 23
- Eclipse 35
- JDK für Java SE 25
Intent (Klasse) 258
Intents 76, 257
- Action 258
- Broadcast Intents 77, 267
- Bundle-Daten 261, 262
- Category 258
- Component 258
- Data 258
- Daten auslesen 262
- empfangen 262
- erzeugen 261
- explizite 259
- Extras 258
- implizite 259
- Intent-Filter 259
- senden 262
- Start-Activity 260
- zusätzliche Daten mitgeben 261
isChecked() (CheckBox) 144
isProviderEnabled() (LocationManager) 344

J
JAR-Dateien 84
jarsigner 401
Java
- Android-Kompatibilität 73
- JDK 24
- JRE 40
- Versionsnummern 40
JDK für Java SE 24
- Eintrag in Systempfad (PATH) 25
- Installation 25
JRE 40

K

Kamera 305
KeyEvent 198
keystore 401
KillableAfter-Flag 206
Klassen
- innere 113
- Namen 57
Klickereignisse 185
Konsole 27
Kontextmenüs 231, 238
Koordinaten, Grafik 223

L

Lagesensor 320
Launch-Konfigurationen 415
Layoutdateien
- formatieren 417
- im Designer 124
- selbst definierte View-Klassen 216
- XML-Code 119
Layout-Designer. Siehe Designer
Layoutparameter, allg. 128
- layout_height 129
- layout_marginBottom 130
- layout_marginLeft 130
- layout_marginRight 130
- layout_marginTop 130
- layout_width 129
Layouts 59, 172
- Attribute 121
- Designrichtlinien 115
- Größenangaben 130
- Hierarchie 126
- Hoch- und Querformat 151
- IDs zuweisen 154
- im Hierarchy Viewer 142
- laden 153
- per Code 59
- per XML 59
- setContentView() 60
- Stile 174
- tauschen 120
- View-Hierarchie 120
- XML-Code 119
- XML-Dateien 60
Layout-Views 78, 127
- AbsoluteLayout 139
- FrameLayout 138
- GridLayout 136
- GridView 137
- Layoutparameter 128
- Layoutregeln 127
- LinearLayout 131
- RelativeLayout 133
- TableLayout 135
Lebenszyklus, App 203
LIFO-Prinzip 204
LinearGradient 229
LinearLayout 131
- gravity 131
- layout_gravity 132
- layout_weight 132
- orientation 131
Listener-Interfaces 185, 188
Listenfelder 393
ListFragment 366, 370
ListView 337
load() (SoundPool) 293
Location
- convert() 347
- distanceBetween() 347
- distanceTo() 347
- getAccuracy() 352
- getAltitude() 346
- getBearing() 346
getLatitude() 346
- getLongitude() 346
- getSpeed() 346
- getTime() 346
- hasAccuracy() 352
LocationListener 344
- onLocationChanged() 346
LocationManager 343
- isProviderEnabled() 344
- removeUpdates() 345
- requestLocationUpdates() 345
Log 208
Logging 208, 431
Lokale 396
Lösungen
- zu den Übungen 447

M

makeText() (Toast) 254
Manifestdatei 84
- Activities eintragen 265
- Berechtigungen (Permissions) 295
Margin (Außenabstand) 116, 130
Market Place 399
match_parent 129
MediaController 303
MediaPlayer 294
- Audiodateien abspielen 295
- Audiodateien aus dem Internet abspielen 295
- Audioressourcen abspielen 294
- create() 294
- Endlosschleife 300
- pause() 295
- prepare() 298
- release() 299
- setDataSource() 298
- setLooping() 300
- start() 295
- stop() 295
- Systemressourcen freigeben 299
- wiederverwenden 297
MediaRecorder 305
MediaStore 305, 310
Mehrsprachigkeit 396

Menüeinträge ActionBar 235
MenuInflater 236
MenuItem 242
- getItemId() 242
- getMenuInfo() 242
MenuItem.OnMenuItemClickListener 243
Menüs 231
- Action-Menü 232
- Ereignisbehandlung 241
- Kontextmenüs 231, 238
- MenuInflater 236
- Optionen-Menü 231, 236
- Popup-Menü 232, 240
- Ressourcen 173, 233
- Submenüs 231
- Untermenüs 231, 241
Methoden
- Callback 247
- überschreiben 210
Min-SDK 84
- an Smartphone anpassen 72
MotionEvent 195
- ACTION_DOWN 195
- ACTION_UP 195
- getAction() 195
- getX() 197
- getY() 197
moveToFirst() (Cursor) 335
Multimedia
- Audiodateien 294
- Bilder 302
- Fotos 305
- Kamera 305
- Ressourcen 173
- Sound-Effekte 292
- Video 303

O
onClick() (ImageButton) 144
onClick() (OnClickListener) 185, 187
onClick() (RadioButton) 145
onClick() (ToggleButton) 146
onClose() (SQLiteOpenHelper) 331
OnCompletionListener 296
- onCompletion() 296
onContextItemSelected() (Activity) 242
onCreate() (Activity) 58
onCreateContextMenu() (Activity) 238
onCreateDialog() (Activity) 244
onCreateOptionsMenu() (Activity) 236
onCreate() (SQLiteOpenHelper) 329
OnDragListener 187
- onDrag() 187
onDraw() (View) 215, 219
OnFocusChangeListener 188
- onFocusChange() 188
OnItemClickListener 391
- onItemClick() 391
OnItemSelectedListener 395
- onItemSelected() 395
- onNothingSelected() 395
onKeyDown() (View) 228
OnKeyListener 188, 310
- onKey() 188
OnLoadCompleteListener 293
- onLoadComplete() 293
onLocationChanged() (LocationListener) 346
OnLongClickListener 188
- onLongClick() 188
onOptionsItemSelected() (Activity) 242
onPause() (Activity) 306
onPrepareDialog() (Activity) 245
onResume() (Activity) 306
onSensorChanged() (SensorEventListener) 314, 315
onTouchEvent() (View) 197
OnTouchListener 188, 194
- onTouch() 188, 194
onTouch() (Switch) 146
onUpgrade() (SQLiteOpenHelper) 331
openFileInput() (Activity) 271
openFileOutput() (Activity) 270
Optionen-Menü 231, 236
Outline-Ansicht 126
Overflow-Menü 236

P
package 55
Package Explorer 51
PackageManager 267
Padding (Innenabstand) 116, 122
Paint 216
- setAlpha() 229
- setColor() 220
- setStrokeWidth() 220
- setStyle() 223
Pakete 46, 56, 81
parse() (Uri) 295
Path 229
PATH-Umgebungsvariable 25
pause() (MediaPlayer) 295
Permissions. *Siehe* Berechtigungen
Plattformen (Android) 30
play() (SoundPool) 294
Popup-Menü 232, 240
postInvalidate() (View) 280
Preferences 269
prepare() (MediaPlayer) 298
ProgressBar 145
- max 145
- progress 145
- style 145
ProgressDialog 250
Projekte
- anlegen 44
- auf der Festplatte 52
- Console-Fenster 68
- Dateien 81
- Grundgerüst 54
- Java 7 73

- Package Explorer 51
- Projektverzeichnis 52
- Wizards 44
- Workspace 53
Properties 126
Properties-Datei 86

Q
query() (SQLiteDatabase) 334
QuickFix 94
QuickInfo, zur API 98
Quiz-App 283

R
RadioButton 145
- checked 145
- onClick() 145
- text 145
RadioGroup 145
- checkedButton 145
- orientation 145
random() (Math) 342
Reaktions-App 276
RectF 223
Referenz, der Android-API 32
registerForContextMenu() (Activity) 239
register() (Sensor) 313
RelativeLayout 133
- layout_above 134
- layout_align... 134
- layout_below 134
- layout_center... 134
- layout_toLeftOf 134
- layout_toRightOf 134
release() (MediaPlayer) 299
removeUpdates() (LocationManager) 345
requestLocationUpdates() (LocationManager) 345
Ressourcen 61, 157
- als Objekte laden 164
- alternative Ressourcenversionen 178
- an Attribute zuweisen 162
- anlegen 158
- anlegen (im Designer) 182
- an View-Eigenschaften zuweisen 161
- Audiodateien 291
- Bilder 171
- Dateien 274
- Dateinamen 158
- Datenbanken 331
- entfernen 164
- Farben 166
- Format 158
- Größenangaben 165
- im Code 163
- Layouts 172
- Mehrsprachigkeit 396
- Menüs 173, 233
- Multimedia 173
- Rohdaten 173
- Speicherort 158
- Stile 174
- String-Arrays 169
- Strings 167
- verwenden 161
- Videodateien 291
Ressourcendateien 158
R-Fehler 94
R.java 82, 160, 163
R-Klasse 60
Rohdaten 173
Root-Activity 204

S
Schlüssel 400
SD-Karte
- Emulator 423, 425
- Test auf Existenz 275
- Zugriff 274
SDK für Android 27
SDK-Version 46, 50
sendMessageDelayed() (Handler) 385
sendMessage() (Handler) 384
Sensor 312, 313
- register() 313
- Typen-Konstanten 311
Sensoren
- bei Sensor registrieren 313
- Beschleunigungssensor 317
- Daten auslesen 315
- Filter 318
- Lagesensor 320
- Sensortypen 311
- verfügbare Sensoren 312
- Werte 316
SensorEvent 312, 315
SensorEventListener 312, 313
- onSensorChanged() 314, 315
SensorManager 312
- getDefaultSensor() 313
- getSensorList() 312
Services 78
setAlpha() (Paint) 229
setCancelable() (Dialog) 245
setColor() (Paint) 220
setContentView() (Activity) 58, 60, 153
setDataSource() (MediaPlayer) 298
setGravity() (Toast) 254
setImageBitmap() (ImageView) 302
setImageResource() (ImageView) 302
setLooping() (MediaPlayer) 300
setOwnerActivity() (Dialog) 256
setStrokeWidth() (Paint) 220
setStyle() (Paint) 223
SharedPreferences 269
show() (Dialog) 256
showDialog() (Activity) 245
show() (Toast) 254
Signieren 400
SimpleCursorAdapter 337

Somigliana 318
Sound 291
– Audiodateien 294
– MediaPlayer 294
– Sound-Effekte 292
– SoundPool 292
– Töne 300
SoundPool 292
– load() 293
– play() 294
Spinner 146, 393
– Ereignisbehandlung 395
– konfigurieren 393
– mit Daten füllen 393
– onItemSelected 146
– prompt 146
Sprites 224
SQL 328
SQLiteDatabase 329
– close() 331
– delete() 336
– execSql() 330
– insert() 333
– query() 334
– update() 336
SQLiteOpenHelper 328
– getReadableDatabase() 329
– getWritableDatabase() 329
– onClose() 331
– onCreate() 329
– onUpgrade() 331
Start-Activity 86
startActivity() (Activity) 262
startActivityForResult() (Activity) 276
start() (MediaPlayer) 295
Startsymbol 153
startTone() (ToneGenerator) 300
StatFs 275
Stile 174
– an Activities zuweisen 177
– an Views zuweisen 174
– definieren 174
– parent-Attribut 176
– Themes 177
– Vererbung 176
stop() (MediaPlayer) 295
stopTone() (ToneGenerator) 301
String-Arrays 169
Strings 62, 167
strings.xml 61
style-Attribut 174
Support-Library 376
SurfaceView 306
Switch 146
– checked 146
– onTouch() 146
– text 146
– textOff 146
– textOn 146
Syntaxhervorhebung 92

T
TableLayout 135
TableRow 135
Target-SDK 84
Task 203
Tastaturereignisse 197, 228
Testen
– auf Smartphone 69
– im Emulator 65
TextView 146
– text 146
– textSize 146
– textStyle 146
– typeface 146
Themes 177
Threads 251, 278
Thumbnails 387
Tiefpass 319
TimePickerDialog 247, 248
Timer 110
TimerTask 109
Tippereignisse 194
Toast 254
– makeText() 254
– setGravity() 254
– show() 254
Toasts 184, 254
ToggleButton 146
– checked 146
– onClick() 146
– textOff 146
– textOn 146
ToneGenerator 300
– startTone() 300
– stopTone() 301
Tools
– jarsigner 401
– keystore 401
translate() (Canvas) 222

U
UFO-App 224
UI. *Siehe* Benutzeroberflächen
Untermenüs 231, 241
update() (SQLiteDatabase) 336
Uri 295
– encode() 295
– parse() 295

V
Veröffentlichung 399
– Screenshots der App 430
Vibrator 382
– vibrate() 382
Vibrieren 382
Video 291
– Formate 294
– MediaPlayer 303
– Ressourcen 291
VideoView 303

View
- eigene View-Klassen erzeugen 216
- eigene View-Klassen in Code 218
- eigene View-Klassen in XML 216
- onDraw() 215
- onKeyDown() 228
- onTouchEvent() 197
- postInvalidate() 280
ViewGroup
- addView() 219
Viewgroups 78, 131
Views 78
- Attribute 121
- Drehung 122
- Eigenschaften 126
- Fokussierbarkeit 117
- Hierarchie 126
- Hintergrund 122, 139
- Hintergrundbild 140
- Hintergrundfarbe 139
- ID 122
- Innenabstand (Padding) 122
- Kontextmenüs 238
- Layout-Views 78, 127
- mit ID verbinden 154
- on-Ereignismethoden überschreiben 199
- Sichtbarkeit 122
- Transparenz 122
- Viewgroups (Container) 78, 131
- Widgets 78, 143
- Zeichenflächen 78
- zeichnen 215
- Zugriff in Code 155

W
Warnungen 64, 95
Website, zu Buch 39
WebView 146
WebViewFragment 366
Widgets 78, 143
Wischereignisse 196
Wizards 44
Workspace 53
wrap_content 129

X
xml-Layouts 60

Z
Zeichenflächen 78
Zeichnen 220
Zeit, Auswahl über Dialog 248
Zertifikat, digitales 401
Zufallsgenerators 280
Zurück-Taste 69, 117, 245

Der Erfolgstitel von Markt+Technik mit über 50.000 verkauften Exemplaren
jetzt lerne ich
Java 7
Komplettes Starterkit für den erfolgreichen Einstieg in die Programmierung
Markt+Technik
DIRK LOUIS / PETER MÜLLER
Keine Vorkenntnisse erforderlich
Von den Grundlagen bis zur Datenbankprogrammierung
Mit kompletter Softwareausstattung auf Buch-DVD
PEARSON
ALWAYS LEARNING
Java 7
PEARSON